Christoph Böhr

Gesellschaft neu denken.
Einblicke in Umbrüche

SOCIETÄTS**VERLAG**

Alle Rechte vorbehalten • Societäts-Verlag
© 2004 Frankfurter Societäts-Druckerei GmbH
Satz: Sven Rutz, Societäts-Verlag
Schutzumschlaggestaltung: Jutta Schneider, Frankfurt
Druck und Verarbeitung: Bercker Graphischer Betrieb, Kevelaer
Printed in Germany 2004
ISBN 3-7973-0895-7

Inhaltsverzeichnis

Vorwort 8

1. Gebrochene Zeit. Einblicke und Ausblicke 11

2. Von der Befreiung zur Freiheit

Ein Jahrhundert Freiheitsgeschichte 26

Von der Befreiung zur Freiheit. Über die Bewältigung der Ambivalenz einer Epoche im Übergang 32

Nach der Revolution in Mitteleuropa: Geistige Orientierung auf dem Weg zur Einheit 45

Maastricht oder Sarajevo? Deutsche Interessen im europäischen Umbruch 56

Chancen des Umbruchs. Deutsche und westeuropäische Verantwortung nach der mitteleuropäischen Revolution 59

Am Ende der europäischen Nachkriegsordnung: Auf der Suche nach einer neuen Kohärenz von Interesse und Verantwortung 69

...und manchmal steht sie noch! Zur Lage der inneren Einheit zehn Jahre nach dem Fall der Mauer 84

3. Bausteine einer Verantwortungsgesellschaft

Politik in einer Zeit des Aufbruchs: Die Perspektive der Verantwortungsgesellschaft 90

An der Schwelle zu einer neuen Epoche: Deutschland und Europa auf der Suche nach einem Zukunftsentwurf 107

Die Verantwortungsgesellschaft: eine Antwort auf die Herausforderungen der europäischen Revolution 121

4. Markt und Moral: Die Zukunft des Sozialstaates

Markt und Moral. Über den Zusammenhang
gesellschaftlicher Institutionen und
ethischer Verbindlichkeiten 134

Nutzt unser Land die Gunst der Stunde? 152

Freiheit und Verantwortung – Grundlagen einer
menschengerechten und leistungsfähigen
Wirtschafts- und Sozialpolitik 155

Gemeinsinn und Eigennutz. Sind wir auf dem Weg
in die Ellenbogengesellschaft? 162

Der Sozialstaat als Sozialfall? Wer den Umbau fordert,
muss nicht den Abbau wollen 166

Was fordert Gerechtigkeit in einer Zeit der
gesellschaftlichen Neuordnung? 171

Soziale Marktwirtschaft im Zeitalter der Globalisierung 177

5. Gesellschaft neu denken

Die Ordnung der Gesellschaft:
Werte, Regeln und Anreize 183

Gesellschaft neu denken: der Weg zur Vollbeschäftigung 199

Arbeit für alle: Der Weg zur Vollbeschäftigung
steht offen! 202

Die Reform des Gesundheitswesens als ordnungspolitische Aufgabe 217

Sicherheit im Alter: Vorschläge für eine Alters-
sicherung, die den Lebensstandard gewährleistet 225

Deutschland – sprachlos? Zur Bedeutung von
Familie, Schule und Bildung 231

Mehr Wettbewerb im Bundesstaat: Vorschläge für eine
Stärkung des Föderalismus in Deutschland 239

6. Christlicher Glaube und politische Verantwortung

Christlicher Glaube und politische Ethik	250
Menschenwürde und Sterbehilfe. Die Bedeutung des christlichen Menschenbildes für die Entscheidungen der Politik	266
Jenseits des Profanen: Religiöse Grundlagen des freiheitlichen Verfassungsstaates	276
Das Kopftuch ist keine Kutte und keine Kippa	281
Ist die CDU noch christlich? Zum Streit über die Stammzellforschung	285

7. Menschen ...

Standfest in den Grundsätzen. Erwin Teufel zum 60. Geburtstag	290
Macht und Ohnmacht. Helmut Kohl am 11. Juli 2001 zugeeignet	293
Vom Geist und Ton der Politik. Bernhard Vogel zum Siebzigsten	300

8. ... und Städte

Bonn und Berlin: Symbole geistiger Orientierung? Der paternale und der subsidiäre Staat	306
Sankt Petersburger Ansichten	315
Jerusalem – eine Stadt der verzweifelten Hoffnung	319

Anhang	327
Personenregister	348

Vorwort

Der Epochenumbruch, der 1989 mit dem Fall der Mauer seinen sinnfälligen Ausdruck fand, wird die Tagesordnung der deutschen und der europäischen Politik auf lange Zeit bestimmen. Die atemberaubenden Bilder von damals sind uns heute noch in Erinnerung. Nach dem Hochgefühl folgt jetzt jedoch die Katerstimmung. Der Weg von der Befreiung zur Freiheit ist eben lang und die Bewältigung des Umbruchs keine von heute auf morgen zu erledigende Angelegenheit. Die Suche nach einer neuen Ordnung führt alle Beteiligten in unwegsames Gelände. Langsam tasten wir uns voran, wie Forscher, die zu einer Erkundungsreise in ein unbekanntes Land aufgebrochen sind.

Da ist es allzu verständlich, dass viele unsicher sind, ja Angst haben, weil niemand sagen kann, ob das Unternehmen glückt. Denn sicher ist nur eines: Die alte Ordnung ist brüchig geworden. Es wird in Europa nie mehr so, wie es früher einmal war. Dieser Satz gilt für die neue Architektur der europäischen Staatenwelt, wie er uneingeschränkt Gültigkeit hat für die innergesellschaftliche Ordnung der europäischen Völker. Denn mit der Überwindung der Spaltung Europas ist der ganze Kontinent in den Sog der Veränderung geraten. Westeuropäische Gewohnheiten und osteuropäische Erfahrungen stellen sich wechselseitig in Frage. Europa entsteht neu, als eine ungeteilte Einheit. Deshalb sind auch wir selbst gefragt, und zwar in doppelter Hinsicht: Wie wollen wir den europäischen Umbruch gestalten – und wie stellen wir uns die Umgestaltung unserer eigenen Gesellschaft vor? Wer auf diese Fragen Antworten sucht, wird nicht umhin kommen, unsere Gesellschaft von ihren Grundlagen her und auf ihre Ziele hin neu zu denken. Diese Aufgabe stellt sich eben nicht nur den Mittel- und Osteuropäern, sondern auch uns im Westen.

Für uns Deutsche brachte das Jahr 1989 den Beginn der Einheit in Freiheit. Allerdings riss uns dieses Ereignis auch aus wohligen Träumen, die wir lange für die Wirklichkeit gehalten hatten. Nicht nur für unsere östlichen Nachbarn, sondern auch für uns selbst geht der Umbruch einher mit der Rückkehr der Freiheit. Zu sehr hatten wir uns in Westdeutschland an die Allzuständigkeit des Staates gewöhnt. Es schien uns selbstverständlich, den Sozialstaat immer mehr zum Wohlfahrtsstaat auszubauen. Das aber war eine Sackgasse. Wir ahnten das, hatten aber nicht die Kraft, die Weichen anders zu stellen. Eine ähnliche Erfahrung machten die Gesellschaften in Mittel- und Osteuropa. Auch sie zerbrachen am Ende nicht zuletzt wegen eines Übermaßes an staatlicher Betreuung. Jetzt stehen wir, im Westen wie im Osten, vor einer gemeinsamen Aufgabe: nämlich ein sozialstaatliches Verständnis zu entwickeln, das auf einem neuen Gleichgewicht zwischen dem Wunsch nach Sicherheit einerseits und der Kraft der Freiheit andererseits aufbaut.

So sind wir heute Zeitgenossen einer spannenden und spannungsgeladenen Erfahrung: Je drängender die tagespolitischen Fragen werden, je länger sie ungelöst bleiben und je verständlicher deshalb der Verdruss vieler Menschen erscheint, umso deutlicher wird: Wer den Kurs bestimmen will, muss über den Tellerrand des Tages hinausblicken.

Die hier gesammelten Beiträge sind diesem Versuch gewidmet. Entstanden im letzten Jahrzehnt, widmen sie sich unterschiedlichen Gesichtspunkten des europäischen Umbruchs – und nähern sich im Gang des Denkens den Grundzügen eines gesellschaftlichen Umbaus zu einer neuen Ordnung der Freiheit, deren innerer demokratischer Halt nicht mehr als Folge der äußeren totalitären Bedrohung gewährleistet ist. Manche dieser Beiträge erinnern an die tagespolitische Auseinandersetzung und sind in der Hitze des Gefechts entstanden. Sie werden ergänzt um Überlegungen, die auf Grundlagen und Ziele der Politik in der Zeit des Epochenumbruchs ausgerichtet sind. Jeder einzelne Text hat einen Anlass und verfolgt eine Absicht. Weil aber kein Tag immer nur Neues bringt, sondern oft nur der Schritt von gestern nach morgen ist, ließen sich Wiederholungen und Überschneidungen nicht vermeiden.

Dieses gilt umso mehr, als alle Vorschläge ihren gemeinsamen Bezugspunkt im ordnungspolitischen Denken der Sozialen Marktwirtschaft finden. Schritt für Schritt nähern sie sich dem Konzept einer politischen Ethik, die sich bewusst bleibt, dass die Erfordernisse des Gemeinwohls durch Anreize gestützt werden müssen, wenn die Moral nicht auf den Hund kommen will. Dieser Brückenschlag zwischen Gemeinsinn und Eigennutz ist Aufgabe und Auftrag von Politik.

Es liegt in der Natur der Sache, dass Überlegungen, wie sie im Mittelpunkt dieses Buches stehen, an der Schnittstelle von Politik und Wissenschaft angesiedelt sind. Für alle Beteiligten wäre es ein Gewinn, wenn wissenschaftliche Einsichten und politische Vernunft wieder näher zusammenrückten. Die Wissenschaft hat es nicht verdient, immer nur dann den Kopf hinhalten zu dürfen, wenn die Politik vor der eigenen Verantwortung flieht und sich hinter Kommissionen versteckt. Statt die Wissenschaft zu missbrauchen, um von der eigenen Ratlosigkeit abzulenken, müsste eine sehr viel sachgerechtere Befassung mit ihren Einsichten selbstverständlich werden.

Manche meinen, die deutsche Politik befinde sich in einer Krise. Es ist schwer, dieser Vermutung zu widersprechen. Sicher ist: Eine der wichtigeren Ursachen für den Vertrauensverlust der Politik in Deutschland liegt in ihrer Kurzatmigkeit. Sie verfehlt allzu oft die erhoffte Wirkung: weil sie überhastet ist bei der Erforschung der Ursachen unserer Schwierigkeiten, unstet in der Bestimmung der Ziele und fehlerhaft in der Nutzung ihrer Mittel. Und doch gilt: So groß, so unübersichtlich die Herausforderungen, vor denen wir stehen, auch sein mögen: Ausnahmslos alle sind zu bewältigen! Allerdings muss zum guten Willen die verlässliche Einsicht hinzutreten. Wird diese Vorbedingung nicht erfüllt, kann sich Politik auch zukünftig nur verstolpern.

Vielen Menschen bin ich zu Dank verpflichtet, weil sie mich mit den richtigen Fragen bedacht haben. Wenn jemand im politischen Alltagsgeschäft steht, fehlt oft die Zeit für gründliche Erwägungen. Umso wichtiger sind Gesprächspartner aus Publizistik und Politik, die bereit sind, zu bezweifeln und zu bestreiten, was auf den ersten Blick schlüssig erscheint. Nur im Widerstreit des Denkens können Lösungen gefunden werden. Allen, die mir in diesem Sinne geholfen haben, danke ich dafür. Mein ganz besonderer Dank gilt Frau Gisela Poetzel, die auch dieses Manuskript in bewährter und zuverlässiger Weise erstellt hat.

Die forsche Selbstsicherheit des politischen Handelns muss immer verbunden bleiben der umsichtigen Bedachtsamkeit in Fragen der Richtungsbestimmung. Denn meist gibt es in der Politik kein Rückspiel. Und jede Hoffnung, die von der Politik enttäuscht wird, ist ein weiterer Beitrag zu einer um sich greifenden Verdrossenheit. Deshalb ist es an der Zeit, ein politisches Konzept zu entwickeln, das die vielfältigen Schwierigkeiten im Zusammenhang bedenkt, um den Weg zur Überwindung dieser Schwierigkeiten zu beschreiben. Diesem Ziel dienen die nachfolgenden Überlegungen.

Trier, im Sommer 2004　　　　　　　　　　　　　　　　Christoph Böhr

1. Gebrochene Zeit.
Einblicke und Ausblicke

Gebrochene Zeit.
Einblicke und Ausblicke

Heute, fünfzehn Jahre nach dem Fall der Mauer und dem Beginn eines revolutionären Umbruchs in Europa, scheint der Kontinent sein inneres Gleichgewicht zu verlieren. Die Erfahrung sozialer, politischer und kultureller Brüche prägt immer mehr den Alltag der Menschen. Eine tiefgreifende Verunsicherung bestimmt allenthalben das Lebensgefühl der Bürger. Und die Politik scheint überfordert mit der Aufgabe, eine verlässliche Ordnung zu stiften, die verhindert, dass sich dem Erschrecken über den Verlust vertrauter Lebensumstände noch die Angst vor dem sozialen Abstieg beigesellt.

Wie verunsichert die Politik ist, zeigt auch der Blick über die Grenzen. Mit der Erweiterung der Europäischen Union, so richtig und dringlich sie war, ist keine ihrer Schwierigkeiten wirklich gelöst. Im Gegenteil: Die ursprünglich einmal als Voraussetzung einer Erweiterung zu Recht betriebene innere Erneuerung der Gemeinschaft ist auf die lange Bank geschoben. Mit ihren neuen außenpolitischen Verpflichtungen tun sich die Mitglieder der Union schwerer denn je. Die Bestimmung des Verhältnisses zu den Vereinigten Staaten einerseits und zu Rußland andererseits bleibt unklar und willkürlich. In wichtigen, ja überlebenswichtigen Fragen ist die Europäische Union zerrissen und gespalten. Die Zusammenarbeit der Staaten in Europa läuft aus dem Ruder. Nicht erst seit dem 11. September 2001 ist die außenpolitische Lage unübersichtlicher und bedrohlicher geworden. Die Völkergemeinschaft der Demokratien ist selbst angesichts der Auseinandersetzung mit Fundamentalismus und Terrorismus nur begrenzt handlungsfähig, die Einigkeit über wichtige gemeinsame Ziele gefährdet.[1]

Wie die Politik zeigen sich auch die Gesellschaften verunsichert, ja verängstigt. Dabei steht allerorten die Sorge der Menschen im Vordergrund, man werde am Ende zu den Verlierern der Umgestaltung gehören. Das dämpft die Bereitschaft, nach neuen Wegen zu suchen, und steigert die Erwartungen an den Staat, sich als Schutzmacht allen Veränderungen entgegenzustemmen. In diesem Verständnis staatlicher Allmacht und Allzuständigkeit wie in dem Wunsch nach der Nestwärme eines betreuenden, väterlichen Staates waren sich die Deutschen hüben und drüben schon lange vor dem Zusammenbruch der kollektivistischen Systeme in Osteuropa sehr nahe gekommen.

Selbst eine weltgeschichtliche Erschütterung wie der Fall der Mauer hat weder den West- noch den Ostdeutschen die Hoffnung nehmen können, der Staat werde am Ende schon alles zum Guten richten.[2] So verfangen sich gesellschaftliche Gruppen in den Denkmustern der Nachkriegszeit, während doch diese Vorstellungen immer weniger der Wirklichkeit standhalten. Und der Politik gelingt es nicht, die Gesellschaft für einen neuen Zukunftsentwurf zu gewinnen, weil sie selbst – wenn überhaupt – nur über höchst unscharfe Vorstellungen darüber verfügt, wie die neue Ordnung von Staat und Gesellschaft aussehen könnte.

Es häufen sich die Schwierigkeiten – nicht nur in unserer deutschen Gesellschaft – von Tag zu Tag mehr: Die öffentlichen Finanzen brechen zusammen, der Staat unterliegt einem gewaltigen Spardruck, die Sozialkassen sind blank, die Leistungen der Sozialversicherungen werden Schritt für Schritt zurückgeschraubt. Währenddessen sucht die Politik verzweifelt nach Möglichkeiten, sich neue Einnahmen zu beschaffen, und vergisst dabei oft, dass sie auf diese Weise einen Teufelskreis in Gang setzt, der am Ende alles nur noch schlimmer macht. Die sozialen Gegensätze verschärfen sich unterdessen weiter.

Verlierer sind nach Lage der Dinge die Bürger mit kleinen und mittleren Einkommen. Diese Erfahrung wiederum steigert das Bedürfnis der Menschen nach Sicherheit. Ohnmächtig fühlen sich viele den Veränderungen in Wirtschaft und Gesellschaft ausgeliefert. Sie erfahren, dass sie ihre Lebensbedingungen immer weniger beeinflussen können. So sehr sie sich auch der Gefahr des sozialen Abstiegs entgegenstemmen mögen:

Immer mehr sind davon überzeugt, heute oder morgen Opfer unheimlicher, nicht nachvollziehbarer Umstände zu werden. Und die herkömmlichen Schutzmächte – Staat und Gewerkschaften vor allem – scheinen in dieser Hinsicht selbst ohnmächtig geworden zu sein, also offenbar zu versagen. Bei alledem ist ein Ende der wirtschaftlichen Talfahrt nicht in Sicht.

Da seit Jahren die wirtschaftlichen Umbrüche wie die sozialen Verwerfungen von der Politik ausschließlich mit herkömmlichen Antworten bedacht werden, sind wir unausweichlich in einen Zwiespalt geraten: Immer weniger Einnahmen stehen dem Staat und den Sozialkassen zur Verfügung, während immer höhere Ausgaben für Hilfsempfänger, Arbeitslose zumal, fällig werden. Und vor allem: Deutschland leidet seit Jahren unter einem stetigen Rückgang der

Beschäftigung. In Bremen liegt die Zahl der Empfänger staatlicher Leistungen bei 37 Prozent (zum Vergleich: die Zahl der Erwerbstätigen liegt bei 37,9 Prozent), in Sachsen-Anhalt bei 41 Prozent (39 Prozent Erwerbstätige), in Sachsen bei 40,2 Prozent (38,9 Prozent Erwerbstätige), in Mecklenburg-Vorpommern bei 39,5 Prozent (39,4 Prozent Erwerbstätige). Und in ganz Deutschland lag im Jahr 2003 die Beschäftigungsrate der über 55jährigen gerade noch bei 39,3 Prozent.

So verschärft sich die Lage der öffentlichen Finanzen in doppelter Weise: durch sinkende Einnahmen bei gleichzeitig steigenden Ausgaben. Nach Angaben des Zentrums für Europäische Wirtschaftsforschung (ZEW) Mannheim beliefen sich 2003 die Kosten für Aufwendungen allein der aktiven Arbeitsmarktpolitik – Fortbildung und Umschulung, Arbeitsbeschaffungs- und Strukturanpassungsmaßnahmen, Lohnkostenzuschüsse sowie Maßnahmen zur Vermittlung von Arbeitslosen – auf rund 25 Milliarden Euro. 961 000 Personen kamen in den Genuss dieser Hilfen. Die Politik unterdessen bemüht sich zwar, den Mangel immer gerechter zu verteilen. Das aber gelingt immer weniger, je mehr Geld durch die Verwaltung der Arbeitslosigkeit verschlungen wird.

Ein besonders eindringliches Beispiel ist die seit Jahren und bis heute in Deutschland wachsende Zahl von Frührentnern. Schätzungen gehen davon aus, dass die Rentenkassen für Frühverrentungen derzeit jährlich rund 100 Milliarden Euro aufbringen müssen. Hinzu kommt ein Ausfall an Wertschöpfung, der im Jahr bis zu 184 Milliarden Euro beträgt.[3] „Selbst in der ungünstigsten Variante – wenn nur jeder vierte Nichterwerbstätige über 55 Jahre in den Arbeitsmarkt integriert würde und nur die Hälfte der Durchschnittsproduktivität erreichte – ließen sich 23 Milliarden Euro mehr an Wertschöpfung mobilisieren. Das Bruttoinlandsprodukt hätte selbst bei dieser pessimistischen Schätzung im Jahr 2001 statt um 2,0 um 3,2 Prozent wachsen können."[4]

Die von Jahr zu Jahr steigenden Kosten der Arbeitslosigkeit sind von den öffentlichen Haushalten nicht mehr zu verkraften.[5]

Zur gleichen Zeit beschleunigte sich der Beschäftigungsabbau in Deutschland. Allein von Februar 2003 bis Februar 2004 gingen 600 000 Beschäftigungsverhältnisse verloren. Diese stetig sinkende Beschäftigung ist noch besorgniserregender als die in Deutschland ebenso stetig steigende Arbeitslosigkeit. Deshalb muss an diesem Punkt mit der Umsteuerung begonnen werden: Statt weiter mit vielen

Milliarden Euro die Arbeitslosigkeit zu finanzieren, muss der Löwenanteil dieser Mittel künftig als Investition in das Wachstum von Beschäftigung fließen. Denn je höher die Kosten für die Finanzierung der Arbeitslosigkeit liegen, umso höher steigen die Kosten der Arbeit, da die immer wenigeren Erwerbstätigen für die immer mehreren Erwerbslosen einstehen müssen.

Vor diesem Hintergrund ist nichts irreführender als eine Sichtweise, die – verhaftet den verteilungspolitischen Denkmustern der Wohlstandsdemokratie – gar nicht erst Anstalten macht, aus der Abwärtsspirale, in die unsere deutsche Wirtschaft geraten ist, herauszufinden. Notwendig ist stattdessen eine Umkehr der Schubkräfte: Wir brauchen – mehr als alles andere – eine wachsende Beschäftigung in Deutschland. Hier liegt der Schlüssel zur Überwindung der sich verschärfenden Schwierigkeiten. Wer die deutsche Krankheit heilen will, muss vor allem nach Wegen suchen, die zu einem deutlichen Anstieg der Beschäftigung führen.

Ziel der Politik kann deshalb nur sein, alles zu tun und nichts zu unterlassen, was die Schaffung von Arbeitsplätzen begünstigt. Denn ohne Beschäftigungswachstum ist keine Wohlstandsmehrung zu erwarten. Wenn nur 500 000 arbeitslose Menschen in einen Job zurückfinden, werden die öffentlichen Haushalte um etwa 10 Milliarden Euro entlastet.[6] Der Dreh- und Angelpunkt aller politischen Bemühungen kann deshalb nur sein, aus den heutigen Beziehern staatlicher Sozialeinkommen wieder Steuer- und Beitragszahler zu machen – mit ungeahnt segensreichen Folgen für die Staatseinnahmen und die Sozialkassen.

Nun gibt es viele, die heftig bestreiten, dass es unter den heutigen Bedingungen überhaupt möglich ist, Arbeit für alle zu schaffen. Die Botschaft klingt in den Ohren mancher wie ein vergangener Traum aus den goldenen Zeiten des deutschen Wirtschaftswunders. Heute aber, so wird gesagt, sei die Arbeit knapp. Sie gehe uns allmählich aus. Das aber ist eine Täuschung. Arbeit ist in Hülle und Fülle vorhanden – und zwar in allen Bereichen: in Forschung und Wissenschaft, Bildung, Schule und Hochschule, Pflege, Erziehung, Sicherheit und Betreuung. Dabei ist in einer Zeit voranschreitender Globalisierung allerdings eine Einschränkung zu machen: Schwerpunkte neuer Beschäftigung liegen vor allem in den ortsgebundenen, kundennahen Dienstleistungen wie im innovativen Bereich. Die Massenfertigung, die längst in andere Länder abgewandert ist, wird nie mehr nach Deutschland zurückkehren. Aber das, was bleibt, reicht aus, um alle Erwerbsfähigen nach ihrem unterschiedlichen Kenntnis- und Ausbildungsstand zu beschäftigen.

Allerdings werden alle auch heute noch unbestreitbar vorhandenen Standortvorteile Deutschlands null und nichtig, wenn Arbeit nicht endlich wieder bezahlbar wird. Die Arbeit geht uns nicht aus. Aber sie ist inzwischen kaum noch bezahlbar. Dabei weiß jeder, dass es weder wünschenswert noch vernünftig ist, in Deutschland auf Lohnkosten zu hoffen, wie wir sie in Tschechien, Polen oder der Slowakei finden. Die Aufgabe, die sich uns stellt, kann deshalb nur heißen: Die Schere zwischen den Lohnkosten in Deutschland einerseits und in den uns umgebenden Nachbarländern andererseits darf nicht weiter auseinandergehen, auch wenn sie absehbar nie mehr zu schließen sein wird.

Der Kern unseres Problems ist demnach eine schrumpfende Beschäftigung, die wiederum vor allem durch weltweit einmalig hohe Bruttolohnkosten verursacht ist.

Die Wege, die aus dieser Schwierigkeit herausführen, sind bekannt: Wir brauchen vor allem eine Dämpfung der Lohnzusatzkosten, eine Erhöhung der Wochen- und Jahresarbeitszeit und – endlich wieder – einen Lohneingangsbereich, der es Menschen erlaubt, mit der eigenen Hände Arbeit ihren Lebensunterhalt zu verdienen, ohne dass – wie es bei überhöhten, marktwidrigen Löhnen der Fall ist – die Leistung einer Arbeit hinter den Lohnkosten eines Arbeitsverhältnisses zurückbleibt.

Hier nun vor allem liegt der Grund, warum Deutschland auf eine Steuerreform, die diesen Namen wirklich verdient, nicht verzichten kann. Entlastung muss vor allem im Lohneingangsbereich geschaffen werden. Wenn es gelänge, ein Monatseinkommen in der Höhe von rund 1300 Euro brutto für netto zu stellen, gäbe es in unserem Land eine Alternative zu einem Lebensstil, der sich über die Kombination von staatlichem Sozialeinkommen und verbotener Schwarzarbeit finanziert. Dieser Lebensstil erfreut sich zunehmender Beliebtheit. Für den Staat und die Sozialkassen hat das verheerende Folgen: die Umsätze der Schwarzarbeit in Deutschland werden jährlich auf 370 Milliarden Euro geschätzt – das sind fast 17 Prozent des deutschen Bruttoinlandsproduktes -, während gleichzeitig die Kosten der Arbeitslosigkeit jede Vorstellung sprengen.

In dem Augenblick, in dem im Lohneingangsbereich wieder Geld verdient werden kann, überwiegt der Nutzen für den Staat und die Sozialkassen die mit dem Besteuerungsverzicht bis zu einer monatlichen Einkommenshöhe von rund 1.300 Euro verbundenen Einnahmeverluste um ein Vielfaches. Wenn eine solche Neugestaltung des Lohneingangsbereiches verknüpft würde mit der Möglichkeit, Privathaushalte steuerlich wie ein Unternehmen zu behandeln, wenn sie Arbeitsverhältnisse schaffen, könnte die Beschäftigung in Deutschland steil ansteigen.

Der Weg, wie er hier vorgeschlagen wird, ist nicht ein Weg der Opfer- und Verzichtsbereitschaft. Vielmehr führt dieser Weg zu Wachstum, Wohlstand und Beschäftigung. Damit wir zu Wachstum zurückfinden, brauchen wir vor allem Beschäftigung. Denn Beschäftigung bedeutet Wachstum.[7] Um mehr Beschäftigung zu erhalten, bedarf es zuallererst einer Absenkung der Bruttolohnkosten. Diese ist in zunächst drei Schritten zu bewerkstelligen: durch eine Dämpfung der Lohnzusatzkosten, eine Erhöhung der Wochen- und Jahresarbeitszeit und einen großzügigeren Besteuerungsverzicht im Lohneingangsbereich. Längere Arbeitszeiten und mehr Eigenbeteiligung bei den Sozialversicherungen werden mit wachsenden verfügbaren Einkommen belohnt, senken die Bruttolohnkosten und machen mehr Beschäftigung möglich. Nur wenn die Menschen sehen, dass die Anstrengung sich für jeden lohnt, wird die Lähmung weichen, die unser Land erfasst hat.

Offen bleibt dann die Frage, welche Auswirkungen sich kurz- und mittelfristig auf die Staatseinnahmen ergeben. Diese Frage findet nicht nur bei den Finanzministern Aufmerksamkeit. Sie ist auch deshalb zu stellen, weil wir in Deutschland längst die zulässige Grenze der Neuverschuldung überschritten und die Stabilitätsregeln für die Europäische Wirtschafts- und Währungsunion durch wiederholte Verletzung entwertet haben. Und doch wird der Staat in der begründeten Hoffnung auf eine unverzüglich einsetzende Refinanzierung der durch eine Steuerreform erreichten Nettoentlastung der Steuerbürger diesen Schritt wagen müssen. Denn ohne die tarifliche Neugestaltung besonders des Lohneingangsbereiches wird die Beschäftigung weiter sinken. Es gibt einen Grenznutzen für die Höhe der Belastung der Einkommen mit Steuern und Abgaben, jenseits dessen höhere Belastungstarife nicht mehr, sondern weniger Einnahmen für Staat und Sozialversicherungen bedeuten. Diesen Grenznutzen haben wir in Deutschland überschritten.

Zudem ist zu berücksichtigen, dass soziale Sicherheit in Deutschland zukünftig nur bei mehr Eigenbeteiligung und mehr Vorsorge gewährleistet werden kann. Deshalb müssen die Einkommen dem Steuerbürger wieder die finanziellen Spielräume belassen, die jemand benötigt, wenn er auf dem Weg der einkommensabhängigen Eigenbeteiligung und der persönlichen Vorsorge mehr als bisher zu seiner sozialen Sicherheit beitragen muss.

Und schließlich können längst überfällige Investitionen in Wissenschaft, Bildung, Forschung und Ausbildung nicht länger vertagt werden, wenn in Deutschland eine neue Wachstumsdynamik entstehen soll. Das erfordert von Bund und Ländern eine große Kraftanstrengung. Denn der Löwenanteil dieser Kosten muss in den Haushalten durch Umschichtungen aufgebracht werden, weil der Weg höherer Steuern und dauerhaft hoher Schulden verschlossen bleiben muss.

Die hier beschriebenen ersten Schritte dienen ausschließlich dem Ziel, die Bedingungen für das Wachstum von Beschäftigung zu verbessern. Dieses Ziel ist deswegen allen anderen Zielen über- und vorgeordnet, weil ohne Beschäftigungswachstum die Sozialkassen immer stärker unter Druck geraten und die Staatseinnahmen weiter zurückgehen werden.

Niemand muss Angst haben, angesichts solcher Vorschläge sich am Ende bei den Verlierern wiederzufinden. Diese Hoffnung nährt die deutsche Politik in weiten Teilen jedoch bis heute nicht. Aber wie für den Unternehmer sein Gewinnstreben – und nicht Opferbereitschaft – ein wichtiger Antrieb ist, kann nicht das Gegenteil für den Arbeitnehmer gelten: Verlusterwartungen sind in der Regel kein Ansporn zu Veränderungen. Die Angst, bei den Verlierern zu sein, lähmt jede Bereitschaft, neue Wege zu gehen. Eben diese Angst ist jedoch angesichts der hier unterbreiteten Vorschläge unbegründet. Wenn es einen Verlierer gibt, dann ist das zunächst der Staat, der im Augenblick der Umsteuerung auf Einnahmen verzichten muss, aber darauf bauen kann, dass schon bald auch er zu den Gewinnern gehört, wenn erst einmal die Beschäftigung zu wachsen beginnt und die Steuerquellen wieder stärker sprudeln.

Solange die Reformdebatte in Deutschland als Stellungskrieg geführt wird, bleibt sie zur Erfolglosigkeit verurteilt. Zu den großen Problemen in unserer Gesellschaft gehört seit langem, dass sie von einem unüberwindbaren Widerstreit zwischen den wirtschaftlichen und den sozialen Zielen ausgeht. Beide Ziele sind jedoch zwei Seiten einer Medaille – unter der Voraussetzung einer Ordnungspolitik, die sich dem Geist der Sozialen Marktwirtschaft verpflichtet weiß.

Aus diesem Grund muss sich die Politik selbst zunächst einmal einer Anstrengung unterziehen, bevor sie anderen eine solche abverlangt. Die Aufgabe, die niemand der Politik abnehmen kann, bezieht sich auf eine bis heute unterbliebene klare Beschreibung der Ziele und Mittel. Die Politik wird, wenn ihr die Mehrheit der Gesellschaft nicht weiter jede Gefolgschaft verweigern will, nicht umhin können, ein Konzept vorzulegen, das nachvollziehbar Auskunft darüber gibt, wie der politische Gestaltungsauftrag in einer Zeit der globalen Umbrüche und Verwerfungen behauptet werden soll.

Ein solches, bis heute ausstehendes Konzept wird kaum Aussicht auf Erfolg haben, wenn es das Bedürfnis der Menschen nach Sicherheit und Verlässlichkeit einfach leugnet. So richtig es ist, dass sich in Deutschland über viele Jahrzehnte eine Vollkaskomentalität entwickelt hat, so wenig aussichtsreich ist es gerade angesichts dieses Befundes, von der Gesellschaft mehr Wagemut zu verlangen. Da aber mehr Wagemut in Zukunft notwendig sein wird, weil auch die deutsche Gesellschaft ein neues Gleichgewicht zwischen Sicherheitsbedürfnis einerseits und Risikobereitschaft andererseits finden muss, kann die Aufgabe der Politik zunächst nur darin bestehen, die Menschen zu befähigen, mehr zu wagen, ohne Gefahr zu laufen, am Ende alles zu verlieren. Der besonnene Bergsteiger ist umso wagemutiger, je mehr er sich auf seine Sicherung verlassen kann. Je größer deshalb die Gefahr des sozialen Absturzes ist, umso mehr muss man sich auf das Seil, mit dem man gesichert ist, verlassen können.

Weil die Politik eine Mitschuld an der heute so oft beklagten Entwicklung einer tatsächlich weit verbreiteten Vollkaskomentalität trägt, muss sie jetzt ihre Möglichkeiten nutzen, der Gesellschaft bei der Suche nach einem neuen Gleichgewicht zwischen dem Bedürfnis nach Sicherheit einerseits und der Bereitschaft zum Wagnis andererseits zu helfen. Welche verlässliche Sicherung kann sie den Menschen an die Hand geben?

Tatsächlich gibt es solche Sicherungen, die inmitten einer unsicher gewordenen Welt ein hohes Maß an Verläßlichkeit gewährleisten: etwa eine gute Bildungspolitik, die immer noch die beste Arbeitsmarkt- und

Sozialpolitik ist. Gerade in Zeiten hoher Arbeitslosigkeit gibt eine gute Ausbildung eine Sicherheit, wie das kein Arbeitsschutzgesetz zu leisten vermag. Deshalb ist es an der Zeit, die notwendigen Verbesserungen bei Bildung und Ausbildung unverzüglich einzuleiten.

Da auch in Zukunft Systeme der kollektiven Sicherheit notwendig bleiben werden, muss die Politik zudem ihre Möglichkeiten nutzen, die klassischen Versicherungsstrukturen zukunftsfähig zu machen. Das wird nur gelingen, wenn sie diese ausnahmslos in den Wettbewerb stellt. Denn nur dadurch wird eine Steigerung ihrer Wirksamkeit erzielt. Auch wenn wegen der – nicht zuletzt demographisch bedingten – steigenden Inanspruchnahme sowohl der Kranken- als auch der Renten- und Pflegeversicherung der Kostendruck auf die Sozialversicherungen steigen wird, kann aber gleichwohl die seit Jahren festzustellende Kostensteigerung gezügelt werden. Wettbewerb nutzt vor allem den Schwächeren in unserer Gesellschaft, weil gerade sie sich auf die Sicherheit des sozialen Netzes verlassen können müssen.

Schließlich und drittens kann die Politik nicht erwarten, dass Menschen der Aufforderung zu mehr Selbständigkeit folgen, wenn nicht die Voraussetzungen erfüllt sind, die überhaupt erst möglich machen, einen solchen Weg einzuschlagen. Deshalb muss den kleinen und mittleren Einkommen zunächst der finanzielle Spielraum wieder gegeben werden, den jeder haben muss, um zukünftig seine persönliche Vorstellung von sozialer Sicherheit verwirklichen zu können.

Mit Flickschusterei sind die Herausforderungen, die sich in der heutigen Zeit des Umbruchs stellen, nicht aus der Welt zu schaffen. Was fehlt, ist ein Vorschlag der Politik, der nicht jedes Problem für sich zu lösen versucht, sondern die Schwierigkeiten in ihrem inneren Zusammenhang angeht und darauf achtet, dass Vorschläge einander nicht widersprechen, sondern sich im Gleichklang befinden und in ihrer Wirkung wechselseitig stützen. Das kann nur gelingen, wenn die Politik sich klar wird, welchem vorrangigen und erstrebenswerten Ziel alle Anstrengung dienen soll. Ludwig Erhard und die Gründer unserer Republik hatten ein Ziel vor Augen, das an Aktualität bis heute nichts eingebüßt hat: Dieses übergeordnete Ziel, das am Ende alle zu Gewinnern macht, will Wohlstand und Arbeit für alle. Um dieses Ziel zu erreichen, muss die Politik eine neue Architektur unserer ökonomischen und sozialen Ordnung entwerfen, statt sich mit der Verwaltung des Mangels zu begnügen.

Den wirtschaftlichen und gesellschaftlichen Herausforderungen, von denen hier vor allem die Rede war, gesellen sich andere bei: Zu denken ist hier vor allem an den kulturellen Umbruch, der unsere Gesellschaft dazu zwingt, sich ihrer selbst neu zu vergewissern. Die Debatte über die Zulässigkeit des Kruzifixes im Klassenzimmer einerseits und die des Kopftuches einer muslimischen Lehrerin in einer staatlichen Schule andererseits wirft ein Schlaglicht auf die kulturellen Spannungen in unserer Gesellschaft. Viele Menschen folgen heute einem Lebensgefühl, das der Beliebigkeit kultureller Orientierungen das Wort redet. Dann aber verliert eine Gesellschaft nicht nur ihren inneren Halt, sondern auch das Wissen um die Richtung, in die sie sich bewegen will. Deshalb ist das Gespräch über eine Leitkultur notwendig. Denn auch die Integration fremder Kulturen kann nur erfolgversprechend gelingen, wenn die Mehrheit einer Gesellschaft weiß, was ihr unverwechselbar zugehört. Im Blick auf die sich abzeichnende Herausforderung der europäischen Kultur ist hier vor allem an das Menschenbild eben dieser europäischen Kultur zu denken, das im Blick auf die unantastbare und unverletzliche Würde eines jeden Menschen – ganz unabhängig von allen seinen sonstigen Eigenschaften – aller interkulturellen Verständigung eine unüberwindliche Grenze setzt.

Der Kampf um das Menschenbild als die Grundlage jeder Gesellschaft hat längst begonnen. Herausgefordert wird das europäische Menschenbild durch das Selbstverständnis anderer Kulturen, deren Blick sich auf Europa richtet. Das Selbstbewusstsein der eigenen europäischen Kultur scheint indessen angeschlagen, obwohl doch dieses Selbstbewusstsein allein den westlichen Gesellschaften die notwendige Widerstandskraft zu geben vermag. Beispielhaft lässt sich das angesichts der großen Verunsicherung beobachten, die in allen westlichen Gesellschaften in Fragen des Lebensschutzes um sich greift. Die bioethische Diskussion zeigt, welche ganz unterschiedlichen Verständnisweisen des Menschen, seiner Würde und seines Lebens eine innergesellschaftliche Übereinstimmung selbst in drängenden Fragen fast unmöglich macht. Die ungeteilte Wertschätzung des Menschen am Anfang wie am Ende seines Lebens wird schwächer und zunehmend ein Opfer widerstreitender Zielsetzungen. Der Verweis auf Forschungsfreiheit und Selbstbestimmungsrecht oder auch der Wunsch nach einem schmerzfreien Tod werden mehr und mehr hingenommen als eine zulässige Einschränkung des Gebotes der Unantastbarkeit der

Menschenwürde. Dabei wird – bewusst oder unbewusst – in Kauf genommen, dass eine Einschränkung dieses Gebotes dem Menschen jenen letzten Schutz nimmt, den dieser vor den Ansprüchen der Mehrheit einer Gesellschaft zu seinem eigenen Schutz und Nutzen geltend machen kann.

An eben diesem Punkt zeigen sich unübersehbare Risse im Fundament eines gesellschaftlichen Selbstverständnisses, wie es bisher Teil unserer kulturellen Identität war. Denn Einigkeit bestand bis heute darin, dass jedem Menschen eine unverfügbare Würde zu eigen ist. In dem Augenblick, wo diese Würde abhängig gemacht wird von der Überzeugungskraft ihrer Begründung, sich der Mensch also rechtfertigen muss, um als Teil der Gemeinschaft der in ihrer Würde geschützten Menschen zu gelten, wird er – zumindest in bestimmten Lebenslagen – in die Verfügungsmacht Dritter gestellt. Er ist dann nicht mehr gleichberechtigt in der Rechtsgemeinschaft aller Menschen, sondern verfügbar nach den Moden und den Launen des Tages, der Mehrheit oder der Herrschenden. Im Ergebnis würde also ein Teil der Gesellschaft entscheiden, wer wert ist, dass er dazugehören darf – und wer aus der Rechtsgemeinschaft verstoßen wird. Aber die „Glücksmaximen und Wertmaßstäbe einer Gesellschaft, die sich von unveränderlichen Letztwerten dispensiert hat, unterliegen häufigem Wandel und jederzeitiger Wandelbarkeit."[8] Wenn der Mensch dem anderen Menschen verfügbar wird, wird jeder für jeden zur Bedrohung. Der zeitgenössische Menschenhandel, der immer schlimmere Ausmaße annimmt und sich vor unseren Augen abspielt, gibt davon ein beredtes Zeugnis.

Tatsächlich braucht unsere Gesellschaft eine neuerliche Übereinstimmung im Verständnis menschlicher Würde. Was bedeutet es, wenn gesagt wird, diese Würde sei ausnahmslos unverfügbar und unantastbar?

Der moderne Staat hat eine weitreichende Festlegung getroffen, indem er verbietet, die Feststellung der Menschenwürde dem Ermessen preiszugeben. Niemand hat das Recht, darüber zu befinden, ob einem anderen Menschen Würde zukommt oder nicht. Würde unterliegt keiner Abwägung und keiner Abstufung. So bleibt am Ende nur die natürliche Verbindung aller Menschen, die einen gleichen und allgemeinen Begriff von Würde gebietet und im Gegenzug jeden Versuch Lügen straft, die Geltung dieser Würde von ihrer Anerkennung abhängig zu machen. Menschenwürde hat nicht der, dem wir sie zuerkennen – weil wir ihn etwa in die menschliche Gesellschaft aufgenommen haben –, sondern jeder, der seiner Natur nach Mensch ist. Alle, die diese Voraussetzung erfüllen, haben Anteil an der Gemeinschaft, die sich durch das Verbot bestimmt, darüber entscheiden zu dürfen, worin die Würde des Menschen besteht und wem sie zukommt.[9] Eben deshalb hat die Menschenwürde universelle Geltung und den zwangsläufigen Anspruch der Unantastbarkeit.

Die ökonomischen, sozialen und kulturellen Verwerfungen, die wir heute erleben, haben einen gemeinsamen Nenner. Dieser gemeinsame Nenner findet sich in der Frage nach dem Freiheitsverständnis unserer Gesellschaft. Denn im Kern sind es unterschiedliche Verständnisweisen von Freiheit, die unsere Einstellung zu Sozialstaat, Marktordnung, Arbeit, Lebensschutz und Menschenwürde inspirieren. Diese Kernfrage spiegelt sich in allen Debatten, die unsere Gesellschaft derzeit führt: über Wachstum und Wohlstand, die Zukunft der Sicherungssysteme, Kopftuch und Kruzifix, Sterbebegleitung und Patientenverfügung. Von Mal zu Mal fällt die Antwort auf diese Fragen unterschiedlich aus, je nachdem, welchem Begriff und Verständnis von Freiheit gefolgt wird. Und es lässt sich auch der Streit über die zukünftige Richtung unserer Gesellschaft von dieser Kernfrage nicht loslösen. So gesellt sich zu allen Umbrüchen und Verwerfungen am Ende die Herausforderung eines geistigen Umbruchs mit unmittelbaren Folgen für das künftige Selbstverständnis der europäischen Gesellschaften.

Freiheit ist immer nur möglich als eine begrenzte Freiheit. Ihre Grenzen sind die von ihr selbst bestimmten Grenzen. Sie ergeben sich allein aus den Möglichkeiten der Bedingung von Freiheit selbst. Damit Freiheit Bestand hat, muss es ein ihrer Entfaltung entsprechendes Maß an Verläßlichkeit geben. Verläßlichkeit wird durch Regeln gewährleistet. Die eigenen Handlungsmöglichkeiten erweitern sich umso mehr, je genauer man die Handlungsbeschränkungen kennt, die für alle und für mich gleichermaßen gelten. Um der Sicherung der eigenen Freiheit willen stimmen Menschen einer Begrenzung ihrer Freiheit zu. Die von jedem persönlich erlebte Freiheit ist somit das Ergebnis gesellschaftlicher Regeln, die Verläßlichkeit und Vorhersehbarkeit im Verhältnis zu den jeweils anderen Menschen sicherstellen. Für meine eigene „Selbstverwirklichung und für den Nutzen, den ich aus den Fähigkeiten der anderen für meine eigene Selbstverwirklichung ziehen kann, brauche ich Verlässlichkeit. Die Verlässlichkeit wechselseitiger Verhaltenserwartungen ist unabdingbare Voraussetzung für die Selbstverwirklichung des Einzelnen."[10] Wer Freiheit will, findet diese nur in einer Ordnung des Zusammenlebens nach anerkannten Regeln. Persönliche Freiheit ergibt sich aus Handlungsbeschränkungen, die wechselseitig menschliches Handeln in bestimmten Grenzen berechenbar machen. Der Blick in eine beliebige Tageszeitung zeigt, dass die europäischen Gesellschaften sich auf den Weg gemacht haben, die Regeln neu zu bestimmen, nach denen Handlungsbeschränkungen beschrieben werden. Solche Handlungsbegrenzungen sind keine äußeren Einschränkungen von Freiheit, sondern dienen als unverzichtbare Voraussetzung der Mehrung von Freiheit. Gerade in einer Zeit, in der die Vielfalt der Möglichkeiten und Angebote nahezu täglich wächst, ist es wichtiger denn je zuvor, um der Zukunft der Freiheit willen die Regeln zu bestimmen, die sicherstellen, dass eine ansonsten regellose Freiheit sich nicht selbst den Boden unter den Füßen wegzieht. Noch ist es nicht ausgemacht, ob sich eine Ordnung der Freiheit dauerhaft in Europa behauptet. Unsere Aufgabe ist es, diese Ordnung zu schaffen: Als ein Gleichgewicht zwischen dem Wunsch nach Freiheit und dem Bedürfnis nach Sicherheit.

2. Von der Befreiung zur Freiheit

Ein Jahrhundert Freiheitsgeschichte

Ein wundersames Jahrhundert ist zu Ende gegangen – ein Jahrhundert, das – einer Anspielung Timothy Garton Ashs folgend[1] – mit Schüssen in Sarajevo begann und mit Schüssen in Sarajevo endete. Was also bleibt am Ende des 20. nachchristlichen Jahrhunderts – außer einem mehr oder weniger bedrückenden Déjà-vu-Erlebnis? Hat die europäische Geschichte sich einmal im Kreis gedreht, bevor sie dorthin zurückkehrte, von wo sie hundert Jahre zuvor ausgegangen war? Steht am Ende eine Rückkehr zu den Anfängen, oder gar Hoffnungslosigkeit, weil alles umsonst gewesen zu sein scheint?

Das 20. Jahrhundert würde gründlich missverstanden, wenn man in seiner Geschichte nur eine kreisförmige Figur erkennen wollte. So zutreffend die Formulierung Ashs klingen mag, so wenig wird man diesem Jahrhundert gerecht, wenn man es als einen Teufelskreis beschreibt, der von einer Katastrophe seinen Ausgang nahm und am Ende wieder in eine Katastrophe einmündete. Eher gleicht dieses Jahrhundert einem Januskopf. So doppelgesichtig war kaum ein anderes zuvor. Es vereint tiefste Leiden und größte Freuden: Kriege unvorstellbaren Ausmaßes, unbarmherzig betriebene Völkermorde, Grausamkeiten, die sich der Vorstellungskraft zu entziehen scheinen, Vertreibungen und Verfolgungen – samt und sonders von Menschenhand verursachte Katastrophen; das ist die eine Seite. Auf der anderen Seite steht der Aufbruch nicht nur der europäischen Völker in die Freiheit, die Überwindung einer schier unüberbrückbaren Spaltung Deutschlands und Europas, die Gründung lebensfähiger Demokratien, die Überwindung von Hass und Gewalt.

Wer innehält und sich die europäische Geschichte im 20. Jahrhundert vor Augen führt, kann dieses Jahrhundert lesen wie ein Buch, das von den Bedingungen und Gefährdungen der Freiheit handelt. In diesem Buch erläutert ein wichtiges Kapitel die Entstehung und den Niedergang von Diktaturen. Ein anderes beschäftigt sich mit den Verführungen zu Gewalt und Terror sowie der spirituellen Macht ersatzreligiöser Bewegungen. Wieder ein anderes Kapitel schildert, wie Kriege einmal als Instrument der Unterdrückung und ein anderes Mal als Mittel der Befreiung von Menschen dienen. Und das vielleicht bedeutendste Kapitel widmet sich der Frage, wie Völker von der Befreiung zur Freiheit finden, nach einer friedlichen Revolution sich in einer

Ordnung der Freiheit einzufinden versuchen und dabei die Ambivalenz von Freiheitshoffnungen und Freiheitsängsten kennenlernen.

Diese letztgenannte Erfahrung prägt wie keine andere unsere Zeit des Übergangs. Noch ist nicht ausgemacht, wie sich die Völker Europas entscheiden werden. Und so steht am Ende dieses Jahrhunderts nicht ein Ausrufezeichen, eine Apotheose, sondern ein Fragezeichen, ein Postulat. In ihm vereinigen sich – fünfzehn Jahre nach dem Fall der Mauer, die den Kontinent teilte – deutsche und europäische Perspektiven.

Bis jetzt begreift eine Mehrheit der Deutschen die Aufgabe der inneren Einheit nicht als eine gemeinsame Herausforderung von West und Ost. Während die Westdeutschen argwöhnen, dass die Menschen in den neuen Bundesländern schnell und ohne große Anstrengung zu Wohlstand kommen wollen, sind die Menschen in den jungen Bundesländern enttäuscht über Rückschläge beim Aufbau Ost, über Arbeitslosigkeit, über den Verlust von Orientierung und Geborgenheit sowie über das neue gesellschaftliche Klima, das viele als kalt und rücksichtslos empfinden. Das Leben ist für viele schwerer und schwieriger geworden. Missmut macht sich breit, hier wie dort. Aus Missmut kann leicht Verzweiflung erwachsen – und Skepsis gegenüber der politischen Ordnung, der man die Enttäuschungen anlastet.

Da kann es wenig verwundern, dass gelegentlich der verklärende Blick in die Vergangenheit schweift. Ehedem konnte man sich sicher fühlen. Im Vergleich dazu erscheint der Preis der Freiheit heute manchem zu hoch: mehr Risiko, mehr Unsicherheit, mehr Anstrengung, mehr Ungerechtigkeit. Die Empfindungen der Menschen sind zwiespältig.

Nicht anders geht es den meisten Menschen in Mittel- und Osteuropa. Sie fühlen sich verunsichert, hin- und hergerissen zwischen dem stolzen Gefühl, einen friedlichen Umsturz bewältigt zu haben, und der Enttäuschung über die Lebenssituation heute. Jetzt, nachdem das Hochgefühl der Befreiung langsam schwindet, erscheint vielen der Weg in die neue Ordnung als zu anstrengend. Deshalb ist die Verlockung groß, auf diesem Weg zur Überwindung der europäischen Spaltung Ruhepausen einzulegen, zumal in einer Welt der offenen Grenzen, in die wir seit 1989 hineinwachsen, mehr und mehr innenpolitische Probleme erhebliche Sorgen bereiten. Viele dieser Probleme sind die Folge jenes machtvollen Prozesses der Globalisierung, die einen neuen, weltweiten Wettbewerb begründet, so dass überholte Institutionen und Traditionen zerbrechen. Zu denken ist in diesem Zusammenhang etwa an die Ursachen der hohen Arbeitslosigkeit in Deutschland, die Krise der sozialen Sicherungssysteme in einer Reihe westeuropäischer Gesellschaften und die Unfähigkeit des Staates, nationale Lösungen im Alleingang durchzusetzen.

Es ist an der Zeit, dass Westdeutsche und Ostdeutsche, Westeuropäer und Osteuropäer eine gemeinsame Bilanz ziehen – die Bilanz des zu Ende gegangenen Jahrhunderts, das den Sieg der totalitären Verführung ebenso brachte wie den Sieg über diese totalitäre Verführung. Wer heute jedoch nach Europa blickt, und – nach der Rückkehr von Krieg und Gewalt – eine Bestandsaufnahme wagt, den werden Zweifel befallen, ob dieser Sieg tatsächlich das letzte Wort ist.

Geschichte bietet niemals die Chance der unwiderruflichen Endgültigkeit. Auch morgen wird alle Zivilisation so zerbrechlich sein, wie sie es gestern war. Und auch morgen wird der Schutz von Humanität die gleiche Anstrengung fordern, die in diesem Jahrhundert notwendig war, um die Freiheit gegen alle Unterdrückung zu verteidigen.

An der Schwelle zum neuen Jahrtausend hat Joachim Fest in seiner Biographie über Albert Speer eine Feststellung getroffen, die als eine entscheidende Frage im Blick auf die zukünftige europäische Geschichte gelesen werden muss: „Man hat verschiedentlich gesagt, dass die europäische Welt durch die totalitäre Erfahrung vor der Jahrhundertmitte einen Kulturschock erlitten habe. Aber Hitler und die übrigen Diktatoren der Epoche gaben nur den Anstoß dazu. Die tieferen Wirkungen dieses Schocks gehen auf die Einsicht zurück, wie leicht sich die Menschen, entsprechende Umstände vorausgesetzt, für irgendwelche Gewaltbotschaften mobilisieren lassen und die humanen Traditionen preisgeben, die sie in Jahrhunderten zum Schutz vor sich selber geschaffen haben."[2] In der Tat: Diese Frage stellt sich am Ende des 20. Jahrhunderts drängender denn je: Wie schwach waren doch alle Vorkehrungen, die Menschen gegen die Verführung zur Gewalt zu treffen vermochten! Und wie dauerhaft gefährdet ist der Grund, auf dem eine freiheitliche Ordnung aufbaut.

Je mehr das 20. Jahrhundert die Befreiung von Herrschaft und Bevormundung zu seiner Sache machte, umso mehr musste der Versuch unternommen werden, nach dem Verlust traditioneller Institutionen auf die Selbststeuerung des Menschen durch Moralität zu vertrauen. Dem Gewissen fiel dabei eine entscheidende Aufgabe zu. Bildung,

Kultur und Erziehung sollten das Vermögen der Unterscheidung zwischen Gut und Böse schärfen und den Menschen auf diese Weise unanfällig machen gegen jegliche Verführung zur Gewalt. Erfolg war diesem Versuch kaum beschieden. Im Gegenteil: Er wurde widerlegt durch immer neue Einbrüche menschenverachtender Katastrophen – bis auf den heutigen Tag.

Das alles heißt keinesfalls, die Bedeutung von Bildung, Kultur und Erziehung in Zweifel zu ziehen. Aber neben der Fähigkeit zur moralischen Selbststeuerung bedarf es mindestens ebenso sehr machtvoller institutioneller Vorkehrungen und Sicherungen, so wie es der täglichen Willensentscheidung zur Freiheit bedarf, um Humanität und Zivilisation zu bewahren. Dass dies nie ein für allemal möglich ist, sondern nur mit einer immer wieder neuen Kraftanstrengung gelingen kann, lehrt die Freiheitsgeschichte des 20. Jahrhunderts. Jeder Freiheitsimpuls – auch der des Jahres 1989 – verebbt, wenn er nicht institutionell verfestigt wird, um gegenwärtig und lebendig zu bleiben, und um dauerhaft eine prägende Kraft für den politischen Gestaltungswillen zu behalten.

Die Ethik des 21. Jahrhundert wird deshalb eine Institutionenethik sein müssen, ein Gefüge von Regeln, die es im innergesellschaftlichen Wettbewerb ebenso wie in der Staatenwelt unmöglich machen, dass jemand seinen individuellen Vorteil auf Kosten anderer durchsetzt. Eine Institutionenethik formuliert Regeln, nach denen dauerhaft nur derjenige individuelle Vorteile zu erzielen vermag, der seinen Mitmenschen und dessen legitime Interessen beachtet. Karl Homann hat das treffend so formuliert: „Die Regeln müssen anreizkompatibel sein, damit moralisch erwünschte Verhaltensweisen im Schlepptau, im Windschatten des individuellen Vorteilsstrebens zum Zuge kommen. Denn gegen das individuelle Vorteilsstreben sind sie ohne Chance."[3] Unter den Bedingungen einer Wettbewerbsordnung bringt Selbstliebe mehr Vorteile für andere Menschen als jede selbstlose Einschränkung. Nicht die Unterscheidung zwischen Altruismus und Egoismus, sondern die Verschränkung von Eigennutz und Gemeinwohl, persönlichem Vorteilsstreben und gemeinschaftlichem Nutzen ist Ziel einer Institutionenethik. Viel wichtiger als der pädagogisierende Verweis auf Werte des Verzichtes und Tugenden der Einschränkung ist die Frage, was Menschen als (materiellen und ideellen) Vorteil und Nutzen vom Leben erwarten.

In einer Welt der offenen Grenzen, in der Informations- und Kommunikationstechnik jeden Versuch einer Abschottung aussichtslos erscheinen lassen, leben Menschen in einer Markt- und Wettbewerbsordnung, die ihnen täglich neue Anstrengung abverlangt. Dieser Anstrengung wird nur gewachsen sein, wer eine Markt- und Wettbewerbsordnung als das entdeckt, was sie tatsächlich ist: eine moralische Institution, die nur dem Erfolg verspricht, der die Erwartungen anderer erfüllt – und gerade damit seinem eigenen Interesse folgt. Die Verbindung von Gemeinwohl und Eigennutz ist nicht das Ergebnis geheimnisvoller Kräfte des Marktes, sondern erwächst aus einem Zusammenspiel von Regeln, die auf Ausgleich bedacht sind. Deshalb besteht die sittliche Leistung einer freiheitlichen Gesellschaftsordnung darin, dass sie dem Grundsatz der Reziprozität folgt und die persönliche Vorteilnahme nur in Abstimmung mit anderen ermöglicht.

Der Freiheit folgt die Verschiedenartigkeit auf dem Fuß – eine Verschiedenartigkeit der Meinungen, der Vorteilserwartungen, der Bekenntnisse und Überzeugungen, der Lebensverhältnisse und Gruppenzugehörigkeiten. Ausgleich kann unter diesen Vorzeichen nicht mehr durch eine Autorität verordnet werden. Und so, wie im Zeitalter der Glaubenskriege Menschen darüber nachgedacht haben, wie trotz differenter Überzeugungen ein friedliches Zusammenleben möglich ist, ist es unsere Aufgabe heute, Regeln so zu bestimmen, dass sich alle Heterogenität in eine gemeinsame Ordnung einfügt.

Die Menschen in den jungen Bundesländern haben die erste erfolgreiche – und zudem friedliche – Revolution in der Geschichte der Deutschen ins Werk gesetzt. Weit erfolgreicher als alle Freiheitsbewegungen der Neuzeit hat die europäische Revolution von 1989 den Kontinent verändert. Es gehört zu den großen Merkwürdigkeiten im Umgang der Menschen mit ihrer eigenen Geschichte, dass die Ereignisse dieses annus mirabilis nicht etwa Stolz und Selbstbewusstsein, sondern weit mehr Missmut und Enttäuschung hervorgerufen haben – Stolpersteine auf dem Weg von der Befreiung zur Freiheit.

Vielleicht haben Missmut und Enttäuschung ihren Grund auch darin, dass bis heute der revolutionäre Umsturz der alten Ordnung zwar die Befreiung gebracht hat, aber auf dem Weg von der Befreiung zur Freiheit die Völker Europas noch ganz am Anfang stehen. Lang und reich an Enttäuschungen ist dieser Weg. Ihn gemeinsam zu gehen, bedeutet, ein gemeinsames Ziel und eine gemeinsame Aufgabe vor

Augen zu haben: eine neue Ordnung nicht nur für die Staatenwelt zu begründen, sondern auch innergesellschaftlich Ordnungen neu zu stiften, die den veränderten Lebensbedingungen des gemeinsamen Aufbruchs in die Freiheit Rechnung tragen. Es geht darum, etwas Neues zu beginnen.

Von der Befreiung zur Freiheit.
Über die Bewältigung der Ambivalenz einer Epoche im Übergang *

Mit dem Jahr 1989 ist die Freiheit nach Europa zurückgekehrt. In diesem Jahr begann ein revolutionärer Prozess, der nach und nach den ganzen Kontinent erfasst hat. Inzwischen sieht sich nicht nur das wiedervereinigte Deutschland, sondern ganz Europa vor die Herausforderung gestellt, einen tiefgreifenden Umbruch zu bewältigen. Im Kern geht es dabei um die Aufgabe, einen neuen Umgang mit der Freiheit zu finden. Diese Aufgabe stellt sich zu Beginn des 21. Jahrhunderts tatsächlich neu, in einer historisch bis heute nie dagewesenen Weise. Deshalb ist es auch nicht möglich, einfach an die Erfahrungen vor Beginn des totalitären Zeitalters in Europa anzuknüpfen. Zudem stellt sich diese neue Aufgabe für die Westeuropäer wie für die Osteuropäer gemeinsam. Denn es ist eine Illusion zu glauben, dass die Freiheit nur nach Osteuropa zurückgekehrt sei. Auch der westliche Teil des Kontinents sieht sich vor Probleme gestellt, die Folge einer neuen Freiheit sind und jenseits aller Selbstverständlichkeiten der Nachkriegsepoche liegen.

Rückkehr der Freiheit

Der fast gleichzeitige Zusammenbruch der Diktaturen in Mittel- und Osteuropa hat jene Freiheit zurückkehren lassen, die über Jahrzehnte den Menschen in unerreichbare Ferne gerückt zu sein schien. Der Traum von einem in Freiheit geglückten Leben ging gleichsam über Nacht in Erfüllung. Und kaum war dies geschehen, fühlten die Menschen Angst vor der so lange erträumten Freiheit und es begann eine nostalgische Verklärung der früheren Verhältnisse. Die Angst vor der Lebensbedrohlichkeit totalitärer Systeme wurde abgelöst von der Angst vor einer ungewissen Zukunft.

Sobald die Menschen in den Ländern Mittel- und Osteuropas sich die Freiheit erkämpft hatten, schienen sie überrascht, ihr zu begegnen. Sie waren der Freiheit „in einem Maße entwöhnt, dass sie plötzlich nicht wissen, was sie mit ihr anfangen sollen: Sie fürchten sie; sie wissen nicht, womit sie sie füllen sollen; als ob jener Sisyphos-Kampf dafür plötzlich eine leere Stelle hinterlassen habe; als ob das Leben auf einmal den Sinn verloren habe."[1] Ja, plötzlich wurden den Menschen die

* Erstveröffentlichung 1994

Schrecken der Freiheit bewusst. Die Charaktereigenschaften, die ein Mensch braucht, um in der Freiheit bestehen zu können, waren nach den vielen Jahrzehnten diktatorischer Bevormundung wenig ausgeprägt. Dass Freiheit bedeutet, in Verantwortung zu handeln, wurde vielen schlagartig bewusst. Entsprechend wuchs die Angst, Fehler zu machen.[2] Wie Gefangene, „die sich an das Gefängnis gewöhnt hatten, und, aus heiterem Himmel in die ersehnte Freiheit entlassen, nicht wissen, wie sie mit ihr umgehen sollen und verzweifelt sind, weil sie sich ständig selbst entscheiden müssen",[3] fühlen sich jetzt viele von der neuen Situation überfordert. Auf einmal wurde klar, dass vielleicht gar nicht so sehr die Freiheit in den Jahren der Unterdrückung herbeigeträumt wurde, sondern ein System, das besser und wirksamer als der alte kommunistische Staat seine Betreuungs- und Verwaltungsfunktion wahrnimmt. Dann aber, nach dem Zusammenbruch, gab es eine Überraschung: Es kam kein besserer Verwalter, kein freundlicher Betreuer, „es kam die Freiheit. Dies zu begreifen ist die neue Aufgabe".[4]

Das Jahr 1989 hat Europa vor eine Entscheidung gestellt: „Es wird endlich Zeit, sich darüber klar zu werden, was wir eigentlich wollen – ein komfortables Konzentrationslager oder wirkliche Freiheit?"[5] So zugespitzt formuliert Leonid Gosman die Alternative, vor der die Europäer stehen.

Trifft es zu, wie viele Menschen im Westen glauben, dass nur die ehemaligen kommunistischen Diktaturen Mittel- und Osteuropas sich vor diese Alternative gestellt sehen? Handelt es sich bei dieser Entscheidung, die seit 1989 den Europäern aufgegeben ist, um ein ausschließlich osteuropäisches Problem, dessen Lösung bestenfalls unsere Hilfe notwendig macht? Ist es tatsächlich so, dass die Sorge der Europäer nur einem möglichen Umkippen ehemaliger kommunistischer Diktaturen in Verhältnisse einer neuen Unterdrückung gelten muss?

Nur eine ganz und gar oberflächliche Betrachtung wird zu einem solchen Ergebnis führen können. In Tat und Wahrheit steht das Schicksal des ganzen Kontinents auf dem Spiel, verlangt die zunächst von den Mittel- und Osteuropäern formulierte Alternative eine gesamteuropäische Entscheidung. Für den ganzen Kontinent gilt, dass wir uns darüber klar werden müssen, was wir eigentlich wollen – ein komfortables Betreuungssystem oder wirkliche Freiheit.

Die Alternative stellt sich auch für die Menschen im Westen: Zwar sind in Westeuropa 1989 keine Diktaturen zerbrochen – in Deutschland, Italien, Spanien und Portugal geschah das früher und unter anderen Umständen. Aber der Zusammenbruch der totalitären Regime in Mittel- und Osteuropa hat seine tiefgreifenden Folgen auch für die Westeuropäer: Deren Denkgewohnheiten, Handlungsorientierungen und Verbindlichkeiten sind ebenfalls über Nacht zusammengebrochen. Was seit dem Ende des 2. Weltkrieges bis 1989 als blanke Selbstverständlichkeit gelten durfte, ist von heute auf morgen bedeutungslos geworden. Die Westeuropäer, allen voran die Menschen in Westdeutschland, hatten sich in der Stabilität der Nachkriegsordnung trefflich eingerichtet. Die Dinge waren geordnet und klar. Politik konnte weitgehend in Abhängigkeit der äußeren Bedrohung durch den Ostblock formuliert werden. Damit waren die Optionen von vorneherein begrenzt. Über die Voraussetzungsbedingungen von Freiheit wurde nicht weiter nachgedacht. Der gesellschaftliche und politische Konsens, der Westeuropa einigte, war unter dem Druck der Spannungen zwischen den Blöcken verhältnismäßig leicht herzustellen. Die eigenen Interessen waren offenkundig und bedurften kaum einer diskursiven Klärung. Freund und Feind konnten unmissverständlich identifiziert werden. Die wirtschaftlichen und sozialen Konflikte hielten sich in engen Grenzen und ließen sich in der Regel auf der Grundlage eines immer intensiver werdenden Geflechtes der Beziehungen zwischen hochentwickelten Industriegesellschaften und der dadurch begünstigten Wachstumsraten lösen. Immer mehr wurde das von der Wohlfahrtsökonomie gestützte Ziel einer umfassenden Sicherung individueller Lebensrisiken zur bestimmenden Priorität der Innenpolitik. Dabei war das zu bewältigende Armutsgefälle in der politischen Geographie der Nachkriegsordnung auf einen Ausgleich der Lebensverhältnisse zwischen Kopenhagen und Palermo beschränkt.

Plötzlich ist die Welt eine andere geworden. Die Westeuropäer stehen vor Fragen, über die bis 1989 noch nicht einmal spekulativ nachgedacht wurde. Das gilt sowohl im Blick auf wirtschaftliche und soziale Spannungen, die sich auf einmal in der West-Ost-Achse mit wachsender Brisanz darstellen, als auch hinsichtlich der Erwartungen, die gegenüber der Europäischen Union geäußert werden, wenn es um ein aktives Engagement bei der Befriedung kriegerischer Auseinandersetzungen im Herzen Europas geht.

In diesem Sinne ist die Freiheit auch nach Westeuropa zurückgekehrt.[6] Die Freiheit, Entscheidungen treffen zu müssen, Entscheidungen, die bis 1989 noch nicht einmal einer gedanklichen Beschäftigung wert waren. Und vor diesem Hintergrund gilt das Wort Havels ungeschmälert auch für die Westeuropäer, dass nämlich nach einer Phase der Entwöhnung dann, wenn die Freiheit zurückgekehrt ist, viele Menschen nicht wissen, was sie mit ihr anfangen sollen.

Risiken der Freiheit

Tatsächlich machen auch die Westeuropäer die Erfahrung einer neuen Freiheit. Hier, vor allem in der alten Bundesrepublik, avancierte in den 60er und 70er Jahren die Wohlfahrtsökonomie zur Staatsdoktrin. Ihre Erfolge dienten in einem immer umfassenderen Sinne der Legitimation des demokratischen Prozesses. Die Zustimmung zur Demokratie vor allem in Westdeutschland war von Anfang an gestützt durch die Erfolge beim Abbau sozialer Spannungen. So hat sich, in Westdeutschland ursprünglich ausgehend vom Konzept der Sozialen Marktwirtschaft, ein Wirtschafts- und Sozialsystem entwickelt, das immer mehr eine die Menschen betreuende Funktion übernahm. Ausgehend von den wichtigen sozialpolitischen Weichenstellungen der Nachkriegsjahre wurden immer mehr Lebensrisiken eingefangen und über Versicherungsleistungen abgegolten. Natürlich gab und gibt es in Westeuropa Unterschiede in der konkreten Ausprägung – zwischen Schweden, Deutschland, Italien und Griechenland etwa, um nur einige Länder zu nennen. Aber die Intention war doch so ziemlich die gleiche: Man wollte den Menschen ein Höchstmaß an Sicherheit und Geborgenheit garantieren. So ging denn über die Jahre und Jahrzehnte einer kontinuierlich betriebenen Politik, die das Ziel der individuellen Sicherheit verfolgte, eine Einsicht verloren, die allerdings grundlegend für den Bestand freier Gesellschaften ist: die Einsicht nämlich, dass „Arbeit, ein Dach über dem Kopf und Nahrung ... in einer freien Gesellschaft nur im Gefängnis garantiert" werden.[7]

Der westdeutsche Staat – aber nicht nur er – hat viel getan, diese Einsicht zu verdrängen. Heute ist unschwer festzustellen, dass in einer Vielzahl von Fällen die Flucht aus der Selbstverantwortung staatlich und gesellschaftlich veranlasst ist. Es wird auf künstlichem Wege ein ökonomisches Interesse begründet, den Weg einer Lebensgestaltung in Selbstverantwortung zu verlassen. Dabei wird die Verführung zur missbräuchlichen Inanspruchnahme von Sicherungssystemen in Kauf genommen, ja geradezu angeregt, indem sich oft genug die völlige

Abhängigkeit vom staatlichen Sozialtransfer als der einfachere und bequemere Weg empfiehlt. Der Marsch in den Steuer- und Abgabenstaat, der Freiheit und Verantwortung immer mehr erstickt, ist unter diesen Bedingungen unumgänglich. Die Proportionen zwischen Umverteilungsmasse und Umverteilungskosten geraten aus den Fugen. Schließlich brechen die sozialen Sicherungssysteme unter der Last einer immer größeren – und zunehmend auch missbräuchlichen – Überforderung zusammen.

Da aber gerade die Erfolge der Wohlfahrtsökonomie demokratielegitimierend wirkten, zeigt sich jetzt, wie schnell das Vertrauen in die Institutionen einer freiheitlichen Gesellschaft schwinden kann: Im Dezember 1993 setzten vor allem in den jungen Bundesländern immer mehr Menschen ihre Hoffnungen auf den „starken Politiker an der Spitze, der die Sachen anpackt und sich durchsetzt": 58 Prozent in der ehemaligen DDR und 53 Prozent im Westen stimmten der Behauptung zu, „ein solcher Politiker sei nötig, um etwa Arbeitslosigkeit oder Kriminalität in den Griff zu kriegen."[8]

Es spricht demnach alles dafür, die Aufgaben in West- und Osteuropa nicht unvergleichbarer und unterschiedlicher wahrzunehmen, als sie es tatsächlich sind. Natürlich gibt es auf beiden Seiten grundlegend ver-schiedene Aufgaben im Blick auf wirtschaftliche und soziale Entwicklungen. Im Kern aber stellt sich allen Europäern, hüben wie drüben, die gleiche, gemeinsame Aufgabe: nämlich zu lernen, mit der Freiheit auf eine verantwortliche Weise umzugehen. Das Jahr 1989 hat die Europäer in die Selbstverantwortung zurückgerufen. Der moralischen und ökonomischen Krise Westdeutschlands und Westeuropas korrespondiert die moralische und ökonomische Krise in den ehemaligen kommunistischen Diktaturen. Hier wie dort sehen sich Menschen vor die Aufgabe gestellt, das Leben in der selbstverantworteten Freiheit neu zu lernen. Die Aufgabe einer gesamteuropäisch notwendig gewordenen Neuordnung des Kontinents bezieht sich daher nicht nur auf die Außenpolitik, sondern wird mehr und mehr auch eine Anfrage an das Selbstverständnis der Zivilgesellschaften. Diese Anfrage macht es notwendig, dass West- und Osteuropäer zu einem gemeinsamen Projekt finden, um die Folgen des revolutionären Umbruchs zu bewältigen. Nicht nur Osteuropa steht vor der Aufgabe einer Umgestaltung. Auch die Westeuropäer müssen sich angesichts der zurückgekehrten Freiheit moralisch und ökonomisch bewähren.

Befreiung und Freiheit

Für das Verstehen dieser Situation ist es hilfreich, an eine Unterscheidung zu erinnern, die für das Verständnis revolutionärer Prozesse insgesamt von Bedeutung ist. Gemeint ist die Unterscheidung zwischen Befreiung und Freiheit. Das Jahr 1989 brachte zunächst eine Befreiung. Aber Freiheit und Befreiung sind nicht einfach miteinander gleichzusetzen „und da Befreitsein, nämlich die Abwesenheit jedes ungesetzlichen Zwanges, der die Bewegungsfreiheit einschränkt, in der Tat die wesentlichste Bedingung der Freiheit selbst ist..., ist es konkret oft sehr schwer auszumachen, wo das bloße Bestreben, sich von einem lastenden Zwang zu befreien, endet und wo der Wille zur Freiheit als einem positiven Lebensmodus beginnt."[9] Allmählich wird den Völkern Europas klar, dass die Sehnsucht nach Befreiung keineswegs identisch ist mit dem Willen zur Freiheit, die niemals das selbstverständliche Resultat der Befreiung ist. Ganz zu Recht hat schon Hannah Arendt darauf hingewiesen, dass solche Selbstverständlichkeiten leicht übersehen werden, „weil es in der Geschichte viele Befreiungskämpfe gibt, über die wir sehr gut unterrichtet sind, und sehr wenig wirkliche Versuche, die Freiheit zu gründen".[10] Die Frage kann also nur sein, ob Europa im ersten Jahrzehnt des 21. Jahrhunderts die Kraft findet, einen dieser Versuche zu wagen.

Der melodramatische Ton, der in dieser Frage mitschwingt, ist eine Folge auch der Einsicht, dass es völlig fruchtlos wäre, auf gewohnte und bekannte Verfahren zur Überwindung der Orientierungskrise, die sich nach der Befreiung eingestellt hat, zurückgreifen zu wollen. Es steht eben den West- wie den Osteuropäern kein gesellschaftlicher Konsens mehr zur Verfügung, der ausreichende Bindewirkung hätte, um den Versuch der Neugründung von Freiheit zu festigen und den dafür notwendigen institutionellen Umbau zu gewährleisten. Weniger als in früheren Zeiten lässt sich heute im Verweis auf einen wie auch immer bestimmten common sense ein Maßstab für die Bewältigung der Krise finden. Die moralischen Verwüstungen, die der Sozialismus in den osteuropäischen Ländern bewirkt hat, finden in Westeuropa ihre Entsprechung in einer vor allem seit den 60er Jahren zu beobachtenden Destruktion verbindlicher Orientierungen. Von diesem Bruch in den bis dahin gültigen, generationsübergreifenden Maßstäben scheint vor allem die alte Bundesrepublik betroffen.[11] Prozesse einer voranschreitenden Individualisierung, wie sie in allen hochentwickelten Industriegesellschaften seit Jahrzehnten zu beobachten sind, machen es heute unmöglich, im Alltagshandeln der Menschen einen gesellschaftlichen Konsens über Tugenden zu erkennen. Individuelle, selbstbestimmte Einstellungen und Werthaltungen sind immer mehr an die Stelle sozialer Normen und gesellschaftlicher Verbindlichkeiten getreten. Diese Feststellung soll keineswegs als kulturpessimistische Fußnote verstanden werden, sondern als eine nüchterne Einsicht in „ein Dilemma, das aus den liberalen Gesellschaften selber kommt und mit ihrem Wesen zusammenhängt."[12] Und damit wird klar, dass der Rekurs auf die alten Tugenden auch in Zukunft keinen Erfolg verspricht. Vielmehr wird es notwendig, die Struktur freiheitlicher Gesellschaften besser als bisher verstehen zu lernen und den Bestandsbedingungen von Freiheit mehr Aufmerksamkeit zu widmen.[13] Dieses Dilemma liberaler Gesellschaftsordnungen, das uns erst allmählich bewusst wird, besteht darin, „dass gerade die offenen Gesellschaften die wirksamsten Schrittmacher moderner Zustände sind und folglich unablässig vorantreiben, was sie untergräbt. Das Dilemma ist, dass sie zugleich, weniger als jede andere Ordnung, in der Lage sind, die von ihnen herbeigeführten Orientierungsverluste aus eigener Kraft zu bewältigen."[14] Sie schaffen eine Welt, in der Orientierungshorizonte grundsätzlich offen sind. Die Grenzen zwischen Zulässigem und Unzulässigem werden verwischt. Individualistisch werden demnach auch ethische Verpflichtungen definiert. Ethisch zu handeln heißt dann, vor sich selber bestehen zu können.[15] Die Welt des ‚anything goes' bringt nicht etwa einen steten Zuwachs an Freiheit mit sich, sondern drängt, ihrem eigenen Gesetz folgend, zwangsläufig zu Unterwerfungsverhältnissen hin.[16] Die Frage lautet also, ob Europa der einmal errungenen Freiheit auf Dauer eine Heimat geben kann, oder aber es beim heroischen Akt der Befreiung belässt und, indem der Freiheitswille allmählich erlahmt, in paternalistische oder gar despotische Verhältnisse zurückfällt.

Innere Gefährdungen der Freiheit

Wer mit geschärftem und selbstkritischem Blick sich die Geschichte der alten Bundesrepublik vor Augen führt, wird unschwer erkennen, dass diese Gefahren einer von innen heraus bedrohten Freiheit in den letzten Jahrzehnten größer geworden sind. Hier liegt der Kern des

Problems: Eine Antwort auf die Frage, ob Europa die Kraft findet, der zurückgekehrten Freiheit auf Dauer eine Heimat zu geben, wird vor allem und vorrangig davon abhängen, ob es gelingt, der Bedrohung der Freiheit durch die Verführungen der Freiheit selbst zu widerstehen. Ein Erfolg bei der Bewältigung dieser Aufgabe ist alles andere als selbstverständlich. Postkommunistische und prosozialistische Parteien gewinnen wieder an Zustimmung. Die Freiheit, kaum zurückgekehrt, hat es schwer, sich angesichts einer nostalgischen Verklärung der untergegangenen Regime zu behaupten. Nicht nur in Einzelfällen findet sich in den Städten und Gemeinden der jungen Bundesländer niemand mehr, der bereit wäre, für das Amt des Bürgermeisters zu kandidieren oder ein kommunales Mandat zu übernehmen. Ein friedliches Zusammenleben zwischen Menschen unterschiedlicher Herkunft oder verschiedenen religiösen Bekenntnisses ist in weiten Teilen des Kontinents nicht mehr selbstverständlich. Tausende starben in einem Krieg, unmittelbar vor unserer Haustür, im ehemaligen Jugoslawien.

Nachdem die Freiheit nicht mehr einer äußeren Bedrohung ausgesetzt ist, wird schlagartig klar, wie groß die inneren Gefährdungen sind. Unser Wissen um die Bestandsbedingungen von Freiheit bedarf dringend einer Vertiefung. Denn nichts spricht dafür, dass freiheitliche Gesellschaften, nachdem sie keiner äußeren Bedrohung mehr ausgesetzt sind, nicht an den Gefahren scheitern, die ihnen von innen heraus erwachsen. Heute stellt sich in Ost und West gleichermaßen die Aufgabe, wieder begreifen zu lernen, dass Freiheit nie voraussetzungslos gegeben ist. Die Überlebensfähigkeit einer freiheitlichen Gesellschaft hängt davon ab, dass die Bestandsbedingungen von Freiheit, die nicht zur Disposition stehen dürfen, eine ungeschmälerte Anerkennung finden. Die neuen Gefahren erwachsen aus der Bedrohung freiheitlicher Gesellschaft durch eine Übertreibung ihrer eigenen Prinzipien. Wie keine andere Ordnung ist die liberale Gesellschaft machtlos gegenüber Minderheiten, die sich entschlossen zeigen, gegen ihre Regeln zu verstoßen. Dies geschieht dann, wenn beispielsweise Freiheit als Zügellosigkeit missverstanden und den Gesetzen der Gehorsam versagt wird. Dies geschieht aber auch dann, wenn gegen den Sinn bestimmter Regeln verstoßen wird, ohne dass diese Regeln formal verletzt werden. Erinnert sei in diesem Zusammenhang beispielsweise an die Entwicklung vom Rechtsstaat zum Rechtsmittelstaat. Rechte, die ursprünglich dem Schutz des Einzelnen dienen sollten, werden in Anspruch genommen, um gesellschaftliche und staatliche Entscheidungen auf unabsehbare Zeit zu blockieren. Wenn also die Freiheit nicht an einer Überdehnung ihrer eigenen Möglichkeiten zugrunde gehen soll, bedarf sie um ihres eigenen Fortbestehens willen einer Begrenzung, die sich aus der Gleichheit der Freiheitsrechte der anderen ergibt. Eben dieses Freiheitsrecht der anderen markiert auch die Grenze einer unzulässigen Einschränkung von Freiheit durch Bevormundung. So, wie die Überdehnung der Freiheit zu ihrer Vernichtung führt, kann auch die Angst vor der Freiheit zu ihrer Zerstörung führen. Zügellosigkeit wie Bevormundung sind Stufen des Missbrauchs von Freiheit auf dem Weg, diese zugrunde zu richten.

Nach der Rückkehr der Freiheit sieht sich Europa beiden Formen der Verführung ausgesetzt. Es sind dies die Verführungen einer missverstandenen Freiheit: Sei es nun die autoritäre Verführung oder die permissive Verführung, beide weisen die Richtung zur Zerstörung der Freiheit. Weder der Wunsch, in Sicherheit leben zu können und vom Staat betreut zu werden, um so der Angst vor der Freiheit zu entfliehen, noch die ungebundene Zügellosigkeit einer Willkür, die nicht bereit ist, die Grenzen der Freiheit zu respektieren, taugen dazu, Orientierung in dieser Zeit des Umbruchs zu geben. Die Menschen in Europa sind auf der Suche nach neuen Leitbildern. Nur wenn es gelingt, eine Tradition der Freiheit zu begründen, werden die Europäer jenen Maßstab finden, der es erlaubt, den neuen Möglichkeiten der Freiheit, die das Jahr 1989 eröffnete, Bestand zu verleihen.

Die neue Ordnung der Freiheit

Die letzten Jahrhunderte der europäischen Geschichte sind geprägt von einer immer weiter voranschreitenden Individualisierung.[17] Begonnen hat dieser Siegeszug der Freiheit dort, wo das Individuum als personales Subjekt erkenntnistheoretische und moralische Autonomie für sich beansprucht hatte. Damit war der Weg einer voranschreitenden Individualisierung eingeschlagen. Zwar gab es immer wieder Rückschläge, wenn die autoritäre oder die permissive Verführung zu übermächtig wurden. Aber nichts konnte den elementaren Freiheitswillen der Menschen auf Dauer brechen.

Nachdem die europäische Geschichte jetzt einen Punkt erreicht hat, wo – der Formulierung Hannah Arendts folgend – der Wille zur Freiheit als einem positiven Lebensmodus beginnen muss, weil Freiheit eben nicht schon als selbstverständliches Resultat der Befreiung gegeben ist, lautet also die Kernfrage der gesamteuropäischen Herausforderung unserer vom Umbruch geprägten Epoche: Wie kann der Absturz des Individualismus in Selbstsucht und Egoismus vermieden und statt dessen eine neue Orientierung in der Freiheit gefunden werden, ohne den Verführungen zu erliegen, mit denen etwa der alte Sozialismus im Gewand eines neuen Kommunitarismus kokettiert?

Nicht beantwortet werden kann diese Frage mit dem Hinweis auf die alten Tugenden. In Europa findet sich keine moralische Überzeugung, die so lebendig und allgemein wäre, als dass sie Fundament für den Aufbau einer neuen Ordnung sein könnte. So groß in der Zeit des Umbruchs die Verführung auch ist, am Alten festhalten zu wollen, so sehr muss dieser Verfügung widerstanden werden. Die Chance, den Wandel zu gestalten, wird ansonsten vertan. Wenn eine alte Ordnung zerbrochen ist, hilft die nostalgische Verklärung der untergegangenen Welt wenig.

Wenn das Gefühl moralischer Verpflichtung seine Bedeutung für die Prägung des Verhaltens gegenüber anderen Menschen verliert, Ethik selbst immer mehr individualisiert und sich der Begriff der persönlichen Verantwortung stärker an eigennützigen Motiven orientiert, dann muss damit nicht zwingend dem Utilitarismus Tür und Tor geöffnet werden. Das hat übrigens schon Alexis de Tocqueville klar gesehen. Er beobachtete zu seiner Zeit die Klage der Moralisten, die in dem Maße, wie jeder sich auf sich selbst zurückzog, davor zurückschreckten, den Gedanken des Opfers zu verkünden. Deshalb „beschränken sie sich darauf zu ergründen, ob der persönliche Vorteil der Bürger nicht darin bestehe, für das Wohl aller zu arbeiten".[18] In der Tat zeigt sich hier eine Ethik, die einer weit vorangeschrittenen Individualisierung Rechnung trägt: Der Mensch erkennt allmählich, dass er sich selbst dient, indem er seinen Mitmenschen dient. In aufgeklärter Selbstliebe und wohlverstandenem Eigennutz zeigt sich der handlungsorientierende Kern einer dem Individualismus angemessenen Ethik, die keineswegs Menschen davon abhält, sich gegenseitig zu helfen und für das Gemeinwohl bereitwillig Opfer zu bringen.

Ein neues Fundament für die Vereinbarung von Individualität und Sozialität wird nur zu finden sein, wenn der vermeintliche Gegensatz von Egoismus und Altruismus neu überdacht und aufgelöst wird. Wir müssen diese Alternative überwinden, so, wie auch die fiktive Kluft zwischen Individuum und Gesellschaft überbrückt werden muss. Norbert Elias hat in diesem Zusammenhang eine kopernikanische Wende im Denken und Fühlen der Menschen gefordert, und er meint damit, dass der Einzelne als Individuum sich wieder „im Gesamtzusammenhang des bewegten Menschengeflechts" sehen lernt.[19]

An die Stelle eines Denkens in falschen Alternativen muss das Bewusstsein einer wechselseitigen Verschränkung treten, einer Verschränkung, die Individuum und Gesellschaft, Eigeninteresse und Gemeinwohlinteresse in einem Zusammenhang sieht. Eine gesellschaftliche und staatliche Ordnung muss beide Ansprüche zur Deckung bringen. Damit Individualismus nicht zum Privatismus und Gemeinwohldenken nicht zum Etatismus degenerieren, muss es einer gesellschaftlichen Ordnung gelingen, die Kluft zwischen Eigennutz und Gemeinsinn zu überbrücken.

Der Absturz freier Gesellschaften in Egoismus, Selbstsucht und Besitzstandsdenken ist durch moralische Appelle nicht zu verhindern.[20] Dort, wo Menschen Orientierung suchen, weil hergebrachte Regeln nicht mehr gelten, Normen keine ausreichende Verbindlichkeit mehr haben und überlieferte Ordnungsstrukturen zerbrochen sind, in Situationen also, wo der Einzelne weitgehend auf sich selbst gestellt ist, werden Gefahren, die der Freiheit von innen heraus erwachsen, umso bedrohlicher. Also drängt die Zeit, eine neue Ordnung zu finden, die der Freiheit auf Dauer Schutz gewährt.

Tocqueville hat diese Herausforderung hellsichtig gesehen. Seine Beobachtungen zielen auf Probleme und Fragen, die heute in Europa ungeahnte Aktualität erhalten haben und ungeteilte Aufmerksamkeit verdienen. Denn in der Tat ist den Europäern nach dem Zusammenbruch der alten Ordnung der Nachkriegsepoche jetzt aufgegeben, eine neue Balance zwischen Individualität und Sozialität, zwischen Mensch und Gesellschaft zu finden. Nicht die Klage über unzulängliche Moral und mangelnde Opferbereitschaft hilft weiter. Die neue Ordnung der Freiheit baut auf die Einsicht, dass egoistische, ja selbstsüchtige Motive das Handeln der Menschen leiten – und auch zukünftig leiten werden.

An eben dieser Einsicht hielt Immanuel Kant fest, als seiner Forderung nach einer republikanischen Verfassung entgegengehalten wurde, dass diese doch einen Staat von Engeln voraussetze, weil Menschen gemeinhin mit ihren selbstsüchtigen Neigungen einer Verfassung von so sublimer Form nicht fähig seien.[21] Auf schlagende Weise hat Kant diesen Einwand widerlegt. Seine Argumentation bedient sich gerade jener selbstsüchtigen Neigungen, die in der Natur des Menschen gründen. Ohne sie wäre der in der Vernunft gegründete Wille zur Praxis ohnmächtig. Wenn sich aber die Vernunft eben jener Selbstsucht bei der Organisation des Staates bedient, in dem sie die eigennützigen Motive der Menschen ausbalanciert – zum Nutzen aller, dann, so schreibt Kant, ist das Problem der Staatserrichtung selbst für ein Volk von Teufeln, wenn sie nur Verstand haben, auflösbar.[22] Wenn die Organisation des Staates dazu zwingt, ein guter Bürger zu sein, können Staat und Gesellschaft füglich darauf verzichten, nach der Moralität der Gesinnung ihrer Bürger zu fragen. Von der Staatsverfassung hängt es allein ab, ob der dem Menschen eigene Egoismus zum innergesellschaftlichen Krieg oder aber zur allgemeinen Befriedung führt. Nicht eine kaum zu erhoffende moralische Besserung der Menschen, sondern nur der Mechanismus der Natur macht es möglich, den Widerstreit unfriedlicher Gesinnungen in einem Volk aufzulösen. Die selbstsüchtigen Neigungen, die zunächst gegeneinander wirken, werden von der Vernunft benutzt, um der Freiheit Raum und Schutz zu geben. Voraussetzung ist allerdings, dass Menschen, wenn denn die Organisation eines Staates auf dem Fundament eigennütziger und selbstsüchtiger Motive aufbauen soll, sich ihres Verstandes bedienen müssen, um erkennen zu können, was ihrem eigenen Interesse dient.

An dieser Stelle wird sichtbar, vor welche ungeheure Herausforderung die Völker Europas heute gestellt sind. Die Zukunft der Freiheit und der Aufbau einer neuen Ordnung hängen dann, Kant folgend, nicht von der vagen Hoffnung ab, dass sich in unserer Situation des Übergangs von der Befreiung zur Freiheit ein lebendiges moralisches Bewusstsein neu entwickelt, ein Konsens, der integrierend wirken und eine neue Ordnung stiften könnte. Nicht die Wirksamkeit des Appells an moralische Besserung entscheidet über die Zukunft. Vielmehr ist es die neue Ordnung selbst, die Organisation des Zusammenlebens von Menschen in den Zivilgesellschaften und den Staaten Europas, die allein der neuen Freiheit Raum und Dauer geben kann.

Mir scheint, die Europäer, im Westen zumal, sind sich dieser Aufgabe kaum bewusst. Aber nach der Rückkehr der Freiheit müssen sie jetzt die Frage beantworten, welchen Preis ihnen die Freiheit wert ist. Eine neue Ordnung der Freiheit wird es in Europa nicht geben, wenn nicht die Einzigartigkeit der neuen Aufgabe erkannt wird. Selten, vielleicht nie zuvor hat die europäische Geschichte eine solche Aussicht eröffnet. Zu keinem früheren Zeitpunkt sahen sich die Europäer jemals vor eine vergleichbare, nur gemeinsam zu bewältigende Herausforderung gestellt.

Das alte Denken der Nachkriegsordnung führte nicht nur zu einer Tabuisierung einer Reihe von politischen Fragen. Es bewirkte auch eine Gewöhnung an vermeintliche Selbstverständlichkeiten, die, bei Licht betrachtet, niemals Selbstverständlichkeiten waren. Dazu gehört die etwa in der alten Bundesrepublik fast völlig unterbliebene Beschäftigung mit den Voraussetzungen und den Bestandsbedingungen politischer Freiheit. Man setzte Freiheit einfach voraus – und nahm sie als gegeben hin. Dass die Sicherung der Freiheit, ihr Schutz und ihr Bestand tagtäglicher Anstrengung bedarf, wurde weithin vergessen. So ist es höchste Zeit, an die Einsicht zu erinnern, die Tocqueville uns überliefert hat: „Der politischen Freiheit können sich die Menschen nicht erfreuen, ohne sie durch manche Opfer zu erkaufen, und sie erringen sie immer nur mit vielen Anstrengungen."[23]

Die Erfahrungen an Kommunismus und Faschismus werden in Europa bald verblassen, die Erinnerung an Unterdrückung und Verfolgung wird sich bald verflüchtigen. Es wird keine Supermacht mehr geben, die den Europäern den Schutz der Freiheit garantiert. Also bleibt nur die eigene Anstrengung, das Ringen um eine neue Ordnung, eine Ordnung, die Freiheit zum vitalen Selbstinteresse jedes Einzelnen werden lässt. Deshalb ist ein Umbau der staatlichen und gesellschaftlichen Ordnungen unumgänglich.[24] Die Menschen, vor allem in Westeuropa, sind zur Zeit weit davon entfernt, diese Schlussfolgerung anzunehmen. Umso dringlicher ist es, der gedanklichen und politischen Anstrengung, die allein einen Neubeginn ermöglicht, nicht länger auszuweichen.

Nach der Revolution in Mitteleuropa: Geistige Orientierung auf dem Weg zur Einheit *

Es ist noch nicht sehr lange her, dass die Spalten der Feuilletons gefüllt waren mit einem immer wiederkehrenden Gejammere über ein schläfriges, dem Ende seiner geschichtlichen Bedeutung entgegendämmerndes Europa. Das Wort von der Eurosklerose machte die Runde. Nichts sprach dafür, dass irgendwann noch einmal etwas Aufregendes auf diesem Kontinent passieren würde. Das Ende der Geschichte schien eingeleitet. Die Freunde einfacher Weltbilder und konventionellen Denkens kamen auf ihre Kosten: Alles schien fest gefügt, die Spaltung zementiert, der Westen im materiellen Reichtum zu versinken, der Osten von der eisernen Faust einer militärisch hoch gerüsteten Ideologie geknebelt.

Die Anhänger dieses festgefügten Weltbildes übersahen, dass niemals das Herz Europas aufgehört hatte zu schlagen.

Dieses Herz schlug und schlägt in der Mitte des Kontinents: Vor allem bei den Polen, den Tschechen und den Ungarn, den Letten, den Esten, den Litauern, ungebrochen auch bei den Bulgaren und den Kroaten wuchs die Sehnsucht, wieder in einem Europa leben zu dürfen, das sich selbst gesamteuropäisch versteht. So richtig es ist, dass ohne die ungeheure Attraktivität der westeuropäischen Integration und ohne den großartigen Erfolg der Europäischen Gemeinschaft die Revolution in Mitteleuropa möglicherweise noch ein wenig auf sich hätte warten lassen, so richtig ist aber auch: diese Revolution ist nicht nur das Ergebnis einer weit nach Mittel- und Osteuropa strahlenden Faszination der freiheitlichen westeuropäischen Gemeinwesen. Sie ist das Ergebnis einer ungebrochenen Vitalität der Rückbesinnung auf die eigene, mitteleuropäische Geschichte. Denn über Jahrzehnte hinweg blieb der Gedanke einer europäischen Identität in Mitteleuropa lebendig; keine kommunistische Internationale und keine sozialistische Unterdrückung konnte ihn ausrotten.[1]

Wer in den achtziger Jahren einmal ein mitteleuropäisches Land besuchte, der konnte vom 9. November 1989 und den dann folgenden Ereignissen kaum überrascht sein. Die Sehnsucht, nach Europa, dem man sich geographisch immer zugehörig fühlte, auch politisch zurückzukehren, war das Motiv für alles, was in den achtziger Jahren zur Vorbereitung der Revolution vor allem von Dissidenten getan wurde.

* Erstveröffentlichung 1992

Heute tun sich viele im Westen immer noch schwer, den Umbruch zu begreifen. Man wird ihn nicht verstehen können, wenn man sich nicht die Doppelgesichtigkeit dieser mitteleuropäischen Revolution in Erinnerung ruft: Die nämlich war einerseits das entschiedene und endgültige Bekenntnis zu Freiheit, Selbstbestimmung und Demokratie, ein gezogener Wechsel auf eine glücklichere Zukunftsverheißung, andererseits aber – und nicht sehr viel weniger – die Rückerinnerung an das alte Europa, eine nie ganz dem Vergessen preisgegebene Vergangenheitserfahrung.

Nachdem die Revolutionsfeiern verklungen sind, beginnt jetzt der politische Alltag – in einem neuen, grundlegend veränderten Europa, das sich auf die Suche nach seiner zukünftigen politischen Gestalt begeben hat. Überall rätselt man über die politische Konfiguration dieses Kontinents, die zu beschreiben auch deshalb so schwer fällt, weil sich die Europäer längst noch nicht in den neuen Fragestellungen der Zeit nach der Revolution eingerichtet haben.

Neue Fragestellungen nach der mitteleuropäischen Revolution

Aus der großen Fülle neuer Fragestellungen drängen sich einige ganz besonders in den Vordergrund: Was wird nach dem Zerfall der Sowjetunion übrig bleiben, wie wird sich die Konföderation der neu entstandenen, selbständigen Staaten gestalten? Wie wird angesichts eines jahrzehntelang zwar unterdrückten, niemals aber bewältigten Nationalismus überhaupt Staatlichkeit in Mittel- und Osteuropa zu organisieren sein? Geht es wirklich um einen neu aufkeimenden Nationalismus, oder ist die nationale Idee nicht der Ausdruck eines mehr als verständlichen Strebens nach Freiheit und Selbstbestimmung, eine Reaktion auf jahrzehntelange ethnische und religiöse Unterdrückung? Wie werden lokale Konflikte in Mittel- und Osteuropa begrenzt und gelöst werden können? Wie kann das Waffenarsenal des Warschauer Paktes abgebaut und ein Netzwerk friedlicher Zusammenarbeit geknüpft werden?

Alle diese Fragen sind ungelöst – und werden sicher die europäische Politik für längere Zeit begleiten. An dieser Stelle soll von einer ganz anderen Fragestellung die Rede sein, der Frage nämlich, welche geistige Orientierung eigentlich den Menschen nach der erfolgreichen Revolution bleibt und wie Europa einen Weg finden kann angesichts der Polarität einer untergegangenen totalitären Ideologie einerseits und eines am Horizont aufgehenden nihilistischen Agnostizismus andererseits.

In den Jahren 1989 und 1990 hat in einer historisch bis dahin nicht gekannten Weise die Idee der Freiheit gesiegt. Es zeigte sich, dass die tiefe Sehnsucht der Menschen nach Unabhängigkeit und Selbstbestimmung stärker war als jeder noch so brutale Mechanismus der Unterdrückung, des Terrors und der Diktatur. Viele Verzagte haben an den Sieg des Westens nicht mehr glauben können. Heute sind die vielen Reden, in denen die Vereinigung Deutschlands und die Überwindung der Spaltung Europas als Lebenslüge und gefährliche Illusion diffamiert wurden, längst vergessen. Der Westen hat gesiegt. An diese, schon beinahe banal klingende Feststellung schließt sich jedoch mit gutem Grund die Frage an: Werden auch die ‚westlichen Werte' siegen?[2]

Nachdem der Kampf gegen die Unfreiheit mit Erfolg zu Ende gekämpft und der Sieg der Freiheit errungen ist, zeigt sich jetzt die Angst vor eben dieser gerade erkämpften Freiheit. Über Jahre erträumten die Menschen das Unmögliche. Jetzt, nachdem sich der Traum der Befreiung erfüllt hat und das Unmögliche plötzlich in das Mögliche verwandelte, jetzt, da ein freies Leben alltägliche Wirklichkeit geworden ist, zeigt sich, wie sehr die Menschen in Mittel- und Osteuropa dieser Freiheit entwöhnt sind. Auf einmal wissen sie nicht, was sie mit ihr anfangen sollen. Ja, sie fürchten die Freiheit, weil sie nicht wissen, womit sie diese bewältigen sollen. Das Leben, das bisher deshalb seinen Sinn hatte, weil der alltägliche Kampf gegen Unterdrückung und Unfreiheit ihm einen Wert gab, hat seinen bis dahin gültigen Sinn verloren. Wo der ursprüngliche Sinn sich verflüchtigt, stellt sich eine grenzenlose Leere ein. „Im Unterschied zu den Zeiten der Totalität, als die Zukunft zwar ärmlich, aber gewiss war, scheint sie heute vielen sehr ungewiss. Die eine einzige, zwar allgegenwärtige, doch schon bekannte Bedrohung, die das totalitäre Regime mit seiner Unterdrückung darstellte, scheint abgelöst von einem ganzen Spektrum neuer und unbekannter oder lange vergessener Bedrohungen".[3]

Das Lebensgefühl vieler Menschen in den ehemaligen kommunistischen Diktaturen gleicht dem Gefangenen, der sich nach vielen, vielen Jahren an das Gefängnis gewöhnt hat, und, plötzlich in die Freiheit entlassen, die geordneten und geregelten Lebensverhältnisse im Gefängnis schmerzlich zu vermissen beginnt.

Der Verlust des bisherigen Lebenssinns ist die Aufforderung, einen neuen Lebenssinn zu suchen, für die eigene Existenz eine neue Begründung zu finden. Die plötzlich empfundene Lebensleere ruft nach einem neuen Lebensinhalt.[4] Aber wer füllt dieses Vakuum, welche Weltanschauung ist geeignet, bei der Suche nach einem neuen Lebenssinn Orientierung zu geben? Welche Folgen hat jene Demoralisierung, die dadurch entstanden ist, dass Menschen ein ganzes Leben lang gezwungen waren, in der Lüge zu leben? Und schließlich: Unterscheidet sich die von den Menschen nach der friedlichen Revolution empfundene Sinnleere wirklich vom Lebensgefühl der Menschen in Westeuropa? Oder ist nicht vielmehr, aus unterschiedlichen Quellen gespeist, die Sinnentleerung in West und Ost vergleichbar weit gediehen?

Vieles spricht dafür, dass diese Frage mit einem klaren Ja beantwortet werden muss. Die Orientierungsnot der Menschen in den säkularisierten westeuropäischen Gesellschaften unterscheidet sich kaum von der Lage in Mittel- und Osteuropa. Im vereinigten Deutschland leben heute, 1993, rund 20 Millionen Menschen, die sich keiner Konfession zugehörig fühlen. Von den fast 17 Millionen Bürgern der ehemaligen DDR gehörten nur knapp 5 Millionen zu einer der beiden Kirchen, darunter 700.000 zur katholischen Kirche. Es liegt auf der Hand, dass die ständig wachsende Zahl der Konfessionslosen nicht ohne Folgen für die politische Kultur in Deutschland bleiben kann. In der alten Bundesrepublik lässt sich seit vielen Jahren – stärker noch als in anderen westeuropäischen Ländern – ein Rückgang an Religiosität nachweisen.[5] Deutlich weniger Menschen als in anderen westlichen Industriegesellschaften zum Beispiel glauben in Deutschland an ein Leben nach dem Tod.

In der ehemaligen DDR, in der 39 Prozent der gesamten Bevölkerung und 70 Prozent der 16- bis 29-jährigen nie Mitglied einer Kirche waren, stimmen 52 Prozent der jungen Generation der Aussage zu: „Der Glaube sagt mir nichts. Ich brauche keine Religion."[6] Es gibt dort so gut wie keine Anzeichen einer vitalen und bisher nur unterdrückten Religiosität, die sich nun befreit entfalten könnte.

Ohne Zweifel wird Deutschland atheistischer. Es steht zu erwarten, dass diese Tendenz – zunächst – auf alle mitteleuropäischen Länder zutrifft – bei allen Unterschieden etwa zwischen Polen, Tschechen, Ungarn oder Bulgaren. Die weiter voranschreitende Säkularisierung bedeutet dabei keineswegs, dass religionsgeschichtlich begründete

Konflikte und Streitigkeiten an Aktualität und Brisanz verloren haben. Die Eskalation der Krise in dem ehemaligen Jugoslawien ist ein beredtes Beispiel dafür. Aber überall gilt: Nicht ein aktueller Kirchenkampf, sondern die historische Rückerinnerung an Diskriminierung und Unterdrückung, soweit sie durch religiöse Zwistigkeiten verursacht wurden, ist das Motiv für späte Rache und Vergeltung oder erhoffte Wiedergutmachung. Eine lebensprägende Kraft haben die christlichen Religionsgemeinschaften in West-und Mitteleuropa heute nicht mehr.

Das christliche Angebot der Versöhnung im Angesicht von Verstrickung und Schuld

Jahrzehnte der Unterdrückung haben die Idee der Freiheit nicht niederringen können. Nicht einmal das süße Gift der Verlockungen eines zwar bevormundeten, aber doch Verhaltenssicherheit und Bequemlichkeit bietenden Lebens in der Diktatur haben die Menschen Mitteleuropas am Ende davon abhalten können, für die Freiheit zu kämpfen. Vielen zeigte sich darin der alles überwölbende Sinnhorizont ihrer Existenz, in den vielen Auseinandersetzungen des Alltags sichtbar zu machen, dass die Sehnsucht nach Freiheit nicht zerbrochen war. Nun ist die Freiheit erkämpft und will genutzt werden – für Ziele und Zwecke, die auf Anhieb so klar nicht zu bestimmen sind. Ja, auf einmal stellt sich die menschliche Grundfrage, was Freiheit denn überhaupt ist. In dem Moment, wo der Mensch – plötzlich – frei ist, kommen ihm schon die ersten Zweifel: Was soll er mit der Freiheit anfangen, wie weit geht seine Freiheit, hat er ihre Bedeutung für seine persönliche Lebensgestaltung möglicherweise sogar überschätzt?

Unsere Zeit macht es nicht einfach, Antworten auf diese Fragen zu finden. Denn der Geist der Zeit in den westeuropäischen Demokratien nimmt Freiheit als das allzu Selbstverständliche hin und richtet sich sehr viel stärker auf die noch nicht eingelösten sozialen Belange. Nicht nur die Westdeutschen nennen in der Hierarchie ihrer Bedürfnisse einen weiteren Ausbau des sozialen Netzes an erster und oberster Stelle. Das Grundbedürfnis nach Sicherheit scheint stärker als die Bereitschaft, das Risiko von Freiheit zu verantworten. Diese Strömung des Zeitgeistes mischt sich bei den Menschen in den neuen Ländern mit dem Gefühl des Verlustes von sozialen Leistungen des alten Systems und der tiefen Sorge, selbst in wirtschaftliche Not geraten zu können.

Die Westdeutschen, ja die Westeuropäer, können also scheinbar wenig Hilfe geben bei der Lösung der Aufgabe, ein neues, positives Verständnis von Freiheit zu gewinnen, das sich nicht nur – negativ – definiert durch den Kampf gegen eine übermächtige Diktatur. Das Angebot der liberalen Gesellschaften des Westens läuft – zugespitzt formuliert – auf ein Verständnis von Freiheit hinaus, das sich von Beliebigkeit kaum noch unterscheidet. Freiheit gilt dann vor allem als eine Lebenseinstellung, nach der Werte, Orientierungen, Überzeugungen und Meinungen nahezu beliebig werden. Freiheit ist vor allem die Freiheit zur Skepsis, die aus der Erfahrung immer neuer Enttäuschungen angesichts einer verlorenen Dauerhaftigkeit von Überzeugungen und Orientierungen wächst. So trachtet denn der moderne Mensch erst gar nicht danach, Sicherheit und Verlässlichkeit anzustreben, sondern rechnet gleichsam jede Minute mit neuen Enttäuschungen und versucht, sich dagegen zu wappnen. Er gewinnt jene Resistenz gegenüber nicht eingelösten Hoffnungen, die der zeitgenössische Mensch zu seiner Lebensbewältigung heute glaubt besitzen zu müssen. Skepsis als eine der prägenden Grundhaltungen des modernen, sich in der Endlichkeit der Welt und der Kontingenz von Wahrheit orientierenden Menschen[7] hat jene Radikalität gewonnen, der nichts, aber auch gar nichts als wirklich sicher gelten kann. Wir leben unter den Bedingungen einer hypothetischen Zivilisation, wie Robert Spaemann es einmal formuliert hat[8], in einer Gesellschaft also, in der alles, was gilt, nur noch auf Widerruf gilt. Immer mehr Menschen richten ihr Leben ein, als wenn sie es zunächst nur auf Probe führten: Sie scheinen zufrieden, solange ihre Entscheidungen nicht irreversibel sind. Alles muss rückholbar, revidierbar sein.

Dieser Einstellung steht das christliche Verständnis von Freiheit entgegen. Ihm gilt der Mensch nicht als allmächtig in seinen Wünschen und Wollen, sondern als Ebenbild Gottes, also zur Freiheit berufen, zwischen gut und böse zu entscheiden. Der christliche Freiheitsbegriff kann nicht anerkennen, dass jede Überzeugung und jede Meinung gleich viel wert ist und damit auch die gleiche Dignität besitzt. Er lässt von einer Unterscheidung in wahr und falsch nicht ab, sowenig wie er den Unterschied zwischen gut und böse aufgibt. Vom Menschen wird verlangt, die ihm übertragene Freiheit nicht als Willkür oder als Aufforderung zur Beliebigkeit misszuverstehen, sondern sich – im Bewusstsein seiner Freiheit – zu entscheiden. Er widerspricht jedem Agnostizismus und fordert ein ständiges Ringen um die Erkenntnis dessen, was als gut und richtig gelten darf. Nur im Kontext eines christlichen Verständnisses von Freiheit findet die Schuldfähigkeit des Menschen ihren Platz. Eben diese Frage tritt aber jetzt, am Ende eines erzwungenen Lebens in der Lüge in den östlichen Staaten, in den Vordergrund nicht zuletzt auch der öffentlichen, oft ohne Rücksicht auf menschliche Verletzungen geführten Debatte.

Zu den erschreckendsten Erfahrungen der jüngsten Vergangenheit gehört, miterleben zu müssen, welche – nicht selten von unüberbietbarer Dummheit und Überheblichkeit geprägte – Reaktionen dieses Problem von Verstrickung und Schuld bei den Westdeutschen auslöst. Das allgemeine Erstaunen, ja die Empörung, die beispielsweise die Machenschaften der Staatssicherheit, des MfS, der östlichen Geheimdienste oder der Einheitsparteien des Ostblocks bei den Westdeutschen heute hervorrufen, können eigentlich nur Kopfschütteln verursachen. Nichts, was seit dem Fall der Mauer bekannt wurde, war nicht auch schon zuvor bekannt. Alles, was heute die Gazetten füllt, hat man seit eh und je wissen können – wenn man nur gewollt hätte. Aber wer wollte schon davon hören, wer sich mit den Bedingungen der politischen Gefangenen der DDR auseinandersetzen, die Verfolgung von Menschen zur Kenntnis nehmen, die Ängste, die zum Lebensalltag vieler gehörten, nachvollziehen? Wer hat auf diejenigen gehört, die darüber sprachen, wer war das Publikum der ausgewiesenen und exilierten Schriftsteller, Literaten und Künstler, die nach Westdeutschland kamen und über ihre Lebensschicksale aufklären wollten, wer hat sich in seiner Bequemlichkeit wirklich aufschrecken lassen? Für den Erhalt der Erfassungsstelle in Salzgitter mussten private Spendenaktionen durchgeführt werden, weil sozialdemokratische Ministerpräsidenten diese Institution nicht nur für einen Anachronismus – das hätte weniger überrascht –, sondern für eine unverantwortliche Provokation gegenüber den Machthabern des Ostblocks gehalten haben.

Es rührt sehr eigenartig an, dass über die moralischen Verfehlungen des Westens kaum ein Wort verloren wird. Welche moralische Verfehlung aber ist größer als die, blankes Unrecht zu sehen – und sich abzuwenden, teilnahmslos zur Seite zu treten, um nur nicht hinsehen zu müssen?

Gemessen an dieser Schuld ist vieles, was die Menschen der ehemaligen Diktaturen heute bedrückt und bedrängt, von geringerem Gewicht.

Die abgründige Verwerflichkeit einer Diktatur besteht gerade darin, dass sie den Menschen zur Mitschuld zwingt. Er hat nicht mehr die Chance, zwischen gut und böse zu wählen, sondern er kann nur noch zwischen zwei vergleichbaren Übeln entscheiden: Folgt er seinem Gewissen und versagt seinen Kindern die Teilnahme an der Jugendweihe, weiß er, dass er damit schlimme Folgen für die schulische und berufliche Zukunft seiner Kinder provoziert. Er muss geradestehen für einen schweren Schaden, den er nicht nur für sich selbst, sondern zulasten von Dritten, nämlich seiner Familie, in Kauf nimmt. Lässt er hingegen die Teilnahme an der Jugendweihe zu, so entscheidet er gegen sein Gewissen und lebt im Bewusstsein, schuldig geworden zu sein. Eine dritte Möglichkeit der Wahl hat er nicht. Also ist er gezwungen, zwischen zwei Übeln zu entscheiden. Die Diktatur lässt ihm die Möglichkeit eines guten, unbelasteten Gewissens nicht. Er lebt in einer tragischen Situation, weil er der moralischen Korruption gar nicht ausweichen kann.

Es wäre eine späte und schreckliche Rache der untergegangenen Systeme, wollte man in diesen und vergleichbaren Zusammenhängen von Schuld sprechen. Die gibt es natürlich auch. Deshalb wäre es fatal, einfach zur Tagesordnung überzugehen. Vielmehr ist Anlass gegeben, zwischen Schuld und Verstrickung zu unterscheiden[9], nach Wegen einer gerechten Beurteilung zu suchen – und zu strafen, wo wirkliche Schuld zu sühnen ist. Nur dann wird Versöhnung möglich sein.

Wirkliche Versöhnung kann nur gelingen, wenn ein Verständnis von menschlicher Freiheit lebendig gehalten wird, das den Menschen prinzipiell als schuldfähig sieht und zugleich die geistigen Grundlagen eines Staates bewusst bleiben, der zu Recht und Gerechtigkeit verpflichtet ist. Diese Verpflichtung, die Grundlage unseres Staates ist, speist sich aus Quellen, die staatlicher Verfügbarkeit gänzlich entzogen sind. Sie beruht auf dem religiösen Bewusstsein christlicher Traditionen, die etwa bei der Gründung der Bundesrepublik Deutschland eine herausragende Rolle gespielt haben. Mit gutem Grund ist von vielen Politikern nach 1945, beispielsweise von Konrad Adenauer, nicht nur der antisemitische, der imperialistische oder der totalitäre Charakter des Nationalsozialismus, sondern vor allem auch dessen militanter Atheismus angeprangert worden. Denn dieser Atheismus war der Nährboden, in dem alle anderen fürchterlichen Schrecknisse, die der Nationalsozialismus verbreitete, wurzelten. Nur die christliche Überzeugung, dass der Mensch als Geschöpf und Ebenbild seines Schöpfers eine gänzlich unverfügbare Würde besitzt, baut jene Schranke, die auch der Politik die Grenzen des Verfügbaren aufzeigt. Sogleich bietet nur diese Überzeugung das Angebot, Verstrickung und Schuld anzuerkennen, ohne an beiden moralisch zu zerbrechen, weil das Angebot der Vergebung und der Versöhnung dem Menschen nach christlichem Verständnis auch angesichts schwerer Schuld unwiderruflich zugesagt ist.

Geistige Orientierung auf dem Weg zur Einheit

Wer nur die Mechanik der mitteleuropäischen Revolution analysiert, wird schwerlich die von ihr ausgehende Faszination empfinden können. Vielleicht ist dies der Grund dafür, warum sich so wenige Menschen in Westdeutschland wirklich in ihrem Inneren von dieser Revolution ergriffen fühlten. Sicher, der Fall der Mauer hat Gemüt und Herz der Deutschen bewegt. Aber haben wir wirklich begriffen, was in Mitteleuropa geschah?

Das Geheimnis der Faszination der mitteleuropäischen Revolution liegt ohne Frage in dem mit letzter Entschiedenheit erkämpften Versuch, in der Wahrheit leben zu dürfen. So hat es Václav Havel ausgedrückt. Dieser Versuch ist ein existentielles Wagnis. Er beinhaltet für Menschen wie Havel und viele seiner Mitkämpfer das strikte Gebot des Gewaltverzichtes. Das Leben in der Lüge konnte nicht durch einen Akt der Gewalt oder der Gegengewalt beendet werden. Wer vom Leben in der Lüge in ein Leben überwechselt, das der Wahrheit verpflichtet sein darf, kann diese Wahrheit nicht zuvor verraten, um sie dann für sich zu beanspruchen.

Diese Schlüssigkeit im Denken und Handeln gehört seit dem Jahr 1989 zur Signatur Mitteleuropas, sie ist zugleich eine Morgengabe, die allen Europäern geschenkt wurde. Die Ethik eines Lebens in der Wahrheit führt zurück zu den – allzuoft verschütteten – Wurzeln eines christlich geprägten Europas. Hier liegt die geistige Orientierung auf dem Weg zur Einheit.

Das gemeinsame europäische Haus konnte niemals gebaut werden, solange der Kontinent in einen Sektor der Freiheit und einen Sektor der Unfreiheit auseinanderfiel. Erst der Sieg der Freiheit machte es möglich, die Fundamente für dieses Haus zu legen. Das Leben in

Unfreiheit, das zugleich ein Leben in der Lüge war, verursachte eine tiefe Krise der menschlichen Identität. Erst ein Leben in Wahrheit bringt eine existentielle Lösung dieser Krise, weil „es den Menschen auf den festen Grund seiner eigenen Identität" stellt.[10] Ein Leben in Wahrheit, die Rebellion des Menschen gegen den Zwang der Unfreiheit, ist der Versuch, die Verantwortung für sich selbst wahrzunehmen, beinhaltet also eine moralische Entscheidung zur Freiheit. Das, scheint mir, ist die Botschaft der mitteleuropäischen Revolution. Es ging ihr um das Wagnis einer existentiellen Entscheidung. Der Mensch, der sich für die Freiheit zur Verantwortung für sich selbst entscheidet, folgt einem personalen und damit einem tief christlich geprägten Freiheitsverständnis. Er folgt jenem Freiheitsbegriff, der in der biblischen Schöpfungsgeschichte angelegt ist. Freiheit ist hier nicht Beliebigkeit und Willkür, sondern die Freiheit, als Geschöpf und Ebenbild Gottes nach seinem Willen handeln und entscheiden zu können. Die Geschöpflichkeit des Menschen verpflichtet ihn auf die Maxime, dem zu folgen, was er als gut erkennt, und das abzulehnen, was ihm böse scheint. In der Verpflichtung auf diese Maxime liegt zugleich die christliche Verantwortung für Recht und Gerechtigkeit.

Nachdem die Schrecknisse der östlichen Diktaturen allmählich verblassen, wird es den Europäern weniger denn je möglich sein, ihr Verständnis von Freiheit ex negativo zu definieren, aus der Ablehnung von Zwang und Unterdrückung. Die Europäer werden nicht umhin kommen, sich Klarheit darüber zu verschaffen, welcher Freiheitsidee sie folgen wollen. Was liegt näher, als den Versuch, in der Wahrheit zu leben, nicht mit dem Revolutionsjahr 1990 zu beenden?

Auf diesen Versuch lässt sich eine neue Epoche europäischer Politik begründen. Selbst wenn nicht zutrifft, „dass die Europäer im Wesen alle nur ein Volk sind"[11], könnte die Erinnerung an den historischen Augenblick der mitteleuropäischen Revolution das Fundament sein, auf dem eine gesamteuropäische Politik gebaut wird, die endgültig Abschied nimmt von den Verführungen anachronistischer Ideologien, einer Versöhnung auf der Grundlage von Gerechtigkeit den Weg bahnt und jene Einheit konstituiert, in der sich die europäische Vielfalt wiederfindet.

Diese Perspektive bedeutet nicht, der Illusion eines lange untergegangenen christlichen Abendlandes nachzulaufen. Es geht um etwas anderes: Die Einheit Europas braucht jene Einigungsidee, die der

Gedanke des Nationalstaates in seiner traditionellen Form nicht mehr bietet. Sie braucht als konstituierendes Prinzip das, was die christliche Soziallehre mit dem Begriff der Subsidiarität bezeichnet – oder lebenspraktisch formuliert: Ein Europa der Regionen, der Synthese von Kulturen auf der Grundlage der Anerkennung wechselseitiger Selbstbestimmung und Autonomie. Das aber ist nichts anderes, als die Übertragung des christlich geprägten personalen Freiheitsverständnisses, das seinen Ausdruck findet in der Achtung und Anerkennung gegenüber der Verschiedenartigkeit anderer, auf die Ebene der Staatsorganisation der künftigen Nation Europa.

Der Versuch, in der Wahrheit zu leben, bedeutet immer auch die strikte Selbstverpflichtung, jedem Menschen diesen Versuch zuzubilligen. Anders als auf der Grundlage dieser Maxime christlicher Ethik wird die Einheit Europas nicht zu gewinnen sein. Das personale wie das staatliche Freiheitsverständnis der Europäer, wenn sie denn eine gesamteuropäische Friedensordnung schaffen wollen, wird sich von seinem christlichen Ursprung nicht lösen können.

Maastricht oder Sarajevo?
Deutsche Interessen im europäischen Umbruch *

Obwohl die Waffen inzwischen wieder schweigen, weiß bis heute niemand, wie eine neue Ordnung im europäischen Haus einmal aussehen könnte. Allmählich wird klar, dass die Bewältigung des Transformationsprozesses ein neues politisches Denken voraussetzt, nämlich die Überwindung herkömmlicher Diskussionsrituale sowohl in der Innen- als auch in der Außenpolitik.

Das klingt unverbindlich, wird aber sofort anschaulich, wenn man auf die gelegentlich immer wieder aufflackernde und zumeist aus einem innenpolitischen Kalkül geführte Debatte über die Währungsunion blickt. In dieser Diskussion verschweigt das populistische Beharren auf vermeintlichen oder tatsächlichen Souveränitätsrechten natürlich bewusst den wirtschaftlichen und politischen Nutzen einer Währungsunion, ja, es wird geradezu der Nutzen umgemünzt zu einem vermeintlichen Schaden. Wenn im Klartext gesprochen würde, müssten die Gegner der Währungsunion offen sagen, dass sie den Menschen jenen Wohlstand vorenthalten wollen, den die Europawährung schon deshalb bringt, weil sie ökonomischen Fehlentscheidungen, die zu einer Verschwendung von Ressourcen etwa bei Investitionsentscheidungen und der Ansiedlung von Arbeitsplätzen führen, im einheitlichen Währungsraum einen Riegel vorschiebt. Der politische wie der wirtschaftliche Schaden wäre kaum kalkulierbar, die Chance einer voranschreitenden Integration auf lange Zeit vertan, das Tor zur Desintegration aufgestoßen und am Ende der Zerfall des Binnenmarktes absehbar.

Es geht also in Europa um die Grundentscheidung zwischen zwei Optionen, die sich mit zwei geschichtlichen Ereignissen verbinden: Maastricht und Sarajevo. Die Namen beider Städte stehen für ganz gegensätzliche politische Auffassungen: das der voranschreitenden Integration zum Nutzen aller oder das der beginnenden Desintegration zu aller Schaden.

Die deutsche Öffentlichkeit ist immer noch ziemlich davon entfernt, im aufgeklärten Eigeninteresse zu erkennen, dass nur der Weg von Maastricht jene Zentrifugalkräfte bändigen kann, die seit geraumer Zeit allerorten neue Brandherde in Europa entzündet haben. Was sich zunächst harmlos als Desintegration abtun lässt, mündet schnell in die

* Erstveröffentlichung 1995

Realität von Sarajevo: Stagniert erst einmal die Zusammenarbeit, werden die Probleme größer und schlussendlich der mehr oder auch weniger friedliche Kampf aller gegen alle unausweichlich.

Es ist demnach schlicht das eigene Interesse, das zu Integrationsfortschritten ermutigt und im Ergebnis den Nutzen aller Beteiligten fördert. Hier zeigt sich, dass die Alternative, Maastricht oder Sarajevo?' vernünftig jedenfalls nur entschieden werden kann, wenn über eine neue Balance von Eigensinn und Gemeinsinn nachgedacht wird.

Die bis heute so wenig ausgeprägte Bereitschaft zu einem neuen Denken zeigt sich jedoch nicht nur angesichts der außenpolitischen Notwendigkeit, Souveränitätsbehauptung und Integrationsbedürfnis neu auszubalancieren, sondern in durchaus vergleichbarer Weise auch in der innenpolitischen Debatte über die Wirtschafts- und Arbeitsmarktpolitik, die Finanz- und natürlich auch die Sozialpolitik. Haben wir Deutsche angesichts unserer brennenden Probleme tatsächlich erkannt, dass wir unsere gesellschaftliche Ordnung umbauen müssen, um Eigennutz und Gemeinsinn neu miteinander verbinden zu können – angesichts täglich bekannt werdender Verhaltensweisen, die mit großem Erfolg, aber auf gemeinwohlschädliche Weise Möglichkeiten unseres Steuer- und Sozialrechts in Anspruch nehmen? Tatsächlich jedoch verhalten wir uns wie trotzige kleine Kinder, denen man das Spielzeug weggenommen hat, wenn wir uns in unseren tatsächlichen und vermeintlichen Besitzständen angegriffen fühlen.

So würde beispielsweise der kürzlich von sachkundiger Seite in die Diskussion eingeführte Vorschlag, die Lohnfortzahlung im Krankheitsfall zukünftig als eine Versicherungsleistung zu organisieren, dazu führen, dass alle Beteiligten – die Arbeitnehmer zuallererst – nichts verlieren, sondern ausnahmslos nur gewinnen. Die individuelle Wahlmöglichkeit, sich vom ersten – oder eben erst ab einem späteren – Krankheitstag gegen Lohnausfall zu versichern, dient dem Eigennutz des versicherten Arbeitnehmers und fördert zugleich das Gemeinwohl: Die Kapitalkosten sinken bei steigenden Maschinenlaufzeiten, die Missbrauchszahlen gehen zurück (voraussichtlich drastisch), Kosten für Ersatzkräfte entfallen, die Produktivität wächst. Warum gilt es bis heute als fortschrittlich, solche und ähnliche Vorschläge, die den Weg zu einer Verantwortungsgesellschaft weisen, zu verketzern? Die Antwort liegt auf der Hand: Wir entziehen uns der Mühe, neu und vorbehaltlos über eine gesellschaftliche Ordnung nachzudenken, die Eigennutz und Gemeinwohl miteinander verbindet, obwohl gerade die grundlegend veränderten Bedingungen unserer politischen Existenz in einer Zeit revolutionärer Umwälzungen uns diese Chance eröffnen. Die Folgekosten dieses freiwillig auferlegten Denkverzichtes werden hoch sein.

Damit schließt sich der Kreis: Sowohl die europäische Staatenordnung als auch die Gesellschaftsordnungen in Europa befinden sich in einer Krise, im Westen wie im Osten. Im Äußeren wie im Inneren geht es um den Aufbau einer neuen Ordnung der Freiheit, die Souveränität und Integration, Eigennutz und Gemeinwohl nicht gegeneinander ausspielen darf, sondern miteinander verbinden muss. Die Aufgabe der Transformation geht demnach alle Europäer an, überlebenswichtig auch uns Deutsche.

Chancen des Umbruchs.
Deutsche und westeuropäische Verantwortung nach der mitteleuropäischen Revolution *

Europa befindet sich im Umbruch. So selbstverständlich uns inzwischen diese Formulierung erscheint, so wenig machen wir uns doch oft die Folgen dieser Feststellung klar. Denn erst allmählich wird uns bewusst, dass die Revolution des Jahres 1989 gerade erst begonnen hat. Keiner weiß heute schon, welchen Ausgang sie einmal nehmen wird. Dabei ist es nicht nur die Hinterlassenschaft von sieben Jahrzehnten sowjetischer Zwangsherrschaft, deren Bewältigung die Tagesordnung der europäischen Politik auf lange Zeit hin diktieren wird. Zwar ist richtig, dass man angesichts der vielfältigen kulturellen, ethnischen und nationalen, ökologischen und humanitären Katastrophen, die zum Erbe des Sozialismus gehören, fast Erleichterung empfinden kann, wenn man bedenkt, wie verhältnismäßig geordnet heute immer noch die Lage in Mittel- und Osteuropa ist. Aber der europäische Umbruch, dessen Zeugen wir sind, bemisst sich schon seit geraumer Zeit in Dimensionen, die über die eines notwendig gewordenen Katastrophenmanagements weit hinausgehen: Denn das gesamte, über Jahrzehnte fest gefügte Koordinatensystem der europäischen Politik ist zerstört. Europa befindet sich auf der Suche nach einer neuen Ordnung. Und damit ist klar: Die mitteleuropäische Revolution hat längst den westeuropäischen Teil des Kontinents erfasst. Es trifft zu, dass nach 1989 nichts mehr so ist, wie es vorher einmal war – weder in Ost- noch in Westeuropa.

Verantwortung und Interesse

Vor diesem Hintergrund stellt sich die Frage: Sind die Deutschen sich bewusst, welche besondere Verantwortung in dieser Umbruchsituation, an der Schwelle zu einer neuen Epoche der europäischen Geschichte, gerade auf ihren Schultern liegt? Haben sie sich über ihre eigenen Interessen verständigt? Wissen sie, dass jede Destabilisierung in Mittel- und Osteuropa unmittelbare Folgen haben muss für die deutsche Politik?

Die mitteleuropäische Revolution war der Beginn eines gesamteuropäischen Umbruchs, der längst den ganzen Kontinent erfasst hat. Aber die Westeuropäer machen sich immer noch zu wenig klar, wie sehr es

* Erstveröffentlichung 1996

gerade von ihnen abhängt, welchen Ausgang die Revolution am Ende nehmen wird.

Seit vielen Jahrzehnten blicken die Völker Ost- und Mitteleuropas auf Westeuropa und die Europäische Gemeinschaft. Demokratie und Marktwirtschaft galten ihnen als Erfolgsmodelle. Ihre Attraktivität hat zum Ausbruch der friedlichen Revolution mit beigetragen. Jetzt, nach dem Umsturz, wird vor allem von Deutschland Hilfe und Wegweisung erwartet. Dabei scheint es, dass kein Volk so sehr wie die Deutschen unter dem Zusammenbruch der alten Ordnung leidet. Ausgerechnet das Volk, dem die Ereignisse des Jahres 1989 die Wiedervereinigung brachten, scheint jetzt der untergegangenen Nachkriegsordnung am meisten nachzutrauern. Alle unsere Nachbarn blicken auf uns – und stellen fest, dass wir Deutsche eigentlich am liebsten zur Seite treten möchten. Wir wehren ab, verweisen auf die eigenen Schwierigkeiten der Vereinigung – und kehren jenen den Rücken zu, die sich auf uns verlassen haben. Dabei müsste es doch vor allem unser Interesse sein, bei der Bewältigung des europäischen Umbruchs eine sehr viel aktivere Rolle zu spielen. Rund 18 Millionen Menschen jenseits von Oder und Neiße sitzen – nach einer repräsentativen Umfrage, die 1993 im Auftrag der Kommission der Europäischen Gemeinschaften veröffentlicht wurde – auf gepackten Koffern.[1] Sie wollen vorrangig nach Deutschland. Drei von vier Albanern sehen ihre Zukunft in der Emigration. In Bulgarien überlegen 35 Prozent der Erwachsenen, ob sie nicht doch auswandern sollen, 31 Prozent sind es in der Ukraine und in Rußland 27 Prozent.

Alle wissen, dass die Bevölkerungsbewegungen gerade erst begonnen haben. Eine wirksame Abschottung gegenüber diesen Flüchtlingsströmen, wenn sie sich denn erst einmal in Bewegung gesetzt haben, wird es nicht geben können. Ebensowenig wird es auf Dauer möglich sein, das deutsche Problem der Zuwanderung auf Drittstaaten, also vornehmlich Polen, Tschechien und Ungarn, zu verlagern. Ein politischer Illusionist bleibt, wer glaubt, entlang der alten Grenze von Mauer und Stacheldraht quer durch Europa jetzt eine neue Grenze, eine Wohlstandsgrenze, errichten zu können. Keine noch so hohe Mauer wird die Spaltung dieses Kontinents in einen wohlhabenden und einen verarmten Teil auf Dauer zementieren können. Entweder wir beginnen jetzt, den Osteuropäern dabei zu helfen, eine Perspektive für die dort lebenden Menschen zu entwickeln, oder die Probleme des Ostens werden sich sehr schnell zum Westen hin verlagern.

Liegt da unser deutsches Interesse nicht klar auf der Hand? Und deckt sich dieses Interesse nicht völlig mit unserer Verantwortung? Interesse und Verantwortung gebieten gleichermaßen, dass wir mit dem Gedanken eines Solidarpaktes endlich Ernst machen und uns bemühen, in nennenswertem Umfang finanzielle Hilfen nach Mittel- und Osteuropa zu geben, damit dort eine günstigere wirtschaftliche und soziale Entwicklung in Gang gesetzt werden kann. Von diesem Ziel sind wir allerdings weit entfernt, weil bei Potsdamer und Bonner Konferenzen die Lobby der Besitzstandswahrer der mit Abstand mächtigste Verhandlungspartner ist – und offenbar niemand mehr vermag, diese Lobby in ihre Grenzen zu verweisen.

Wenn die Diskussion in Deutschland so weitergeht wie bisher, dann läuft dieses Land Gefahr, seine Interessen zu verkennen und seine Verantwortung zu verfehlen. Es ist kein Anflug neuer Großmannssucht, wenn sich Deutschland darüber klar wird, dass es im zukünftigen Europa der politische und wirtschaftliche Stabilitätsanker sein muss. Dieses neue Selbstverständnis ist eine unmittelbare Folge seiner geopolitischen Lage und seiner wirtschaftlichen Möglichkeiten. Ein Solidarpakt von St. Petersburg bis Sofia muss geschmiedet werden. Es ist deutsches Interesse und deutsche Verantwortung gleichermaßen, nicht nur die innere Einheit im eigenen Land zu vollenden, sondern einen nennenswerten Beitrag zur Herstellung der inneren Einheit in ganz Europa zu leisten.

Wer meint, damit überschätze man unsere Möglichkeiten, springt zu kurz. Europa ist wiedererstanden. Jetzt werden wir mit den Folgen der dramatischen Veränderungen, die zu Beginn unseres Jahrzehnts einsetzten, konfrontiert. Ihnen können und dürfen wir nicht ausweichen. Unabdingbare Voraussetzung dafür, dass wir in dieser Situation gleichermaßen unsere Interessen erkennen und unserer Verantwortung gerecht werden, ist allerdings, dass wir – gerade wir Westdeutsche – uns für eine umfassende Erneuerung des politischen Denkens öffnen. Das fällt vielen von uns erkennbar schwer. Denn die Verständigung über die politische Verantwortung, die ab jetzt auf Deutschland liegt, kann und darf nicht länger hinter dem Bedürfnis unserer eigenen Nabelschau zurückstehen. Ebensowenig Sinn hat es, verkrampft an den politischen Denkschablonen der 70er und 80er Jahre festzuhalten – Denkschablonen, die kaum den Blick über den Gartenzaun unserer Grenzen zuließen und die im Inneren vor allem verteilungspolitisch geprägt waren.[2] Was wir jetzt brauchen, ist ein neues Denken in der Politik – und wir haben nicht mehr allzu lange Zeit, uns darin einzuüben.

Rückkehr der Freiheit

Diese Notwendigkeit eines neuen politischen Denkens verbindet uns mit den Völkern Mittel- und Osteuropas. Nur bei oberflächlicher Betrachtung scheinen die Schwierigkeiten West- und Osteuropas grundverschieden. Bei näherem Hinsehen zeigt sich, dass die Problemlagen hier wie dort durchaus vergleichbar sind: Hüben wie drüben greift eine große Unsicherheit im Umgang mit der Freiheit um sich. In den ehemaligen Diktaturen gibt es eine tief verwurzelte Gewöhnung daran, den Staat die Dinge regeln zu lassen. Die Sehnsucht nach Betreuung ist groß, immer noch gibt es das Bedürfnis, an der Hand genommen zu werden. Die Menschen sind entwöhnt, frei und selbständig zu entscheiden.[3]

Nun werden viele einwenden, dass die Situation in Westdeutschland und Westeuropa doch eine völlig andere sei, nicht vergleichbar mit der Lage in Mittel- und Osteuropa. Aber ist das wirklich so? Könnte es nicht vielmehr sein, dass auch für die Westdeutschen und die Westeuropäer Freiheit – vielleicht in einem anderen, eigenen Sinn – nach 1989 unvermittelt zurückgekehrt ist? Hat nicht in der alten Bundesrepublik z.B. die Neigung, Verantwortung abzugeben, vorzugsweise an den Staat zu delegieren, eine Sogwirkung entwickelt, die dazu führte, dass Bequemlichkeit und Risikoscheu sich einer ähnlichen Beliebtheit erfreuten, wie das in den ehemaligen kommunistischen Diktaturen der Fall war? Bevor diese Frage empört zurückgewiesen wird, soll auf einige nüchterne Zahlen verwiesen werden: 1995 beträgt die Staatsquote in Deutschland 51,5 Prozent, die Steuer- und Abgabenquote liegt, nachdem die Beschlüsse des Solidarpaktes in Kraft gesetzt sind, bei rund 48 Prozent. Diese und andere Tatsachen sprechen dafür, dass die Gesellschaft der alten Bundesrepublik bis heute auf dem Weg zur Selbstbedienungs- und Vollversorgungsgesellschaft weit vorangeschritten ist und auch unser Staatsverständnis nachhaltig prägt. Wenn diese Einschätzung zutrifft, dann müssen wir alle, auch wir Deutsche, wieder lernen, was es eigentlich heißt, sein Leben frei und selbstverantwortlich zu gestalten.

Damit böte sich die große Chance eines gesamteuropäischen Projektes, des gemeinsamen und gemeinschaftlichen Versuchs, den rechten Umgang mit der neu erkämpften Freiheit nicht zu verfehlen. Was früher in den sozialistischen Diktaturen als organisierte Verantwortungslosigkeit kritisiert wurde, findet sein Pendant in Westdeutschland und Westeuropa in der Bequemlichkeit vieler Menschen, auf eine selbstverantwortliche Lebensgestaltung zu verzichten und statt dessen den Staat (oder die Solidargemeinschaft) als Vollkaskoversicherung gegen alle Risiken und Wechselfälle des Lebens zu missbrauchen.

Die 89er Revolution wäre dann kein Ereignis, auf das die Deutschen nur mit materieller Hilfe zu antworten hätten. So wichtig diese Antwort auch ist, so sehr bliebe sie doch hinter der Herausforderung zurück, die sich jetzt stellt: Die Revolution des Jahres 1989 eröffnet eine gemeinsame Vision – für Mittel- und Osteuropa so wie für Westdeutschland und Westeuropa, also eine in Wahrheit gesamteuropäische Perspektive: nämlich gemeinsam wieder zu lernen, was es bedeutet, in der Freiheit einer Verantwortungsgesellschaft zu leben.

Václav Havel hat dieses Ziel einmal beschrieben als eine neue Ordnung der frei akzeptierten Verantwortung gegenüber dem Ganzen und für das Ganze. Dieses Verständnis eines von Verantwortung geprägten Lebensentwurfs gründet in einem moralischen Akt. Auch hier wird sichtbar, dass es nicht nur eine moralische Krise der postkommunistischen Systeme gibt, sondern in durchaus vergleichbarer Weise auch eine moralische Krise der Wohlstandsgesellschaften des Westens.

Vision der Verantwortungsgesellschaft

Die Vision der Verantwortungsgesellschaft[4] zielt darauf ab, dass nicht nur die Menschen in Mittel- und Osteuropa wieder lernen müssen, was es bedeutet, in freier Selbstverantwortung zu leben. Diese Vision wird auch alle – es sei noch einmal betont: wirklich alle – herkömmlichen und liebgewonnenen Gewohnheiten der deutschen Politik so ziemlich auf den Kopf stellen. Ging es in den vergangenen Jahrzehnten mehr oder weniger darum, die westdeutsche Gesellschaft von Jahr zu Jahr einer weiteren Luxusmodernisierung zu unterziehen und Wachstum für die innenpolitischen Verteilungskämpfe zu erwirtschaften, so ist heute unsere erste und wichtigste Verantwortung, nach Maßgabe aller Kräfte daran mitzuwirken, dass Europa zukünftig nicht mehr durch eine Wohlstandsgrenze gespalten wird.

Die deutsche Politik unterliegt einem umfassenden Paradigmawechsel. Sie wird zukünftig nicht mehr in der Lage sein, sich ihre Legitimität über eine immer weiter voranschreitende Befriedigung aktueller gesellschaftlicher Bedürfnisse zu verschaffen, sondern sie wird – im Gegenteil – zu einer Strategie der Anspruchsversagung und Bedürfnisverweigerung finden müssen.

Dieser Paradigmenwechsel ist nicht nur die Folge einer akuten Finanzkrise, wie sie inzwischen alle westeuropäischen Länder erfasst hat, sondern eben auch Ergebnis der revolutionären Veränderungen in Europa und der dadurch von heute auf morgen völlig veränderten politischen Vor- und Nachrangigkeiten.

Niemand weiß, wie lange die Chance einer friedlichen Stabilisierung in Mittel- und Osteuropa noch besteht, und keiner kann heute schon sagen, wie eine gesamteuropäische Friedensordnung endgültig aussehen wird. Aber jedermann weiß, dass auf lange Zeit Krieg und Gewalt nach Europa zurückkehren, wenn die Westeuropäer – und besonders die Deutschen – nicht jetzt handeln. Das bedeutet, ab sofort materielle Zuwächse ausschließlich für diese gesamteuropäische Aufgabe zur Verfügung zu stellen, Anschubfinanzierungen für die wirtschaftliche und soziale Entwicklung in Mittel- und Osteuropa zu geben, um so das gewaltträchtige Potential sozialer, wirtschaftlicher und ethnischer Spannungen zu dämpfen.

Die dafür erforderlichen finanziellen Ressourcen werden Deutschland nicht zur Verfügung stehen, wenn nicht jetzt mit dem notwendigen Ernst begonnen wird, Besitzstände zu überdenken, Leistungsgesetze zu begrenzen und die Gesellschaft so umzubauen, dass neue Freiräume der Selbstverantwortung eröffnet werden. Gerade der europäische Umbruch eröffnet den Deutschen diese Chance, um des Friedens und der außenpolitischen Stabilität willen diese innenpolitische Gestaltungsaufgabe anzunehmen, nämlich überfällige Korrekturen unserer Wirtschafts- und Sozialordnung jetzt vorzunehmen und die Weichen neu zu stellen. Die zugespitzte Lage der öffentlichen Finanzen, die Krise der sozialen Sicherungssysteme, die lahmende Konjunktur und die vergleichsweise schwache wirtschaftliche Entwicklung zeigen, vor welchen strukturellen Problemen Deutschland im Inneren steht. Diese Probleme zu lösen, ist jetzt zu einer vorrangigen Aufgabe geworden. Ohne die Rückbesinnung auf die Fundamente einer Verantwortungsgesellschaft wird es keine Lösung geben können.

Im Vordergrund steht dabei eine notwendig gewordene, radikale staatliche Aufgabenkritik: Die Zuständigkeiten des Staates müssen abgespeckt, seine Kompetenzen verringert und seine Handlungsvollmachten begrenzt werden. Deutschland braucht ein umfassendes Programm der Deregulierung und der Stärkung von Selbstverantwortung.

Das Verhältnis zwischen Umverteilungsmasse und Umverteilungskosten ist bei uns längst aus den Fugen geraten. Die sozialen Sicherungssysteme arbeiten nicht mehr ausreichend treffsicher.[5] Ihre Begünstigungen haben eine erhebliche Breitenwirkung erzielt, begründen immer mehr Mitnahmeeffekte und gehen zunehmend an den wirklich Bedürftigen vorbei. Politisch begründete Absichten der Umverteilung müssen deshalb zukünftig zu geringeren Kosten und mit erhöhter Treffsicherheit verfolgt werden.

Heute erkennen wir, dass die Solidargemeinschaft als Instrument zur Absicherung von Lebensrisiken an Grenzen stößt. Eine Solidargemeinschaft funktioniert eben nicht mehr, wenn sie nicht auf einer Moral der Selbstverantwortung aufbauen kann. Die sozialen Sicherungssysteme – und nicht nur in Deutschland, sondern auch in anderen westeuropäischen Ländern – leisten längst weit mehr, als dass sie nur die Grundrisiken absicherten. Sie sind Schritt für Schritt zu einer umfassenden Daseinsvorsorge und -fürsorge ausgebaut worden. Inzwischen übernehmen sie Aufgaben, die sie gar nicht mehr lösen können, und sehen sich Erwartungen gegenübergestellt, die niemand erfüllen kann. Als Land mit der höchsten Zahl von Feiertagen, der höchsten Zahl von Urlaubstagen und der höchsten Zahl von krankheitsbedingten Fehltagen leisten wir uns den Luxus, monatelang – und ohne Ergebnis – über die Einführung von Karenztagen zu diskutieren. Noch immer gilt es als unschicklich, für eine einkommensabhängige Selbstbeteiligung bei den Kosten der Gesundheitsversorgung einzutreten. Und bis vor kurzem war es verpönt, an das sogenannte ‚Abstandsgebot' zu erinnern, demzufolge ein Einkommen aus der Sozialhilfe wenigstens so deutlich unter einem Arbeitseinkommen liegen muss, dass nicht jeder Anreiz verlorengeht, sich um eine eigene Erwerbstätigkeit zu bemühen.

Die Konzeption der Verantwortungsgesellschaft beruht auf der Einsicht, dass noch so viele staatliche Kontrollen nicht ausreichen werden, um die vielfältigen Missbrauchstatbestände wirksam zu bekämpfen. Der Missbrauch wird erst dann zu begrenzen sein, wenn die Orientierung am Gemeinwohl wieder stärker mit den persönlichen Interessen des Bürgers in Einklang gebracht wird. Genau diese Einsicht scheint zumindest in Deutschland verlorengegangen zu sein. Legales Verhalten wird heute vom Staat fast diskreditiert – wenn beispielsweise ein Facharbeiter mehr als vier Zeitstunden arbeiten muss, um mit seinem verdienten Nettoeinkommen eine einzige Zeitstunde von sich selbst zurückkaufen zu können. Dieses Beispiel zeigt sehr deutlich, in welchem Umfang Leistungsverweigerung angeregt und Leistungsbereitschaft erstickt werden. Bei steigender Steuer- und Abgabenquote, allerorten sichtbarem Missbrauch sozialer Leistungen und allmählicher Gewöhnung an die vorhandenen Vorsorgesysteme kann es nicht verwundern, wenn der einzelne Bürger eine Vollkaskomentalität entwickelt, sich seinen Gemeinwohlpflichten entzieht und umfassende Versorgungsansprüche um jeden Preis gegenüber dem Staat geltend macht.

Freiheit und Verantwortung

In vergleichbarer Weise stellen sich die Probleme in den mittel- und osteuropäischen Ländern. Auch dort ist ein Lebensgefühl weit verbreitet, eine umfassende Betreuung vom Staat zu erwarten, so dass man glaubt, auf Selbstverantwortung in der Regel verzichten zu können. Gerade weil sich die gesellschaftlichen Herausforderungen in Ost und West so vergleichbar stellen, ist die neue Konzeption einer Verantwortungsgesellschaft ein Projekt, das sich tatsächlich in einer gesamteuropäischen Dimension darstellt. Eine neue Definition der Aufgabenbegrenzung staatlicher Tätigkeiten ist hier wie dort notwendig, die Konzeption einer Wirtschafts- und Sozialordnung, die selbstverantwortliches Handeln belohnt und im Interesse des Gemeinwohls fruchtbar macht, fehlt hüben wie drüben. Nach der Rückkehr der Freiheit müssen die Völker in Europa den rechten Umgang mit eben dieser Freiheit neu lernen.

Es wäre deshalb fatal, wenn wir auf der Suche nach einer neuen Gesellschaftskonzeption den Anschein erweckten, die westeuropäischen Länder hätten all jene Probleme schon gelöst, die in Mittel- und Osteuropa schier unlösbar scheinen. Jede Diskussion, die in diesem Sinne von einem West-Ost-Gefälle geprägt ist, führt in die Sackgasse. Denn in Wahrheit ist ganz Europa auf der Suche nach einem neuen gesellschaftspolitischen Leitbild, das eine neue Balance zwischen Freiheit und Betreuung, Selbstverantwortung und Paternalismus verspricht. So richtig es ist, westeuropäische Finanzhilfen nicht unbesehen in den Osten zu transferieren, wenn man einigermaßen sicher davon ausgehen kann, dass noch so hohe Zuwendungen ohne nennenswerte Wirkung versickern, so wichtig ist, dass wir begreifen, wie sehr West- und Osteuropäer gemeinsam ein Verständnis verantworteter Freiheit neu gewinnen müssen.

Der Aufbau einer europäischen Verantwortungsgesellschaft ist ein Projekt, das West- und Osteuropäer nur gemeinsam bewerkstelligen können. Wir wären gut beraten, nicht nur die moralischen und ökonomischen Zerrüttungen in Osteuropa zu beklagen, sondern mehr als bisher die Vergleichbarkeit der Probleme und die eigenen gesellschaftspolitischen Fehlentwicklungen in den Blick zu nehmen. Ein wesentlicher Grund für die ziemlich weit vorangeschrittene Finanzkrise der westeuropäischen Länder liegt in einer moralischen Zerrüttung eben dieser Länder, deren Bürger sich mehr und mehr angewöhnt haben, die wechselseitige Verwiesenheit von Freiheit und Verantwortung zu vergessen – mit der Folge, dass der Staat in einer umfassenden Weise für die Bewältigung aller Risiken zur Rechenschaft gezogen wurde. Und im Osten verhält es sich nicht sehr viel anders.

Die Revolution des Jahres 1989, die vor allem und zunächst eine moralische Revolution war, hat nicht nur zur Folge, dass neue finanzielle Lasten von außen an die alte Bundesrepublik herangetragen werden. Viel bedeutsamer ist, dass diese Revolution plötzlich in die westdeutsche Gesellschaft eingebrochen ist und deren moralische Verfassung in Frage stellt. Das eröffnet den Europäern die Möglichkeit, sich gemeinsam einem Diskurs über neue Prinzipien und Fundamente gesellschaftlichen Zusammenlebens zu öffnen. Die Vision der Verantwortungsgesellschaft bietet eine solche gesamteuropäische Perspektive für die Bewältigung der neuen Herausforderung mit ihrer großen, historisch einzigartigen Aufgabe: Der Aufgabe nämlich, gesellschaftliche Ordnungen so umzubauen, dass diese sich dem Leitbild von Freiheit und Verantwortung wieder nähern, um so – und nur so – die

Kraft freisetzen zu können, die wir brauchen, um der neuen, gesamteuropäischen Aufgabe gerecht werden zu können. Beide Aufgaben lassen sich beim besten Willen nicht voneinander trennen, sie sind unabdingbar miteinander verquickt. Ihre Bewältigung setzt voraus, dass wir wieder lernen, gesamteuropäisch zu denken.

So, wie die deutsche Außenpolitik in Zukunft mehr denn je Teil der europäischen Politik sein wird, so hat die Konzeption der Verantwortungsgesellschaft eine innen- und eine außenpolitische Dimension: Sie schafft die Voraussetzungen dafür, dass Deutschland seine Aufgaben im Äußeren wahrnehmen kann, und ist umgekehrt in den Ländern Mittel- und Osteuropas Voraussetzung dafür, dass westeuropäische Hilfe fruchtbar und mit Aussicht auf Erfolg einsetzen kann. Selten waren die Grenzen zwischen Innen- und Außenpolitik so fließend, Interesse und Verantwortung deutscher Politik so deckungsgleich wie heute.

Die Anfrage des Jahres 1989 lautet: Findet Europa die Kraft, der zurückgekehrten Freiheit auf Dauer eine Heimat zu bieten? Im Nachdenken über die Prinzipien der Verantwortungsgesellschaft entscheidet sich die Antwort auf diese Frage. Welche Antwort auch immer am Ende der Revolution Bestand hat, es wird eine Antwort sein, die dann für ganz Europa gilt.

Am Ende der europäischen Nachkriegsordnung: Auf der Suche nach einer neuen Kohärenz von Interesse und Verantwortung *

Ein Jahr nach dem Fall der Berliner Mauer im November des Jahres 1989 endete in Paris auch offiziell das Zeitalter des Kalten Krieges. Mit der Verabschiedung der ‚Charta von Paris für ein neues Europa'[1] durch die Teilnehmerstaaten der Konferenz über Sicherheit und Zusammenarbeit in Europa (KSZE) und der Unterzeichnung der Gemeinsamen Erklärung von zweiundzwanzig Staaten[2] der damaligen Mitglieder von NATO und Warschauer Pakt beginnt im November 1990 ein neues Zeitalter der europäischen Politik, nachdem mit der Herstellung der staatlichen Einheit Deutschlands am 3. Oktober 1990 bereits das Ende der Nachkriegsordnung in Europa besiegelt worden war.

Sowohl die Charta als auch die Gemeinsame Erklärung symbolisieren eine Zeitenwende in Europa[3]. Der Kontinent ist am Ende des 20. Jahrhunderts in die Wirren einer friedlichen Revolution geraten, zugleich immer noch traumatisiert von qualvollen Erfahrungen mit totalitären Diktaturen. Auch als Summe dieser Erfahrungen enthalten die beiden Pariser Dokumente als Kernpunkte ein Bekenntnis zu Demokratie und Rechtsstaat. Die Unterzeichner verpflichten sich zur Achtung der Menschenrechte und der Grundfreiheiten. Am Ende der in ihrer Grundstruktur bipolar angelegten europäischen Nachkriegsordnung steht jetzt die Proklamation einer Überwindung der Spaltung Europas. Die Unterzeichnerstaaten bekräftigen, „hocherfreut über den historischen Wandel in Europa"[4] ihre wechselseitige Verpflichtung, „sich der Androhung oder Anwendung von Gewalt zu enthalten, die gegen die territoriale Integrität oder die politische Unabhängigkeit irgendeines Staates gerichtet ist, sowie des Versuches, bestehende Grenzen durch Androhung oder Anwendung von Gewalt zu ändern".[5]

Ende der Nachkriegsordnung

War die Gemeinsame Erklärung noch auf das Ziel einer verstärkten Zusammenarbeit zwischen den militärischen Bündnissystemen hin angelegt, so zeigte sich schon sehr bald, dass die gesamte bisherige Ordnung in den Sog des Umbruchs geriet. Mit der Auflösung des Rates für gegenseitige Wirtschaftshilfe und des Warschauer Pakts

* Erstveröffentlichung 1995

(April bzw. Juni 1991) zogen die Staaten des ehemaligen Ostblocks die Konsequenz aus den sich weiter überstürzenden Veränderungen und setzten der bis dahin gültigen institutionellen Struktur ihrer – bis dahin auf sowjetischer Hegemonie und Repression beruhenden – Zusammenarbeit ein Ende.

Seitdem ist Europa auf der Suche nach einer neuen Ordnung. Niemand weiß, wie diese aussehen wird. Gelegentlich hat man den Eindruck, dass Deutschland, in der Mitte Europas gelegen, sich besonders schwer tut, seinen Platz in der internationalen Staatengemeinschaft zu finden. Dabei hängt es besonders von den Deutschen ab, was am Ende des heute erst an seinem Beginn stehenden revolutionären Umbruchs in Europa stehen wird.

Die Menschen jenseits des Eisernen Vorhanges begannen 1989 eine Revolution, weil sie die Rückkehr nach Europa herbeisehnten. Ihre Hoffnung, im Westen mit offenen Armen aufgenommen zu werden, erwies sich schon sehr bald als trügerisch. Wenn aber schon kaum noch Freude über die Veränderungen in Europa empfunden wird, so müssten die Westeuropäer, vor allem die Deutschen, doch wenigstens in einer klareren Erkenntnis ihrer eigenen Interessen die Brücken bauen, die den Weg zur inneren Einheit Europas bahnen.

Diese Einsicht müsste umso leichter fallen, als seit Beginn der Spaltung des Kontinents klar war, dass alle Bemühungen zur Wiedererlangung der Einheit Deutschlands nur unter der Voraussetzung einer Einbettung „in den gesamteuropäischen Prozess" Früchte tragen konnten.[6] Diese über Jahrzehnte immer wieder formulierte Bedingung mündete folgerichtig in die Forderung, die Bundeskanzler Kohl in seinem Zehn-Punkte-Programm zur Überwindung der Teilung Deutschlands und Europas am 28. November 1989 aufstellte: „Die künftige Architektur Deutschlands muss sich einfügen in die künftige Architektur Gesamteuropas."[7] Die Einbindung aller substantiellen Veränderungen der Beziehungen zwischen der Bundesrepublik Deutschland und der DDR in den gesamteuropäischen Kontext blieb bis zum Abschluss der Zwei-plus-Vier-Verhandlungen über die deutsche Vereinigung im Jahr 1990 die grundlegende Maxime der Bonner Politik. Diese Orientierung lag sowohl im deutschen Interesse als auch im Interesse aller europäischen Staaten. In besonderer Weise galt das für die Sicherheitspolitik, da der Status eines künftigen vereinigten Deutschlands vor dem Hintergrund historischer Erfahrung, wirtschaftlicher Potenz, geographischer Lage und Bevölkerungszahl eine der Schlüsselfragen für alle inner- und außereuropäischen Partner war.

Die außenpolitischen Voraussetzungen und Folgen der deutschen Wiedervereinigung – und insbesondere die Frage der Sicherheitsgarantien für die europäischen Nachbarstaaten – wurden mit dem Vertrag über die abschließende Regelung in Bezug auf Deutschland[8] durch Verhandlungen von nur knapp einem halben Jahr gelöst. Dieser Vertrag fixiert endgültig die deutschen Grenzen, stipuliert Deutschlands Verzicht auf kriegerische Gewalt und ABC-Waffen, legt die künftige Truppenstärke der deutschen Streitkräfte fest, regelt den militärischen Status des Gebiets der früheren DDR und garantiert dem vereinigten Deutschland die freie Wahl seiner Bündniszugehörigkeit. Gerade die letztgenannte Regelung gehört unter Sicherheitsgesichtspunkten zu den Kardinalfragen des Vertrages, da die Einbindung Deutschlands in die Struktur der NATO in ganz besonderer Weise Folgen für eine gesamteuropäische Sicherheitskonzeption hat. Für die Bundesrepublik war die Mitgliedschaft in der NATO auch nach Überwindung der Teilung Deutschlands eine conditio sine qua non. Sie teilte diese Position mit ihren westlichen Verbündeten. Zu den bleibenden Verdiensten von Helmut Kohl gehört es, die gravierenden Bedenken ausgeräumt zu haben, die seitens der Sowjetunion gegen diese Verhandlungsposition geltend gemacht wurden. Erst die Zustimmung Moskaus zur NATO-Mitgliedschaft eines vereinten Deutschlands ermöglichte schließlich den erfolgreichen Abschluss der Zwei-plus-Vier-Gespräche.

Von besonderer Bedeutung sind aus deutscher Sicht vor allem jene Regelungen des Souveränitätsvertrages vom 12. September 1990, mit denen die vier Mächte ihre Rechte und Verantwortlichkeiten in bezug auf Berlin und Deutschland als Ganzes sowie die entsprechenden, damit zusammenhängenden Vereinbarungen, Beschlüsse und Praktiken beendeten. Mit der Aufhebung der alliierten Vorbehaltsrechte der vier Siegermächte hat das vereinigte Deutschland am 3. Oktober 1990 volle Souveränität über seine inneren und äußeren Angelegenheiten erlangt.

Zu Recht kann der Souveränitätsvertrag als das Tor zu einer neuen Epoche europäischer Politik bezeichnet werden. Er ist das Ergebnis eines dramatischen Umbruchs, einer – Gott sei Dank weithin friedlich verlaufenen – revolutionären Umgestaltung. Mehr noch: Er ist der Beginn einer neuen Epoche. Die Voraussetzungen dafür wurden geschaffen durch zunehmend einflussreichere, auf tiefgreifende Umgestaltung abzielende „gesellschaftliche Emanzipationsbestrebungen und deren Erfolgsquote. Sie machen darauf aufmerksam, dass sich der Weltzustand gewandelt hat, besonders im atlantischen Bereich. Die Änderung vollzieht sich in den Staaten, nicht zwischen ihnen."[9]. Mit dem Jahr 1989 wurde die europäische Politik vom Kopf auf die Füße gestellt. Seitdem ist nichts mehr so, wie es früher einmal war – und nichts wird wieder so werden, wie es früher einmal war. Gerade die Westdeutschen, die sich lange, zu lange, als Zuschauer dieser Revolution gesehen haben, begreifen das sehr schwer. Das Land, das mit der Vereinigung selbst reich beschenkt wurde, möchte nunmehr am liebsten zur Seite treten, wenn es um die Bewältigung der Folgen geht. Gerne verweisen wir dabei auf unsere eigenen Probleme – und vergessen völlig, dass wir diese nicht lösen können, wenn unsere europäische Perspektive auch künftig weiter an Oder und Neiße endet.

Neue Formen der Zusammenarbeit

Notwendig ist mithin ein Denken in gesamteuropäischen Zusammenhängen. Das gilt besonders bei den neuen Sicherheitsproblemen in Europa. Sie zwingen zu neuen Formen der Zusammenarbeit innerhalb der europäischen Staatengemeinschaft und dem bisher nur teilweise erfolgreichen Bemühen, nach dem Zusammenbruch der alten Beziehungsstrukturen eine neue Ordnung der Stabilität, der Sicherheit und des Friedens aufzubauen. Innerhalb kurzer Zeit müssen Staaten, die noch vor nicht allzu langer Zeit in festgefügten und fast unüberwindlich scheinenden Konflikten gegeneinander standen, neue Formen des Miteinanders und der Zusammenarbeit finden und ein Fundament für zukünftige kooperative Beziehungen legen.

Dabei konzentrieren sich Hoffnungen, Erwartungen und Bemühungen vor allem auf eine Weiterentwicklung des KSZE-Prozesses.[10] Schon mit der Pariser Charta wurden „erste Ansätze zur Institutionalisierung eines gesamteuropäischen Kooperationssystems gemacht ..., darunter die Einrichtung eines Rats der Außenminister mit regelmäßigen Treffen, die Gründung eines Ausschusses hoher Beamter und die Einrichtung eines KSZE-Sekretariats".[11] Zudem wurde beschlossen, in Wien ein Konfliktverhütungszentrum und in Warschau ein Büro für freie Wahlen in ganz Europa zu errichten.

Eine Verfestigung und behutsame Fortentwicklung dieser Ansätze erfolgte im Anschluss an die Prager KSZE-Konferenz von Ende Januar 1992 und mit dem ‚Helsinki-Dokument' vom Juli 1992[12], indem unter anderem das Mandat der KSZE zur Konfliktbewältigung gestärkt wurde. Daran knüpfte als weiterem Schritt zu diesem Ziel das ‚Budapester Dokument'[13] an, das anlässlich des Treffens der Staats- und Regierungschefs der KSZE-Staaten am 5. und 6. Dezember 1994 unter dem Titel ‚Der Weg zu echter Partnerschaft in einem neuen Zeitalter' verabschiedet wurde. Die Aufgabe einer institutionalisierten Konfliktbewältigung fand in der Umbenennung der KSZE in Organisation für Sicherheit und Zusammenarbeit in Europa (OSZE) zum 1. Januar 1995 ihren sinnfälligen Ausdruck.

Mit dem Budapester Dokument brachten die Teilnehmer des Gipfels ihre Entschlossenheit zum Ausdruck, „der KSZE eine neue politische Dynamik zu verleihen, um sie auf diese Weise in die Lage zu versetzen, bei der Bewältigung der Herausforderungen des einundzwanzigsten Jahrhunderts eine maßgebliche Rolle zu spielen."[14] Die KSZE soll eines der „Hauptinstrumente zur Frühwarnung, Konfliktverhütung und Krisenbewältigung in der Region sein." Um dies zu erreichen, soll „eine systematischere und praktischere Zusammenarbeit zwischen der KSZE und europäischen und anderen regionalen und transatlantischen Organisationen und Institutionen" gepflegt werden und sollen „die politischen Beratungs- und Beschlußfassungsgremien der KSZE sowie deren exekutive Maßnahmen durch den amtierenden Vorsitzenden mit Unterstützung der Troika (sc. der gegenwärtige, der vorherige und der zukünftige Vorsitzende) sowie sonstiger KSZE-Verfahren und -Institutionen, insbesondere den Generalsekretär und das Sekretariat, den Hohen Kommissar für nationale Minderheiten und das Büro für demokratische Institutionen und Menschenrechte" gestärkt werden.[15]

Die Mechanismen und Verfahren der KSZE können heute, auch wenn man ihre Fortentwicklung seit 1990 berücksichtigt, noch nicht als stabile Grundlage einer neuen europäischen Sicherheitsordnung gelten. In Mittel- und Osteuropa entladen sich Spannungen und Konflikte, die mit den vorhandenen europäischen und internationalen Instrumenten der Konfliktlösung nicht beigelegt werden konnten. So bleibt die nüchterne Einsicht, dass die globale Bedrohung, die Kennzeichen der Nachkriegsepoche war, heute durch eine Reihe regionaler Konflikte abgelöst wurde, die sich auf die jeweiligen Nachbarstaaten nicht minder bedrohlich auswirken können und denen man bis heute noch nicht wirksam zu begegnen weiß.

Von dieser neuen Entwicklung ist Deutschland aufgrund seiner geographischen und geopolitischen Lage besonders betroffen. Darum muss gerade Deutschland ein spezielles Interesse daran haben, dem Wunsch der mitteleuropäischen Transformationsstaaten nach engerer Anbindung an die Europäische Union (EU) – mit der unmissverständlichen Zusicherung der Aufnahme als Mitglied – entgegenzukommen. So intensiv das Konzept einer ‚Partnerschaft für den Frieden' als gesamteuropäisches Programm ausgebaut werden muss, so wenig kann dieses Konzept eine Alternative zu einer Politik sein, die dem Verlangen der Visegrád-Länder und der baltischen Republiken nach Westbindung entgegenkommt.[16] Dies gilt sowohl für den Wunsch nach Vollmitgliedschaft in der EU als auch für das Bestreben, Mitglied der NATO zu werden. Beide Ansätze ergänzen sich. Während eine Vollmitgliedschaft in der NATO zunächst nur für die mitteleuropäischen Anrainerstaaten Deutschlands in Betracht kommt, müssen die Sicherheitsstrukturen, die sich im Rahmen des Konzepts einer ‚Partnerschaft für den Frieden' allmählich entwickeln, ein Angebot auch an die Gemeinschaft Unabhängiger Staaten (GUS) einschließlich Rußlands zum Inhalt haben.

Jeder Versuch, den komplementären Charakter beider Konzepte zu leugnen und statt dessen ein Verhältnis sich wechselseitig ausschließender Gegensätzlichkeit zu behaupten, trägt zu einer Destabilisierung der Lage in Europa bei. Es liegt nicht zuletzt auch im russischen Interesse, den Mitteleuropäern bei ihrem Wunsch nach einer klaren westlichen Orientierung keine Hindernisse in den Weg zu legen, denn ein vagabundierendes Zwischeneuropa, das an die Stelle eines stabilen Mitteleuropas träte, wäre auch zum Schaden Rußlands eine Zone konfliktträchtiger Instabilität.

Interesse und Verantwortung

Ein nüchterner Blick auf die politische Lage in Europa zeigt: Von einer neuen Ordnung sind die Europäer weiter entfernt denn je. Der revolutionäre Umbruch dauert an, seine Folgen werden uns erst allmählich bewusst. Auch die dem Zentrum des europäischen Bebens entlegeneren Regionen geraten allmählich in den Sog der Veränderungen. Sämtliche bisherigen Formen der Zusammenarbeit haben angesichts der innereuropäischen Krisen und Konflikte versagt. Dieses häufig geäußerte Verdikt muss allerdings eingeschränkt werden: Versagt haben zweifellos die Europäer in ihrem Bemühen, Krisen und Konflikte einzudämmen und zu befrieden. Aber angesichts des großen Umfangs der eingetretenen revolutionären Veränderungen ist diese Sicht zu einseitig. Denn mehr noch als die Tatsache, dass in Krisenregionen Kriege ausgebrochen sind, überrascht der Umstand, dass nach dem Zusammenbruch der alten Ordnung nicht noch mehr Konflikte zu innereuropäischen Kriegen geführt haben.

Die Politik in Europa wird nicht umhin können, sich einer kritischen Reflexion über die Grenzen der eigenen Handlungsmöglichkeiten zu unterziehen. Zu den fatalen Fehleinschätzungen der Nachkriegsepoche gehörte unter anderem eine weit verbreitete Überschätzung der Möglichkeiten politischen Handelns. Die Europäer werden lernen müssen, mit Problemen umzugehen, die von der Politik nicht gelöst werden können. Damit aber ändert sich die Handlungsperspektive von Politik insgesamt: „Am Ende dieses 20. Jahrhunderts könnte eine ziemlich neue Ordnungsvorstellung darin bestehen, das Chaos zu begrenzen – und nichts weiter. Es ist besser, sich auf ein Minimum zu verständigen als überhaupt nicht."[17] Erfolg und Misserfolg europäischer Zusammenarbeit sind zukünftig möglicherweise an einer vergleichsweise zurückhaltenden Definition ihrer Ziele zu messen.

Umso mehr ist es notwendig, die bisher eingeleiteten europäischen Integrationsprozesse mit Nüchternheit und Wirklichkeitssinn voranzutreiben. So unabdingbar eine voranschreitende Integration für die zukünftige europäische Ordnung ist, so illusorisch ist es zu glauben, man könne schon in naher Zukunft Integrationsziele erreichen, die eine gemeinschaftliche Entscheidung in wichtigen Fragen gewährleisten. Um nicht missverstanden zu werden: Die europäische Union samt ihrer Osterweiterung, die Einbeziehung der Mitteleuropäer in die NATO und der Ausbau des Sicherheitskonzepts einer Partnerschaft für den Frieden sind überlebensnotwendige Integrationsbestrebungen, die ungebremst und ohne Abstrich zu fördern sind. Zugleich jedoch sprechen sehr viele Anzeichen dafür, dass diese Ziele nicht von heute auf morgen erreicht werden können.

So bleibt heute und auf mittlere Sicht Aufgabe der europäischen Politik, an den langfristigen Integrationszielen festzuhalten und zugleich den krisenträchtigen Übergang zu einer neuen europäischen Ordnung zu gestalten. Auf absehbare Zeit werden die Verhältnisse in Europa im Fluss bleiben und die dortigen Entwicklungen den Charakter einer transitorischen Epoche behalten. Das aber bedeutet: Der Abschied vom Nationalstaat steht keineswegs unmittelbar bevor. Im Gegenteil: Bei aller Bedeutung transnationaler und supranationaler Prozesse markieren die Ereignisse der Jahre 1989 und 1990 auch einen Rückruf der Nationalstaaten in die europäische Geschichte.

Ein Blick auf die veränderte Landkarte zeigt: Die Zahl der staatlichen Akteure in Europa nimmt zu. Die in Westeuropa oft unterschwellig oder gar ausdrücklich geübte Kritik an der Nationenbildung in Mittel- und Osteuropa nimmt die dort gemachten geschichtlichen Erfahrungen nicht ernst. Wer gibt uns eigentlich das Recht, jene Völker, die nahezu ein Jahrhundert – und oft noch länger – ihrer nationalen Identität beraubt waren, dafür zu kritisieren, dass sie die im Westen seit langem verwirklichte Nationalstaatsbildung nachzuvollziehen suchen? Gerade wer auf das Ziel einer föderativen gesamteuropäischen Ordnung ausgerichtet ist, darf dies nicht kritisieren. Die nationale Staatlichkeit ist eine unabdingbare und notwendige Voraussetzung für den weiteren zweiten Schritt: nämlich den Ausbau einer kooperativen und föderativen Struktur. Sie ist somit auch die Voraussetzung für künftige Integrationsprozesse, die sich selbst tragen, weil sie erkennbar den Interessen jedes einzelnen nationalen Akteurs dienen.

Es liegt auf der Hand, dass sich in dieser Situation die Plädoyers zugunsten einer Besinnung auf die Maximen der Interessenpolitik mehren. Unter dem Titel ‚Vierzehn Punkte für Realisten' veröffentlichte Owen Harries ein Manifest über den Abschied von der Prinzipienpolitik und die Wiederentdeckung der Interessenpolitik.[18] Das Staatensystem des 19. Jahrhunderts, das durch den Ersten Weltkrieg und dessen Folgen zutiefst diskreditiert war, gewinnt allenthalben nach dem Ende des Kalten Krieges neue Aktualität. Mit dem Ende der Nachkriegsära hat die internationale Politik jene Kohärenz verloren, für die der Antikommunismus der zentrale Bezugspunkt war. Zudem ist jene bipolare Ordnung zerfallen, die es dem Westen möglich machte, politische Ziele nahezu ausnahmslos mit moralischen Überzeugungen zu verbinden.

Harries zitiert in diesem Zusammenhang Dean Acheson und dessen Rechtfertigung einer Außenpolitik der ‚double standards', die Kohärenz und Konsistenz nicht durch eine Rückbindung auf gemeinsame Prinzipien oder Wertvorstellungen, sondern allein und ausschließlich in der nüchternen Definition der eigenen Interessen findet. Nüchtern rät er: „Schätze Urteilskraft und Scharfsinn höher als Glaubwürdigkeit und Prinzipientreue. Wenn jemand dich deshalb einer doppelten Moral anklagt, bleibe ruhig und lebe mit diesem Vorwurf."[19] Das nun widerspricht ganz dem Denken, das sich vor allem auch die Westdeutschen in den Nachkriegsjahrzehnten zu eigen machten. Wir tun uns schwer, eine Orientierung der Politik an Prinzipien zu vereinbaren mit einer – offenkundig jetzt aus guten Gründen einsetzenden – Orientierung der Politik an Interessen. Interessen und Prinzipien scheinen einander zu widerstreiten, gelten geradezu als eine klassische Antinomie.

Nun soll nicht bestritten werden, dass moralische Prinzipien und egoistische Interessen in einen Widerstreit geraten können. Ihre Vereinbarkeit vollzieht sich unter den Regeln des Rechts. Demokratische Politik muss den ganz unterschiedlichen Interessen der Menschen genauso Raum geben, wie sie die Freiheit zum moralischen Handeln zu schützen hat. Ihre vorrangige Aufgabe ist es, Wege der Vereinbarkeit von Moral und Interesse aufzuzeigen. Eben dazu waren die sozialistischen Gesellschaftssysteme nicht in der Lage. Sie zwangen den Menschen zur organisierten Verantwortungslosigkeit, weil sie die Legitimität seiner Interessen leugneten. Deshalb mussten sie zusammenbrechen. Wenn es jetzt den freien – und befreiten – Gesellschaften nicht gelingt, eine neue Verbindung von Interesse und Verantwortung zu finden, steht schon bald ihre eigene Zukunft auf dem Spiel. Es geht also im Kern um die Suche nach einer neuen Vereinbarkeit von Prinzip und Kalkül, von Verantwortung und Interesse. Hier liegt die Chance einer neuen Kohärenz deutscher und europäischer Politik.

Deutschlands neue Rolle

Mit der Überwindung der europäischen Spaltung und der Wiedererlangung seiner vollen Souveränität geht Deutschlands Rückkehr auf die Weltbühne einher. Deutschland ist die Zentralmacht Europas. Denn „geostrategisch findet sich die Bundesrepublik in singulärer Position" und „dürfte sich kommenden Krisen an seiner Ostgrenze kaum entziehen können, selbst wenn es dies wollte."[20] Und so diktiert die Geographie der Politik ihre Aufgaben, dem vereinten Deutschland als einer führenden Macht „in der Mitte eines noch immer unvereinten Europas."[21]

Es muss unser deutsches Interesse sein, bei der Bewältigung des europäischen Umbruchs eine sehr viel aktivere Rolle zu spielen. Fatal wäre es, der Illusion anzuhängen, entlang der alten Grenze quer durch Europa könnte jetzt eine neue Grenze, nämlich eine Wohlstandsgrenze, errichtet werden. Keine noch so hohe neue Mauer wird die Spaltung dieses Kontinents in einen wohlhabenden und einen verarmten Teil auf Dauer zementieren können.

Die westliche Hilfe für den Aufbau neuer wirtschaftlicher und sozialer Strukturen in den Gesellschaften Mittel- und Osteuropas ist nicht nur ein Gebot moralischer Verantwortung. Es geht auch um unsere eigenen Interessen. Das gilt für unmittelbare Finanztransferleistungen, für die Hilfe beim Aufbau einer politischen und wirtschaftlichen Ordnung in den Transformationsländern und vor allem für den Abbau von Handelshemmnissen gegenüber Mittel- und Osteuropa. Hier „tragen die Europäische Union und vor allem die Bundesrepublik Deutschland ... nicht nur eine besondere Verantwortung, beide haben daran wohlverstanden auch ein starkes Eigeninteresse".[22]

Kein Land wird auf Dauer größere Vorteile aus einer vertieften Zusammenarbeit mit dem Osten ziehen können als die Bundesrepublik Deutschland. So stark das Eigeninteresse der Europäischen Union an einer Liberalisierung des Handels mit den ehemaligen Staatshandelsländern ist, so überlebenswichtig stellt sich dieses Eigeninteresse dar für das Land, das in unmittelbarer geographischer Nähe zu den künftigen Märkten im Osten liegt.

Deutsches Interesse und deutsche Verantwortung gebieten gleichermaßen, dass endlich ein Solidarpakt mit den Ländern Mittel- und Osteuropas geschlossen wird, der diesen Namen tatsächlich verdient. Eine wirksame Hilfe wird zu Recht erwartet. Dabei scheint noch wichtiger als die unmittelbare finanzielle Unterstützung die Bereitschaft der Westeuropäer, sowohl die eigenen Märkte für Erzeugnisse ihrer östlichen Nachbarn zu öffnen als auch an Entscheidungen über ordnungspolitische Weichenstellungen in den Transformationsländern mitzuwirken, um deren günstige wirtschaftliche und soziale Entwicklung langfristig zu fördern. Das deutsche Interesse liegt klar auf der Hand. Und deckt sich dieses Interesse nicht völlig mit der neuen Verantwortung Deutschlands?

Die Deutschen sind allerdings immer noch ziemlich weit davon entfernt, dies zu erkennen. Eine Konfrontation mit den Folgen des europäischen Umbruchs macht ihnen Angst. In nahezu fünf Nachkriegsjahrzehnten wurde in den freien Gesellschaften des Westens – und ganz besonders in der alten Bundesrepublik – das von der Wohlfahrtsökonomie gestützte Ziel einer umfassenden Sicherung individueller Lebensrisiken zur bestimmenden Priorität der Politik. Nahezu jede Entscheidung wurde diesem Ziel untergeordnet. Jetzt zeigt sich, dass diese Priorität sich künftig nicht mehr aufrechterhalten lässt. Die herkömmlichen Rituale der Verteilungskonflikte in unserem Land ignorieren weithin die neuen Wirklichkeiten in Europa.

Neue Aufgaben und Probleme sind auf die Tagesordnung der deutschen Politik gerückt. Denn kein Land muss sich so wie Deutschland im unmittelbaren Wettbewerb der Regionen behaupten: Wer auf Arbeitskosten, Leistungsbereitschaft, Produktionsauflagen, Genehmigungsverfahren, soziale Besitzstände und Investitionsbedingungen blickt, wird unschwer erkennen, wie schwer es für die Deutschen wird, den neuen Wettbewerb in einem Europa der offenen Grenzen zu bestehen. In Deutschland hat ein Export von Arbeitsplätzen längst eingesetzt, eine Drift von Investitionen in europäische Regionen, die als Produktionsstandort bis zum Zusammenbruch des Eisernen Vorhangs keine Rolle spielten.

Damit wird klar, dass kein westeuropäisches Land durch die Öffnung der Grenzen nach Osten so sehr in den Sog einer Strukturkrise geraten ist wie die Bundesrepublik Deutschland. Jetzt gilt es, die Herausforderung anzunehmen. Denn so fraglos Deutschland im Moment auch vor großen, ungelösten Problemen steht, so offenkundig liegt doch diese Entwicklung im langfristigen Interesse der Deutschen. Jeder Arbeitsplatz und jede Investition in Mittel- und Osteuropa ist ein Beitrag zur wirtschaftlichen und sozialen Stabilität in dieser Region. Wenn den Menschen dort keine wirtschaftliche und soziale Perspektive zumindest für die nächste Generation geboten wird, werden sie auf Dauer kaum in ihrer Heimat bleiben, sondern nach Westen, vor allem auch in die Bundesrepublik streben. Und weil kein Land so unmittelbar in den Strudel einer drohenden Unruhe gerät, muss sich kein Land so nachdrücklich wie Deutschland um den Aufbau im Osten kümmern. Interesse und Verantwortung Deutschlands gebieten dies gleichermaßen.

Aus diesen Gründen aber ändert sich die Tagesordnung der deutschen Politik. Die Chance, Produktivitätszuwächse selbst konsumieren und für eigene Bedürfnisse verbrauchen zu können, ist auf absehbare Zeit nicht mehr gegeben. Fast ein halbes Jahrhundert lang wurden die Deutschen von ihren Nachbarn kaum in Anspruch genommen. Diese zu den charakteristischen Merkmalen der Nachkriegsepoche zählende Schonung eines Landes, das mehr und mehr zum wirtschaftlichen Stabilitätsanker in Europa wurde, ist jetzt vorbei.

Während in den mittel- und osteuropäischen Ländern die 1989 erkämpfte Freiheit gefährdet bleibt durch die Verführung eines nostalgischen Rückfalls in alte paternalistische Gesellschaftsstrukturen, müssen die Westdeutschen endlich zur Kenntnis nehmen, dass ihre über Jahrzehnte hinweg vor allem auf staatliche Gewährleistung persönlicher Sicherheit und Geborgenheit gerichtete Politik nicht mehr durchgehalten werden kann. In diesem Wunsch haben sie sich denn auch – je länger, umso mehr – der Mentalität der Menschen in der ehemaligen DDR genähert. Beide, die Bürger der alten Bundesrepublik wie die Bürger der ehemaligen DDR, leiden deshalb jetzt unter dem Abschied von einer Wohlfahrtsökonomie, die – bei allen tiefgreifenden Unterschieden der beiden Gesellschaftssysteme – zu einer ausgeprägten Gewöhnung an ein betreutes Leben geführt hat. Das gilt erst recht für die Menschen in Mittel- und Osteuropa.

Genau hier liegt der Ansatzpunkt für ein nur gemeinschaftlich und gesamteuropäisch zu bewältigendes Projekt eines gesellschaftlichen Umbaus, der auf eine Lebensgestaltung in Selbstverantwortung gerichtet ist. Nicht nur im Osten, sondern auch im Westen schwelt seit Beginn der europäischen Revolution ein Konflikt zwischen dem Wunsch nach einem betreuten Leben in komfortabler Sicherheit und dem Risiko einer freiheitlichen Existenz in eigener Verantwortung. Daher stellt sich für die europäischen Gesellschaften die Aufgabe, gemeinsam zu lernen, was es heißt, in Freiheit zu leben. Es ist eine Illusion zu glauben, dass 1989 die Freiheit nur nach Osteuropa zurückgekehrt sei. Der westliche Teil des Kontinents sieht sich ebenfalls vor Probleme gestellt, die Folge einer neuen Freiheit sind und die einen endgültigen Abschied von den Selbstverständlichkeiten der Nachkriegsepoche verlangen. Deutschland wird seine neue Rolle in Europa nicht spielen lernen, wenn es sich weiter weigert, die Notwendigkeit von Veränderungen in der eigenen Gesellschaft zu akzeptieren.

Die Krise der westdeutschen Wohlstandsdemokratie hat ihre tiefere Ursache dort, wo das ökonomische Interesse des Einzelnen nichts mehr zu tun hat mit der Verantwortung für das Gemeinwohl. Zwischen beidem hat sich eine fatale Kluft aufgetan. Interesse und Verantwortung lassen sich innergesellschaftlich immer weniger zur Deckung bringen. Das wird beispielhaft deutlich, wenn man nach den Ursachen der Arbeitslosigkeit in Deutschland forscht. Die deutschen Arbeitnehmer kosten heute brutto zu viel und verdienen zugleich netto zu wenig. Dieser Widerspruch ergibt sich aus einem enormen Anwachsen der – vom Staat und anderen Institutionen gewährleisteten – kollektiven Sozialleistungen, die zunehmend hohe Kosten verursachen und dem Einzelnen in erheblichem Umfang die Verantwortung für seine eigene Lebensführung abnehmen. Eine voranschreitende Infantilisierung des Lebensgefühls ist die Folge, denn den Menschen bleibt nicht genug Nettolohn übrig, als dass sie ihr Leben tatsächlich selbstverantwortlich gestalten könnten. Das wiederum verstärkt die Tendenz, eine Lösung eigener Probleme auf andere Kollektive – den Staat[23], Solidargemeinschaften und Sicherungssysteme – zu übertragen, weil der Einzelne sich für deren Übernahme zu schwach fühlt. Unter solchen Bedingungen klaffen Interesse und Verantwortung als Bezugspunkte individueller Lebensführung immer weiter auseinander: Aus einem natürlichen Spannungsverhältnis wurde unversehens ein Gegensatz.

Kohärenz von Interesse und Verantwortung

Aufgabe der Politik ist es, eine neue Kohärenz dadurch zu gewinnen, dass verantwortliches Handeln wieder mit dem Interesse des Einzelnen verbunden wird. Das ist mehr als nur eine Rückbesinnung auf die klassische Nationalökonomie von Adam Smith. Es geht vielmehr darum, dem Einzelnen wieder die Chance zu geben, sich verantwortlich verhalten zu können, ohne darum gegen das eigene Interesse verstoßen zu müssen. Zwar trifft die These nicht zu, dass die Summe aller Egoismen ohne weiteres zum Gemeinwohl führt. Aber dem Gemeinwohl wird sicher nicht gedient, wenn es nur durch dauerhafte Verstöße gegen die jeweiligen Interessen des Individuums erreicht werden kann.

Verantwortung in diesem Zusammenhang meint keineswegs eine altruistisch überhöhte Moral, die in einem ständigen Gegensatz zum Eigeninteresse steht und daher eine ständige Selbstüberwindung erfordert. Sie muss sich im Gegenteil verwirklichen als ökonomisch vorteilhafte Sorge des Einzelnen für sich selbst. Nur auf diese Weise können viele einzelne dazu bewogen werden, den Vorteil der Allgemeinheit zu fördern. So wie in der Außenpolitik ein nüchternes Kalkül der einzelstaatlichen Interessen, beispielsweise der Sicherheitsinteressen, in Einklang mit den Erfordernissen der Verantwortung, etwa der humanitären Verantwortung, gebracht werden muss, so gilt es auch in der Gesellschaftspolitik, einen Zusammenhang herzustellen zwischen dem Interesse des Einzelnen und seiner Verantwortung für das Ganze. Ohne einen solchen Zusammenhang bleibt Politik zur Handlungsunfähigkeit verurteilt, und die Gesellschaft reibt sich auf in der rücksichtslosen Verteidigung von Besitzständen. Dann aber werden die Deutschen weder ihren Interessen noch ihrer Verantwortung innerhalb des revolutionären Prozesses der Gegenwart gerecht. Das deutsche Interesse gebietet, die Verantwortung für das größere Ganze zu erkennen. Dieser Verantwortung wird Deutschland umso eher entsprechen können, wenn sie mit dem deutschen Interesse in Übereinstimmung gebracht wird.

Die Politik muss damit beginnen, sich auf die neue Wirklichkeit in Europa einzustellen. Dabei muss sie sich auf ihre eigentliche Aufgabe besinnen, den Menschen Wege zu zeigen, wie sie ihre eigenen Interessen verfolgen können, ohne dadurch das Gemeinwohl zu schädigen. Die Konzeption einer Verantwortungsgesellschaft[24] ruft das Individuum in seine Souveränität zurück und fordert den Bürger dazu auf, seine Interessen zu verfolgen und gerade dadurch im gesellschaftlichen Zusammenwirken mit anderen seiner Verantwortung gerecht zu werden. Interesse und Verantwortung müssen wieder zur Deckung gebracht werden; wer sich verantwortlich verhält, darf dafür vom Staat nicht bestraft werden. Heute ist in Deutschland in vielfältiger Weise die Flucht des Individuums aus der Selbstverantwortung durch die staatlichen und gesellschaftlichen Bedingungen verursacht. Denn Staat und Gesellschaft begründen weithin ökonomische Interessen, die den Bürger dazu verführen, den Weg einer Lebensgestaltung in Selbstverantwortung zu verlassen. Eine Alternative dazu weist die Konzeption einer Verantwortungsgesellschaft auf, die ein der Allgemeinheit zuträgliches Verhalten des Einzelnen in dessen eigenem ökonomischen Interesse zu verankern sucht.

Was für eine Verantwortungsgesellschaft freier Bürger gilt, hat uneingeschränkt Bedeutung auch für eine Verantwortungsgemeinschaft demokratischer Staaten. Die Zusammenarbeit zwischen Demokratien gründet auf der Erkenntnis der eigenen Interessen, die eine gemeinschaftliche Verantwortung für die Sicherung von Frieden und Freiheit nahelegt. Einer der Wege, diese Verantwortung im eigenen Interesse wahrzunehmen, besteht – sowohl innergesellschaftlich als auch im Blick auf die Beziehungen zwischen Staaten – in einer eindringlicheren Berücksichtigung der Einsichten, wie sie die Ökonomik vermittelt, weil auf diese Weise Verantwortung und Interesse sinnfällig verknüpft und in ihrer wechselseitigen Verwiesenheit erfahren werden.

Damit lässt sich – zumindest partiell – eine Kohärenz beider Gesichtspunkte wiederbegründen, nachdem diese Übereinstimmung zunächst im Tumult der Umwälzungen verlorengegangen war. Der im revolutionären Zusammenbruch und nach der Rückkehr der Geschichte zunächst zerstörte Zusammenhang von Interesse und Verantwortung wäre wiederhergestellt und die Antinomie zwischen zwei einander widerstreitenden Orientierungen der Politik überwunden.

... und manchmal steht sie noch!
Zur Lage der inneren Einheit
zehn Jahre nach dem Fall der Mauer *

I.

Auch zehn Jahre nach dem Fall der Mauer sind die Deutschen in den alten und den jungen Bundesländern einander fremd geblieben. Das Interesse, sich offen zu begegnen, ist allenthalben gering.

Nach wie vor sind Geschichte und Lebensbedingungen der Landsleute im jeweils ‚anderen Teil' Deutschlands wenig bekannt. Diese geringe Kenntnis über Herkunft und Prägung ist der Grund für manches aktuelle Missverständnis – und manche missmutige Unterstellung.

Die innere Einheit Deutschlands wird bis heute nicht als eine gemeinsame Aufgabe begriffen. Die Westdeutschen argwöhnen, dass die Menschen in den neuen Bundesländern schnell und ohne große Anstrengung zu Wohlstand kommen wollen, während die Menschen in den jungen Bundesländern enttäuscht sind über Rückschläge beim Aufbau Ost, über Arbeitslosigkeit, über den Verlust von Orientierung und Geborgenheit, die Mentalität ‚des Westens' und die Rücksichtslosigkeit mancher Unternehmer.

Missmut macht sich breit, hier wie dort. Aus Missmut kann leicht Verzweiflung erwachsen – und Skepsis gegenüber der politischen Ordnung, der man die Gründe seiner Enttäuschung anlastet.

‚Das hat es damals nicht gegeben.' Dieser heute wieder aktuelle Satz sollte allen Westdeutschen aus den 50er Jahren noch sattsam bekannt sein. Heute, nach der Wiedervereinigung, hat der Satz eine neue Aktualität erhalten: Kriminalität, Arbeitslosigkeit, Versicherungsbetrügereien, Parteiengezänk, Korruption und Skandale werden als Begleiterscheinung der Einführung einer freiheitlichen Wirtschafts- und Gesellschaftsordnung wahrgenommen – und zugleich als eine oft persönliche Bedrohung empfunden.

Da schweift gelegentlich der verklärende Blick in die Vergangenheit. Ehedem konnte man sich sicher fühlen. Der Preis damals war die bedingungslose Anpassung, der Verzicht auf Selbstbestimmung. Der Preis heute, der Preis der Freiheit, scheint manchen höher: mehr Anstrengung, mehr Unsicherheit, mehr Risiko, eine tiefere Kluft zwi-

* Erstveröffentlichung 1999

schen Arm und Reich, mehr Ungerechtigkeit, weniger Gleichbehandlung. Die Empfindungen der Menschen sind zwiespältig, viele sind hin- und hergerissen. Sie bemühen sich, den Wandel zu begreifen und die Veränderungen zu verstehen. Aber ist es möglich, Sympathien für die Freiheit zu entwickeln, wenn der Einsturz der Mauer der Beginn der eigenen Arbeitslosigkeit war – und diese bis heute anhält?

Wer betrachtet es eigentlich als seine Aufgabe, dabei zu helfen, dass Verständnisbarrieren abgebaut werden?

II.

Der Prozess der inneren Einigung hat viele Facetten, eine ökonomische und eine emotionale Seite.

Tatsächlich sind in den neuen Ländern blühende Landschaften entstanden. Der Strukturwandel hat in den zehn Jahren der Wiedervereinigung ein atemberaubendes Tempo erreicht. Längst sind die neuen Länder ein Standort modernster Technologien. Dieser Wettbewerbsvorteil wird sich auf lange Sicht auszahlen – auch im Vergleich zu traditionellen Standorten der Industrie in den alten Ländern. Die unübersehbaren ökonomischen und ökologischen Schäden, die der Sozialismus hinterlassen hat, sind weitgehend aufgearbeitet – in nur zehn Jahren.

Viele seelische Verletzungen scheinen hingegen bis heute nicht verheilt. Ja, offenbar sind in den zehn Jahren seit dem Einigungsvertrag neue seelische Wunden geschlagen worden. Der wirtschaftliche Wandel hat – wie jeder Strukturwandel, wo immer er stattfindet – den alten Verletzungen neue hinzugefügt.

Die Arbeitslosigkeit etwa ist – neben ihren wirtschaftlichen Folgen für den Betroffenen – eine seelische Verletzung. Arbeitslosigkeit stellt den Wert der Person, die eigene Bedeutung und das persönliche Selbstwertgefühl in Frage. Mehr noch: Arbeitslosigkeit schmälert die Bedeutung der eigenen Biographie, wirft die Frage auf: War mein Leben umsonst? Was bin ich noch wert?

Die Frage beschäftigt viele Menschen in den jungen Bundesländern. Der Strukturwandel, die Last der sozialistischen Hinterlassenschaft im Ökonomischen und Ökologischen, die öffentlich hinterfragte Leistungsfähigkeit der Menschen in den neuen Ländern und manche abschätzige Bemerkung in diesem Zusammenhang werfen die Frage nach der Bedeutung der individuellen Biographie auf – und mehr noch: In Frage gestellt ist die kollektive Biographie einer ganzen Gesellschaft: Sollte alles – fünf Jahrzehnte ehrlichen Bemühens und ungebrochenen Selbstbehauptungswillens – völlig umsonst gewesen sein? Was bleibt übrig von diesen fünf Jahrzehnten? Steht am Ende ausschließlich die Dokumentation des eigenen ökonomischen und moralischen Scheiterns?

Die Lage ist verzwickt. So sehr viele bis heute an einer gebrochenen Biographie leiden, so sehr erinnern sich viele an das kleine Alltagsglück, den Gemeinschaftsgeist, den Freundeskreis, die längst verlorengegangene Freude, wenn die ersten reif gewordenen Tomaten im Garten oder auf dem Fensterbrett geerntet wurden. Beide Erfahrungen – die einer gebrochenen Existenz und die des kleinen Alltagsglücks – gehören zusammen, beide sind bezeichnend für das Leben in der Diktatur. Die kleinen Freiheiten zählten umso mehr, als die große Freiheit zugemauert war.

Nicht nur die durch den Zusammenbruch des Systems anschaulich besiegelte Negation des Ergebnisses von 50 Jahren sozialistischer Misswirtschaft hat kollektive Verletzungen hinterlassen, die hoffentlich mit der Zeit heilen werden. Bedrückend erscheint, dass die Negation des Ergebnisses kollektiver Anstrengung umzuschlagen droht in eine noch viel schmerzhaftere Negation der individuellen Biographien, der eigenen persönlichen Lebensanstrengungen, des täglich neuen Bemühens um Anstand und Würde unter den Bedingungen eines totalitären Regimes.

Kein Mensch kann zulassen, dass seinem eigenen Leben dessen Bedeutung abgesprochen wird. Wenn er den Eindruck erhält, dass eine Mehrheit eben diesen Versuch unternimmt, tut er alles um seiner Selbstrettung willen: Er wählt Parteien, die ihm versprechen, sein Selbstwertgefühl nicht in Frage zu stellen, er beginnt mit Rechtfertigungen und Verklärungen der Vergangenheit, er sucht nach erhaltenswerten und erhaltenswürdigen Relikten der untergegangenen Zeit. Er sympathisiert mit der PDS, weil er in ihr eine Organisation vermutet, die seine Interessen vertritt, und schottet sich ab gegenüber denjenigen, die sein eigenes Leben offensichtlich als null und nichtig missachten.

Betrachten wir es als unsere Aufgabe, den Menschen dabei zu helfen, in einer Zeit der politischen Umwälzungen, der revolutionären Veränderungen und des wirtschaftlichen Strukturwandels das Gefühl von Selbstwert und Leistungsfähigkeit zu bewahren?

III.

Es scheint, dass die vorwiegend wirtschaftliche Bewertung des Prozesses der inneren Einigung den Blick verstellt hat, und zwar auf eine doppelte Weise: Kaum Beachtung fanden (die alten wie neuen) seelischen Verletzungen der Menschen, wie auch die Frage nach tragfähigen Überzeugungen als Maßstab zur Gestaltung des Prozesses der inneren Einigung kaum Beachtung fand.

Das ist nicht weiter verwunderlich. Der Wunsch, endlich Wohlstand als Entlohnung für Fleiß und Anstrengung zu erhalten, war und bleibt verständlich.

Gleichwohl scheint der Zeitpunkt längst gekommen, über den Prozess der inneren Einigung jetzt nicht mehr nur unter wirtschaftlichen Vorzeichen, sondern auch im Blick auf die Gefühle und Empfindungen der Menschen nachzudenken.

Gibt es eine innere Bindung der Menschen in den neuen Bundesländern an Demokratie, Rechtsstaat, Soziale Marktwirtschaft? Warum ist der Freiheitsimpuls der Revolution versiegt? Ist die friedliche Revolution ein identitätsstiftendes Ereignis – vielleicht sogar für ganz Deutschland? Immerhin ist es die erste Revolution in Deutschland, die je geglückt ist. Welchen handlungsleitenden Überzeugungen folgen die Menschen in den neuen Ländern, welchen bringen sie Zutrauen entgegen.

Fragen über Fragen. Antworten gibt es kaum, allenfalls zaghaft. Es scheint, dass ein Nachdenken darüber gerade erst eingesetzt hat.

Ein fruchtbares Gespräch wird umso eher gelingen, als es nicht unter den bisher üblichen Vorzeichen eines (von beiden Seiten vermuteten) Gefälles begonnen wird. Ökonomisch ließ sich ein solches Gefälle nicht leugnen. Das führte dazu, dass die gesamte Diskussion unter den Vorzeichen des (wirtschaftlichen) Zusammenbruchs in den neuen Ländern geführt wurde. Entsprechend oft wurde die Debatte mit belehrendem Unterton und erhobenem Zeigefinger geführt. Die Prägung durch Defiziterfahrungen verstellt aber oft genug den Blick für – möglicherweise überwiegende – Gemeinsamkeiten, beispielsweise in den Wert- und Verhaltensdispositionen der Menschen.

Wie auch immer: Die Aufgabe, die sich jetzt stellt, ist jedenfalls eine schlechterdings nur gemeinsam und gemeinschaftlich zu lösende Aufgabe: nämlich zu bestimmen, welchen Zielvorstellungen Staat und Gesellschaft im vereinigten Deutschland folgen sollen; und: welchen Grundüberzeugungen die Menschen Zutrauen entgegen bringen. Was erwarten sie beispielsweise vom Staat? Wie wollen sie ihren Freiheitsraum ausmessen und begrenzen? Wie erfolgt die Zuschreibung von Verantwortung – gegenüber dem Staat, der Gesellschaft, dem Einzelnen?

Zudem: Wer soll diese Fragen verbindlich beantworten? Im Westen wie im Osten haben – teilweise aus recht unterschiedlichen Gründen – Autoritäten ihre Glaubwürdigkeit verloren. Traditionelle Eliten sind bloßgestellt. Manche suchen dann im Staat eine sinngebende Institution, die er doch nie sein kann und sein darf.

Es ist an der Zeit, dass Westdeutsche und Ostdeutsche gemeinsam Bilanz ziehen. Die Bürger in den jungen Bundesländern haben bewiesen, dass sie das alte System nicht wollten. Ansonsten hätte es keine friedliche Revolution gegeben. Deshalb ist es unsinnig, jede Kritik an den Verhältnissen heute als nostalgische Verklärung des untergegangenen Systems abzutun. Wer so vorwurfsvoll argumentiert, zwingt seine Gesprächspartner in eine Verteidigungshaltung, die jede fruchtbare Auseinandersetzung scheitern lässt, noch bevor sie begonnen hat. Gemeinsam Bilanz zu ziehen, bedeutet vor allem, wechselseitig Anteil zu nehmen und wechselseitig Achtung zu bezeugen. Nur dann kann ein fruchtbares Gespräch eröffnet werden.

3. Bausteine einer Verantwortungsgesellschaft

Politik in einer Zeit des Aufbruchs:
Die Perspektive der Verantwortungsgesellschaft *

Alles scheint im Fluss zu sein seit jener unerhörten Begebenheit in den Novembertagen des Jahres 1989, dem Beginn eines europäischen Bebens, das die alte Ordnung des Kontinents bis auf die Grundfesten zerstörte. Seit jenem Schlüsseljahr der deutschen und der europäischen Geschichte hat sich die Welt – und die europäische zumal – gründlich verändert. Nichts ist mehr so, wie es einmal war – und nichts wird wieder so werden, wie es früher war. Alte Sicherheiten gelten nicht mehr, liebgewonnene Orientierungen erweisen sich als nicht mehr tragfähig und vieles, was bis dahin als selbstverständlich galt, wurde inzwischen bedeutungslos.

Wir leben an der Schwelle zu einer neuen Epoche. Schien bis zum Fall der Mauer in Europa alles wohl geordnet und stabil, so fühlen wir uns heute oft genug wie kleine Kinder in einem dunklen Wald: Zaghaft, ja fast ängstlich tasten wir uns voran und sehen allenfalls wie im Dämmerlicht die ersten Umrisse einer neuen Ordnung, deren endgültige Gestalt wir jedoch noch nicht kennen. Uns befremdet diese Situation der Ungewissheit und des Übergangs. Manche empfinden geradezu Angst vor diesem Wandel, dessen Zeitzeugen wir sind.

Wenn 1989 eine friedliche Revolution in Europa stattgefunden hat, dann stehen wir jetzt inmitten eines revolutionären Umbruchs, der eben nicht nur die mittel- und osteuropäischen Völker, sondern längst auch uns, die Deutschen und die Westeuropäer, erfasst hat. Wir alle sind Tag für Tag vor neue, bis dahin unbekannte Herausforderungen und Probleme gestellt. Da ist die Verführung groß, auf alte und liebgewonnene Antworten zurückzugreifen, um dann doch sehr schnell festzustellen, dass sich mit den herkömmlichen Denkgewohnheiten die neue Situation nicht bewältigen lässt. Wen kann es da verwundern, dass die Politik gelegentlich hilflos erscheint, nur zögerlich die neuen Fragen aufgreift und gelegentlich den Eindruck erweckt, vor den ungeahnten Dimensionen der neuen Herausforderung zurückzuschrecken. Und doch ist gerade das eine ungleich faszinierende Aufgabe, die sich der Politik heute stellt: in einer unbekannten Landschaft und in unwegsamem Gelände nach Wegen zu suchen, die zum Ziel führen. Mir scheint, dass manchmal auch deshalb so viel Verdruss über die Politik laut wird, weil die Parteien kaum noch die Kraft zu haben scheinen, Vorreiter zu sein in dem Bemühen einer Zuspitzung im Aufriss

* Erstveröffentlichung 1996

politischer Alternativen. Diese Aufgabe ist unbequem. Wenn sie unerledigt bleibt, weil parteiinterne Satzungsbestimmungen über die Quoren bei Vorstandswahlen mehr die Gemüter erhitzen als die Zukunft der Rentenversicherung, darf sich niemand wundern, wenn das Unbehagen immer größer wird.

Im Folgenden soll etwas zur Topographie der deutschen und der europäischen Politik in diesen nachrevolutionären Jahren des Umbruchs gesagt werden. In sieben Schritten werden Ziele und Wege beschrieben, die neuen Herausforderungen zu bewältigen.[1]

1. *Auf dem Weg zur Einheit*

Mit dem Fall der Mauer wurde die deutsche wie die europäische Spaltung überwunden. Das Tor zur Einheit wurde in den Novembertagen des Jahres 1989 aufgestoßen. Heute wissen wir, dass der Weg zur Einheit lang ist. Das gilt für die innere Einheit Deutschlands – und noch viel mehr für die Einheit Europas. Wann wir am Ziel sind, weiß derzeit noch niemand. Wir wissen nur, dass am Ende etwas Neues, uns Unbekanntes stehen wird: keine nach Osten erweiterte größere Bonner Republik, kein um die Völker in der Mitte und im Osten des Kontinents einfach erweitertes Westeuropa.

In dieser Situation müssen sich alle auf den Weg machen – West-, Mittel- und Osteuropäer gemeinsam. Auch den Bürgern der alten Bundesrepublik bleibt nicht erspart, diesen Aufbruch zu wagen. Das beginnt bei der Aneignung geographischer Kenntnisse über weithin vergessene Landschaften und Regionen im Osten – und endet bei den finanziellen Anstrengungen, die für die Herstellung der inneren Einheit notwendig sind.

Mancher möchte da am liebsten den Problemen ausweichen und einfach wegsehen. Seit der Entwicklung im ehemaligen Jugoslawien wissen wir: Eine Lösung ohne unser eigenes Engagement gibt es nicht. Was immer in Europa geschieht, wir Deutsche geraten unweigerlich in den Sog der Krisen.

Auch als Nation können wir nicht so tun, als wenn uns das alles nichts anginge. Die Zeiten sind vorbei, als andere – etwa unsere Partner in der NATO, allen voran die Vereinigten Staaten – für uns Schutz und Sicherheit gewährleisteten. Während wir uns in der Nachkriegsepoche im Windschatten der Großmächte bequem einrichten konnten, bläst uns jetzt der rauhe Wind der Verantwortung ins Gesicht. Wir sind gefordert, unseren eigenen Beitrag zu leisten – übrigens auch bei der militärischen Befriedung von Konflikten, die jetzt und zukünftig in Europa aufbrechen. Deutschland ist wieder zu einer Zentralmacht geworden. Nachdem die alten Machtblöcke zerfallen sind, hat vor allen Dingen unser Land zukünftig die Verantwortung eines Stabilitätsankers – und zwar im wirtschaftlichen wie im politischen Sinne – inmitten eines Kontinents, der noch lange nicht zur Ruhe gekommen ist. Die Zentrifugalkräfte in Europa nehmen eher zu. Alte, über Jahrzehnte eingefrorene Antagonismen brechen neu auf wie auch ethnische Probleme, die während der Zeit des Kalten Krieges unterdrückt wurden, jetzt wieder an Bedeutung gewinnen.

Um der Bewahrung des Friedens willen muss sich die Rolle Deutschlands in Europa ändern: Von uns hängt ganz entscheidend ab, welche Entwicklung Mittel- und Osteuropa nehmen wird. Haben wir diese Verantwortung schon begriffen?

2. Deutsche Verantwortung und deutsches Interesse

Angesichts dieser neuen Verantwortung ist in unserem Land alles andere als Euphorie zu spüren. Die Gründe liegen auf der Hand: Allzu offensichtlich sind die Folgen des europäischen Umbruchs: Deutsche Arbeitsplätze wandern aus – in Regionen jenseits unserer Grenzen –, die Steuer- und Abgabenlast des Normalverdieners steigt, das Geld in den öffentlichen Kassen ist mehr als knapp geworden, die grenzüberschreitende Kriminalität in Europa nimmt zu, das Problem der Arbeitslosigkeit bereitet uns Kopfzerbrechen – und am Ende stellt sich Fassungslosigkeit ein, weil wir nicht begreifen können, warum sich zivilisierte Völker mitten in Europa bekriegen, die Russen in Tschetschenien kämpfen und die Serben wehrlose Frauen und Kinder niedermetzeln. Da sehnt man sich gelegentlich gerne zurück in eine Zeit, als die Welt noch in Ordnung schien.

Aber Nostalgie ist ein schlechter Ratgeber bei der Suche nach Antworten auf die neuen Fragen. Und diese Antworten liegen auf der Hand: Wir, die Deutschen, haben die gemeinsame Grenze mit den Mittel- und Osteuropäern. Auch deshalb kann uns nicht gleichgültig sein, wie die Entwicklung dort verläuft. Wir müssen nüchtern die Gefahr sehen, dass sich heute eine neue Grenze, als Wohlstandsgrenze nämlich, quer durch Europa zieht. Wenn dieser Entwicklung nicht Einhalt geboten wird, hat das unübersehbar schlimme Folgen für uns: Neue Migrationsströme und Wanderungsbewegungen, soziale Krisen, steigende Kriminalität und politische Unsicherheit werden die Folge sein.

Aus diesem Grund gibt es nur eine einzige, wirkliche Priorität der deutschen Politik heute und in den nächsten Jahren: Nämlich zu helfen beim wirtschaftlichen und sozialen Aufbau in den Ländern Mittel- und Osteuropas. Diese Hilfe muss aktiver ausfallen, als das bisher der Fall war. Wir müssen begreifen, dass es keine Almosen sind, die wir als Aufbauhilfe geben, sondern Vorleistungen, die unserem eigenen langfristigen Vorteil dienen. Je schneller sich die Länder Mittel- und Osteuropas entwickeln, umso eher werden dort Märkte aufgebaut, die auch unserer wirtschaftlichen Entwicklung wieder zugute kommen. Die politische Stabilität und die Vermeidung sozialer Krisen liegen in unserem eigenen Interesse.

Deshalb entspricht im Blick auf die erstrangige Aufgabe deutscher Politik unserer Verantwortung, was in gleicher Weise unseren Interessen dient. Diese neue, innere Kohärenz einer Politik, die Interesse und Verantwortung miteinander verbindet, muss im Mittelpunkt eines neuen politischen Denkens stehen, das bisher nur in ersten Ansätzen zu spüren ist.

Was damit gemeint ist, wird sehr schnell klar im Blick auf die aktuelle politische Debatte in unserem Land. Statt die gemeinsame große Anstrengung zugunsten der jungen Demokratien in Mittel- und Osteuropa zu wagen, sind die Zeitungen Tag für Tag gefüllt mit Berichten darüber, wie zähneknirschend und verbissen Besitzstände verteidigt werden, die sich in fünf Jahrzehnten der alten Bundesrepublik entwickelt haben. Wo eine vorausschauende Politik der Öffnung notwendig wäre, macht sich statt dessen das Bedürfnis nach Abschottung breit. Das gilt in doppelter Hinsicht: Immer wieder erliegen wir der Verführung zu glauben, unsere Wirtschaft vor dem Wettbewerb mit Dritten schützen zu können: Handelshemmnisse, Subventionen und Reglementierungen sind unsichtbare Mauern, die uns vor der Konkurrenz von außen schützen sollen. Eine Politik der Abschottung findet allerdings auch häufig innergesellschaftlich statt, nämlich immer dann, wenn wir als Mitglied einer Interessengruppe gegen den Rest der Bevölkerung unseren Besitzstand verteidigen: als Beamte und Ärzte, als Lehrer und Einzelhändler, als Berufsstand, Arbeitnehmer, Betriebsinhaber, Freiberufler oder Unternehmer, kurz: Wir alle verteidigen unsere größeren und kleineren Privilegien, diese oder jene Sonderregelung sowie all' die kleinen Vorteile und Vergünstigungen, um deren Fortbestand wir fürchten müssen.

3. Gesellschaftspolitik im Spannungsfeld von Freiheit und Sicherheit

Es wäre nicht redlich, diese Diagnose mit einem vorwurfsvollen Unterton zu formulieren. Denn sie betrifft uns alle – Politiker und Journalisten selbstverständlich eingeschlossen – und hat zudem einen tieferen Grund in der Erfahrung der Westdeutschen mit der alten Bundesrepublik. Dort war es nämlich über Jahrzehnte hin selbstverständlich, die Erträge, die man Jahr für Jahr erwirtschaftet hat, an sich selbst zurückzuverteilen, um sie konsumieren zu können. So hat sich eine Wohlfahrtsökonomie entwickelt, die vor allem dem Ziel diente, die individuellen Lebensrisiken mehr oder weniger abzusichern. So wurden Sicherungssysteme aufgebaut, die tendenziell eine umfassende Vollversorgung sicherstellen sollten. Das ist auch nicht weiter verwunderlich in einem Land, das in einem Jahrhundert gleich zweimal die verheerenden Folgen von Inflation und eine völlige Zertrümmerung seiner gesellschaftlichen Ordnung erlebt hat. Und dennoch müssen die Nachwirkungen dieser auf Sicherheit abzielenden Wohlfahrtsökonomie nüchtern gesehen werden: Auf Dauer verursachen sie eine langfristige Entwöhnung von Selbständigkeit und Eigenverantwortung. Jede Sicherheit wird um den Preis einer neuen Abhängigkeit erkauft. Wo die eigene Zuständigkeit – an den Staat oder an die Solidargemeinschaft – abgegeben wird, entwickelt sich ein Lebensgefühl, das mehr und mehr dem Wunsch nach Betreuung folgt – und somit nach immer neuen Sicherheiten ruft.

Ganz ähnlich verlief die Entwicklung in der ehemaligen DDR, wenngleich auf einem unvergleichlich niedrigeren ökonomischen und sozialen Niveau. Das Leben war kalkulierbar, bequem und verhältnismäßig sicher, kurzum: Man wusste, woran man war und was man erwarten konnte. Der Preis der Abhängigkeit war sehr viel höher als in der alten Bundesrepublik. Gleichwohl waren die Lebensrisiken für den, der nicht aneckte, überschaubar.

Hier wie dort, im Westen wie im Osten, war die Verführung zu einem möglichst risikofreien Leben groß. Und deshalb hatte Milan

Uhde zweifellos recht, als er unmittelbar nach dem Ausbruch der friedlichen Revolution feststellte, dass wohl selbst Dissidenten in den ehemaligen osteuropäischen Diktaturen darauf hofften, an die Stelle des alten, verhassten kommunistischen Staates möge nicht die Freiheit, sondern ein neuer, besserer Verwalter und Betreuer treten.

Es ist die Angst vor der Freiheit, die uns – im Westen wie im Osten – soviel Beschwer macht im Umgang mit den Folgen des Umbruchs. So sehr wir die Befreiung in den Tagen der friedlichen Erhebung der Völker Mittel- und Osteuropas begrüßt haben, so sehr beginnen wir jetzt, Freiheit als eine Last zu empfinden. Das wird in so mancher nostalgischen Rückerinnerung an die Jahre vor 1989 deutlich. Während die einen von der damals gewährleisteten Vollversorgung mit Kinderkrippenplätzen schwärmen (ohne sich dabei allerdings an die baulichen, hygienischen und personellen Bedingungen dieser Vollversorgung zu erinnern), träumen die anderen von nahezu kostenfrei gewährten Kuren oder einladenden Vorruhestandsregelungen.

Inzwischen aber wird uns klar, dass die Revolution am Ausgang des 20. Jahrhunderts auch eine moralische Revolution war, nämlich eine Anfrage an unser Verständnis von Staat und Gesellschaft – und zwar in Ost und West. Eben deshalb heißt die Kernfrage heute: Müssen wir nicht alle – hüben und drüben – neu lernen, mit der Freiheit richtig umzugehen? Erkennen wir, dass der drohende finanzielle Kollaps unserer öffentlichen Kassen nicht eine Folge der finanziellen Hilfe in die neuen Bundesländer ist, sondern die unmittelbare Folge einer Lebenseinstellung, die eine immer weiter voranschreitende Verringerung von Lebensrisiken für möglich und bezahlbar hält – bis schließlich die Einführung neuer Technologien an einer restriktiven Gesetzgebung scheitert, weil diese vor allem dem Wunsch nach Risikovermeidung folgt und deshalb lieber den Verzicht auf technologische Innovation in Kauf nimmt, als dass der Gesetzgeber sich eines angeblich verantwortungslosen Umgangs mit schwer kalkulierbaren Folgen schelten ließe?

4. Umrisse eines gesellschaftlichen Umbaus

Diese Fragen zu stellen, heißt im Ergebnis, sich der Notwendigkeit eines gesellschaftlichen Umbaues zu stellen. Dieser Umbau ist dringend notwendig und er muss ansetzen an Fehlentwicklungen, die dazu führen, dass unsere eigene wirtschaftliche und soziale Stabilität in einem Europa der offenen Grenzen auf Dauer gefährdet ist.

Einige Stichworte sollen die Richtung solcher Fehlentwicklungen, die jetzt überprüft und berichtigt werden müssen, andeuten: In Deutschland sind – vor allem im Vergleich zu anderen Standorten – die Bedingungen für Investitionen inzwischen eher schlecht. Es gibt zu wenig Existenzgründungen und die Beschaffung des dafür notwendigen Risikokapitals gestaltet sich als ein Hürdenlauf, der viele vor dem Ziel resignieren lässt. Produktionsauflagen sind in der Regel höher als anderenorts, Genehmigungsverfahren zu lang und zu kompliziert, von der Produktion des Faxgerätes bis zur Biotechnologie hat Deutschland aus diesen und anderen Gründen den Anschluss verloren.

Vor allem aber gibt es ein Problem, das inzwischen als eine Kernfrage der deutschen Politik bezeichnet werden kann: Die Bruttoarbeitskosten in unserem Land liegen über Gebühr hoch, mit Abstand an der Spitze im weltweiten Vergleich. In vielen Bereichen der Produktion ist Deutschland deshalb nicht mehr wettbewerbsfähig. Ein Beispiel soll das erläutern: Ein Betrieb des Bauhauptgewerbes mit etwa 90 Beschäftigten zahlte im November 1994 an seine Mitarbeiter eine Bruttolohnsumme (einschließlich Weihnachtsgeld) von 881 953 Mark. Davon kamen netto bei den Beschäftigten 380 749 Mark an, das sind genau 43,17 Prozent des Bruttoentgeltes. Ein Jahr später, im November 1995, betrug die Bruttolohnsumme (ebenfalls einschließlich Weihnachtsgeld) 1 044 937,60 Mark. Netto ausgezahlt wurden davon 442 168,09 Mark, also genau 42,32 Prozent. Innerhalb eines Jahres wurde die sowieso schon viel zu tiefe Kluft zwischen Bruttolohnsumme und Nettoeinkommen um fast ein Prozent größer. Im konkreten Einzelfall bedeutet dieses Beispiel: Ein Arbeiter der Steuerklasse III mit zwei Kindern kostete seinen Betrieb im November 1994 genau 13 790,02 Mark (Bruttolohn plus Arbeitgeberbeiträge sowie Zahlungen an die Bauberufsgenossenschaft und Zusatzversorgungskasse), netto ausgezahlt wurden ihm 5915,24 Mark. 1995 lagen die Zahlen höher: Den Kosten von 14 262,94 Mark standen Nettobezüge von 5970,66 Mark gegenüber. Immerhin hatte dieser Arbeiter ein Jahr später ein – wenn auch vergleichsweise gering – gestiegenes Nettoeinkommen. Das konnte im gleichen Zeitvergleich der Angestellte mit der Steuerklasse I nicht für sich verbuchen. Seine Nettobezüge lagen im November 1995 mit 5081,34 Mark unter denen des Vorjahres in der Höhe von 5175,15 Mark.

Seitdem ist die Kluft zwischen Nettoeinkommen und Bruttoarbeitskosten, je nach Familienstand und Lohnhöhe unterschiedlich, deutlich angewachsen. So stiegen von 1998 bis 2003 die Bruttoarbeitskosten für Arbeitnehmer mit statistischem Durchschnittseinkommen um 15 Prozent von 29 911 Euro auf 32 576 Euro. Das ist eine durchschnittliche jährliche Steigerung um 3 Prozent. Im gleichen Zeitraum verbesserte sich der Nettolohn eines ledigen Arbeitsnehmers aber nur um insgesamt 12 Prozent. Für ein Alleinverdiener-Ehepaar mit zwei Kindern und einem durchschnittlichen Einkommen stieg der Nettolohn um 14,2 Prozent. Für einen Ledigen mit anderthalbfachem Durchschnittseinkommen wurden im Jahr 2003 von den Bruttoarbeitskosten direkte Abgaben in Höhe von 56,2 Prozent fällig. Sein Nettolohn in Höhe von 21 537 Euro betrug also nur 43,8 Prozent der Bruttoarbeitskosten von 49 134 Euro. Die Ursache der immer tieferen Kluft zwischen Bruttoarbeitskosten und Nettolöhnen liegt in erster Linie bei den Sozialbeiträgen. Für die Jahre seit 1998 ist zusätzlich eine erhebliche Verlagerung der Abgabenlast festzustellen, von den direkten Steuern zu indirekten Steuern wie der Ökosteuer, der Tabaksteuer und der Versicherungssteuer. Die Entlastung bei den direkten Abgaben im Zuge des Steuerreformgesetzes 2000 und des höheren Bundeszuschusses zur Rentenversicherung wurde dadurch deutlich aufgewogen. Die nominale Verbesserung der Nettolöhne wurde also zu einem erheblichen Teil wieder entwertet, was sich aber beim Steuerzahler sehr unterschiedlich nach seinen jeweiligen Lebensumständen auswirkt.

Die Zahlen sprechen eine klare, unmissverständliche Sprache: Die realen Einkommen der Arbeitnehmer in Deutschland sind seit Jahren gesunken, die Bruttolohnkosten hingegen kontinuierlich gestiegen. Die Folge ist: Mehr und mehr Arbeitsplätze wandern aus Kostengründen ab. Arbeitsintensive Aufträge werden ins Ausland vergeben und der Kampf gegen die Arbeitslosigkeit in Deutschland wird immer aussichtsloser. Damit ist die Diagnose klar: Deutschland ist nicht hinreichend gerüstet für den Wettbewerb. Da helfen auch alle Bemühungen um den Auf- und Ausbau eines sogenannten 2. Arbeitsmarktes nicht weiter. Wenn die Bruttokosten eines Arbeitsplatzes in Deutschland nicht sinken, wird die Arbeitslosigkeit in den kommenden Jahren keineswegs abschmelzen, sondern noch weiter anwachsen.

Um den Missstand an der Wurzel zu packen, müssen zwei schmerzhafte Operationen erfolgen: Der Staat muss seinen eigenen Verbrauch abbauen, um so Kosten und Steuern senken zu können. Gleichzeitig müssen die sozialen Sicherungssysteme ihre Aufgaben ebenfalls begrenzen, damit die Abgabenlast, die jeder Arbeitnehmer (mit seinem Arbeitgeber) zu tragen hat, nicht weiter explodiert.

Viele Wege führen zu diesem Ziel. Im Westen Deutschlands müssen wir lernen, dass ein bestimmter Luxus nicht mehr finanzierbar ist: Maßnahmen, die – wie der Bau eines Verkehrskreisels oder die Aufpflasterung von Fahrbahnschwellen – allein der Verbesserung des Wohnumfeldes dienen und von denen eine einzige eine Million Euro und oft noch viel mehr kostet, der Rückbau von Straßen, der aufwendiger ist als die ursprüngliche Baumaßnahme selbst war, die Natursteinverkleidung von Stützmauern und Rathäusern – der Beispiele sind Legion. Man muss nur eine französische Schule oder einen französischen Kindergarten besuchen, um festzustellen, dass manches auch einfacher und preiswerter geht, ohne dass der Qualität Abbruch getan wird. Dennoch wird eine noch so strikte Vermeidung von Luxus nicht die Höhe der Einsparungen erbringen, die notwendig werden. Deshalb geht es im Kern um mehr: Es geht um den Abschied von der Illusion, der Staat könne all überall eine umfassende Betreuung und Vollversorgung garantieren. Aber nicht nur der Staat wird seine Aufgaben begrenzen müssen. Auch die kollektiven Sicherungssysteme werden sich dieser Einsicht beugen müssen.

Dabei wäre es fatal, die notwendig gewordene Umsteuerung nur als Abwehr von Krisen und Fehlentwicklungen zu begreifen. Es geht weit mehr darum, den gesellschaftlichen Umbruch unserer Tage als eine Chance zu erkennen: nämlich unter veränderten, neuen Bedingungen persönliche Verantwortung in einer freiheitlichen Gesellschaft unmittelbar, als individuell und sozial gelebte Wirklichkeit, zu kultivieren und zu fördern. Auch hier können nur Stichworte die Richtung andeuten: Sozialpolitik muss wieder zu einer wirklichen Hilfe zur Selbsthilfe werden, die Sozialhilfe selbst wieder als das gelten, was sie ursprünglich sein sollte: eine neue Chance und keine Lebensart. Arbeitseinkommen und Sozialeinkommen müssen anders und besser miteinander kombiniert werden können.

Das Steuersystem ist maßgeblich zu vereinfachen, um den Steuer- und Subventionsbetrug – im Kleinen wie im Großen – wirksam bekämpfen zu können. Staatliche Dienstleistungen sind, wo immer möglich, im Wettbewerb mit privat angebotenen Diensten zu erbringen – auch in den Bereichen, in denen dies bisher unüblich war (etwa bei der Gewährleistung der inneren Sicherheit). Bei Privatisierungsvorhaben im öffentlichen Sektor ist die bisherige Beweislast umzukehren, indem zukünftig bewiesen werden muss, warum eine hoheitliche Wahrnehmung der Aufgabe nach wie vor notwendig ist. Vorgegebene Standards bei Planungen und beim Bau öffentlicher und privater Projekte sind abzubauen – für Straßen und Schwimmbäder ebenso wie für Kindergärten, Schulen und Krankenhäuser. Leistungen, die von Solidargemeinschaften erbracht werden, sind grundsätzlich über eine – einkommensabhängige – Selbstbeteiligung mit zu finanzieren. Zwischen Grundversorgung und Wahlleistungen ist stärker zu differenzieren.

Alternativ zu Systemen der Vollversicherung sind zu verschiedenen Preisen unterschiedliche Sicherungsangebote zu machen – beispielsweise für die Lohnfortzahlung im Krankheitsfall: Warum wird dem Arbeitnehmer nicht freigestellt, sich ab dem 1., dem 10. oder dem 15. Tag – bei entsprechend abgestufter Versicherungsprämie – gegen dieses Risiko abzusichern? Man kann sicher sein, dass bei einem entsprechenden Angebot die allermeisten Arbeitnehmer eine für sie günstigere Versicherungsoption wählen und dafür zwei oder drei Karenztage in Kauf nehmen.

Die Liste ließe sich fortschreiben. Wer angesichts solcher Vorschläge in das Lamento vom vermeintlichen sozialen Kahlschlag einstimmt, hat nicht begriffen, dass jede Diskussion, die sich in Tabuisierungen flüchtet, auf der Stelle tritt. Und er hat zudem nicht verstanden, welchem Ziel der gesellschaftliche Umbau dienen muss: Dem Ziel nämlich, den Einzelnen mit seiner Leistungsbereitschaft besser zu stellen, um den Schwachen auf Dauer wirksam helfen zu können.

Kein anderes westeuropäisches Land ist durch die Öffnung der Grenzen nach Osten so sehr in den Sog einer Strukturkrise geraten wie die Bundesrepublik Deutschland. Diese Herausforderung müssen wir Deutsche annehmen. Das aber bedeutet, beherzt und ohne Vorbehalte über den notwendigen gesellschaftlichen Umbau nachzudenken. Diese Notwendigkeit stellt sich bei Licht besehen – und wie die oben genannten Beispiele zeigen – nicht nur für die Mittel- und Osteuropäer, denen wir Deutsche diese Botschaft in väterlicher Fürsorge zurufen. Die Notwendigkeit eines Umbaues stellt sich auch im eigenen Land – als Abschied von einem Denken, das mehr der Gewöhnung an Betreuung als der Sehnsucht nach Freiheit folgte.

Gesellschaftspolitik im westlichen wie im östlichen Europa heißt deshalb heute: Mensch und Gesellschaft müssen ein neues Beziehungsverhältnis zueinander finden. Das aber kann nur gelingen, wenn der Zusammenhang von Freiheit und Verantwortung das soziale Gefüge, in dem Menschen leben, so prägt, dass Verantwortung als elementarer Bestandteil von Freiheit bewusst erfahren und gelebt werden kann.

Das orientierende Leitbild für diesen gesellschaftlichen Umbau scheint mir das Prinzip der Subsidiarität zu sein. Es spricht viel dafür, dass mit diesem Grundsatz ein Schlüssel für die sozialphilosophische Neuorientierung eines Kontinents im Umbruch an die Hand gegeben ist.[2] Der Gedanke der Subsidiarität teilt in einer Gesellschaft Verantwortung zu – dem Einzelnen, dem Staat, den Gruppen und Gemeinschaften. Zugleich baut das Subsidiaritätsprinzip eine Brücke, die individuelles Einzelinteresse und gesellschaftliche Gemeinwohlorientierung miteinander verbindet. Wo sich der Auf- und Umbau freiheitlicher Zivilgesellschaften als eine gesamteuropäische Herausforderung stellt, weist der Gedanke der Subsidiarität den Weg, Freiheit und Verantwortung miteinander in Einklang zu bringen. Denn Subsidiarität meint ja nicht nur, dass kleine Gemeinschaften, wo immer möglich, Vorrang haben vor großen Organisationsformen. Subsidiarität meint eben auch, dass die Unabhängigkeit des Einzelnen, seine unmittelbare Zuständigkeit für die Regelung seiner Lebensverhältnisse, seine persönliche Handlungs- und Entscheidungsfreiheit im Mittelpunkt jeder Hilfe zur Selbsthilfe stehen müssen. Aller übergeordneten staatlichen Tätigkeit weist der Gedanke der Subsidiarität Ziel und Maß.

Als oberste Maxime einer Ordnungsethik begrenzt Subsidiarität den Umfang staatlichen Handels, dem sie zugleich Ziel und Auftrag gibt. Sie stärkt Verantwortung, wie sie Verantwortung voraussetzt. Vor allem aber: Die Idee der Subsidiarität fordert nicht nur verantwortliches Handeln, sondern rückt dieses in das unmittelbare Eigeninteresse des Menschen.

5. Eigenverantwortung als Maxime

Könnte es sein, dass wir – im Osten wie im Westen – wieder neu lernen müssen, was es heißt, ein Leben in eigener Verantwortung zu führen? Könnte es sein, dass wir hier wie dort uns den Maximen einer freiheitlichen Lebensgestaltung mehr oder weniger entwöhnt haben?

Václav Havel bezeichnete einmal das Leben in den kommunistischen Diktaturen als ein Leben der organisierten Verantwortungslosigkeit. Gibt es nicht einen vergleichbaren Befund auch im Westen? Und könnte es nicht sein, dass der Unterschied in der Befindlichkeit in West und Ost mehr ein gradueller denn ein prinzipieller ist, angesichts der Zustimmung, die in Deutschland seit Jahren zugunsten von Gleichheitswerten – bei einer entsprechend abnehmenden Bevorzugung von Freiheitswerten – gewachsen ist.

Jedenfalls machen eine Vielzahl von Fehlentwicklungen in der alten Bundesrepublik jeden aufmerksamen Zeitgenossen stutzig. Sozialbetrug, Steuerbetrug und Subventionsbetrug zeigen, dass freiheitliche Gesellschaften beschädigt werden, wenn das Interesse des Einzelnen mit seiner Verpflichtung auf das Gemeinwohl kaum noch zur Deckung zu bringen ist. Eine Solidargemeinschaft beispielsweise, die den Missbrauch nicht bestraft, sondern einfach nicht beachtet, darf sich nicht wundern, wenn der Missbrauch mehr und mehr zunimmt. Sicherungssysteme, die eine zurückhaltende Inanspruchnahme gemeinschaftlicher Leistungen nicht honorieren, sind einer schleichenden Erosion ausgesetzt, bis die Trittbrettfahrer in der Mehrzahl sind.

Transferleistungen des Staates, die falsche Anreize setzen, führen dazu, dass Einzelinteresse und Gemeinwohl gegeneinanderstehen: In aller Munde ist inzwischen ganz zu Recht der Konstruktionsfehler der deutschen Sozialhilfe, die durch den geringen Vorteil, den die Kombination mit eigener Erwerbsarbeit bringt, tatsächlich davon abhält, ein eigenes Einkommen, das den staatlichen Sozialtransfer und damit die Allgemeinheit entlasten könnte, zu erzielen. Es ist kein Einzelfall, dass in Regionen mit 10, ja 16 Prozent Arbeitslosigkeit offene Stellen nur schwer, manchmal auch gar nicht besetzt werden können.

Damit kein Missverständnis aufkommt: Es geht hier nicht um das Auskundschaften von Sündenböcken und schon gar nicht um die Lufthoheit über den Stammtischen. Es geht um die Konstruktionsprinzipien unserer Gesellschaft, die beispielsweise ganz selbstverständlich vorsehen, dass ein Durchschnittsverdiener gut fünfundzwanzig Jahre arbeiten und Rentenversicherungsbeiträge zahlen muss, bevor er ein Rentenniveau erreicht, auf das der Sozialhilfeempfänger ohne Arbeit einen Rechtsanspruch hat. Es geht um die Folgen solcher Konstruktionsprinzipien in der Wirklichkeit, die durch sie ausgelöste Dämpfung von Leistungsbereitschaft, einen durch sie verursachten Missmut und den von ihnen begründeten Anreiz, Abhängigkeit von staatlicher Hilfe nicht gerade als unangenehmes Missgeschick zu empfinden.

Im Ergebnis jedenfalls zeigt unsere Gesellschaft eine Vielzahl von Tatbeständen, die darauf hindeuten, dass sich eher eine Flucht aus der Selbstverantwortung ankündigt, als dass umgekehrt der Freiheitsimpuls der friedlichen Revolution unser Denken auf Dauer prägt.

Im Westen – und, graduell verschieden, auch im Osten – sind in den Nachkriegsjahrzehnten Gesellschaftsordnungen entstanden, die das Risiko und die Anstrengung eigener Verantwortung dem Einzelnen immer mehr abgenommen haben. Die zwingende und unausweichliche Folge des dadurch von Jahr zu Jahr steigenden Finanzierungsbedarfs war, dass Steuern und Abgaben kontinuierlich wuchsen. Heute dient die Höhe der Steuern und Abgaben selbst als Begründung für eine umfangreiche Inanspruchnahme öffentlicher Leistungen: Wer knapp die Hälfte seines Einkommens an den Staat (und die verschiedenen Sicherungssysteme) abgibt, empfindet ganz zu Recht einen Anspruch auf angemessene Gegenleistung. Verdruss macht sich dann sehr schnell breit: Der Versicherte rechnet nach, welche Leistungen der Krankenkasse seinen jährlichen Beitragszahlungen gegenüberstehen, der Steuerbürger hat kein Verständnis dafür, dass, nachdem sein Auto aufgebrochen wurde, die Polizei noch nicht einmal die Spurensicherung schickt; wenn eine geringfügige bauliche Veränderung ein aufwendiges Genehmigungsverfahren – mit saftigen Gebührensätzen – in Gang setzt und die organisierte Kriminalität zunimmt, während der Autofahrer, der auf einer schnurgeraden Straße mit 70 Stundenkilometern in die Radarfalle fährt, kräftig zur Kasse gebeten wird. Oder ein anderes Beispiel: Ein Handwerksmeister bemüht sich, angesichts einer hohen örtlichen Arbeitslosigkeit gelernte oder ungelernte Kräfte für seinen Betrieb zu gewinnen, und bleibt dabei erfolglos, weil alle arbeitslos Gemeldeten einen Weg finden, das Angebot abzulehnen.

Solche Erfahrungen zersetzen auf Dauer eine freiheitliche Ordnung, weil sie den Zusammenhang von Eigenverantwortung und Gemeinwohlorientierung zerstören. An eben diesem Punkt setzt das Prinzip der Subsidiarität ein, indem es persönliche Verantwortung in das unmittelbare Eigeninteresse des Menschen rückt. Genau hier muss ein Programm des Umbaus freiheitlicher Gesellschaften anknüpfen. Um es in einem Satz zu sagen: Nur wenn dem Einzelnen vom Staat mehr belassen wird, also Steuern und Abgaben sinken, wird der Appell fruchten, sich der eigenen Verantwortung stärker bewusst zu werden. Und umgekehrt gilt: Nur wenn wegen sinkender Einnahmen des Staates und der Sicherungssysteme Leistungen eingefroren oder gar abgebaut werden müssen, wird ein Anreiz entstehen, sich mehr um die eigenen Belange zu kümmern. Und schließlich: Nur wenn die Verführung nicht mehr besteht, scheinbar bedürftig zu werden, um staatliche Hilfe zu erhalten, wird es auf Dauer möglich sein, den tatsächlich Bedürftigen die Unterstützung zu geben, die diese allemal erhalten müssen.

6. Die Vision der Verantwortungsgesellschaft

Der Umbau zur Verantwortungsgesellschaft stellt sich als eine gesamteuropäische Aufgabe. Er ist keineswegs nur ein Auftrag an die Mittel- und Osteuropäer nach dem Zusammenbruch des Kommunismus. Bei Licht betrachtet stehen auch die westeuropäischen Gesellschaften – und die alte Bundesrepublik zumal – vor dieser Herausforderung. Der Gedanke der Verantwortungsgesellschaft zielt in diesem Zusammenhang auf eine Ordnung, die jeden Einzelnen, sofern er sich verantwortlich im Sinne des Gemeinwohls verhält, dafür nicht bestraft, sondern im Gegenteil das Interesse des Einzelnen mit der Unterstützung des Gemeinwohls verbindet. Von dieser Maxime hat sich auch die Gesellschaft der alten Bundesrepublik ziemlich weit entfernt. So muss zum Beispiel ein Facharbeiter heute rund fünf Zeitstunden arbeiten, um sich mit seinem ihm entsprechend verbleibenden Nettoverdienst eine einzige Bruttozeitstunde zurückkaufen zu können. Das Ergebnis kann wenig überraschen: Die Flucht in die Schwarzarbeit erscheint vielen angesichts solcher Umstände nicht mehr als unmoralisch. Die wettbewerbsfähige Sicherung von Arbeitsplätzen wird zudem auf diesem Wege auch nicht gerade verbessert. Die Folgen sind leicht vorhersehbar: Während die Arbeitslosigkeit steigt, sinken die Einnahmen des Staates und der Solidargemeinschaften, gleichzeitig wachsen die Ausgaben entsprechend der größer werdenden Zahl der Hilfsempfänger, und entweder eine steigende Verschuldung oder eine erneute Erhöhung von Steuern und Abgaben ist die Folge.

Dieser unversehens einsetzende Teufelskreis kann nur durchbrochen werden, indem zunächst die Steuer- und Abgabenlast des Einzelnen gesenkt wird. Gleichzeitig muss der Staat – angesichts der Höhe seiner heutigen Gesamtverschuldung – seine Aufgaben kritisch überprüfen und zurückführen. Gleiches gilt für alle Systeme der kollektiven Sicherung. Statt aber beherzt diese Aufgabe anzugehen, leidet der Staat bis heute an dem Vertrauen in die vermeintliche Unerschöpflichkeit seiner Ressourcen.

Deshalb gehört es zu den wirklich wichtigen Fragen unserer Zeit, den Wirkungskreis des Staates und die von ihm abhängige Regelungsdichte in unserer Gesellschaft neu zu vermessen. Welche Aufgaben der Staat selbst zu erfüllen hat, ist eine von Generation zu Generation neu zu beantwortende Frage. Je länger wir uns um eine Antwort herumdrücken, umso mehr wachsen uns die Schwierigkeiten über den Kopf. Dabei wissen alle: Letzte Sicherungsgarantien kann der Staat so wenig geben, wie Vollkaskosysteme der sozialen Sicherung auf Dauer Bestand haben können und finanzierbar bleiben.

Die hier beschriebenen großen gesellschaftspolitischen Herausforderungen stellen sich als eine allen Europäern gemeinsame Aufgabe und darüber hinaus in durchaus vergleichbarer Weise auch hinsichtlich der zukünftigen inneren Ordnung der Europäischen Union. Deutsches Interesse und deutsche Verantwortung geben der Dringlichkeit der Osterweiterung der Union ein besonderes Gewicht. Dabei kommt es entscheidend darauf an, in der politischen und gesellschaftlichen Debatte weniger – wie gemeinhin üblich – über die Unterschiede zwischen West- und Osteuropa zu spekulieren, als vielmehr die Vergleichbarkeit der Aufgaben und Probleme in den Vordergrund zu stellen. Natürlich gibt es tiefgreifende Unterschiede in der Problembeschreibung zwischen dem westlichen und dem östlichen Teil des Kontinents. Aber der Blick auf diese Unterschiedlichkeiten kann zu einem fatalen Missverständnis führen, wenn nämlich die allen Europäern gemeinsame Chance des Umbruchs verkannt wird. Ganz Europa ist auf der Suche nach einer neuen gesellschaftspolitischen Ordnung, die eine Balance zwischen Freiheit und Betreuung, Selbstverantwortung und Gemeinwohl verspricht. Der Umbau zur Verantwortungsgesellschaft ist eine gesamteuropäische Antwort auf die Herausforderungen des Umbruchs.

7. *Chancen des Umbruchs*

Politik und Gesellschaft in Deutschland haben gerade erst damit begonnen, sich mit dieser Aufgabe auseinanderzusetzen – als Folge der friedlichen Revolution und der durch sie ausgelösten Veränderungen, die nach dem Zusammenbruch der Diktaturen den Weg Europas in die Freiheit begleiten. Die schwierigen ökonomischen Probleme einer den ganzen Kontinent erfassenden Strukturkrise und die Notwendigkeit einer Neubegründung freiheitlicher Gesellschaftsordnungen lassen sich auf diesen gemeinsamen Bezugspunkt zurückführen, nämlich die zentrale Frage nach dem Preis der Freiheit. So sehr es zutrifft, dass nur eine freie Gesellschaft auf Dauer überlebensfähig ist, so sehr hängt gerade diese Überlebensfähigkeit von der Einsicht ab, dass es Bestandsbedingungen von Freiheit gibt, die nicht zur Disposition stehen dürfen.

Zum Preis der Freiheit gehört unverrückbar auch das Anerkenntnis der Ungleichheit: Wer weniger reglementiert, wer mehr Luft zum Atmen lässt, wer mehr Spontaneität und Kreativität will, mehr Existenzgründungen, mehr Risikobereitschaft, mehr Eigenverantwortung und mehr Selbständigkeit, der muss bereit sein, den Bedrohungen einer freiheitlichen Demokratie durch eine Übertreibung ihrer eigenen Prinzipien zu begegnen. Zu diesen Bedrohungen gehört – das sei hier nur beispielhaft gesagt – die gefährliche Entwicklung vom Rechtsstaat zum Rechtsmittelstaat ebenso wie die trügerische Vorstellung vieler Politiker, die Menschen seien zu unmündig, als dass man sie sich selbst überlassen könnte. Die Konzeption einer Verantwortungsgesellschaft ruft das Individuum in seine Souveränität zurück und fordert den Bürger dazu auf, seine Interessen zu verfolgen, um – im Rahmen der gesellschaftlichen Ordnung – gerade dadurch und im Zusammenwirken mit anderen seiner Verantwortung gerecht zu werden. Verantwortung in diesem Zusammenhang meint keineswegs eine altruistisch überhöhte Moral, sondern im Gegenteil die ökonomisch vorteilhafte Sorge des Einzelnen für sich selbst.[3]

Was für eine Verantwortungsgesellschaft freier Bürger gilt, hat uneingeschränkt Bedeutung auch für eine Verantwortungsgemeinschaft demokratischer Staaten. Die Zusammenarbeit zwischen Demokratien gründet auf der Erkenntnis der eigenen Interessen, die eine gemeinschaftliche Verantwortung für die Sicherung von Frieden und Freiheit bewirkt. Eben deshalb ist die Erweiterung der Europäischen Union nach Osten von so großer Dringlichkeit – und war die Einführung einer gemeinsamen europäischen Währung keine Frage romantischer Wünsche, sondern das nüchterne Gebot einer Völkergemeinschaft, die den äußeren und inneren Frieden auf Dauer begründen will.[4]

„Wir dachten nach und träumten. Wir träumten, sei es im Gefängnis oder außerhalb, selbstverständlich von einem Europa ohne Stacheldraht und hohen Mauern, ohne künstlich geteilte Völker und gigantische Munitionslager... Von einer europäischen Politik, die auf der Achtung vor den Menschen und seinen Rechten gegründet ist."[5] In seiner Rede vor der Parlamentarischen Versammlung des Europarates im Mai 1990 erinnerte Václav Havel an den Traum der Menschen, denen die Sehnsucht nach Freiheit einen auch durch Diktatur und Terror unverwüstlichen Lebenssinn gab. Dieser Traum ist Wirklichkeit geworden – aber eine mehr als zerbrechliche Wirklichkeit. Es lohnt sich, diesen Traum weiter zu träumen – und deshalb für eine Wirklichkeit einzustehen, die alle Europäer vor eine große historische Aufgabe stellt. Zu bewältigen ist diese Aufgabe nur, wenn wir die Kraft haben, unser politisches Denken zu erneuern. Nur dann nämlich werden wir den materiellen wie den geistigen Herausforderungen in einem befreiten Europa gewachsen sein.

An der Schwelle zu einer neuen Epoche: Deutschland und Europa auf der Suche nach einem Zukunftsentwurf *

Allmählich erst werden uns die Folgen des Jahres 1989 bewusst. Damals schienen uns die Ereignisse der Novemberwochen ganz unglaublich, wie ein Traum. Wir fassten uns an den Kopf und mochten es einfach nicht glauben: Das „Unmögliche verwandelte sich in das Mögliche und der Traum in Wirklichkeit".[1] Nicht, dass wir Deutsche keine Freude empfunden hätten. Der Fall der Mauer, die Befreiung Mittel- und Osteuropas und die Wiedervereinigung des eigenen Vaterlandes faszinierten uns. Jedoch wie die Zuschauer eines großen Schauspiels nahmen wir Anteil an einem Geschehen, das sich auf einer Bühne abspielte: Wir litten, hofften und ängstigten uns mit den Akteuren, aber wir waren und blieben eben doch – entfernte – Zuschauer. Ein spannender Film flimmerte vor unseren Augen, wir zitterten wie im Kino mit den Helden der Leinwand, saßen aber in den bequemen Polsterstühlen der Zuschauerloge.

Viele dachten, dass dies unsere Rolle auf Dauer bleiben würde. Sie sprachen zwar im Hochgefühl von der Revolution des Jahres 1989, machten sich aber nicht klar, dass Revolutionen langwierige, verschlungene Prozesse sind, die in Phasen verlaufen und über längere Zeit andauern. Erst jetzt rückt uns diese Tatsache – nach und nach – ins Bewusstsein. Plötzlich stellen wir fest: Die Revolution, die 1989 begann, ist noch längst nicht abgeschlossen, ja, sie hat offenbar gerade erst begonnen. Und keiner weiß heute schon, was am Ende sein wird.

Der Epochenumbruch wirft neue Fragen auf

Mehr und mehr Menschen spüren: Wir stehen in Europa an der Schwelle zu einer neuen Epoche.[2] Plötzlich drängen sich neue Fragen auf: Ist der schreckliche Krieg im ehemaligen Jugoslawien der Beginn einer Kette kriegerischer Auseinandersetzungen in Mittel- und Osteuropa, oder gelingt es uns, neue Ordnungsstrukturen zu schaffen, die Sicherheit und Frieden gewährleisten können? Und noch eine andere Frage, die damit eng zusammenhängt, wird uns plötzlich klar: Wollen wir dort, wo bis vor kurzem eine Mauer aus Beton und Stacheldraht den Kontinent teilte, eine neue Mauer bauen, eine Wohlstandsgrenze

* Erstveröffentlichung 1993

zementieren, die erneut den Kontinent spaltet und das Europa der Reichen von dem Europa der Armen abschottet?

Über Nacht hat es die deutsche Politik erstmals seit langer Zeit wieder mit wirklichen Problemen zu tun. Wir stehen vor wahrhaft gewaltigen Herausforderungen. Die Deutschen tun sich schwer in dieser Situation. Verwöhnt von einem über vierzig Jahre geschenkten Frieden und einem über vier Jahrzehnte genossenen Wohlstand, möchten viele von uns am liebsten die Augen verschließen vor so vielen neuen Problemen – nicht nur, weil niemand von seinem Wohlstand etwas abgeben möchte, sondern auch deshalb, weil wir uns überfordert fühlen von der neuen Rolle, die unserem Land gleichsam von heute auf morgen zugewachsen ist.

Über mindestens zwei Jahrzehnte beschäftigte sich die deutsche Politik vorrangig damit, ein in allen Bereichen erzieltes hohes Niveau zu überbieten. Zuwächse konnten verteilt, Probleme in der Regel mit Geldscheinen zugedeckt werden. Was als politische Leistung zu würdigen war, definierte sich über den Wert und die Höhe finanzieller Zuwendungen. Wer als Politiker Zuschüsse nach Hause brachte, war anerkannt und konnte sich der Zustimmung sicher sein. Das Programm der deutschen Politik hieß: Luxusmodernisierungen in allen Bereichen. Kein noch so hohes Niveau stellte uns zufrieden; wo viel war, wurde mehr erwartet. Einher ging diese Einstellung oft mit einer gewissen Attitüde der Weinerlichkeit und des Weltschmerzes. Wenn es uns Deutschen schon so gut ging wie keinem anderen Volk auf dieser Erde, dann wollten wir wenigstens unseren Weltschmerz ein wenig pflegen und gelegentlich in Untergangsstimmungen schwelgen.

Jetzt ist die Welt eine völlig andere geworden. Spätestens seit 1989 ist das Schicksal Deutschlands und Westeuropas auf Gedeih und Verderb mit der Entwicklung in Mittel- und Osteuropa verwoben. Die tatkräftige Hilfe für unsere östlichen Nachbarn liegt im originären Interesse Westeuropas, vor allem in der Bundesrepublik Deutschland.

Die Aufgabe der Mittel- und Osteuropäer, ökonomisch – und allzu oft auch moralisch – zerrüttete Länder aufzubauen, ist zu einer existentiellen Herausforderung auch für uns Deutsche geworden. Die Politik der Bundesrepublik kennt auf absehbare Zeit keine wichtigere Priorität, als ihren Beitrag auf dem Weg zur inneren Einheit Deutschlands und Europas zu leisten. Das ist die Herausforderung, der sich die Deutschen gegenübergestellt sehen. Alles andere hat demgegenüber zurückzustehen.

Die Bewältigung dieser Herausforderung ist fürwahr nicht nur eine moralische Pflicht. Zunächst und vor allem ist die Herstellung der inneren Einheit Deutschlands und Europas in unserem eigenen, elementaren deutschen Interesse geboten. Wer sich dieser Aufgabe verweigert und stattdessen mit der Errichtung einer neuen Wohlstandsgrenze quer durch den Kontinent liebäugelt, muss sich die Folgen vor Augen führen: Er provoziert Wanderungsbewegungen, Flüchtlingsströme und Migration. Kein Asylgesetz, keine Verfassungsänderung und keine Grundgesetzerweiterung werden in der Lage sein, angesichts der gewaltigen Dimension solcher Flüchtlingsströme regulierend zu wirken. Und mehr noch: Wenn den Menschen in Mittel- und Osteuropa versagt bleibt, eine auf westeuropäische Anschubhilfe gründende erträgliche Zukunftsperspektive zu entwickeln, werden politische und soziale Erschütterungen die Folge sein. Unweigerlich würde Deutschland, das von Nord nach Süd eine gemeinsame Grenze mit mitteleuropäischen Ländern hat, in solche krisenhaften Entwicklungen hineingezogen.

Die mitteleuropäische Revolution von 1989 hat Westdeutschland erreicht

Damit ist klar: Wir stehen tatsächlich an der Schwelle einer neuen Epoche. Schon jetzt zeigt sich, dass diese großen Herausforderungen der nächsten Jahre – und vielleicht der nächsten Jahrzehnte – nicht zu bewältigen sein werden, wenn die 89er Revolution nicht begleitet wird durch eine Revolution in unserem politischen Denken. Wir dürfen uns nicht länger als Unbeteiligte fühlen. Die europäische Revolution, die 1989 begonnen hat, unterscheidet nicht zwischen Darstellern und Zuschauer. Auch wir, die Westdeutschen, gehören zu den Akteuren.[3] Und die westdeutsche Gesellschaft wird von den revolutionären Umbrüchen ebenso erfasst, wie die Gesellschaften in den ehemaligen sozialistischen Diktaturen in den Sog des Umbruchs geraten sind.[4]

So wenig wir bis heute die geistige Herausforderung dieses Epochenumbruchs verstanden haben, so sehr scheuen wir uns, in aller Nüchternheit die von uns ganz zu Recht erwartete wirtschaftliche und finanzielle Hilfe in den Blick zu nehmen. Die finanzpolitische Dimension der Herstellung der inneren Einheit Deutschlands, so weit sie heute überhaupt schon abzusehen ist, wird zu einer namhaften Umschichtung führen und erhebliche Finanzströme zulasten der alten Bundesländer in die jungen Länder lenken. Um ein vielfaches größer ist die finanzpolitische Dimension der von Deutschland erwarteten und von Deutschland im eigenen Interesse zu erbringende Anschubhilfe zugunsten der Länder Mittel- und Osteuropas.

Die allererste, wichtigste und in jeder Hinsicht unabdingbare Priorität der deutschen Politik muss deshalb sein, Mittel- und Osteuropa vor einem Scheitern von Demokratie und Marktwirtschaft zu bewahren helfen. Bis heute verkennen wir häufig, wie groß angesichts des Umbruchs in ganz Europa die Verführung ist, den rechten Umgang mit der neu gewonnenen Freiheit zu verfehlen. Hier zeigen sich die Gefahren dieser Epochenschwelle. Viele Menschen in den ehemaligen kommunistischen Diktaturen sehnen sich nach der alten Ordnung der Unfreiheit zurück, andere neigen dazu, Freiheit zügellos zu leben und damit den Weg in eine neue Unfreiheit zu ebnen. Die lang ersehnte Freiheit gerät ihnen zu einer fast erdrückenden Last.

In einer in Teilen durchaus vergleichbaren Situation des Übergangs befinden sich inzwischen auch die Westdeutschen. Auch unsere traditionellen Verhaltensorientierungen sind plötzlich wertlos geworden; und wir tun uns sehr schwer, neue Orientierung zu finden, wo alles im Fluss zu sein scheint. Mit dem Tag der Vereinigung ist eine Welt zerbrochen, in der sich für Westdeutsche gut leben ließ. Die Zeit der Ost-West-Polarisierung machte es einfach, die Wirklichkeit zu verstehen und zu begreifen. Jetzt kippt die europäische Politik in Konstellationen des 19. Jahrhunderts, Konstellationen zudem, die niemand mehr kennt, weil sie zu lehren und zu lernen seit langem für überflüssig gehalten wurden. Was weiß die heutige Generation der Vierzigjährigen schon über die historischen Belastungen des Verhältnisses zwischen Serben und Kroaten? Was wissen wir über die deutsche Minderheit in Polen, die ungarische Minderheit in Rumänien und die geschichtliche Belastung des Verhältnisses zwischen Bulgaren und Türken? Darüber zu sprechen, galt uns viele Jahrzehnte als fruchtlose Zeitvergeudung, als Gegenstand der Beschäftigung schrulliger Außenseiter. Das Zeitalter der Nationalstaaten sei vorbei, hieß es. Jetzt reiben wir unsere verträumten Augen und stellen fest, dass es offenbar Illusion war zu glauben, man könne Völkern ihre nationale Identität nehmen. Damit aber ist des Wunderns noch nicht genug: Nicht nur Nationalstaaten konstituieren sich neu, sondern auch Regionen beginnen – zum Teil grenzübergreifend –, Autonomie für sich zu beanspruchen.

Selbst im Inneren unseres Landes ist eine neue Situation entstanden: Wir begegnen anderen Mentalitäten, anderen kulturellen Traditionen, anderen Gebräuchen, Gewohnheiten und Dialekten. Die Welt, das eigene Vaterland, sind wieder offen. Tabus sind gefallen. In diese Offenheit gestellt, weiß niemand so recht, wie mit der neuen Freiheit umzugehen ist.[5] Da wirkt die Rückerinnerung an die alte, geordnete Welt geradezu nostalgisch.

Eine Gesellschaft, die sich weithin selbst im Besitzstandsdenken vermauert hat, tut sich schwer, diese fundamental veränderte Perspektive von Politik anzunehmen. So verständlich die ablehnende Reaktion gegenüber den „Folgen einer unerhörten Begebenheit"[6], nämlich der Vereinigung, ist, so nachvollziehbar die Skepsis gegenüber den Vorboten der in den Maastrichter Verträgen angepeilten europäischen politischen Union sein mag, wenn man beide Äußerungen als Ausdruck einer Orientierungskrise versteht, die sich als Folge einer durch rasante Veränderungen und die Zerstörung alter Weltbilder einstellende Überforderung einer in der Situation ungewohnte Offenheit notwendig gewordenen Neuorientierung ergibt, so sehr bleibt doch ein Unbehagen bei der Analyse einer weit um sich greifenden Mentalität, die – vor allem in Westdeutschland – nahezu ausschließlich auf die Wahrung des eigenen Besitzstandes abzielt. Die Wohlstandsdemokratie ist in eine Krise geraten.

Hierin zeigt sich auch die Folge maßloser Wohlstandsverwöhnung, die oft mit provinziellem Denken und kleinbürgerlicher Verantwortungsscheu einhergeht. Natürlich war für viele Westdeutsche der Kalte Krieg – und vor allem dann die Epoche der 70er und 80er Jahre – die Zeit einer politischen Idylle, in der man davon entbunden war, über die Bewältigung außenpolitischer Risiken und Krisen nachdenken zu müssen. Die Welt war nicht nur geordnet, übersichtlich und verstehbar, es war auch klar, wer im Falle des Falles geradezustehen hatte. Die Westdeutschen gefielen sich vorzugsweise in der – etwa von Hermann Lübbe wiederholt sorgenvoll bemerkten – Attitüde des politischen Moralisten, der den Großmächten sagte, was sie gefälligst zu tun und zu lassen hätten. Deutsche Verantwortung war die des Kolumnisten, des Kommentators, des Rezensenten. Andere schrieben das Drehbuch, wir gefielen uns in der Rolle des Zuschauers, der die Qualität des Stückes beurteilte. So kann es nicht wundern, dass verantwortungsethische Einstellungen bei uns nicht gerade günstige Aufnahme fanden. Was es bedeutet – innen- wie außenpolitisch –, Verantwortung in einer Risikogesellschaft wahrzunehmen, drang in den vergangenen Jahren wenig in das öffentliche Bewusstsein. Vereinzelte Appelle, Risikokompetenz und Verantwortungsfähigkeit des Bürgers durch ordnungspolitisches Handeln zu stärken[7], verhallten ziemlich ungehört. Beschaulichkeit war stattdessen angesagt, eine Beschaulichkeit allerdings, die auf höchstem Wohlstandsniveau aufbaute. Die Jugendprotestbewegungen der 60er und 80er Jahre in Westdeutschland erklären sich zu einem erheblichen Teil als Reflex auf die Befindlichkeit der Wohlstandsgesellschaft.

Besitzstandsdenken und Anspruchsspirale sind in unserer Gesellschaft seit langem eine unselige Verquickung eingegangen. Allenthalben führt dies zum Immobilismus: Zwei Bürgergruppen blockieren sich wechselseitig, wenn es um die Durchsetzung wichtiger Projekte der Stadtplanung oder Stadtentwicklung geht. Die Ausweisung eines neuen Kinderspielplatzes ist wegen der damit verbundenen Lärmbelästigung nur noch in einem kommunalpolitischen Kraftakt möglich. Unsere Innenstädte sollen lebendig, attraktiv und voller Leben sein – bis in die späten Abendstunden –, aber in den Straßen und auf den Plätzen muss ab acht Uhr Totenstille herrschen, damit kein Anlieger in seiner Ruhe gestört wird. Zahlreiche Bürgerinitiativen fordern einen verbesserten Ausbau des Öffentlichen Personennahverkehrs, verhindern aber mit aller Macht, dass der Bus durch die eigene Wohnstraße fährt. Von Vorhaben wie dem der Gesundheitsreform oder des Länderfinanzausgleichs sei hier gar nicht gesprochen.

Manchem mag diese Schilderung als eine bösartige Karikatur erscheinen. So ist aber auf Punkt und Komma der politische Alltag eines Bundes-, Landes- und Kommunalpolitikers.

Die Ratlosigkeit wird umso größer, als die Steuerung des politischen Systems über die dafür vorgesehenen Institutionen, nämlich die Parteien, von Krisensymptomen befallen und zunehmend lahmgelegt werden.

In dieser inneren Erstarrung zeigen sich vielfältig die Folgen einer moralischen Krise, in der sich die westdeutsche Wohlstandsdemokratie seit geraumer Zeit befindet. Umso mehr bedarf es heute klarer Kriterien und Prinzipien, die politische Entscheidungen nachvollziehbar machen. Je dramatischer sich die finanziellen Probleme der kommenden Jahre zuspitzen werden, umso dringlicher wird allenthalben die Suche nach einem gerechten Maß.

Für die westdeutsche Gesellschaft heißt dies: Angesichts der neuen, heute in ihrem Umfang noch kaum genauer zu bestimmenden Herausforderungen sind die alten Muster wohlfahrtsstaatlichen und verteilungspolitischen Denkens bestenfalls zum Anachronismus geworden, schlimmstenfalls eine Sackgasse, in die wir mit hoher Geschwindigkeit hineinfahren. Wir brauchen ein neues, das Wurzelwerk unserer politischen Vorstellungen berührendes Umdenken, wenn die deutsche Politik angesichts der neuen Herausforderungen nicht versagen soll.

Orientierung im Umbruch: Die Maxime der Verantwortung

In dieser Situation der notwendig gewordenen Erneuerung unseres politischen Denkens verspricht vor allem die Maxime der Verantwortung verlässliche Orientierung: Verantwortung meint dabei ein doppeltes: nämlich Verantwortung als Selbstverantwortung in der Innenpolitik und als Mitverantwortung in der Außenpolitik.

Was letzteres meint, liegt auf der Hand. Ein für allemal sind die Zeiten vorbei, in denen wir in der internationalen Völkergemeinschaft die Dinge für uns richten ließen, uns in der Außenpolitik vornehm zurückhielten und erwarten konnten, dass unsere Nachbarn bei der Lösung von Konflikten für uns mit einstehen. Vorbei ist die Zeit, in der diese große Industriegesellschaft als politischer Zwerg alle schwierigen Aufgaben anderen Staaten überließ und dankend abwinkte, wenn zur Mitverantwortung gebeten wurde. Seit 1989 ist uns Deutschen eine neue Rolle zugewachsen, unsere Verantwortung bestimmt sich neu. Es geht um eine neue Mitverantwortung Deutschlands, eine neue Rolle in der Gemeinschaft der Völker. Mitverantwortung in diesem Zusammenhang heißt: Gemeinsam mit unseren europäischen Nachbarn sind wir aufgefordert, friedensfördernde Aktivitäten zu entwickeln und dafür auch die Bundeswehr einzusetzen. Die Völkergemeinschaft erwartet von Deutschland zu Recht, dass wir uns dieser Mitverantwortung stellen.

In der Innenpolitik geht es darum, dass wir wieder lernen, was es heißt, Selbstverantwortung wahrzunehmen. Ob es um die Sicherung unserer persönlichen Lebensrisiken, um Krankheit und Tod, ob es um Naturkatastrophen, unser finanzielles Wohlergehen oder in einem umfassenden Sinn um unser eigenes Lebensglück geht: Verantwortlich gemacht werden vorrangig der Staat und die Solidargemeinschaft. Unsere sozialen Sicherungssysteme leisten längst weit mehr, als dass sie nur die Grundrisiken absicherten. Sie sind mehr und mehr zu einer umfassenden Daseinsvorsorge und -fürsorge geworden. Sie übernehmen in unserer westdeutschen Selbstbedienungsgesellschaft Aufgaben, die sie gar nicht mehr lösen können, sie sehen sich Erwartungen gegenüber gestellt, die niemand erfüllen kann.[8]

Inzwischen erkennen wir, dass die Solidargemeinschaft als Instrument zur Absicherung von Lebensrisiken an Grenzen stößt. Eine Solidargemeinschaft funktioniert nicht mehr, wenn sie nicht auf einer Moral der Selbstverantwortung aufbauen kann. Heute gehört das Bemühen, von der Risikogemeinschaft aller Versicherten nach Möglichkeit mehr zu verlangen, als der Absicherung der Grundrisiken dient, zu einem der beliebtesten Gesellschaftsspiele. Damit pervertiert die ursprünglich erfolgreiche Konzeption der Solidargemeinschaft. Der Missbrauch explodiert. Irgendwann ist dann der Zeitpunkt gekommen, an dem die Mehrheit der Mitglieder einer Solidargemeinschaft rebellieren. Es ist nicht einzusehen, warum ein Beitragszahler hinnehmen soll, dass andere Versicherte ihre ärztlichen Verschreibungen sammeln und am Ende des Monats zum Gegenwert diese ärztlichen Verordnungen in der Apotheke für Kosmetika eintauschen. Der Apotheker kann sich diesem Ansinnen nur um den Preis entziehen, einen Kunden zu verlieren. Und die Mehrzahl der Versicherten steht diesem Missbrauch völlig hilflos gegenüber. Sie hat nur die Wahl, entweder der ökonomische Verlierer zu sein oder sich ebenfalls am Missbrauch zu beteiligen. Selbstverantwortung in diesem Zusammenhang müsste also heißen: Wir brauchen eine spürbare Selbstbeteiligung an den Gesundheitskosten, wobei diese Selbstbeteiligung natürlich einkommensabhängig gestaltet und bestimmte Obergrenzen berücksichtigen muss.

Ein Land mit der höchsten Zahl von Feiertagen, der höchsten Zahl von Urlaubstagen und der höchsten Zahl von krankheitsbedingten Fehltagen muss jetzt zu der Einsicht finden, dass die fetten Jahre – als es vorrangig darum ging, einen jährlichen Wohlstandszuwachs zu verteilen – vorbei sind. In der politischen Umsetzung dieser Einsicht werden die Deutschen nicht umhin können, wieder zu lernen, was es bedeutet, sein Leben weitgehend selbstverantwortlich zu führen. Nur dann wird übrigens eine deutliche Entlastung des Staates ebenso wie ein Abbau bürokratischer Regelungsdichte möglich.

Nach der Rückkehr der Freiheit:
Die Vision der Verantwortungsgesellschaft

Die Lehre, die wir aus der 89er Revolution ziehen können, ist zugleich so etwas wie eine Vision für Deutschland: nämlich zu lernen, in einer Verantwortungsgesellschaft zu leben.

Es könnte ja sein, dass nicht nur für die Deutschen in den jungen Bundesländern und die Mitteleuropäer in den ehemaligen Diktaturen, sondern auch für die Westdeutschen – in einem anderen, eigenen Sinn – Freiheit zurückgekehrt ist. Dann müssten auch die Bürger der alten Bundesrepublik ebenfalls lernen, was es heißt, frei und selbstverantwortlich sein Leben zu gestalten.[9] Natürlich soll hier nicht bestritten werden, dass die alte Bundesrepublik Deutschland ein freies Land war. Aber hat in der alten Bundesrepublik die Mentalität, Verantwortung abzugeben, nicht eine Sogwirkung entwickelt, die dazu führte, dass Bequemlichkeit und Risikoscheu sich ähnlicher Beliebtheit erfreuten, wie das in den kommunistischen Diktaturen der Fall war?

Der Begriff der Verantwortungsgesellschaft meint im Kern: Wir werden der Verantwortung gegenüber unseren Nachbarn besonders in Mittel- und Osteuropa, den strukturellen Verwerfungen in unserer eigenen Gesellschaft, aber auch unserer Mitverantwortung in Fragen der Außenpolitik nicht gerecht, wenn wir nicht Verantwortung im Inneren, für uns selbst, neu definieren. Václav Havel hat dieses Ziel beschrieben als eine neue Ordnung, nämlich eine Ordnung der frei akzeptierten Verantwortung gegenüber dem Ganzen und für das Ganze. An einer anderen Stelle nennt Havel dieses Bemühen den Versuch, in der Wahrheit zu leben, als das Bestreben nämlich, die Verantwortung für sich selbst zu übernehmen. Dieser Versuch ist ein moralischer Akt.[10] Und so, wie sich die Aufgabe, ein Leben in Selbstverantwortung und in Wahrheit neu zu lernen, sowohl für die Menschen in den freien Ländern Westeuropas als auch für die Menschen in den zusammengebrochenen ehemaligen kommunistischen Diktaturen stellt, wird sichtbar, dass es nicht nur eine moralische Krise der postkommunistischen Systeme gibt, sondern in durchaus vergleichbarer Weise auch eine moralische Krise der Wohlstandsdemokratie.

Mit gutem Grund hat Max Weber die Maxime der Verantwortungsethik definiert als eine Einstellung, die für die (voraussehbaren) Folgen des eigenen Handelns aufzukommen bereit ist.[11] Damit Selbstverant-

115

wortung praktiziert werden kann, muss der Bürger eine Chance haben, die Folgen seines Handelns und Entscheidens zunächst einmal kennen zu lernen, die Folgen, die entstehen, wenn Einzelinteressen ein wichtiges öffentliches Projekt blockieren, die Konsequenzen des Missbrauchs sozialer Sicherungssysteme, die zwingende Destruktion institutioneller Autorität, die unausweichlich ist, wenn Gesetzesverstöße – und sei es nur vor sich selbst – gerechtfertigt werden, insofern die eigenen Interessen scheinbar als legitim empfunden werden, auch wenn sie staatlichen Regeln widerstreiten. Wo ist in den letzten Jahren darüber öffentlich nachgedacht worden?

Die Revolution des Jahres 1989, die vor allem und zunächst eine moralische Revolution war, konfrontiert den Bürger in Westdeutschland plötzlich nicht nur mit finanziellen Folgen. Sie führt vielmehr dazu, dass wir uns ganz unerwartet mit uns selbst, unserer eigenen Mentalität und unserer eigenen Bequemlichkeit konfrontiert sehen. Die moralische Revolution, die ihren Ausgang in Mitteleuropa genommen hat, bricht in unsere westdeutsche Gesellschaft ein. Auf einmal wird uns der Spiegel vorgehalten, wir blicken in unser eigenes Gesicht – und sollten eigentlich sehr nachdenklich werden. Bisher konnten wir uns als Unbeteiligte fühlen, die revolutionären Ereignisse schienen uns nicht weiter zu behelligen.

Weder hatten wir einen nennenswerten Anteil daran, dass die Revolution ausbrach – unser Interesse am Schicksal der Menschen in den ehemaligen Diktaturen war außerordentlich begrenzt –, noch haben uns die Folgen dieser Revolution bisher unmittelbar zu Betroffenen gemacht. Noch länger können und dürfen wir jedoch nicht unbeteiligt bleiben. Bisher fühlten wir, das Publikum, uns von den Akteuren auf der Bühne getrennt durch einen tiefen Orchestergraben. Jetzt stellen wir fest, dass wir Mitspieler in diesem Stück geworden sind.

Uns sollte das nicht überraschen – im Gegenteil. Revolutionen unterliegen eigenen Gesetzen. Eine Zeit der großen Chancen liegt vor uns, und zwar nicht nur im Blick auf die einzigartige Möglichkeit, eine dauerhafte, stabile Friedensordnung in ganz Europa zu errichten. Wir sollten auch die Chance nicht verkennen, uns von der moralischen Revolution und dem Prozess der politischen Umgestaltung in Europa selbst erfassen zu lassen, den Umbau unseres eigenen Gemeinwesens zu einer freiheitlichen Verantwortungsgesellschaft als eine Herausforderung des Umbruchs zu erkennen und als Aufgabe anzunehmen.

Die Chance des Umbruchs:
Bausteine einer Verantwortungsgesellschaft

Das in den letzten Jahren empfundene Glück über die Befreiung von Millionen von Menschen im Osten ist ein geschichtliches Ereignis, das allmählich zu verblassen beginnt. Jetzt wartet ein neues Glück auf uns: Das Glück nämlich, die Zeit des Umbruchs als eine Gestaltungsaufgabe anzunehmen, die überfällige innenpolitische Veränderungen und Weichenstellungen ermöglicht. Die zugespitzte Lage der öffentlichen Finanzen, die Krise unserer sozialen Sicherungssysteme, die sich abschwächende Konjunktur und die erlahmte wirtschaftliche Entwicklung sind ja keineswegs durch die Wiedervereinigung ausgelöst worden. Im Gegenteil: Die Wiedervereinigung hat über fast drei Jahre hinweg in Deutschland den Aufschwung verlängert. Nun aber brechen Schwierigkeiten auf, die vor allem strukturell bedingt sind und durch die gute Konjunktur bisher abgemildert schienen. Sie zu lösen, ist jetzt die Aufgabe. Ohne Rückbesinnung auf die Fundamente einer Verantwortungsgesellschaft wird Deutschland weder im Inneren noch im Äußeren seinen Aufgaben gerecht werden können.

Die Missstände sind inzwischen hinreichend bekannt:

- Ein Arbeitnehmer mit vierköpfiger Familie verdient in den jungen Bundesländern im Durchschnitt netto 2113 Mark, der Sozialhilfeempfänger mit vierköpfiger Familie netto 2279 Mark.[12] In den alten Bundesländern verfügt eine achtköpfige Familie, wenn der Vater und eines der Kinder arbeiten, über ein Monatseinkommen von 4129 Mark. Würde in der Familie niemand arbeiten, erhielte sie exakt genau 254 Mark weniger. So gering ist der Vorteil der Erwerbstätigkeit, so groß die Verführung, die Sozialhilfe – gegebenenfalls kombiniert mit Schwarzarbeit – als Daueranspruch misszuverstehen.

- Es gab einmal Zeiten, da galten ‚Setzrisse' in einer Neubauwohnung als durchaus normal. Heute sieht die Rechtsprechung in solchen Rissen einen Mietminderungsgrund. Also bemüht man sich, Häuser und Wohnungen so zu bauen, dass Setzrisse nach menschlichem Ermessen nicht mehr auftreten können. Das kostet mehr Geld: Planungen werden dreimal, viermal überarbeitet, mehrfach geprüft, das Material entsprechend ausgewählt – und das alles schlägt sich in hohen Mieten nieder.

- Ein mittelständischer Betrieb des Bauhauptgewerbes, der Ende November die Dezemberlöhne und das Weihnachtsgeld für rund 90 Beschäftigte auszahlt, muss dafür (nach dem Stand des Jahres 1992) eine Bruttosumme von 822 591 Mark aufbringen. Nach Abzug der Steuern und Abgaben werden den Arbeitnehmern sage und schreibe 383 802 Mark ausgezahlt. Die Differenz von 438 789 Mark fließt an die Versicherungsträger und – zum geringeren Teil – an den Staat. Das bedeutet: Ein Facharbeiter muss heute mehr als vier Zeitstunden arbeiten, um mit seinem verdienten Nettoeinkommen eine einzige Zeitstunde Arbeit von sich selbst zurückkaufen zu können.

Die Beispiele zeigen: Wir brauchen eine radikale staatliche Aufgabenkritik[13], ein Programm der Deregulierung[14] und der Stärkung von Selbstverantwortung.

In Schweden hat eine große, parteiübergreifende Koalition dem Wohlfahrtsstaat eine Entschlackungskur verordnet, die von der Einsicht getragen wird, dass der Wohlfahrtsstaat – ohne die Finanzprobleme einer Wiedervereinigung – an seine Grenzen gestoßen ist: „Renten werden gekürzt. Das Ruhestandsalter steigt auf 66 Jahre. Wer krank wird, bekommt am ersten Tag kein Gehalt, am zweiten 65 und am dritten 80 Prozent. Wohnungsbeihilfen fallen weg. Das lange versprochene Erziehungsgeld wird auf den Sankt-Nimmerleins-Tag verschoben. Benzin wird pro Liter eine Krone teurer, Zigaretten je Packung drei Kronen. Vom Jahresurlaub werden zwei Tage abgeknapst. Und das bisher vom Staat getragene Renten- und Krankenversicherungssystem wird Schritt für Schritt privatisiert. Leistungskürzungen sind abzusehen."[15]

Auch die Deutschen werden zu ähnlichen Einsichten finden müssen. Hier seien nur einige Stichworte genannt, die Orientierung geben können für die noch ausstehende, tiefgreifende Umgestaltung unserer Gesellschaft[16]:

- Wir werden in Zukunft nicht weniger, sondern mehr arbeiten müssen. Wochen- und Lebensarbeitszeit werden steigen.

- Eine unbesehene und umfassende staatliche Kostenübernahme im Bereich der sozialen Sicherung und der Gesundheitsvorsorge wird es nicht mehr geben. Notwendig sind Kostentransparenz, eine einkommensabhängige Selbstbeteiligung und eine Unterscheidung zwischen Grundversorgung und darüber hinausgehenden Wahlleistungen.

- Lohnzuwächse werden auf längere Zeit nur auf dem Niveau eines Inflationsausgleichs bezahlbar sein. Darüber hinaus sind allenfalls Formen des Investivlohns zu überlegen.

- Neue Leistungsgesetze werden auf mittlere Sicht nicht mehr verabschiedet werden können. Dort, wo entsprechende Vereinbarungen getroffen sind – wie beispielsweise zugunsten der Pflegeversicherung –, darf das nicht zu einer weiteren Verteuerung der Arbeit führen.

- Da eine Überprüfung von Subventionen erfahrungsgemäß nicht zu deren Abbau führt, wird nichts anderes übrig bleiben, als alle Subventionen degressiv zu gestalten.

In unserer Gesellschaft ist das Verhältnis zwischen Umverteilungsmasse und Umverteilungskosten längst aus den Fugen geraten. Bedürftigkeit und Begünstigung müssen wieder zueinander gebracht werden. Begründete Absichten der Umverteilung müssen zu geringeren Kosten mit erhöhter Treffsicherheit umgesetzt werden. Kernstück einer solchen Reform wäre die Einführung einer Einkommenssteuer mit negativem Tarifast. Wer nicht genügend Einkommen erzielt, um sein Leben selbstverantwortlich zu gestalten, erhält demnach eine unmittelbare finanzielle Zuwendung, die so hoch bemessen sein muss, dass er eigenverantwortlich leben kann. Der Wohlfahrtsstaat muss seine Bürger aus der Unmündigkeit entlassen. Die Balance zwischen den menschlichen Grundbedürfnissen nach Freiheit und nach Sicherheit ist heute gestört. Die Verantwortungsgesellschaft eröffnet die Chance, ein neues Gleichgewicht zwischen sozialer Sicherheit und freiheitlicher Lebensgestaltung zu finden.[17]

Die Aufgaben der deutschen und der europäischen Politik im Einklang

Die Vision der Jahre 1989 ist eine doppelte: Sie bietet die Chance einer neuen, gesamteuropäischen Ordnung – und sie eröffnet die Möglichkeit, zu den Prinzipien und Fundamenten einer Verantwortungsgesellschaft zurückzufinden. Die neue Epoche, an der wir stehen, hat ihre innen- und außenpolitischen Implikationen. Wer darüber nachdenkt, wird sehr schnell zu dem Schluss kommen, dass sich beide Seiten der Medaille nicht voneinander trennen lassen. Wir werden die gesamteuropäische Aufgabe nur lösen können, wenn wir jetzt aufbrechen und begreifen lernen, wie sich unser Leben in einer Verantwortungsgesellschaft verändern muss.

Nur so werden wir übrigens der in unsere Gesellschaften in West- und Osteuropa zurückgekehrten Freiheit dort eine wirkliche Heimat bieten können.[18] Hier wie dort werden wir uns an die neue Freiheit gewöhnen müssen. Nicht nur die Osteuropäer sind überrascht, dass die Freiheit kam, wo sie doch oft nur einen verständnisvolleren Betreuer und einen besseren Verwalter erwartet haben.[19] Dieses Lebensgefühl prägt inzwischen auch viele Menschen in Westeuropa. Hier wie dort ist die wechselseitige Verwiesenheit von Freiheit und Verantwortung scheinbar in Vergessenheit geraten. Der moralischen und ökonomischen Krise Westdeutschlands korrespondiert die moralische und ökonomische Krise in Ostdeutschland und Osteuropa. Hier wie dort sehen sich Menschen vor die Aufgabe gestellt, ein Verständnis von Freiheit zu entwickeln, das dem persönlichen Leben Sinn und Orientierung gibt. Eine Ordnung der frei akzeptierten Verantwortung des Einzelnen gegenüber dem Ganzen und für das Ganze[20] weist den Weg in eine Verantwortungsgesellschaft, die den Menschen Orientierung und der Freiheit Heimat gibt.

Die Verantwortungsgesellschaft:
eine Antwort auf die Herausforderungen
der europäischen Revolution *

Als die Menschen in Mittel- und Osteuropa 1989 die Diktatur endlich abschüttelten, hofften die meisten, in eine neue, menschenwürdige Ordnung hineinzuwachsen. Ihre Erwartung wurde vielfach schmerzlich enttäuscht. Statt einer neuen Ordnung erleben sie seitdem eine umfassende Unordnung: zunächst neue Kriege mitten in Europa, eine hohe und immer noch wachsende Arbeitslosigkeit, die späte Rache der sozialistischen Barbarei in Form langfristiger ökologischer wie ökonomischer Schäden, eine grenzüberschreitende organisierte Kriminalität, Verbrechen am hellichten Tag und auf offener Straße, kurz: ein Leben voller Risiken und Unwägbarkeiten, wo früher so gut wie alles berechenbar war. Plötzlich ist die Freiheit zurückgekehrt. Und alle spüren: Diese Freiheit ist anstrengend. Wo heute unübersehbare Gefahren lauern, schien noch gestern alles in Ordnung. Wo ehedem Resignation und Agonie die Kraft der Menschen lähmten, ist jetzt gleichsam über Nacht eben diese Kraft eine Voraussetzung erfolgreicher Selbstbehauptung geworden.

Dass die neue Ordnung mehr einer Unordnung gleichen würde, voller Unbequemlichkeit stecken und auch noch unkalkulierbare Risiken beinhalten würde, ahnen die meisten nicht. Eher schon war geplant, dass an die Stelle des mangelhaft betreuenden Staates der leistungsfähiger betreuende Staat treten sollte. Man wollte das, was der Westen zu haben schien – und unter den Vorzeichen der Nachkriegsepoche auch hatte: die Segnungen der Sozialen Marktwirtschaft, ohne die Voraussetzungen dieser Segnungen erfüllen zu müssen: Anstrengungen und Zumutungen, die allesamt darauf angelegt sind, die Ambivalenzen und Risiken von Freiheit zu kultivieren.

Es kam anders. 1989 war nämlich nur der Beginn einer Revolution, die seitdem andauert. Mancher hat das damals nicht sehen können, und will es heute immer noch nicht sehen. Dennoch ist richtig: Man kann nicht einen ganzen Kontinent vom Kopf auf die Füße stellen, und dann so tun, als ob eigentlich nichts geschehen wäre.

Eine Revolution hat begonnen, an deren Ende etwas Neues stehen wird – eine neue politische Ordnung, eine neue Sicherheitsarchitektur, ein neues Verständnis von Solidarität, neue Instrumente der Arbeits-

* Erstveröffentlichung 1998

markt- und Wirtschaftspolitik, eine neue Gesellschaftsordnung, vielleicht ein neuer und anderer Versuch, das zerbrechliche Gleichgewicht im Spannungsbogen von Freiheit und Gleichheit in der Ordnung einer Zivilgesellschaft neu zu balancieren.

Die Menschen in den neuen Bundesländern spüren das mehr und nachhaltiger als die Bürger im Westen. Der Grund liegt auf der Hand, und über ihn zu sprechen, bereitet dem Westen großes Unbehagen: Denn der tiefere Grund für den Zusammenbruch der Diktaturen im Osten, die menschenverachtende Ideologie der – wie Václav Havel es einmal zutreffend bezeichnete – organisierten Verantwortungslosigkeit, war natürlich auch eine aufgezwungene Spätfolge der missglückten Oktoberrevolution, aber keinesfalls nur eine einsame Entgleisung der Mittel- und Osteuropäer. Im Gegenteil: Ein Denken der organisierten Verantwortungslosigkeit ist auch in Westdeutschland längst weit verbreitet. Wie anders ist es zu erklären, dass in fünf Jahrzehnten der Geschichte der alten Bundesrepublik eine so einmalige, gewaltige Verschiebung etwa auch kleinster Lebensrisiken weg von der persönlichen Verantwortung und hin in die Zuständigkeit kollektiver Sicherungssysteme stattgefunden hat? Institutionen, die ehedem der Absicherung der großen, unüberschaubaren Risiken galten – wie beispielsweise die Krankenversicherung –, waren bis vor kurzem zuständig für Nasentropfen bei Schnupfen und Aspirin nach durchzechter Nacht. Risiken und ihre Absicherung wurden individueller Verantwortung entrissen und delegiert: an den Staat, an Solidargemeinschaften, an Kollektivsysteme. Im gleichen Moment begann der sportliche – und ökonomisch auf den ersten Blick durchaus vernünftige – Wettbewerb um den besten Platz des erfolgreichsten Trittbrettfahrers.

Man hatte im Westen, was die Menschen im Osten zutreffend vermuteten: die Segnungen der Sozialen Marktwirtschaft, ohne die Voraussetzungen dieser Segnungen erfüllen zu müssen: ohne die unverzichtbare Anstrengung und ohne die Risiken des Wettbewerbs. Nicht, dass die Menschen im Westen faul, unfrei und leistungsfeindlich gewesen wären. Aber Schritt für Schritt wurden staatliche Betreuungssysteme aufgebaut, deren entmündigende Wirkung man gerne zugunsten der von ihnen erhofften Bequemlichkeit in Kauf nahm. Solange der Staat die freie Auswahl der Fernsehprogramme garantierte, nahm man ihn anderweitig als Vormund gerne in Kauf, wenn es darum ging, eigene Lebensrisiken dem Kollektiv zu überantworten.

Zum politischen Grundkonsens der westdeutschen Nachkriegsgesellschaft gehörte es, jeden Schritt hin zu einer weiteren Kollektivierung von Risiken parteiübergreifend als großen politischen Erfolg zu feiern. Unbesehen galt diese Politik als legitimiert, da sie augenscheinlich dem Schutz der Schwächeren diente. Nicht erst heute, sondern schon in den gesellschaftspolitischen Debatten der frühen siebziger Jahre wurde allerdings von vielen festgestellt, dass diese unbefragte Prämisse das Ergebnis einer optischen Täuschung war. Nicht dem Schutz des Schwächeren, sondern der Unverfrorenheit der Cleveren diente die so betriebene Kollektivierung von Risiken. So sehr etwa der kranke Arbeitnehmer eine Absicherung seiner Lohnfortzahlung erwarten kann, so wenig dient diesem Ziel ein Instrumentarium, das von Mal zu Mal die gleichen dreisten Trittbrettfahrer zulasten der großen Mehrheit privilegierte.

Kollektive Systeme aber, die verhindern, dass Eigenverantwortung persönlich erfahren wird, müssen scheitern, weil sie der organisierten Verantwortungslosigkeit Tür und Tor öffnen. So ist denn an eben diesem Punkt – und, wie es die List der Geschichte wollte: zeitgleich – der politische Grundkonsens der Nachkriegsepoche im Osten wie im Westen zerbrochen.

Begleitet wurde der Ausbruch der Revolution in Europa mit einer weltweiten Veränderung, die durch eine voranschreitende Vernetzung der Informations- und Kommunikationstechnologie unsere Welt immer mehr auf die Dimensionen eines Dorfes schrumpfen lässt. Der gesellschaftliche Umbruch von der Industrie- zur Wissensgesellschaft stellt uns alle ebenfalls vor neue Orientierungsprobleme: Mehr denn je leben wir in dem Gefühl, in der Flut der Informationen, die wir uns in Sekundenschnelle durch Mausklick beschaffen können, rettungslos zu versinken. Wir können unser Wissen nicht mehr sinnvoll strukturieren, und die Vermutung drängt sich auf, dass wir an den für uns wirklich wichtigen Informationen vorbeisurfen, ohne es überhaupt zu bemerken.

Beide Prozesse verlaufen parallel und zeitgleich. Der Orientierungsverlust nach der revolutionären Zertrümmerung alter Ordnungsstrukturen wie die Veränderung durch revolutionäre technologische Umwälzungen berühren die Empfindungen vieler Menschen tief: Ihr Selbstwertgefühl, ihre Orientierungssicherheit wie auch ihr Bedürfnis nach Vertrautheit und Kalkulierbarkeit werden verletzt und enttäuscht.

Vergleichbar einem Orkan gehen beide Entwicklungen über die west- wie osteuropäischen Gesellschaften hinweg. Arbeitsplätze werden abgebaut – im Westen wegen der preiswerten Konkurrenz von Produktionsstandorten in Mitteleuropa, im Osten wegen der notwendigen Rationalisierung in ehedem völlig übersetzten Betrieben mit geringer Produktivität und hoher Beschäftigtenzahl. Das Schicksal der Arbeitslosigkeit droht – weil vor allem Ältere den Anschluss an neue technische Entwicklungen oft nicht mehr finden. Soziale Strukturen und Bezüge verlieren an Präge- und Bindekraft, hier wie dort. Wo die sozialen und politischen Umwälzungen im Osten dazu führten, dass kein Stein auf dem anderen blieb, spüren die Menschen im Westen, dass sie am Ende einer Entwicklung stehen, die einen Reformbedarf verursachte, den eine noch so mutige Politik von heute auf morgen nicht bewältigen kann.

Wer die politische Situation in West und Ost analysiert, wird sich kaum vor der Einsicht herumdrücken können, dass es mehr Gemeinsamkeiten als Unterschiede gibt. Natürlich bleibt richtig: Das Wohlstandsgefälle ist nach wie vor dramatisch, die gesellschaftlichen und seelischen Verwüstungen des Kommunismus unvergleichlich, die Folgen menschenverachtender Diktaturen mit denen paternalistischer Wohlfahrtsstaaten nicht in einem Atemzug zu nennen.

Und doch bleibt der gemeinsame Nenner, eine dem Westen wie dem Osten gemeinsame Ursache der nur graduell verschiedenen Probleme: nämlich das hier wie dort über Jahrzehnte eingeübte Denken der organisierten Verantwortungslosigkeit. Dieses Denken hat dazu geführt, dass der Zusammenhalt zwischen dem individuellen Handeln einerseits und den dadurch bedingten kollektiven Folgen andererseits im Osten planmäßig zerstört und im Westen nachhaltig gestört wurde. Die gemeinsame Aufgabe für Ost und West lautet folglich: auf den Trümmern von Gesellschaftsordnungen, die an diesem Habitus der organisierten Verantwortungslosigkeit zerbrochen sind, gemeinsam eine neue gesellschaftliche Ordnung aufzubauen, die dem Denken der organisierten Verantwortlichkeit folgt.

Es ist also ein gemeinsames Ziel, das West-, Mittel- und Osteuropäer heute zu einer gemeinsamen Aufgabe zusammenführt: eine Gesellschaftsordnung zu bauen, die darauf verzichtet, Interessen von Menschen gegen deren Verantwortungsbewusstsein auszuspielen. Positiv formuliert: Die Interessen des Einzelnen müssen mit seinem Verantwortungsbewusstsein in Übereinstimmung gebracht werden. Wer seiner Verantwortung folgt, darf nicht länger das Gefühl haben, gegen seine Interessen verstoßen zu müssen – und umgekehrt.

Ein Beispiel mag verdeutlichen, was gemeint ist: Eine einfache und klare Steuergesetzgebung mit einer erträglichen Belastung des Steuerbürgers verführt weit weniger zu Betrügereien als ein Dickicht von Vorschriften, die zu hintergehen vielen als der einzige Weg zu mehr Billigkeit erscheint und eine vergleichsweise einmalig hohe steuerliche Grenzbelastung zu mindern. Ein durchschaubares Steuersystem hingegen orientiert sich an der Vereinbarkeit von Interesse und Verantwortung, erzieht zur Steuerehrlichkeit und verführt weit weniger zum Missbrauch.

Es sind demnach finanzielle und ökonomische Anreize, die moralisches Verhalten stützen müssen, wenn der Sinn einer bestimmten Vorschrift lebendig bleiben soll. Menschen, die immer häufiger gegen ihre Interessen verstoßen müssen, um sich moralisch verhalten zu können, werden sich nur schwer der Vermutung erwehren können, Ehrlichkeit und Dummheit seien zwei Begriffe für ein und die selbe Sache.

Hier nun liegt die zentrale Aufgabe der Gesellschaftspolitik der nächsten Jahre: Eine Institutionenethik zu entwickeln, die ökonomische Anreize so setzt, dass die Verführung zum Missbrauch möglichst gering bleibt. Nur so kann verhindert werden, dass die Befolgung der ökonomischen Vernunft auf direktem Wege in unmoralische Handlungsempfehlungen einmündet. Das genau ist beispielsweise kaum zu verhindern, wenn eine extrem hohe Belastung von Steuern und Abgaben den Nettoertrag einer geleisteten Arbeit dermaßen mindert, dass Schwarzarbeit die zwingende Folge ist. Wenn dies, wie heute in Deutschland der Fall, geschieht, fehlen nicht nur die ökonomischen Anreize für verantwortliches Handeln, sondern werden im Gegenteil durch entsprechende Anreize unmoralische Verhaltensweisen gefördert und – weil als ökonomisch vernünftig erkannt – gleichsam legitimiert.

Hat erst einmal ein bestimmtes Verhalten die höheren Weihen der ökonomischen Vernunft erhalten, wird es kaum mehr möglich sein, diesem Verhalten den Stempel der Verantwortungslosigkeit aufzudrücken. Ökonomische Anreize verfehlen ihre Wirkung in den seltensten Fällen. Nicht noch so ernst gemeinte Appelle, sondern institutionelle Arrangements prägen die Moral der Menschen einer Gesellschaft. Die

Moral lebt und überlebt im Gehäuse von Institutionen, die über Anreize ein bestimmtes Verhalten fördern – oder dämpfen.

Erst allmählich erkennt die Politik, wie fatal Anreizsysteme wirken können, wenn deren Folgen zu wenig bedacht wurden. Noch so gut gemeinte Hilfen können unerwartete Nebenfolgen zeitigen und neue Probleme schaffen, die größer sind als die alten, um deren Lösung man bemüht war. Das ist beispielsweise dann der Fall, wenn übersehen wird, dass sozialpolitisch durchaus gebotene Hilfen nicht nur bedarfsdeckende, sondern auch bedarfsweckende Wirkung haben. Wenn der Baugehilfe, der mit seinem Arbeitseinkommen eine vierköpfige Familie zu ernähren hat, feststellt, dass er, vierzig Stunden die Woche arbeitend, genau fünf Mark mehr in der Tasche hat als sein Kollege, der mit seiner Familie von der Sozialhilfe lebt, hat diese Erfahrung – neben ihren unmittelbaren Folgen für die kommunalen Haushalte – eine moralzersetzende Wirkung ohnegleichen. Und wenn die wirtschaftliche Situation verbietet, den Lohn des Baugehilfen zu erhöhen und so den Abstand zum Sozialtransfereinkommen zu vergrößern, steht eine Gesellschaft vor einem schwer lösbaren Dilemma, das sie zumindest erkennen muss, wenn sie denn schon zu seiner Lösung nicht bereit ist. Ein anderes Beispiel: Wenn ein Handwerksgeselle rund fünf Zeitstunden arbeiten muss, um sich von dem Nettoertrag, der ihm übrigbleibt, eine einzige Bruttostunde zurückkaufen zu können, ist die Flucht in die Schwarzarbeit eine fast zwingende Folge. Da hilft dann keine gesellschaftliche Ächtung, kein Appell an die Moral und noch nicht einmal mehr ein staatlich bezahlter Schwarzarbeiterfahnder. Solange die ökonomischen Anreize so bleiben, wie sie sind, mögen solche Verhaltensweisen als Gefährdungen des Gemeinwohls gebrandmarkt werden, aber ändern wird sich tatsächlich nichts.

Der so oft und zu Recht beschworene gesellschaftliche Umbau greift demnach zu kurz, wenn er allein der Absicht folgt, Leistungen zu kürzen, Gelder umzuschichten, Missbrauch zu bekämpfen, Schlupflöcher zu schließen (eine ohnehin irreführende Redensart, da alle diese steuerlichen Gestaltungsmöglichkeiten legale, von der Politik ausdrücklich gewollte Ziele betreffen), Bedürftigkeit in Frage zu stellen oder steuerliche Vergünstigungen zu verunglimpfen. Das alles kann man tun. An die Wurzel des Übels greift diese Therapie nicht.

Wenn zutrifft, dass gerade in den letzten Jahren dramatische Verschiebungen in den Wertpräferenzen der Menschen stattgefunden haben, indem die Bevorzugung von Freiheitswerten bei einer immer größeren Zahl immer mehr in den Hintergrund getreten ist zugunsten einer Präferenz von Gleichheitswerten – und zwar in den alten wie ganz besonders in den jungen Bundesländern –, dann muss eine Politik, die sich zum Ziel setzt, die Fundamente einer freiheitlichen Gesellschaftsordnung nicht beschädigen zu lassen, tiefer ansetzen. Sie muss institutionelle Vorkehrungen treffen, damit Freiheit nicht nur individuell erfahrbar bleibt, sondern auch als fruchtbar, sinnhaft und nützlich erlebt wird. Das aber kann nur auf einem Weg gelingen: Die Ökonomie, das Vorteilsstreben jedes Einzelnen sowie die als nützlich erlebten Arrangements seiner Lebensumstände müssen die Moral und das Gemeinwohl stützen, statt beide zu untergraben. Letzteres allerdings wird heute fast schon als Regelfall empfunden. Wer sich anständig verhält – seinen Dreck nicht auf der wilden Müllkippe ablädt, seine Versicherung nicht ausbeutet (oder gar betrügt), sein Einkommen ehrlich versteuert, Regeln und Gesetze beachtet (auch wenn er sich unbeobachtet fühlt), auf Schwarzarbeit verzichtet, obwohl er verzweifelt, weil sich kein Handwerker für eine kleinere Reparaturmaßnahme finden lässt, kurzum: wer sich also in den kleinen und großen Dingen des Alltags redlich zu verhalten bemüht, fühlt sich in der Regel ziemlich schlecht, weil sich ihm die Vermutung aufdrängt: Anständigkeit wird am Ende bestraft und nicht belohnt.

Nun soll hier am wenigsten bestritten werden, dass ein gutes Gewissen auch unter Gesichtspunkten des Wohlbefindens seinen Nutzen hat. Gleichwohl geht es in diesem Zusammenhang keinesfalls um ein Plädoyer für einen zeitgemäßen Utilitarismus. Es geht vielmehr um die recht banale Einsicht, dass freiheitliche Gesellschaften auf Dauer keinen Bestand haben können, wenn sie das im Sinne des Gemeinwohls gewünschte Verhalten nicht belohnen, sondern eher bestrafen. Es geht um eine Ethik, die nicht von Dauer sein kann, wenn ihre Geltung den ständigen Verstoß gegen eigene Nutzenerwägungen voraussetzt. Es geht schließlich um eine anreizgestützte Moral, die dem Gedanken folgt, dass eine freiheitliche Gesellschaft auch dann noch bestehen können muss, wenn ihre Mitglieder – aus welchen Gründen auch immer – wenig Neigung empfinden, moralisch zu handeln. Eine freiheitliche Gesellschaft muss die ethische Substanz, die sie zum Überleben braucht, institutionell sichern und schützen. Weil Institutionen moralische Einstellungen prägen, ist es für den Fortbestand einer freiheitlichen Gesellschaft beispielsweise unverzichtbar, dass jemand, der sich um Arbeit bemüht, davon einen erkennbaren Nutzen hat, oder – um ein anderes Beispiel zu nennen – Menschen, wenn von ihnen erwartet wird, dass sie den Sinn von Wettbewerbsordnungen verstehen, schon als Schüler die beglückende Erfahrung eines spielerischen Leistungsvergleichs in den unterschiedlichsten Feldern ihrer musischen, sportlichen, sprachlichen oder mathematischen Begabungen machen.

Die Schaffung institutioneller Arrangements, die diesem Ziel des Erhalts der ethischen Substanz einer freiheitlichen Gesellschaft dienen, ist die originäre und nicht auf Dritte zu delegierende Aufgabe der Politik. Niemand und nichts kann die Politik von dieser Aufgabe entbinden, kein Verweis auf Kirchen und Religionsunterricht, kein Fingerzeig auf Eltern, Familie, Schule und Erziehungsauftrag, kein Bejammern eines angeblichen Wertverfalls und keine Klage über den moralischen Niedergang der Gesellschaft – nichts und niemand kann die Politik entlasten, wenn sie dieser Aufgabe nicht oder nur unzulänglich nachkommt.

Familien sind die Institutionen, in denen wie in keiner anderen vergleichbaren Institution die moralischen Grundlagen einer gesellschaftlichen Ordnung gelegt werden. Doch auch für die Familien gilt, dass sie ihre Aufgabe in der modernen Gesellschaft nicht mehr unabhängig von bestimmten Voraussetzungen erfüllen können. Die Debatte der letzten Jahre und nicht zuletzt das Verfassungsgerichtsurteil von 1992 haben den Blick dafür geschärft, dass die Institutionen unserer Gesellschaftsordnung Familien und Kinder in vielfältiger und häufig gut versteckter Weise diskriminieren: Zu Recht wird von einer ‚strukturellen Rücksichtslosigkeit' unserer Gesellschaft gegenüber den Familien gesprochen. Dies gilt für die Struktur unserer sozialen Sicherungssysteme ebenso wie für unsere Arbeitsmarktinstitutionen, das Steuersystem, die Rentenversicherung und vieles andere. Wenn mithin heute viele junge Eltern weniger Kinder haben, als sie sich eigentlich wünschen, wenn schließlich die Entscheidung zwischen Beruf und Familie für viele zu einer zwingenden Alternative gemacht wird, dann hat dies nichts mit einem vermeintlich individualistischen Werteverfall zu tun, sondern ist vor allem das Ergebnis der Wirksamkeit institutioneller Bedingungen unseres gesellschaftlichen Zusammenlebens.

Vor allem die siebziger Jahre haben in Deutschland, einem Land ohne eine ausgeprägte demokratische Tradition und Erfahrung, Anreizsysteme geschaffen, die allesamt so ziemlich das Gegenteil von dem bewirkten (und bewirken sollten), was hier gefordert wird. Gemäß der Verheißung von mehr Gerechtigkeit wurden gesellschaftliche Arrangements geschaffen, die nicht darauf angelegt waren, Anstrengung – der Begriff meint mehr und anderes als Leistung – zu vergelten, sondern im Ergebnis das Gegenteil bewirkten: Sie belohnten Bequemlichkeit, Gedankenlosigkeit und Nachlässigkeit. Über allem stand die allmächtige Zusage eines paternalistisch sich begreifenden Staates: Wenn es schiefgehen sollte, braucht sich niemand Sorgen zu machen. Die Botschaft hieß: Es gibt jemanden, der alle wieder aufrichtet, nämlich der Staat, der sich seinerseits legitimierte durch den Glauben an die Unerschöpflichkeit seiner finanziellen Ressourcen, und die Illusion nährte, eine freiheitliche Gesellschaft ohne sozial verantwortete Ungleichheit sei möglich.

Das klang so, als ob man der Solidarität und der Gerechtigkeit verpflichtet gewesen wäre. Und vielleicht war es auch so gemeint. Allerdings wurde nichts weniger als Solidarität und Gerechtigkeit erreicht. Wo einmal der inneren Verführung zum Trittbrettfahren nachgegeben wurde – und dieses Verhalten als außerordentlich nutzbringend erfahren wird –, zerschellt alles Bemühen um Gerechtigkeit und beginnt eine Entsolidarisierung ohnegleichen.

In dieser Diagnose treffen sich – graduell durchaus verschieden – die strukturellen Probleme der untergegangenen staatssozialistischen und der in schweres Wasser geratenen wohlfahrtspaternalistischen Gesellschaftsordnungen des Ostens und des Westens. Und weil der Unterschied nur graduell festzumachen ist, stellt sich für beide die ausnahmslos gleiche Aufgabe: eine neue Gesellschaftsordnung zu bauen, die einen Rückfall in die Fehler der Vergangenheit vermeidet. Wenn eine zivilgesellschaftliche und demokratische Tradition zu begründen als Auftrag des revolutionären Umsturzes in Europa verstanden wird, dann müssen Ost-, Mittel- und Westeuropäer diesen Auftrag gemeinsam annehmen und gemeinsam erfüllen: nämlich Anreizsysteme neu zu ordnen, um auf diese Weise moralisches, dem Gemeinwohl verpflichtetes Handeln zu stützen. Hier liegt die Zielperspektive, die dem Umbau unserer Sozialsysteme Richtung und Maß gibt. So wichtig die Bekämpfung des Steuern-, Sozial- und Subventionsbetrugs ist, so wenig wird dieser Kampf gegen den Missbrauch zu gewinnen sein, solange Anreizsysteme bestehen, die den Missbrauch als nutzbringend ausweisen. Deshalb geht es um eine Überprüfung der institutionellen gesellschaftlichen Arrangements. Das ist die eigentliche Aufgabe des Umbaus. Anreizstrukturen müssen so geordnet sein, dass sie beispielsweise eine sparsame und pflegliche Inanspruchnahme von Versicherungsleistungen in den unmittelbar erfahrbaren Nutzen des Versicherungsnehmers rücken, die Überwindung der Abhängigkeit von staatlichen Transferleistungen im eigenen, individuellen Interesse begünstigen oder aber eine stärkere Eigenvorsorge für Alter und Krankheit begünstigen. Nur am Rande sei bemerkt, dass ausschließlich ein solcher Umbau Möglichkeiten eröffnet, die in Deutschland zu hohen Bruttokosten einer Arbeitskraft zurückzuführen, um so einen entscheidenden Beitrag zum Abbau der Arbeitslosigkeit in Deutschland zu leisten.

Die Chance des Umbruchs liegt in dieser Herausforderung, neue Gesellschaftsordnungen zu entwerfen, die den Eigennutz des Einzelnen mit den Erfordernissen des Gemeinwohls verbindet. Diese Vereinbarkeit von Interesse und Verantwortung steht im Mittelpunkt der Institutionenethik. Sie sichert Moral und Ethik, indem sie institutionell, nämlich durch ökonomische Anreize moralisches Handeln und ethische Verhaltensweisen anregt und abstützt. In diesem Sinne wirken kalkulierte Nutzenerwägungen und moralische Institutionen nicht gegeneinander, sondern sie bedingen und unterstützen einander wechselseitig. Nur dort, wo Menschen keine Angst haben müssen, Opfer von Ausbeutung und Übervorteilung zu werden, weil diese Gefahr durch entsprechende Institutionen gebannt ist, können sie ihr Misstrauen ablegen und sich auf jene Lebensbereiche konzentrieren, in denen sie zum gegenseitigen Vorteil zusammenarbeiten. Regeln und Institutionen sind eine unverzichtbare Voraussetzung für die Entstehung und die dauerhafte Geltung von Moral. Sie unterstützen und verstetigen moralisches Verhalten, indem sie garantieren, dass beide Partner, sofern sie regelgebunden handeln, einen Nutzen aus diesem wechselseitigen Einverständnis ziehen. Das ist der Grund, warum in der modernen Industriegesellschaft Ethik heute vor allem als Institutionenethik gegenwärtig sein muss. Ist ein solcher Rahmen gegeben, dann unterstützen sich Markt und Moral wechselseitig und wirken in die gleiche Richtung: Dann wachsen Einstellungen und Werte, die ihrerseits wieder die Funktionsfähigkeit politischer und wirtschaftlicher Institutionen begünstigen. So entsteht ein Institutionengefüge, das im Ergebnis zu leisten vermag, was die individuelle Moral des einzelnen, am wirtschaftlichen Prozess Beteiligten niemals erreichen kann: Die moralische Bereicherung der Gesellschaft geht einher mit einer einzigartigen Mehrung der materiellen Güter.

Genau hier muss, dem Gedanken der Subsidiarität folgend, ein Programm des Umbaus freiheitlicher Gesellschaften anknüpfen. Um es in einem Satz zu sagen: Nur wenn dem Einzelnen vom Staat mehr belassen wird, also Steuern und Abgaben sinken, wird der Appell fruchten, sich der eigenen Verantwortung stärker bewusst zu werden. Und umgekehrt gilt: Nur wenn wegen sinkender Einnahmen des Staates und der Sicherungssysteme Leistungen eingefroren oder gar abgebaut werden müssen, wird ein Anreiz entstehen, sich mehr um die eigenen Belange zu kümmern. Und schließlich: Nur wenn die Verführung nicht mehr besteht, scheinbar bedürftig zu werden, um staatliche Hilfe zu erhalten, wird es auf Dauer möglich sein, den tatsächlich Bedürftigen die Unterstützung zu geben, die diese allemal erhalten müssen.

Der Umbau zur Verantwortungsgesellschaft[1] stellt sich als eine gesamteuropäische Aufgabe. Er ist keineswegs nur ein Auftrag an die Mittel- und Osteuropäer nach dem Zusammenbruch des Kommunismus. Bei Licht betrachtet stehen auch die westeuropäischen Gesellschaften – und die alte Bundesrepublik zumal – vor dieser Herausforderung. Der Gedanke der Verantwortungsgesellschaft zielt in diesem Zusammenhang auf eine Ordnung, die jeden Einzelnen, sofern er sich verantwortlich im Sinne des Gemeinwohls verhält, dafür nicht bestraft, sondern im Gegenteil das Interesse des Einzelnen mit der Unterstützung des Gemeinwohls verbindet.

Die hier beschriebenen großen gesellschaftspolitischen Herausforderungen stellen sich als eine allen Europäern gemeinsame Aufgabe und darüber hinaus in durchaus vergleichbarer Weise auch hinsichtlich der zukünftigen inneren Ordnung der Europäischen Union. Deutsches Interesse und deutsche Verantwortung geben der Dringlichkeit der Osterweiterung der Union ein besonderes Gewicht. Dabei kommt es entscheidend darauf an, in der politischen und gesellschaftlichen Debatte weniger – wie gemeinhin üblich – über die Unterschiede zwischen West- und Osteuropa zu spekulieren, als vielmehr die Vergleichbarkeit der Aufgaben und Probleme in den Vordergrund zu stellen. Natürlich soll gar nicht bestritten werden, dass es tiefgreifende Unterschiede in der Problembeschreibung zwischen dem westlichen und dem östlichen Teil des Kontinents gibt. Aber der Blick auf diese Unterschiedlichkeiten kann zu einem fatalen Missverständnis führen, wenn nämlich die allen Europäern gemeinsame Chance des Umbruchs verkannt wird. Ganz Europa ist auf der Suche nach einer neuen gesellschaftspolitischen Ordnung, die eine Balance zwischen Freiheit und Betreuung, Selbstverantwortung und Gemeinwohl verspricht. Der Umbau zur Verantwortungsgesellschaft ist eine gesamteuropäische Antwort auf die Herausforderungen des Umbruchs.

Politik und Gesellschaft in Deutschland haben gerade erst damit begonnen, sich mit dieser Aufgabe auseinanderzusetzen – als Folge einer friedlichen Revolution, die Europa nach dem Zusammenbruch der Diktaturen in die Freiheit zurückführt. Die schwierigen ökonomischen Probleme einer den ganzen Kontinent erfassenden Strukturkrise und die Notwendigkeit einer Neubegründung freiheitlicher Gesellschaftsordnungen lassen sich auf diesen gemeinsamen Bezugspunkt zurückführen, nämlich die zentrale Frage nach dem Preis der Freiheit. So sehr es zutrifft, dass nur eine freie Gesellschaft auf Dauer überlebensfähig ist, so sehr hängt gerade diese Überlebensfähigkeit von der Einsicht ab, dass es Bestandsbedingungen von Freiheit gibt, die nicht zur Disposition stehen dürfen. Zum Preis der Freiheit gehört unverrückbar auch die Anerkenntnis der Ungleichheit: Wer weniger bevormundet, wer mehr Luft zum Atmen lässt, der muss bereit sein, den Bedrohungen einer freiheitlichen Demokratie durch eine Übertreibung ihrer eigenen Prinzipien zu begegnen. Die Konzeption einer Verantwortungsgesellschaft ruft das Individuum in seine Souveränität zurück und fordert den Bürger dazu auf, seine Interessen zu verfolgen und – im Rahmen der gesellschaftlichen Ordnung – gerade dadurch und im Zusammenwirken mit anderen seiner Verantwortung gerecht zu werden.

4. Markt und Moral:
Die Zukunft des Sozialstaates

Markt und Moral.
Über den Zusammenhang gesellschaftlicher Institutionen und ethischer Verbindlichkeiten[1] *

Für die Väter der Sozialen Marktwirtschaft in Deutschland war – wie schon für Adam Smith und seine Nachfolger – selbstverständlich, dass Markt und Moral in einer engen Verbindung zueinander stehen. Männer wie Walter Eucken oder Wilhelm Röpke wurden nicht müde, darauf hinzuweisen, dass eine Marktordnung nicht aus sich heraus Bestand hat, sondern jenseits von Angebot und Nachfrage ihre Begründung findet.

Heute ist die Verbindung von Markt und Moral längst nicht mehr selbstverständlich. Viele neigen dazu, die Ordnung der Marktwirtschaft mit einer Ökonomisierung, ja Kommerzialisierung aller Lebensbereiche gleichzusetzen. Manche Ethiker sehen denn auch ihre vornehmste Aufgabe darin, die Moral, die sie vor allem mit den Errungenschaften der Vergangenheit in Verbindung bringen, gegen die angeblich zerstörerischen Kräfte des wissenschaftlich-technischen Fortschritts und eines globalen Wettbewerbs zu verteidigen. Dabei kommt die Marktwirtschaft sehr schnell jenseits der heraufgezogenen Zugbrücke zu stehen.

Eine Sichtweise, nach der Markt und Moral mehr oder weniger unversöhnlich gegeneinander stehen, ist aber auch vielen liberalen Ökonomen nicht fremd. Sie meinen nicht selten, auf so manche Einsicht der abendländischen Ethiktradition besser gleich ganz verzichten zu können. Die neue Welt des 21. Jahrhunderts bedarf ihrer Meinung nach einer Debatte über ethische Fragen nicht. Dabei wird dann leichtfertig gerade das ökonomische Potential ethischer Leitvorstellungen verschenkt.

Soziale Marktwirtschaft in Deutschland

Wenn aber Markt und Moral nicht in einen Gegensatz gebracht werden, wie kann dann ihre Beziehung zueinander beschrieben werden? Sind Markt und Marktwirtschaft also doch moralische Institutionen moderner Gesellschaften? Markt und Moral folglich einander ergänzende Begriffe gesellschaftlicher Entwicklung?[2] Oder stehen beide in einem unüberbrückbaren Gegensatz zueinander?

* Erstveröffentlichung 1998

Ein Blick über die Grenzen Deutschlands bestätigt gleichermaßen die Plausibilität wie die Brisanz einer solchen Fragestellung. In Osteuropa erleben wir, dass eine bloße Liberalisierung der Wirtschaft ins Chaos führen kann, wenn die notwendigen moralisch-gesellschaftlichen Voraussetzungen nicht gegeben sind. Statt funktionierender Märkte bilden sich dann mafiose Strukturen. Auch die Krise in den Tigerstaaten Südostasiens in den 90er Jahren lässt sich letztlich als eine moralische Krise deuten: Wo Korruption und schamlose Günstlingswirtschaft die moralischen Voraussetzungen einer Marktordnung bedrohen, wo gesamtwirtschaftliche Verantwortung den Interessen kleiner Eliten geopfert wird, weil es keine Machtkontrolle durch einen rechtsstaatlich geregelten politischen oder wirtschaftlichen Wettbewerb gibt, da steht der Koloss eines boomenden Wirtschaftswachstums auf tönernen Füßen, da können die Früchte jahrelanger Arbeit buchstäblich über Nacht vernichtet werden.

Auch in den entwickelten Industriegesellschaften des Westens zeigt sich die Konvergenz von Markt und Moral gerade dort, wo krisenhafte Entwicklungen einsetzen, weil das ehedem Selbstverständliche längst nicht mehr als verbindlich gilt. Wenn wir heute in unserer Gesellschaft in vielen Bereichen ein Maß an persönlicher Freiheit und an Wohlstand verwirklicht haben, wie es das nie zuvor gegeben hat, dann hängt das untrennbar damit zusammen, dass wir uns alle mehr als jemals zuvor in der Geschichte der menschlichen Zivilisation freiwillig an moralische Mindeststandards halten, deren Befolgung letztlich keine Polizei und keine Behörde erzwingen kann[3]. Eltern erziehen ihre Kinder zu Ehrlichkeit und Gewaltverzicht, Bürger zahlen ihre Steuern und schonen ihre Umwelt, Kaufleute halten sich an Qualitätsstandards, Arbeitgeber an ihre Verpflichtungen, und schließlich verzichten wir alle auf das Recht des Stärkeren, also darauf, einen entgegenkommenden Spaziergänger nachts auf der Straße zu überfallen und ihm seine Brieftasche abzunehmen.

Der Verzicht auf das Recht des Stärkeren ist eine ethische Leistung, die uns heute selbstverständlicher erscheint, als man tatsächlich annehmen muss. Wir haben in Europa Jahrhunderte gebraucht, um diesen Verzicht allgemein durchzusetzen. Eben deshalb können wir in unserem Land – im Gegensatz zu vielen anderen Ländern und im Gegensatz zu vorausgegangenen Epochen – wagen, abends alleine und zu Fuß nach Hause zu gehen. Alles das, was uns heute so ganz selbstverständlich erscheint, ist aber zivilisationsgeschichtlich keinesfalls so selbstverständlich: Es ist das Ergebnis einer schwierigen und – bis in unsere Tage – an Rückfällen reichen Entwicklung, der wir unsere Zivilisation – und damit untrennbar verbunden – unseren Reichtum verdanken.

Moralische Institutionen, Recht und Vertrauen

Das alles gilt im höchsten Maße auch für die Marktwirtschaft. Franz Böhm hat das Ergebnis und den Erfolg dieser Ordnung ein „Wunder" genannt: „Es muss eine Kraft vorhanden sein, die das Wunder zustande bringt, Millionen von Einzelplänen aufeinander abzustimmen, und zwar ohne Inanspruchnahme von Befehl und Gehorsam, von Anspruch und Rechtspflicht, von amtlicher Auszeichnung, polizeilichem Zwang und Kriminaljustiz. Ein ‚Wunder' ist es, sage ich. Denn es handelt sich um die Wirtschaftspläne von Wirtschaftssubjekten, von denen kein einziges den Zusammenhang des Ganzen kennt ... Jeder plant darauf los, wie es ihm zweckmäßig und nützlich erscheint. Man stelle sich vor, was sich ereignen würde, wenn man eine solche Planungsanarchie bei einem anderen arbeitsteiligen Sozialvorgang einführte, wenn man also etwa ein Symphonieorchester ohne Partitur, ohne Orchesterstimmen, ohne Dirigenten musizieren ließe oder einen Betrieb in Lauf setzte ohne Arbeitsplan, ohne Organisation der Arbeitsplätze, der Aufeinanderfolge und des Ineinandergreifens der Arbeitsvorgänge, ohne rationelle Vorsorge für die Finanzierung, für die Beschaffung der Rohstoffe und Betriebsmittel, also ohne Betriebsleitung und ohne vertragliche Unterordnungspflicht der Hilfspersonen unter die Anweisungsgewalt des Unternehmers. Es würde mit Sicherheit das heilloseste Chaos entstehen, ein alarmierendes Durcheinander. Wie ist es möglich, dass man in dem Kunstgebilde einer hochentwickelten, raffiniert arbeitsteiligen, technifizierten modernen Industriewirtschaft eine völlige Planungsautonomie der Beteiligten zuläßt, die schon bei einem Fußballspiel, ja schon bei dem Tanz eines einzigen Paares zu einem vollständigen Scheitern des Vorhabens führen müßte?"[4]

Marktwirtschaft hat mit dem Kampf aller gegen alle gerade einmal soviel zu tun, wie ein Fußballspiel mit einem Bürgerkrieg: Zwar treten hier wie dort Mannschaften gegeneinander an, aber die Unterschiede im weiteren Verlauf der Auseinandersetzung sind unübersehbar. Diese Unterschiede hängen vor allem damit zusammen, dass beide Parteien einander vertrauen. Dieses Vertrauen verbindet die Kontrahenten. Es zeigt sich im Gehorsam gegenüber gemeinsam befolgten Regeln. Solcher Gehorsam entsteht nur dort, wo man mit guten Gründen darauf vertrauen kann, dass auch die jeweils andere Seite sich an die gleichen Regeln hält. Vertrauen – darauf hat jüngst auch Francis Fukuyama hingewiesen[5] – ist eine unverzichtbare Voraussetzung der Funktionsfähigkeit einer freiheitlichen Gesellschafts- und Wirtschaftsordnung. Nur wo Vertrauen wächst, können Menschen zum gegenseitigen Vorteil zusammenarbeiten. Das gilt im kleinen wie im großen: So wie eine Marktwirtschaft von diesem Vertrauen lebt, können auch Völker nur dauerhaft zu einem friedlichen Miteinander kommen, wenn sie einander Vertrauen entgegenbringen, weil sie um die wechselseitige Verbindlichkeit gemeinsamer Regeln wissen.

Vertrauen ist das Ergebnis der Erfahrung, dass moralische Standards zu jener Gemeinsamkeit gehören, über die sich eine Kultur ihrer selbst bewusst wird. Eine Kultur ist gefestigt, wenn Regeln und Institutionen gefunden wurden, die das Verhalten des Gegenüber berechenbar machen. In den überschaubaren Lebensräumen traditionaler Gesellschaften hat man nur denjenigen vertraut, die man seit langem persönlich kannte, insbesondere den Menschen des erweiterten Familienkreises.

In der modernen Gesellschaft sind wir schon aufgrund der Arbeitsteilung gezwungen, ständig Menschen zu vertrauen, denen wir niemals zuvor begegnet sind, so dass wir über ihren Charakter und ihre Persönlichkeit nichts wissen können: Ärzten und Rechtsanwälten, Fondsmanagern, Politikern, Arbeitgebern und Gutachtern, Händlern, Handwerkern und Kraftfahrzeugmechanikern – samt und sonders Menschen, von denen unser persönliches Wohlergehen entscheidend abhängen kann. Wenn wir ihnen trotzdem vertrauen können, obwohl wir sie in der Regel nicht persönlich kennen, dann liegt das daran, dass wir gesellschaftliche Regeln und Institutionen entwickelt haben, die unseren eigenen Vorteil weitgehend an den unserer Partner binden. Indem wir zu diesen Menschen in ein Beziehungsverhältnis treten, tun wir das regelmäßig im Wissen darum, dass beide einen Nutzen für sich erwarten.

Anreizkompatible Arrangements bringen moralisches Verhalten hervor und lassen dadurch wechselseitiges Vertrauen entstehen. Dabei ist es nicht die Uneigennützigkeit, die unser Vertrauen in den anderen begründet, sondern die beidseitige zielgerichtete Erwartung des eigenen Nutzens, der nur dann eintritt, wenn auch der andere einen Vorteil für sich geltend machen kann.

In diesem Sinne wirken kalkulierte Nutzenerwägungen und moralische Institutionen nicht gegeneinander, sondern sie bedingen und unterstützen einander wechselseitig. Das gilt auch umgekehrt: Wo Institutionen versagen und moralisch erwünschtes Verhalten bestrafen, da droht die Erosion gesellschaftlicher Moral. Das erleben wir aktuell beispielsweise angesichts einer nicht mehr durchschaubaren Steuergesetzgebung – oder auch angesichts der inzwischen nicht mehr zu leugnenden bedarfsweckenden Folgen gutgemeinter sozialer Transferleistungen.

Das größte Hindernis für die Entstehung vertrauensvoller Zusammenarbeit zwischen Menschen ist die Angst, Opfer von Ausbeutung und Übervorteilung zu werden. Nur dort, wo diese Gefahr durch entsprechende Institutionen gebannt ist, können Menschen ihr Misstrauen ablegen und sich auf jene Lebensbereiche konzentrieren, in denen sie zum gegenseitigen Vorteil zusammenarbeiten. Regeln und Institutionen sind mithin eine Voraussetzung für die Entstehung und die dauerhafte Geltung von Moral. Sie unterstützen und verstetigen moralisches Verhalten, indem sie garantieren, dass beide Partner, sofern sie regelgebunden handeln, einen Nutzen aus diesem wechselseitigen Einverständnis ziehen.

Das ist der Grund, warum in der modernen Industriegesellschaft Ethik heute vor allem als Institutionenethik gegenwärtig sein muss. Was aber bedeutet dies für das Verhältnis von Markt, Ökonomie und Moral in einer freien Gesellschaft?

Die Überlebensfähigkeit einer Marktordnung hängt davon ab, dass sie auf einem intakten Fundament geltender und anerkannter Regeln aufbauen kann. Auch moralisches Verhalten wird nur dort möglich, wo der entsprechende institutionelle Rahmen gegeben ist: In einer korrupten Volkswirtschaft kann der einzelne Kaufmann nicht ehrlich bleiben, wenn er nicht vom Markt verdrängt werden will. Vertragstreue kann sich nur derjenige leisten, der weiß, dass der Rahmen der Gesetze auch alle anderen zwingt, diese Regel einzuhalten. Moral wie Markt fallen nicht vom Himmel, sondern müssen beide durch einen geeigneten institutionellen Rahmen ermöglicht werden. Ihre dauerhafte Geltung setzt die Gültigkeit dieses institutionellen Rahmens voraus. Ist ein solcher Rahmen gegeben, dann unterstützen sich Markt und Moral wechselseitig und wirken in die gleiche Richtung: Dann wachsen Einstellungen und Überzeugungen, die ihrerseits wieder die Funktionsfähigkeit politischer und wirtschaftlicher Institutionen begünstigen.

Vor diesem Hintergrund ist die heute geläufige Redewendung zu bezweifeln, dass nämlich die Marktwirtschaft letztlich ihre eigenen moralischen Grundlagen, die – diesem Diktum folgend – selbst zu reproduzieren sie nicht vermag, aufzehre. Es ist kein Zufall, dass sich dieses Argument in abgewandelter Form schon bei Rosa Luxemburg findet[6]: Unter Marktwirtschaft wird dabei nicht jenes System verstanden, mit dem wir in Deutschland in den letzten vier Jahrzehnten zu leben gelernt haben, sondern ein institutionell weitgehend ungeregelter Kapitalismus, wie er die erste Hälfte unseres Jahrhunderts beherrscht hat. Dieser hat dem einzelnen Arbeiter in der Tat ein Leben in Würde und Selbstachtung schwer gemacht. Ein Kapitalismus, der institutionellen Regeln weitgehend entsagt, bedroht den Zusammenhalt der Familien und zerstört die Räume, in denen Kinder und Jugendliche moralisches Handeln lernen und erproben können. Gerade das letztgenannte Beispiel zeigt, dass Moralität nicht nur eine individuelle, sondern auch eine soziale Dimension hat: Sind diese Mindestbedingungen nicht erfüllt, dann gilt das alte Wort von Bert Brecht:

> *„Ein guter Mensch sein? Ja, wer wär's nicht gern?*
> *Doch leider sind auf diesem Sterne eben*
> *Die Mittel kärglich und die Menschen roh.*
> *Wer möchte nicht in Fried und Eintracht leben?*
> *Doch die Verhältnisse, sie sind nicht so!"*[7]

Das Institutionengefüge der Sozialen Marktwirtschaft, wie es in Deutschland nach dem 2. Weltkrieg aufgebaut wurde, folgt dieser Einsicht in die wechselseitige Verwiesenheit von Markt und Moral. Der Anspruch der Sozialen Marktwirtschaft bezieht sich nicht nur auf die Wirtschaftsordnung, sondern zielt auf die institutionellen Grundlagen gesellschaftlichen Zusammenlebens überhaupt. Das ist der Grund, warum die Entscheidung zugunsten der Sozialen Marktwirtschaft in Deutschland die wohl wichtigste – und vermutlich auch erfolgreichste – Weichenstellung im 20. Jahrhundert war. Gesetzgebung und Rechtsprechung haben dieses Projekt begleitet. So ist ein Institutionengefüge entstanden, das im Ergebnis zu leisten vermochte, was individuelle

Moral des einzelnen, am wirtschaftlichen Prozess Beteiligten niemals hätte erreichen können: die moralische Bereicherung der Marktgesellschaft ging einher mit einer einzigartigen Mehrung der materiellen Güter.

Diese beiden miteinander verwobenen Entwicklungen waren das Ergebnis von Politik, genauer gesagt: von Ordnungspolitik, nämlich einer politischen Gestaltung sozialer, ökonomischer und moralischer Institutionen. Die gerade auch unter moralischen Gesichtspunkten bedeutsamen Ergebnisse dieser Politik sind uns heute selbstverständlich, ja allzu selbstverständlich geworden: die Auflösung eines selbstherrlichen Nationalismus, der die europäischen Nachbarn als Feinde oder doch als Rivalen statt als Kooperationspartner wahrnahm; ein vorherrschendes Gesellschaftsbild, das seitdem weitgehend vom Denken in Freund-Feind-Schemata – beispielsweise Arbeit versus Kapital – Abstand nahm; die Möglichkeit gelebter Solidarität im Sinne eines persönlichen Einsatzes über die kleinen Lebenskreise hinaus – für sozial-caritative, ökologische, kommunale oder verbandliche Anliegen; individuelle Entfaltungsmöglichkeiten in einem bis dahin historisch nicht gekannten Ausmaß, gute bis sehr gute Ausbildungsmöglichkeiten, eine beispiellose Chance zur Selbstverwirklichung (inzwischen auch für Frauen) und eine vergleichbar einmalige Selbstverständlichkeit, die Früchte eigener Anstrengungen auch selbst ernten zu können.

Markt und Moral:
Herausforderungen der europäischen Integration

Der Prozess der Globalisierung, der einhergeht mit einer technologischen Revolution, wird unsere Lebenswelt mindestens ebenso stark verändern, wie die industrielle Revolution des späten 19. Jahrhunderts die Welt unserer Vorväter verändert hat. Der Umbruch, den wir gegenwärtig nicht nur in Europa erleben, stellt die bis dahin geltenden Voraussetzungen einer überkommenen sozialen Praxis in Frage. Die moderne Welt bietet immer weniger Gelegenheit, sich auf einmal erworbenen Privilegien und Besitzständen auszuruhen, selbst wenn diese im Einzelfall unserem Gerechtigkeitsempfinden zu entsprechen scheinen.

Ohne institutionelle Reformen werden wir den neuen Herausforderungen wie den neuen Handlungsmöglichkeiten nicht gewachsen sein.

Es muss zu einer Neuverteilung der Aufgaben zwischen kommunaler, regionaler, nationaler und internationaler Ebene kommen, wobei vor allem der Region und der übernationalen Ebene eine zusätzliche Bedeutung zuwachsen wird. Ein Europa der Regionen darf sich nicht am Egoismus bestehender Machtverhältnisse orientieren. Vielmehr muss neu geklärt werden, auf welcher Ebene ein bestimmtes Problem ordnungspolitisch am ehesten anzusiedeln und am besten zu lösen ist.

Dabei müssen wir uns im Zeitalter der Globalisierung insbesondere von der Vorstellung verabschieden, mit Hilfe eines umtriebigen Nationalstaats ökonomische Ungleichgewichte wie die wachsende Arbeitslosigkeit bekämpfen zu können. Staatliche Beschäftigungsprogramme können diese Aufgabe heute weniger denn je erfüllen. Und die europäische Idee wird beschädigt, wenn wir Europa als einen übermächtigen Interventionsstaat missbrauchen. Die Folge wäre lediglich, dass eine ohnehin schon verbreitete Versorgungs- und Anspruchsmentalität weiter anwächst, obwohl diese schon jetzt sowohl der notwendigen Erweiterung als auch dem Ausbau der Europäischen Union im Wege zu stehen droht.

Ein Beispiel für eine gelungene, den Problemen angemessene ordnungspolitische Antwort auf europäischer Ebene ist die Währungsunion. Sie garantiert einen stabilen und verläßlichen Rahmen wirtschaftlicher Aktivitäten. Ein weiteres Beispiel ist die europäische Wettbewerbspolitik. Marktbeherrschende Zusammenballungen wirtschaftlicher Macht müssen auf nationaler und europäischer Ebene ebenso wirksam verhindert werden wie die dauerhafte Subventionierung einzelner Unternehmungen und Branchen durch eine entsprechende nationale Industriepolitik.

In den genannten Fällen ist es der Politik gelungen, bedeutsame marktwirtschaftliche Institutionen, die sich in der Geschichte der Bundesrepublik bewährt haben, auf der europäischen Ebene zu verankern und damit auch für die Zukunft fruchtbar zu machen. Dass es dabei in einer Reihe von Einzelfragen vielfach noch zu unterschiedlichen Einschätzungen kommt – etwa im Blick auf die genaue Bestimmung der Stabilität der europäischen Währung oder die Grenzen der zulässigen Marktmacht eines Anbieters auf nationaler wie auch europäischer Ebene –, ist angesichts des Neulandes, das die europäische Politik betritt, nicht verwunderlich. Doch mindern die bis heute offen gebliebenen Fragen keineswegs die wirtschaftliche und ethische

Bedeutung der neu entstehenden Institutionen. Indem diese die Transparenz konkurrierender Kosten- und Angebotsstrukturen erhöhen und wettbewerbsverzerrende Einflüsse beseitigen, schaffen sie unverzichtbare Voraussetzungen für die ökonomische Integration der nationalen Volkswirtschaften. An die Stelle privilegierter Beziehungen des Subventionsempfängers zum Subventionsgeber tritt dann ganz zu Recht die wirtschaftliche Leistung im Dienst an dem Kunden.

Europa hat sich auf den Weg gemacht, die neuen Herausforderungen institutionell zu gestalten. Was in dieser Hinsicht in europäischen Nationen wie Italien, Portugal und Griechenland geschehen ist, wird man angesichts der Nachkriegstraditionen gerade dieser Länder nur als atemberaubend bezeichnen können. Folgen hat dieser Prozess nicht nur für die ökonomische, sondern auch für die ethische Diskussion: An die Stelle eines Denkens in nationalen Gegensätzen und Rivalitäten tritt allmählich das Bewusstsein, dass rationale wirtschaftspolitische Entscheidungen nicht nur für die Bürger der einzelnen Länder, sondern auch für die europäischen Partner Vorteile bringen. Das Verhältnis der europäischen Völker zueinander wird immer deutlicher nicht als Nullsummen-, sondern als Gewinnspiel wahrgenommen. Wo europäische Politik stabile institutionelle Rahmenbedingungen garantiert, da prämiert sie zugleich Eigeninitiative und Verantwortlichkeit, statt weiter die Abhängigkeit von industrie- und beschäftigungspolitischen Wohltaten zu pflegen. Die Geschichte der Bundesrepublik beweist, dass auf diesem Wege nicht nur die größten ökonomischen Vorteile erzielt werden, sondern auch Solidarität und Verantwortung am wirksamsten zur Geltung gebracht werden.

Integration Osteuropas

Moral und Marktwirtschaft berühren sich auch dort, wo es um die Einbeziehung der mittel- und osteuropäischen Staaten in den Prozess der europäischen Integration geht. Wir Deutsche haben ein besonderes Interesse daran, nicht an der konfliktträchtigen Nahtstelle zwischen einem reichen Westeuropa und einem armen Osteuropa leben zu müssen. Ansonsten drohen Wanderungsbewegungen, soziale Krisen, eine überbordende grenzüberschreitende Kriminalität und zunehmende politische Instabilität in unserer unmittelbaren Nachbarschaft. Der deutschen Wirtschaft erwachsen aus den neu auflebenden traditionellen Verbindungen zu den mittel- und osteuropäischen Märkten große Chancen. Die deutsche Hauptstadt liegt achtzig Kilometer von der polnischen Westgrenze entfernt. Deutschland profitiert von den neu entstehenden Märkten im Osten mehr als jedes andere europäische Land.

Die Sicherung des Wohlstands im Westen und die Entwicklung der Wirtschaft im Osten bedingen sich wechselseitig. Die Menschen im Osten, die wie wir in Europa leben und uns durch vielfältige gemeinsame Traditionen verbunden sind, wollen jetzt am Wohlstand teilhaben und die verheerende wirtschaftliche Lage, die ihnen vier Jahrzehnte totalitärer Sozialismus hinterlassen haben, überwinden. Die Ausbreitung der Mafia, eine zunehmende Kriminalität, bittere Not, Menschenhandel und ein auch nach Westeuropa übergreifendes Bandenunwesen zeigen, dass ein Leben in Selbstbestimmung und Menschenwürde nicht von der Sicherung der notwendigen wirtschaftlichen Grundlagen zu trennen ist: Wir sitzen in Europa mehr denn je alle in einem Boot.

Auch diese neue Herausforderung muss politisch-institutionell gestaltet werden. Nach dem Ende des Kalten Krieges sind heute gelegentlich Stimmen zu hören, die am liebsten eine neue Mauer mitten durch Europa bauen würden, um westliche Produzenten und Arbeitnehmer gegen ihre geringer verdienende Konkurrenz aus Osteuropa zu schützen. Wer zu dieser Meinung neigt, muss wissen, dass er damit ein wirtschaftliches Ungleichgewicht in Europa dauerhaft in Kauf nimmt. Das Problem sinkender Löhne und hoher Arbeitslosigkeit gerade im niedrig qualifizierten Sektor unserer Volkswirtschaft kann nicht durch einen neuen Protektionismus angegangen werden. Vielmehr brauchen wir dringend die seit langer Zeit umkämpften innenpolitischen Reformen – wie etwa die Steuerreform, den Umbau unserer sozialstaatlichen Sicherungssysteme und weiter voranschreitende Flexibilisierung der Arbeitsmarktpolitik –, um die Probleme im Inneren zu lösen und zugleich die Voraussetzungen für eine auf Ausgleich bedachte Außenpolitik zu schaffen. Wenn heute noch vielen der Wohlstand in Europa als ein Nullsummenspiel erscheint, bei dem die einen nur gewinnen können, wenn im Gegenzug die anderen verlieren, dann zeigt dies, vor welchen großen Aufgaben die Politik steht. In diesem Sinne erscheint Solidarität als eine gesellschaftliche Investition in eine friedliche, auf Ausgleich bedachte Zukunft. Es geht also um mehr als lediglich um einen Export der Sozialen Marktwirtschaft in andere Länder. Es geht darum, die Prinzipien der Sozialen Marktwirtschaft zur Grundlage eines gesamteuropäischen Integrationsprozesses zu machen. Das ist die neue Aufgabe, die nur in einem Ordnungsrahmen, der Markt und Moral miteinander verbindet, zu lösen ist.

Subsidiäre Gesellschaftspolitik

Die Fortschreibung marktwirtschaftlicher Orientierung, wie sie heute in der Zeit eines tiefgreifenden Umbruchs erforderlich ist, verlangt nach einer neuen Zuordnung von Kompetenzen im Blick auf die nationalstaatliche Ebene einerseits und die regionale Ebene andererseits. Die Europäische Union hat das Subsidiaritätsprinzip für die Gestaltung staatlicher Ordnung festgeschrieben. Damit ist der richtige Weg gewiesen. Die Reformprozesse, die in den letzten Jahren in den Unternehmen abgelaufen sind, haben die Vorteile dezentraler und teilautonomer Entscheidungsprozesse deutlich gemacht: Vor Ort liegen häufig für eine Entscheidung bedeutsame Informationen vor, über die eine ortsferne Zentrale so nicht verfügt. Vor Ort können zudem flexible Anpassungen an unvorhersehbar eintretende Umstände schnell und angepasst erfolgen; vor Ort lassen sich schließlich Trittbrettfahrerstrategien einzelner wirksamer erkennen und verhindern, als dies aus der Ferne möglich ist.

Für die Bewältigung der Aufgabe, staatliche und gesellschaftliche Ordnungen neu zu gestalten, ist das Subsidiaritätsprinzip von herausragender Bedeutung. In diesem Prinzip liegt jenes Potential der Erneuerung, die angesichts der Herausforderungen durch den europäischen Umbruch dringlicher denn je geworden ist. Nicht nur unter organisatorischen, sondern auch unter ethischen Gesichtspunkten erweisen sich die Dezentralisierung und Regionalisierung von Entscheidungskompetenzen als vorteilhaft. Nur so können zivilgesellschaftliche Potentiale der Selbsthilfe auf regionaler und kommunaler Ebene mobilisiert werden. Denn nur wo sich Menschen mit einem Gemeinwesen identifizieren, werden sie auch einen Beitrag für dieses Gemeinwesen leisten wollen. Dies geschieht auf lokaler Ebene sehr viel eher, als auf überregionaler oder gar übernationaler Ebene[8]. Wo sich hingegen die Bürger daran gewöhnt haben, Problemlösungen an eine übergeordnete Instanz zu delegieren und dabei selbst nur mehr als Anspruchsteller und Steuerzahler aufzutreten, da werden innovative

Lösungen für die gesellschaftlichen Probleme des 21. Jahrhunderts blockiert. Ein fruchtbarer Wettbewerb unterschiedlich leistungsfähiger regionaler Lösungsansätze findet nicht statt. Bürger werden sich als Objekt und Adressaten, nicht aber als Subjekte demokratischer Politik wahrnehmen.

Die Stärkung lokaler Einheiten ist keineswegs ein Widerspruch zu einer zunehmenden internationalen Verflechtung, wie wir sie gegenwärtig erleben. Im Gegenteil: viele Folgeprobleme der wirtschaftlichen Globalisierung können nur dezentral, durch flexible und angepasste Lösungen vor Ort bewältigt werden. Faktoren wie der wachsende Zwang zur Mobilität, die Alterung der Gesellschaft oder die Schwächung der Familien werfen insbesondere für bestimmte Gruppen ernsthafte Desintegrationsprobleme auf: Alte Menschen ohne ortsansässige Angehörige, Alleinerziehende, aber auch Jugendliche und Heranwachsende haben immer größere Schwierigkeiten, ihren Platz in der Gesellschaft zu finden. Die gegenwärtig wachsenden Probleme der Jugendkriminalität sollten auch unter diesem Gesichtspunkt – und nicht nur im Zusammenhang mit der Arbeitslosigkeit – diskutiert werden. Hier weisen moralische Fragen und eine zukunftsorientierte Weiterentwicklung der Marktwirtschaft in ein und dieselbe Richtung. Denn wie Kinder und Jugendliche in unserer Gesellschaft aufwachsen, über welche Wege sie integriert werden und welche Erfahrungen sie mit dieser Gesellschaft machen, ist für die wirtschaftliche Leistungsfähigkeit unseres Gemeinwesens von großer Bedeutung. Das Humankapital der Zukunft – für unser Land der entscheidende Faktor auf den globalen Wettbewerbsmärkten – hängt davon ab, ob es gelingt, eine Antwort auf diese Frage zu finden. Auch hier berühren sich langfristige ökonomische Entwicklungen und ethische Grundlagen auf das Engste.

Wichtige Weichenstellungen dafür erfolgen auf kommunaler Ebene. Hier müsste durch die Gestaltung der institutionellen Rahmenbedingungen eine Entwicklung in Gang gesetzt werden, damit soziale Netzwerke entstehen, die das vorhandene Potential von Solidarität jenseits von Markt und Staat fruchtbar werden lassen. Wo traditionelle Gemeinschaften wie die (erweiterte) Familie geschwächt sind, da stellt sich die Frage, welche Elemente an ihre Stelle treten können. Erfahrungen in den Vereinigten Staaten etwa im Bereich der Schulpolitik zeigen, dass hier erwünschte Entwicklungen – wie die Stärkung schulischer Elternarbeit – häufig nicht von selbst einsetzen, sondern gezielt angestoßen und begleitet werden müssen. Das Engagement von Eltern, das Zusammenleben von jungen und alten Menschen, Ausländern und Deutschen, der Partizipationsgrad der Bürger an kommunalpolitischen Initiativen und Entscheidungen: Alles das ist über entsprechende politische Institutionen durchaus zu beeinflussen. Wo es an Anreizen fehlt, da können diese politisch geschaffen werden, indem man etwa einsatzbereiten Bürgern wirkliche Mitentscheidungsrechte überträgt.

Die Mobilitätsbereitschaft der Menschen, die in einer wettbewerbsfähigen Volkswirtschaft unverzichtbar ist, wird sich nur dann erhöhen, wenn die Menschen darauf vertrauen können, mit dem Verlust ihres sozialen Umfeldes nicht ins Bodenlose zu fallen. Auch hier müssen Werte wie Einsatzbereitschaft und Mobilität, die für die weitere wirtschaftliche Entwicklung bedeutsam sind, institutionell gestützt und ermöglicht werden, um sich entfalten zu können. Die neuere sozialwissenschaftliche Diskussion über die Bedeutung des ‚sozialen Kapitals' hat das Bewusstsein für den untrennbaren Zusammenhang wirtschaftlicher und gesellschaftlicher Entwicklungen geweckt: beides ist füreinander Voraussetzung und kann nur in enger Wechselwirkung betrachtet werden. Vergleichende Untersuchungen zeigen, dass jene Regionen, die über eine gut entwickelte Zivilgesellschaft mit funktionsfähigen gesellschaftlichen Akteuren – von Parteien, Kirchen und Verbänden bis hin zu Umweltgruppen und sozialen Aktivitäten – verfügen, meist auch wirtschaftlich am besten entwickelt sind. Die Herausforderung lautet also: soziale Institutionen politisch so zu gestalten, dass erwünschte Folgen durch Anreize stabilisiert und unerwünschte Entwicklungen kompensiert werden können. Es muss sichergestellt sein, dass jene Bürger, die sich im Sinne des Gemeinwesens aktiv und anteilnehmend verhalten, langfristig auch Vorteile davon haben. Die Aufgabe lautet also, mehr als bisher Anreize für ethisch erwünschtes Verhalten zu schaffen.

Die Konzeption der Verantwortungsgesellschaft

Im Westen – und stärker noch im Osten – sind in den Nachkriegsjahrzehnten Gesellschaftsordnungen entstanden, die das Risiko und die Anstrengung eigener Verantwortung dem Einzelnen immer mehr abgenommen haben. Die zwingende und unausweichliche Folge des dadurch von Jahr zu Jahr steigenden staatlichen Finanzierungsbedarfs war, dass Steuern und Abgaben kontinuierlich wuchsen. Heute dient die Höhe der Steuern und Abgaben selbst als Begründung für eine umfangreiche Inanspruchnahme öffentlicher Leistungen: Wer knapp die Hälfte seines Einkommens an den Staat (und die verschiedenen Sicherungssysteme) abgibt, empfindet ganz zu Recht einen Anspruch auf angemessene Gegenleistung. Verdruss macht sich dann sehr schnell breit: Der Versicherte rechnet nach, welche Leistungen der Krankenkasse seinen jährlichen Beitragszahlungen gegenüberstehen; der Steuerbürger hat kein Verständnis dafür, dass, nachdem sein Auto aufgebrochen wurde, die Polizei noch nicht einmal die Spurensicherung schickt; wenn eine geringfügige bauliche Veränderung ein aufwendiges Genehmigungsverfahren – mit saftigen Gebührensätzen – in Gang setzt und die – verharmlosend so genannte Kleinkriminalität – zunimmt.

Solche Erfahrungen zersetzen auf Dauer eine freiheitliche Ordnung, weil sie den Zusammenhang von Eigenverantwortung und Gemeinwohlorientierung zerstören. An eben diesem Punkt setzt das Prinzip der Subsidiarität ein, indem es persönliche Verantwortung in das unmittelbare Eigeninteresse des Menschen rückt. Genau hier muss ein Programm des Umbaus freiheitlicher Gesellschaften anknüpfen. Um es in einem Satz zu sagen: Nur wenn dem Einzelnen vom Staat mehr belassen wird, also Steuern und Abgaben sinken, wird der Appell fruchten, sich der eigenen Verantwortung stärker bewusst zu werden. Und umgekehrt gilt: Nur wenn wegen sinkender Einnahmen des Staates und der Sicherungssysteme Leistungen eingefroren oder gar abgebaut werden müssen, wird ein Anreiz entstehen, sich mehr um die eigenen Belange zu kümmern. Und schließlich: Nur wenn die Verführung nicht mehr besteht, scheinbar bedürftig zu werden, um staatliche Hilfe zu erhalten, wird es auf Dauer möglich sein, den tatsächlich Bedürftigen die Unterstützung zu geben, die diese allemal erhalten müssen.

Der Umbau zur Verantwortungsgesellschaft[9] stellt sich heute als eine gesamteuropäische Aufgabe. Er ist keineswegs nur ein Auftrag an die Mittel- und Osteuropäer nach dem Zusammenbruch des Kommunismus. Bei Licht betrachtet stehen auch die westeuropäischen Gesellschaften – und die alte Bundesrepublik zumal – vor dieser Herausforderung. Der Gedanke der Verantwortungsgesellschaft zielt in diesem

Zusammenhang auf eine Ordnung, die jeden Einzelnen, sofern er sich verantwortlich im Sinne des Gemeinwohls verhält, dafür nicht bestraft, sondern im Gegenteil das Interesse des Einzelnen mit der Unterstützung des Gemeinwohls verbindet. Von dieser Maxime hat sich auch die Gesellschaft der alten Bundesrepublik ziemlich weit entfernt. So muss zum Beispiel ein Facharbeiter heute rund fünf Zeitstunden arbeiten, um sich mit seinem ihm entsprechend verbleibenden Nettoverdienst eine einzige Bruttozeitstunde zurückkaufen zu können. Das Ergebnis kann wenig überraschen: Die Flucht in die Schwarzarbeit erscheint vielen angesichts solcher Umstände nicht mehr als unmoralisch. Die wettbewerbsfähige Sicherung von Arbeitsplätzen wird zudem auf diesem Wege auch nicht gerade verbessert. Die Folgen sind leicht vorhersehbar: Während die Arbeitslosigkeit steigt, sinken die Einnahmen des Staates und der Solidargemeinschaften, gleichzeitig wachsen die Ausgaben entsprechend der größer werdenden Zahl der Hilfsempfänger – und entweder eine steigende Verschuldung oder eine erneute Erhöhung von Steuern und Abgaben ist die Folge.

Dieser unversehens einsetzende Teufelskreis kann nur durchbrochen werden, indem zunächst die Steuer- und Abgabenlast des Einzelnen gesenkt wird. Gleichzeitig muss der Staat – angesichts der Höhe seiner heutigen Gesamtverschuldung – seine Aufgaben kritisch überprüfen und zurückführen. Gleiches gilt für alle Systeme der kollektiven Sicherung. Statt aber beherzt diese Aufgabe anzugehen, vertraut der Staat bis heute auf die vermeintliche Unerschöpflichkeit seiner Ressourcen.

Deshalb gehört zu den wenigen wirklich wichtigen Aufgaben unserer Zeit, den Wirkungskreis des Staats und die von ihm ausgehende Regelungsdichte in unserer Gesellschaft neu zu vermessen. Welche Aufgaben der Staat selbst zu erfüllen hat, ist eine von Generation zu Generation neu zu beantwortende Frage. Je länger wir uns um eine Antwort herumdrücken, umso mehr wachsen uns die Probleme über den Kopf. Dabei wissen alle: Letzte Sicherungsgarantien kann der Staat so wenig geben, wie Vollkaskosysteme der sozialen Sicherung auf Dauer Bestand haben können, weil sie nicht finanzierbar sind.

Die hier beschriebenen großen gesellschaftspolitischen Herausforderungen stellen sich als eine allen Europäern gemeinsame Aufgabe und darüber hinaus in durchaus vergleichbarer Weise auch hinsichtlich der zukünftigen inneren Ordnung der Europäischen Union. Deutsches Interesse und deutsche Verantwortung geben der Dringlichkeit der

Osterweiterung der Union ein besonderes Gewicht. Dabei kommt es entscheidend darauf an, in der politischen und gesellschaftlichen Debatte weniger – wie gemeinhin üblich – über die Unterschiede zwischen West- und Osteuropa zu spekulieren, als vielmehr die Vergleichbarkeit der Aufgaben und Probleme in den Vordergrund zu stellen. Natürlich soll gar nicht bestritten werden, dass es tiefgreifende Unterschiede in der Problembeschreibung zwischen dem westlichen und dem östlichen Teil des Kontinents gibt. Aber der Blick auf diese Unterschiedlichkeiten kann zu einem fatalen Missverständnis führen, wenn nämlich die allen Europäern gemeinsame Chance des Umbruchs verkannt wird. Ganz Europa ist auf der Suche nach einer neuen gesellschaftspolitischen Ordnung, die eine Balance zwischen Freiheit und Betreuung, Selbstverantwortung und Gemeinwohl verspricht. Der Umbau zur Verantwortungsgesellschaft ist tatsächlich eine gesamteuropäische Antwort auf die Herausforderungen des Umbruchs.

Die Konzeption einer Verantwortungsgesellschaft ruft das Individuum in seine Souveränität zurück und fordert den Bürger dazu auf, seine Interessen zu verfolgen und – im Rahmen der gesellschaftlichen Ordnung – gerade dadurch und im Zusammenwirken mit anderen seiner Verantwortung gerecht zu werden.

Die Familie im Fadenkreuz von moralischer Orientierung und marktwirtschaftlicher Ordnung

Eine Aufgabe, bei der die Bedeutung dieser Argumentation besonders einsichtig wird, ist die Erziehung von Kindern. Hier, in den Familien, werden die moralischen Grundlagen für eine freiheitliche Ordnung gelegt. Kinder, die in funktionsfähigen Gemeinschaften groß werden, lernen schon früh, ihr Interesse mit den Interessen der anderen zu vermitteln. Sie müssen in ihren Beziehungen jenes Gleichgewicht von Freiheit und Verantwortung halten, das man als ‚solidarischen Individualismus' bezeichnen kann. Eine solche Einstellung ist für die Funktionsfähigkeit marktwirtschaftlicher Ordnung von einer unverzichtbaren Bedeutung. Die christliche Anthropologie erscheint dabei in verschiedener Hinsicht als besonders geeignet, jenes Lebensgefühl zu vermitteln, das einen angemessenen Umgang mit marktwirtschaftlichen Gesellschaftsstrukturen ermöglicht.[10] Eine Schwächung elterlicher Erziehung erscheint daher aus der Sicht eines engagierten Marktwirtschaftlers als besonders bedenklich und mit vielfältigen nachteiligen Folgen behaftet.

Gegenwärtig diskutieren wir viel über die Nachhaltigkeit wirtschaftlicher Entwicklung und beziehen das nahezu ausschließlich auf die ökologischen Grundlagen unserer Wirtschaftsweise. Unberücksichtigt bleibt dabei, was mindestens ebenso stark über die langfristigen Entwicklungschancen unseres Wirtschaftsmodells entscheidet: die Rolle der Familie. Sie wird von ganz unterschiedlichen Entwicklungen beeinträchtigt, die teilweise in allen modernen Gesellschaften zu beobachten sind, teilweise aber auch die besondere Lage in Deutschland kennzeichnen. Die Folgen dieser Entwicklungen, die auf eine Schwächung der Bindekraft der Familien hinauslaufen, treffen uns eher schleichend und hintergründig, dafür aber umso härter. Sie zeigen sich sowohl als Rückgang der Kinderzahl (und zwar im Widerspruch zum ausdrücklichen Wunsch unfreiwillig kinderloser Familien) als auch der Qualität der Kindererziehung.[11] Eine nähere Betrachtung vieler Fragen, die gegenwärtig in der Öffentlichkeit diskutiert werden – wie beispielsweise die steigende Jugendkriminalität, die Zukunft der sozialen Sicherungssysteme oder die Qualität des Bildungssystems – zeigt, dass die Erforschung der Ursachen vieler dieser Probleme immer wieder die Situation unserer Familien in den Blick geraten lässt.

Familien sind die Institutionen, in denen wie in keiner anderen vergleichbaren Institution die moralischen Grundlagen einer gesellschaftlichen Ordnung gelegt werden. Doch auch für die Familien gilt, dass sie ihre Aufgabe in der modernen Gesellschaft nicht mehr unabhängig von bestimmten Voraussetzungen erfüllen können: Funktionierende Familien werden immer mehr von einer Vorgabe zur Aufgabe zukunftsorientierter Gesellschaftspolitik. Die Debatte der letzten Jahre und nicht zuletzt das Verfassungsgerichtsurteil von 1992 haben den Blick dafür geschärft, dass die Institutionen unserer Gesellschaftsordnung Familien und Kinder in vielfältiger und häufig gut versteckter Weise benachteiligen: zu Recht wird von einer ‚strukturellen Rücksichtslosigkeit' unserer Gesellschaft gegenüber Menschen, die Verantwortung für Kinder übernommen haben, gesprochen. Dies gilt für die Struktur unserer sozialen Sicherungssysteme ebenso wie für unsere Arbeitsmarktinstitutionen, das Steuersystem, die Rentenversicherung und vieles andere. Wenn mithin heute viele junge Eltern weniger Kinder haben, als sie sich eigentlich wünschen, wenn schließlich die Entscheidung zwischen Beruf und Familie für viele zu einer zwingenden Alternative gemacht wird, dann hat dies nichts mit einem vermeintlichen individualistischen Werteverfall zu tun, sondern ist vor allem das Ergebnis der Wirksamkeit institutioneller Voraussetzungen und gesellschaftlicher Anreize. Der familienorientierte Umbau unseres Arbeitsmarktes ist angesichts der wachsenden Folgeprobleme in diesem Bereich eine der großen Zukunftsaufgaben der Gesellschaftspolitik im 21. Jahrhundert.

Zur wechselseitigen Verwiesenheit von Markt und Moral

Diese Überlegungen zeigen: der gängige Gegensatz von Markt und Moral erweist sich bei näherem Hinsehen als eine Chimäre.[12] Beide Begriffe dürfen ebensowenig in einen Gegensatz gestellt werden, wie Wirtschafts- und Gesellschaftspolitik nie in einen Widerspruch geraten dürfen. Hohe moralische Standards sind nur dann zu verwirklichen, wenn die ökonomischen Grundlagen dazu gelegt sind. In diesem Sinne lässt sich die oben erwähnte Äußerung von Rosa Luxemburg neu fassen: Die Ethik lebt von ökonomischen Grundlagen, die sie selbst nicht reproduzieren kann. Ethik zerstört diese Grundlagen, wenn sie die freiheitliche Ordnung des Marktes insgesamt als unmoralisch diskreditiert. Eine der wichtigsten Zukunftsaufgaben von Politik ist es, das Bewusstsein dieses wechselseitigen Bedingungsverhältnisses wachzuhalten. Soziale Marktwirtschaft wurde vordem in Deutschland nicht nur als eine ökonomische Aufgabe, sondern auch als eine moralische Herausforderung verstanden. Es spricht alles dafür, sich dieser Überzeugung neu zu vergewissern.

Nutzt unser Land die Gunst der Stunde? *

Die Kassen von Bund, Ländern und Gemeinden sind leer. Alle wissen, dass gespart werden muss. Gleichwohl fragen viele Menschen: Welchem Ziel folgen die Anstrengungen und Opfer, die jetzt und zukünftig notwendig sind? Soll in ein paar Jahren dort weitergemacht werden, wo man in den frühen 90er Jahren aufhören musste? Oder aber wird die Gunst der Stunde genutzt, um Staat und Gesellschaft an Haupt und Gliedern zu erneuern, weil sich Missstände entwickelt haben, die auf eine Erosion von Grundüberzeugungen freiheitlicher Politik schließen lassen?

Kein Zweifel: Der Reformbedarf betrifft längst nicht mehr nur die Überwindung der aktuellen öffentlichen Finanzkrise, sondern darüber hinaus die tragenden Stützen und eingeschliffenen Verhaltensweisen unseres staatlichen und gesellschaftlichen Lebens.

Václav Havel hat einmal davon gesprochen, dass die kommunistischen Diktaturen zerbrochen sind, weil sie die Menschen zur organisierten Verantwortungslosigkeit anhielten. Ich frage: Gibt es nicht einen durchaus vergleichbaren Befund auch im Westen? Das mag provokant klingen – aber müssen nicht jeden aufmerksamen Beobachter die Vielzahl von Fehlentwicklungen gerade in der alten Bundesrepublik stutzig machen: Sozialbetrug, Steuerbetrug, Subventionsbetrug – sind das nicht Anzeichen für einen moralischen Niedergang? Bevor die Politik jedoch über Wertverfall klagt, muss sie sich vor Augen führen, welchen Anteil sie selbst an dieser Entwicklung hat. Denn die kritisierten Missstände zeigen, dass eine freiheitliche Gesellschaft nachhaltig beschädigt wird, wenn das Interesse des Einzelnen und seine Verpflichtung für das Ganze kaum noch zur Deckung zu bringen sind. Freiheitliche Gesellschaften leben davon, dass Eigenverantwortung und Gemeinwohlverpflichtung möglichst eng miteinander verbunden werden, damit rücksichtsloses Trittbrettfahren nicht lohnender ist als umsichtige Solidarität.

Von eben dieser Grundeinsicht aber hat sich unsere Gesellschaft weit entfernt. Deshalb reicht es heute nicht, nur zu sparen – und ansonsten der Hoffnung zu frönen, bald sei alles wieder so wie früher. Geboten ist vielmehr eine Wurzeltherapie, um die Lebensfähigkeit unserer Gesellschaft zu erhalten. Die Vision der Verantwortungsgesellschaft bietet diese Perspektive.

* Erstveröffentlichung 1997

Der Blick auf das Ganze und die Verantwortung für das Gemeinwohl müssen wieder im unmittelbaren Interesse des Einzelnen, aber auch der gesellschaftlichen Gruppen und der staatlichen Institutionen verankert werden: Was damit gemeint ist, können vielleicht einige Fragen deutlich machen – Fragen, deren Beantwortung sich ausnahmslos von selbst ergibt:

- Welches Interesse hat das Mitglied einer Versichertengemeinschaft, pfleglich mit den Leistungen der Versicherung umzugehen, wenn ihm daraus noch nicht einmal ein symbolischer Nutzen erwächst?

- Wie verhält sich jemand, der gar keine Vollversorgung anstrebt, dem aber keinerlei Wahlmöglichkeiten angeboten werden?

- Wie viele Arbeitnehmer würden – einmal vorausgesetzt, die Lohnfortzahlung im Krankheitsfall wäre als Versicherungsleistung mit unterschiedlichen Leistungsangeboten geregelt – drei oder vier Karenztage verweigern, wenn dafür die monatliche Versicherungsprämie ziemlich deutlich unter derjenigen liegt, die eine hundertprozentige Lohnfortzahlung ab dem 1. Tag garantiert?

- Welche Gemeinde-, Kreis- und Stadträte würden heute, bei explodierender Verschuldung, immer noch millionenschwere Projekte angehen, wenn sie nicht am goldenen Zügel geführt und mit dem 80prozentigen, projektbezogenen Zuschuss gelockt würden? Würden heute tatsächlich die gleichen kommunalen Projekte beschlossen, wenn unsere Städte und Gemeinden eine Finanzausstattung erhielten, über die sie in eigener Verantwortung frei verfügen und entscheiden könnten?

- Welcher Steuerflüchtige würde sein Geld weiter illegal ins Ausland transferieren, wenn er in seinem Heimatland nicht mehr als ein Drittel des verdienten Geldes abgeben müsste?

- Welcher Sozialhilfeempfänger würde jedes Bemühen um ein eigenes Einkommen weiterhin einstellen, wenn es das Lohnabstandsgebot tatsächlich in der Praxis gäbe und zukünftig jeder eigene, noch so geringe Einkommensverzicht eine deutliche finanzielle Einbuße zur Folge hätte?

Der Beispiele sind Legion. Alle haben sie eines gemeinsam: Die Verantwortung für das Gemeinwohl ist nicht mehr im persönlichen Interesse der Betroffenen verankert. Nun hat die Politik begonnen, auf diese systembedingten Missstände zu reagieren. Aber schon sieht sie sich schlimmsten Verdächtigungen ausgesetzt. Deshalb sei noch einmal gesagt: Es geht nicht um Entsolidarisierung, sondern um die Wiederherstellung der Möglichkeit gelebter Solidarität. Die aber gelingt nur, wenn Einzelinteresse und Gemeinwohlorientierung in einer Gesellschaft miteinander verbunden werden. Hierüber nachzudenken ist derzeit die mit Abstand wichtigste politische Aufgabe – übrigens nicht nur für uns Deutsche, sondern für alle (west- wie ost)europäischen Zivilgesellschaften, die sich ausnahmslos mit vergleichbaren Problemen herumschlagen. Im Aufbau von Verantwortungsgesellschaften liegt die große Herausforderung der friedlichen europäischen Revolution, deren Zeitzeugen wir seit 1989 sind.

Freiheit und Verantwortung – Grundlagen einer menschengerechten und leistungsfähigen Wirtschafts- und Sozialpolitik

Eine erfolgreiche Wirtschafts- und Sozialpolitik, die ein Höchstmaß an Wohlstand schafft, muss ein ökonomisches und soziales Verhalten von Menschen möglich machen, ja herausfordern, das die jeweilige individuelle Leistungsfähigkeit fördert. Darüber hinaus muss sie individuelle und kollektive Interessen der Menschen soweit wie möglich zur Deckung bringen. Eine solche Ordnungspolitik muss von einem wirklichkeitsnahen Menschenbild ausgehen, Bedürfnisse, Eigenschaften und Verhaltensweisen der Menschen nach überprüfbaren Erfahrungen richtig einschätzen und daraus schlüssige ordnungspolitische Folgerungen ziehen. Nur dann wird sich das Ziel, nämlich Wohlstand für alle, erreichen lassen.

Diese These trifft gleichermaßen eine normative wie eine empirische Feststellung. Die normative Aussage zielt auf ein Höchstmaß an für jedermann erreichbaren Wohlstand. Gemeint ist das gleiche Recht aller Menschen auf Zugang zu den Gütern dieser Welt und auf Verwirklichung ihrer persönlichen Lebensentwürfe. Die Frage ist, welches Menschenbild vorausgesetzt werden muss, um dieses Ziel mit der Wirklichkeit unserer alltäglichen Erfahrungen in Einklang bringen zu können.

Die Soziale Marktwirtschaft beantwortet diese Frage mit der Entscheidung für ein Menschenbild – das christliche Menschenbild –, das jeden Menschen zu Freiheit und Verantwortung berufen sieht. Der Mensch hat eine einzigartige Stellung in der Welt. Seine Freiheit hebt ihn von der bloßen Natur ab. Als Mensch ist er Geschöpf und Ebenbild Gottes. Er ist beauftragt, Gottes gute Absichten, die dieser mit seiner Schöpfung verfolgt, zu unterstützen und wirklich werden zu lassen. Die Freiheit ist deshalb nicht etwas, was dem Menschen nur ‚unter anderem' oder ‚in der Folge' zukommt, sondern sie steht am Anfang. Alle ethischen und politischen Überlegungen müssen von der Freiheit des Menschen ihren Ausgang nehmen. Freiheit ist nie ohne Verantwortung zu denken. Verantwortung jedoch hat zwei Adressaten: als einzelner ist der Mensch immer vor Gott verantwortlich. Gleichzeitig ist ihm die Verantwortung für seine Mitmenschen und die gesamte Schöpfung übertragen. Die Freiheit aber steht am Anfang; ohne sie ist Verantwortung gar nicht denkbar.

Freiheit schließt zwangsläufig Fehlbarkeit ein. Weil sie frei sind, können Menschen irren und schuldig werden. Das christliche Menschenbild versteht dies als Teil einer natürlichen Ordnung, in der Gott vollkommen und der Mensch unvollkommen ist. Das befähigt den Menschen sich selbst gegenüber zur Gelassenheit, die aber nicht in Selbstgenügsamkeit oder gar Teilnahmslosigkeit verfällt. Der Christ prüft sich einerseits ständig an einem höheren, ihn übersteigenden Maßstab. Andererseits weiß er, dass die Ergebnisse seines Handelns zumeist hinter diesem Maßstab zurückbleiben. Das christliche Bild vom Menschen schützt vor Überbeanspruchung, ist aber dennoch unüberbietbar anspruchsvoll.

Auf diese Weise begründet und verlangt das christliche Menschenbild das vorgegebene Ziel einer erfolgreichen Wirtschafts- und Gesellschaftsordnung, allen ohne Ansehen der Person die gleiche Chance zur Teilhabe an den Gütern dieser Welt zu eröffnen, der freien Entfaltung der Ideen und Tätigkeiten den Vorrang zu geben sowie schließlich Stärken und Schwächen, Erfolg und Scheitern der Menschen als Fluchtpunkt jeder Wirtschafts- und Gesellschaftsordnung zugrunde zu legen.

Das christliche Menschenbild als Grundlage einer Wirtschafts- und Gesellschaftspolitik muss ordnungspolitisch umgesetzt werden, wenn es Wirkung entfalten soll. Das dafür angemessene Gestaltungsprinzip ist der Grundsatz der Subsidiarität. Sie legt die Verantwortung des freien Menschen für sich selbst und für die anderen fest. Die übergeordnete Gemeinschaft tritt subsidiär erst dann für ihn ein, wenn er mit seinen eigenen Entscheidungen und Handlungsmöglichkeiten offenkundig überfordert ist. Die Kernfrage einer am christlichen Menschenbild maßnehmenden Wirtschafts- und Gesellschaftsordnung lautet deshalb nicht: ‚Wieviel Freiheit ist noch möglich?', sondern: ‚Wieviel Regelungen sind wirklich nötig?'. Solidarität ist die andere Seite der Subsidiarität, denn derjenige, der sich nicht selbst zu helfen weiß, hat Anspruch auf die Hilfe der Gemeinschaft.

Aus dem Gestaltungsprinzip der Subsidiarität folgt das Ordnungsmodell der Sozialen Marktwirtschaft. Diese geht davon aus, das eine optimale Güterversorgung nur durch die Freiheit der Wirtschaftssubjekte und deren Vorteilserwartungen zu erzielen ist. Alle sind aufgrund ihrer unterschiedlichen Fertigkeiten verpflichtet und in der Lage, einen Beitrag zur bestmöglichen Versorgung mit Gütern und Dienstleistungen zu erbringen. Zugleich ist es Aufgabe des politischen Handelns, alle zu befähigen, sich am Wirtschaftsprozess zu beteiligen und Verantwortung für sich selbst wie Verantwortung für andere zu tragen. Der Staat muss Anreize schaffen, in denen sich Eigenverantwortung und Gemeinsinn zugleich entfalten können, in denen sich individuelles Interesse und soziale Kompetenz verbinden. Diese Anreize müssen den Entwicklungen in Wirtschaft und Gesellschaft entsprechen und bedürfen deshalb einer ständigen Überprüfung und Anpassung. Soziale Marktwirtschaft ruht auf zwei Säulen: auf verlässlichen Grundsätzen einerseits sowie anpassungsfähigen Regeln andererseits.

Heute muss die Soziale Marktwirtschaft mehrere Herausforderungen zugleich bestehen: die Entwicklung zur Wissensgesellschaft, die Folgen der Globalisierung, die demographische Entwicklung sowie den Schutz und die Förderung der Familie. Das erfordert eine schöpferische Ordnungspolitik.

Die entwickelten Industrienationen können ihren erreichten ökonomischen Status nur durch die Herstellung hochwertiger, innovativer und forschungsintensiver Produkte aufrecht erhalten. Damit wird der Zugang zum Wissen mehr denn je der Schlüssel für persönlichen Wohlstand. Die Chancen in Beruf und Wirtschaft, Bildung, Wissenschaft, Forschung und Weiterbildung sind als öffentliche, staatliche Aufgabe zu betrachten, weil sie Grundlage für eine menschengerechte, verantwortbare und zugleich erfolgreiche Gesellschaftsordnung sind.

Wenn in einer Wissensgesellschaft persönliche Leistung, schöpferisches Denken und gelebte Selbständigkeit im Arbeitsleben immer entscheidender werden, dann entsteht eine neue Kultur der Eigenständigkeit, mit großen Chancen gerade für den Mittelstand. Unter solchen Bedingungen wird es aber auch immer dringender, umfassende Formen der Beteiligung der Arbeitnehmer zu entwickeln. Sozialpartnerschaft kann dann aus der Sicht eines Arbeitnehmers, der an der Wohlstandsentwicklung Anteil hat und im Gegenzug die Risiken wirtschaftlicher Freiheit mitträgt, neu bestimmt werden. Eben deshalb ist es so fraglich, ob der Flächentarifvertrag wirklich eine Lösung für die Zukunft bereithält.

Besondere Sorge hat denen zu gelten, die aufgrund ihrer Leistungsgrenzen an dieser Wissensgesellschaft nur mit Mühe oder gar nicht teilhaben können, für Menschen ohne Schulabschluss und mit geringeren Qualifikationen. Subsidiarität und Solidarität gebieten es, diesen

Menschen die Chance zu eröffnen, im Rahmen ihrer Begabungen mitzuwirken. Dazu müssen die tarifrechtlichen, sozialversicherungsrechtlichen und arbeitsrechtlichen Voraussetzungen geschaffen werden, etwa im Bereich zahlreicher Dienstleistungen.

Die dramatischen demographischen Veränderungen führen die beitrags- und umlagefinanzierten Sozialversicherungen an ihre Grenzen. Es ist aber auch fraglich, ob der Sozialstaat in seiner gegenwärtigen Verfassung dem Maßstab von Freiheit und Selbstverantwortung der Menschen noch ausreichend gerecht wird. Als in den fünfziger Jahren das bestehende Rentenversicherungssystem errichtet wurde, waren die Lebenserwartung und die Ausbildungszeiten kürzer, das durchschnittliche Ruhestandseintrittsalter höher und die Mehrkinderfamilien zahlreicher. Heute ist die Lebenserwartung deutlich höher, die Zahl der Geburten ebenso deutlich geringer, dafür aber das Renteneintrittsalter niedriger. Der ‚Frührentner' ist fast schon der Normalfall, obwohl nachweislich mit steigender Lebenserwartung auch im Durchschnitt der Bevölkerung die Leistungsfähigkeit der Menschen länger anhält. Für dieses Missverhältnis tragen nicht nur ‚clevere' Frührentner die Verantwortung, sondern in mindestens gleichem Maße die Unternehmen der Wirtschaft, die auf Kosten der Sozialversicherung ihre Personalwirtschaft betreiben, sowie die Politik, die über lange Zeit dazu ermuntert hat. Mit Subsidiarität und Solidarität hat das nichts mehr zu tun. Es ist deshalb ökonomisch zwingend und ethisch geboten, die Lebensarbeitszeit zu verlängern. Dies muss allerdings im Rahmen vernünftiger Regeln, die der persönlichen Leistungsfähigkeit des Menschen im Alter entsprechen, erfolgen.

Mehr Anreize zur Selbstverantwortung muss auch der Maßstab für die Neuordnung des Gesundheitswesens sein. Hier verbinden sich die Probleme aus dem sich verändernden Altersaufbau der Gesellschaft mit den Kosten des medizinischen Fortschritts und den Strukturen, die Ergebnis einer straffen Reglementierung sind. Gerade hier kommt es darauf an, nicht einfach nur den Verzicht auf Leistungen zu verordnen, sondern auf der einen Seite Sicherheit für (lebens-)notwendige medizinische Versorgung zu geben, um auf der anderen Seite sparsamen, sorgfältigen Umgang mit Arzneimitteln und ärztlicher Behandlung zu belohnen. Die Selbstbeteiligung der Versicherten an den Behandlungskosten ist dafür ein geeignetes Instrument. Deshalb muss der Versicherte mehr Möglichkeiten haben, die Kosten seiner Behandlung zu überblicken und zu beeinflussen. Er braucht weit mehr Wahlmöglichkeiten als ihm heute allein durch die bloße Entscheidung, einen Arzt aufzusuchen oder nicht, an die Hand gegeben sind. So kann etwa ein Bonussystem Anreize bieten, selbst nachzurechnen, ob eine notwendige Leistung besser von der Versichertengemeinschaft oder persönlich gezahlt wird.

Die globale Vernetzung der Wirtschaft führt zu mehr Wettbewerb. Das hat verschiedene Folgen: ein breiteres Warenangebot zu meist günstigeren Preisen, aber auch einen verstärkten Druck auf die Produktionskosten und auf die Qualität von Forschung und Entwicklung. Das wiederum kann nicht folgenlos bleiben für die Tarifpolitik und die Lohnzusatzkosten, etwa die Sozialversicherungsbeiträge. Die angemessene Beteiligung der Arbeitnehmer am Unternehmenserfolg kann sich deshalb in Zukunft nicht mehr nur am Arbeitslohn und den Lohnzusatzleistungen bemessen. Vielmehr ist es an der Zeit, eine direkte Beteiligung des Arbeitnehmers am Unternehmensgewinn auf- und auszubauen. Dem gegebenenfalls notwendigen Verzicht auf der einen Seite muss die Teilhabe am Unternehmenserfolg auf der anderen Seite gegenüberstehen. Mitverantwortung muss Miterfolg beinhalten.

Die vielleicht größte sozialpolitische Herausforderung ist der Schutz von Ehe und Familie unter den Bedingungen unserer Zeit. Ehe und Familie sind nicht mehr ungefragt der Regelfall. Sie werden zunehmend zu einer wählbaren Alternative unter verschiedenen Lebensformen. Ehe und Familie haben immer größere Schwierigkeiten, sich zu behaupten: angesichts der Leistungsanforderungen der Wirtschaft einerseits und einer übersteigerten Erlebnisorientierung unserer Gesellschaft andererseits. Im öffentlichen Meinungsklima wurden immer mehr der berufliche Erfolg und ein aufwendiger Lebensstil zum Maßstab sozialer Anerkennung. Die Folgen schlagen sich in nüchternen Zahlen nieder: Ehen werden später geschlossen, scheitern häufiger und dem Wunsch nach Kindern stehen offenbar zunehmend unüberwindbarere Hindernisse entgegen.

Freiheit und Verantwortung verwirklichen sich in der freiwilligen, auf unbeschränkte Dauer geschlossenen Bindung an den Partner und die Entscheidung für die unkündbare Beziehung zu einem Kind in der ursprünglichsten Form. Solche Bindungsfähigkeit und Verantwortungsbereitschaft, die sich nur aus den Lebensbezügen der Familie entwickeln können, sind zugleich Bestandsbedingung eines demokratischen Rechtsstaates, der nicht auf Zwang und Gewalt beruht, sondern auf der freiwilligen Zustimmung seiner Bürger und ihrer ungeteilten Bereitschaft, Verantwortung für die Gemeinschaft zu tragen. Deshalb entsprechen Ehe und Familie gleichermaßen den persönlichen Bedürfnissen der Menschen wie den sozialen Zielen der Gesellschaft. Der Wunsch nach Kindern und die bewusste Entscheidung für Nachkommen sind zunächst verbürgte Äußerung persönlicher Freiheit und Verantwortung. Sie entsprechen aber auch dem Interesse einer auf Dauer erfolgreichen Wirtschaft. Unsere Gesellschaft ist in umfassender Weise auf die Leistungen der Familie angewiesen – von der Kindererziehung, die eben nicht einfach vollständig auf öffentliche Einrichtungen übertragbar ist, über die verlässliche gegenseitige Hilfe in Notlagen bis zur Pflege bei Krankheit. Ehe und Familie sind institutionelle Grundpfeiler des menschlichen Zusammenlebens, Knotenpunkte des subsidiären Netzes der Gesellschaft und Voraussetzung für den wirtschaftlichen Erfolg eines Gemeinwesens.

Deshalb muss der besondere rechtliche Schutz von Ehe und Familie bestehen bleiben. Er darf nicht dadurch ausgehöhlt werden, dass beliebige andere Lebensformen unterschiedslos der Ehe und der Familie rechtlich gleichgestellt werden. Die Leistungen der Familie für die Gemeinschaft erfordern angemessene ideelle und materielle Anerkennung. So dürfen zum Beispiel keine Nachteile für die Altersversorgung von Eltern entstehen, die um der Leistungen in und für die Familie willen zeitweise oder ganz auf Berufstätigkeit verzichten, wo doch gerade sie dafür sorgen, dass Altersbezüge auch in Zukunft durch jüngere Erwerbstätige finanziert werden können. Öffentliche Bildungs- und Erziehungseinrichtungen müssen so gestaltet werden, dass Verantwortung für die Familie und Berufstätigkeit gleichförmig oder in zeitlicher Abfolge zu verbinden sind. Dabei müssen Alternativen für die jeweils individuellen Lebensentwürfe offen sein. Es ist falsch, ausschließlich die Gleichzeitigkeit von Berufstätigkeit und Kindererziehung durch vollständige öffentliche Kinderbetreuung zu fördern, ohne alternativ die zeitweilige oder langfristige Vorrangigkeit der Familie auch materiell möglich zu machen. Denn eine auf dem christlichen Menschenbild gegründete Gesellschaftspolitik instrumentalisiert Ehe und Familie nicht einfach für Arbeitsmarkt- und Bevölkerungspolitik, sondern sie orientiert sich zu allererst an den personalen Bedürfnissen der Menschen. Wer sich für ein Leben in Ehe und Familie entschieden hat, soll Rahmenbedingungen vorfinden, die diese Wahl erleichtern und belohnen.

In der ehemaligen DDR galt der Leitsatz von der Einheit der Wirtschafts- und Sozialpolitik. Es war der Versuch, eine totalitäre Herrschaft angesichts des steigenden Wohlstandes in der Bundesrepublik Deutschland dadurch zu befestigen, dass in einem gewaltigen Ausmaß soziale Leistungen – von der umfassenden staatlichen Kinderbetreuung über das Gesundheitswesen bis zum Wohnungsbau – bereitgestellt wurden. Das Experiment endete im völligen wirtschaftlichen Zusammenbruch, der vollständigen Aufzehrung des Kapitalstocks einer ganzen Volkswirtschaft und unermesslichen Umweltschäden. Denn eine Einheit von Wirtschafts- und Sozialpolitik kann sich nur einstellen, wenn Freiheit und Verantwortung zur Grundlage der gesellschaftlichen Ordnung werden. Der Schlüssel für die Probleme unserer Wirtschafts- und Sozialpolitik liegt in der Wiederentdeckung der ursprünglichen Prinzipien der Sozialen Marktwirtschaft, deren Ordnung der Anthropologie des christlichen Menschenbildes entspricht.

Gemeinsinn und Eigennutz.
Sind wir auf dem Weg in die Ellenbogengesellschaft? *

Zu den seit langem am meisten verbreiteten Vorhaltungen der politischen Linken in Deutschland zählt die Klage, unsere Gesellschaft werde kalt, entbehre mehr und mehr der Solidarität und befinde sich auf dem Weg in die Ellenbogengesellschaft. Sie lasse zu, dass die Starken immer stärker und die Schwachen immer schwächer würden.

Aber ist es tatsächlich so, dass unsere Gesellschaft immer kälter und das Klima immer rauher wird? Was hält am Ende eine Gesellschaft, die mehr denn je individualistisch geprägt ist, zusammen?

In der Tat scheinen sich Tendenzen der Entsolidarisierung kaum leugnen zu lassen. Die Jungen stöhnen zunehmend unter der Last, die ihnen von der Rentenversicherung aufgebürdet wird, immer mehr flüchten vor den hohen Belastungen durch Steuern und Abgaben. Oft genug schauen wir einfach weg, wenn auf der Straße am hellichten Tag jemand tätlich angegriffen und zu Boden getreten wird, der Betrug gegenüber dem Finanzamt, der Krankenversicherung, dem Staat wie der Solidargemeinschaft gilt schon lange nicht mehr als verwerflich. Geht die Solidarität vor die Hunde?

Bevor voller Selbstmitleid die Jeremiade des dem Untergang geweihten Abendlandes angestimmt wird, lohnt es sich, einmal die Ursachen und Gründe solcher Entwicklungen zu untersuchen. Dann stellt sich nämlich schnell heraus, dass der Verdruss vieler Menschen keinesfalls der Abneigung entspringt, den Schwächeren unserer Gesellschaft zu helfen, sondern verursacht ist durch ein Übermaß von Solidaritätsappellen, die an unser Gewissen rühren sollen – und doch oft das genaue Gegenteil bewirken.

Was hat zu diesem Niedergang geführt? Und was hält eine Gesellschaft zusammen, wenn die Bereitschaft zur Solidarität immer weniger vorausgesetzt werden kann?

Die Gründe für den Niedergang liegen auf der Hand. Sie haben keineswegs etwas mit einem Wandel von Werteinstellungen oder einer Veränderung menschlicher Verhaltensweisen zu tun. Vielmehr hat der Niedergang der organisierten Solidarität seinen tieferen Grund in der Art und Weise, wie Menschen erleben, zu welchen Ergebnissen der in der Form von Solidarsystemen organisierte Gemeinschaftsgeist führt. Diese Solidarsysteme haben bei uns ein Ausmaß an Komplexität

* Erstveröffentlichung 2000

erreicht, die den inneren Risikoausgleich – zum Beispiel zwischen Starken und Schwachen – anonymisiert. Die Leistungsbereitschaft des Leistungsstärkeren wird dadurch untergraben. Die Verstimmung, die sich einstellt, wenn eine Steigerung des Leistungsumfangs zu einem unaufhaltsamen Anstieg der Pflichtbeiträge führt, weckt das Bedürfnis, ein Gleichgewicht zwischen Einzahlungen und Auszahlungen auf eigene Faust herbeizuführen. Also bemüht man sich nach Kräften, die Solidargemeinschaft in Anspruch zu nehmen. Das hat mit einem Verfall von Solidarität nichts zu tun. Solidarität wird zerstört, wenn sich das Gefühl einstellt, mit den eigenen Beiträgen Trittbrettfahrer zu unterstützen, wo hingegen man für sich selbst regelmäßig beobachtet, dass zwischen den erfolgten Einzahlungen und den gewährten Auszahlungen kein Gleichgewicht mehr besteht.

Altruismus taugt angesichts solcher Probleme nicht als Leitbild für den Bau einer freiheitlichen Gesellschaft. Diese folgt dem Prinzip der Subsidiarität, das bedeutet: Hilfe beruht auf Gegenseitigkeit. Die Rechte und Pflichten eines jeden werden ihm entsprechend seiner Leistungskraft zugemessen. Jeder ist gefordert, aber niemand wird überfordert. Hilfe wird auf der Grundlage einer verläßlichen Wechselbeziehung gegeben. Und der Zusammenhang zwischen der eigenen Anstrengung und der dafür geleisteten Unterstützung durch die anderen bleibt gewahrt.

Eben dieser Zusammenhang begründet den inneren Zusammenhalt freiheitlicher Gesellschaft, wenn Menschen Tag für Tag erfahren, dass sie entsprechend ihrer Leistungskraft gefordert werden. Wird diese Erfahrung nicht mehr gemacht, verstärken sich die gesellschaftlichen Fliehkräfte.

Heute stehen wir vor der Herausforderung, für das vereinte Deutschland einen Weg in das neue Jahrhundert zu weisen, der die Energien einer globalisierten Wirtschaft für die Weiterentwicklung des Wohlstands nutzt – und zwar für alle. Vieles spricht dafür, dass an die Stelle ehemals materieller Belohnungen, die eine Marktordnung um den Preis oft mühsamer Anstrengung bereithält, jetzt zusätzliche immaterielle Vergütungen treten müssen, weil die Faszination der Wohlstandsmehrung als Anreiz für bestimmte Verhaltensweisen inzwischen verblasst ist. Im Gegenzug hat die Frage nach der moralischen Verlässlichkeit einer Gesellschaftsordnung, die auf Wettbewerb aufbaut, an Bedeutung gewonnen.

Wie nun vermag eine Ordnung der Freiheit moralisch erwünschtes Verhalten zu stützen? Zweifellos auch durch Erziehung, Gesetzeszwang und Kontrolle. Vor allem aber stützt eine Ordnung der Freiheit moralisches Verhalten, indem sie die unmittelbare Erfahrung von Glück, Lebenssinn, Erfüllung und Wohlbefinden vermittelt. Ihr Geheimnis liegt darin, dass sie Altruismus und Egoismus miteinander verbindet. Es kommt demnach darauf an, eine Markt- und Wettbewerbsordnung als das zu entdecken, was sie von Anfang an war: nämlich die freiheitliche Alternative zum fürsorglichen und bevormundenden Vater Staat.

Eine Markt- und Wettbewerbsordnung ist jedoch noch mehr: Sie ist eine moralische Institution, die nur dem Erfolg verspricht, der die Erwartungen anderer erfüllt – und gerade damit seinem eigenen Interesse folgt. Gemeinwohl und Eigeninteresse werden miteinander verknüpft. Diese Verbindung ist nicht das Ergebnis geheimnisvoller Kräfte, sondern erwächst aus der Ordnung des Marktes, nämlich seinen auf Ausgleich bedachten Regeln. Die sittliche Leistung einer freiheitlichen Gesellschaftsordnung besteht darin, dass sie die persönliche Vorteilnahme nur in Abstimmung mit anderen ermöglicht.

Die Ordnung der Sozialen Marktwirtschaft verbindet vermehrte Eigenverantwortung und freiheitliche Lebensgestaltung mit einer sozialen Abfederung der Markt- und Wettbewerbsgesellschaft. Auf diese Weise werden die notwendigen Kräfte freigesetzt, ohne dass den Menschen das Gefühl der Sicherheit genommen wird. Im Gegenteil: Die Regeln der Sozialen Marktwirtschaft stiften Verlässlichkeit und Berechenbarkeit.

Viele fürchten heute, dass ein ungezügelter Kapitalismus die Oberhand gewinnt. Diese Furcht ist nicht grundlos. Gerade deshalb muss heute daran erinnert werden, dass eine Ordnung des Marktes vor allem den Sinn hat, vor den Verwundungen eines ungezügelten Kapitalismus zu schützen. Eine Marktordnung ist ein Regelwerk, mit dem gerade verhindert wird, dass der Stärkere den Schwächeren an die Wand spielt. Die Seele des Marktes ist der Wettbewerb. Je mehr Wettbewerb herrscht, umso größer ist der Nutzen des Marktes für die Schwächeren in einer Gesellschaft. Gerade sie können dann am ehesten Vorteile erwarten. Ein Beispiel aus jüngster Zeit kann das verdeutlichen: Seit bei den Kommunikationsdiensten in Deutschland die Monopole abgeschafft wurden, kann jeder für bezahlbare Kosten weltweit Dienstleistungen anbieten und abrufen. Aus einem Privileg Weniger wurde eine Chance für Jedermann.

Angst wäre ein schlechter Ratgeber angesichts der großen Veränderungen, die wir erleben. Gerade deshalb lohnt es sich vor Augen zu führen, dass Soziale Marktwirtschaft eben dieses Ziel verfolgt: Den Menschen frei zu machen für eine Ordnung des Wettbewerbs, weil niemand Angst haben muss, am Ende ausgegrenzt zu werden. Und wenn ihm diese Gefahr einmal droht, kann er sich darauf verlassen, trotzdem am Reichtum der Gesellschaft weiter Anteil zu haben, indem ihm die Hilfe zur Selbsthilfe nicht verweigert wird.

Der Sozialstaat als Sozialfall? Wer den Umbau fordert, muss nicht den Abbau wollen *

Seit mehr als zehn Jahren wird in Deutschland über die Notwendigkeit des Umbaus unseres Sozialstaates gesprochen. Was ist seitdem geschehen? Die Antwort auf diese Frage bereitet Verdruss, denn so gut wie nichts ist wirklich vorangekommen. Erste, durchaus wegweisende Entscheidungen, die Mitte der 90er Jahre gefallen sind, wurden nach der Bundestagswahl 1998 rückgängig gemacht. So ist am Ende einer ganzen Dekade nichts übrig geblieben, was dazu taugen könnte, unseren Sozialstaat zukunftsfähig zu machen. Während die Reformagenda wächst und wächst, scheint die Politik wie gelähmt. Der Berg der ungelösten Aufgaben türmt sich immer höher. Zahllose Kommissionen haben ihre Empfehlungen erarbeitet. Sachverständige lieferten Analysen und Expertisen. Und doch ist unser Land bei der Umsetzung der notwendigen Maßnahmen kaum einen Millimeter vorangekommen. Seit einem Jahrzehnt treten wir auf der Stelle, während sich die Schwierigkeiten tagein, tagaus verschärfen.

Das hat Gründe. Einige vermuten diese Gründe in einer wechselseitigen Blockade von Bundestag und Bundesrat, andere sehen Gründe in einer scheinbar schwer zu überwindenden Auseinandersetzung zwischen Gewerkschaften und Arbeitgeberverbänden, wieder andere vermuten die Gründe in einer bis heute unzulänglichen Einsicht der Mehrheit der Gesellschaft in die Notwendigkeit von Veränderungen. Könnte es jedoch sein, dass die tatsächlichen Gründe woanders liegen?

Seitdem wir über den Umbau unseres Sozialstaates reden, werden zuhauf Vorschläge gemacht, die auf den ersten Blick erkennen lassen, dass es am Ende (einige wenige) Gewinner und (sehr viele) Verlierer gibt. Schon die Begriffe, die der Charakterisierung der vorgeschlagenen Veränderungen dienen, verunsichern: Da ist von tiefgreifenden Einschnitten die Rede, von einem Zurückschneiden der Ansprüche, dem Kampf gegen die Besitzstandswahrer, da werden lautstark Verschlankung, Abbau und Rückbau gefordert. Alle einschlägigen Empfehlungen jedoch lösen unmittelbar Verlustängste aus: Die Erhöhung der Rezeptgebühr, die Abschaffung von Feiertagen, die Einführung eines Selbstbehaltes, die Erhöhung der Arbeitszeit ohne Lohnausgleich, die Kürzung von Zuschüssen und Beihilfen, die Einschränkung des Kündigungsschutzes, die Absenkung der Rente und des Arbeitslo-

* Erstveröffentlichung 2003

sengeldes. Gemeinsam ist allen Vorschlägen eines: Die sozialstaatlichen Leistungen sinken, während die finanziellen Belastungen steigen. Das mag wirtschaftlich vernünftig und sachlich begründet sein. Aber soll sich dafür eine Mehrheit in der Gesellschaft begeistern?

Die Reformdiskussion in Deutschland verläuft von Anfang an nach den Spielregeln, wie sie auf dem Schulsportfest für einen Wettkampf im Tauziehen gelten. Dort gewinnen die Stärkeren. Bei den Schwächeren, den Verlierern, möchte niemand sein. Manchmal dauert es lange, bis Gewinner und Verlierer ausgemacht sind: Beide Seiten kämpfen verbissen gegeneinander. So lange eine Mannschaft stark genug ist, Druck mit Gegendruck zu beantworten, ist der Kampf für sie noch nicht verloren. Am Ende gewinnen die, denen es gelingt, die anderen niederzukämpfen und in die Knie zu zwingen.

Ist die Reformdebatte in Deutschland in den vergangenen zehn Jahren nicht mehr oder weniger nach solchen Spielregeln geführt worden? Muss nicht darüber nachgedacht werden, ob Reformen in einer demokratischen Gesellschaft so lange blockiert werden, wie eine große Mehrheit der Meinung ist, am Ende zu den Verlierern zu zählen? Und gibt es einen Ausweg, eine Möglichkeit, diese Selbstblockade einer Gesellschaft zu überwinden?

Bevor sich eine Antwort auf diese Fragen findet, muss zunächst Klarheit darüber bestehen, vor welchen Herausforderungen in der Sache unser Land steht. Die hohe Arbeitslosigkeit in Deutschland hat – neben vielen anderen Gründen – vor allem eine Ursache: Die Bruttoarbeitskosten in unserem Land sind weltweit einsame Spitze. Je höher aber der Preis von Arbeit steigt, umso geringer wird Arbeit nachgefragt. Damit kein Missverständnis entsteht: Hinsichtlich der Nettolöhne ist Deutschland keinesfalls Spitzenreiter. Durch die lohnbezogenen Zusatzkosten erreichen wir ein Niveau der Bruttoarbeitskosten, mit dem wir nicht mehr wettbewerbsfähig sind. Viele deutsche Unternehmen der unterschiedlichsten Branchen – vom Tiefbau bis zur Chipherstellung – hätten schon längst aufgeben müssen, wenn sie nicht unter Zuhilfenahme preiswerterer ausländischer Arbeitskräfte eine Mischkalkulation bei den Personalkosten vornehmen könnten.

Folgerichtig kann die Lösung nur darin liegen, die lohnbezogenen Abgaben zu senken, um die Bruttoarbeitskosten zu zügeln. Mit der Senkung der lohnbezogenen Abgaben sinkt entsprechend der Leistungsumfang der Sicherungssysteme, die heute vor allem über lohnbezogene

Beiträge finanziert werden. Eine Absenkung des Leistungsumfangs der Sicherungssysteme wird aber von vielen als unzumutbar empfunden. Und schon fühlt sich eine große Mehrheit der Bürger als geschröpfte Verlierer der Einsparrunden. Das ist im übertragenen Sinne genau die Lage, wie wir sie beim Tauziehen beobachten können: Eine Gruppe schwelgt in Kürzungsvorschlägen, während die andere erbitterte Gegenwehr leistet. Die Blockade ist unausweichlich.

Tatsächlich ist die Frage zu stellen, welchen finanziellen Spielraum die Bezieher kleinerer und mittlerer Einkommen haben, um über ihre bisherigen, lohnbezogenen Beiträge hinaus in die eigene soziale Sicherheit zu investieren. Auf diese Frage läuft aber die ganze Diskussion hinaus: Wenn der Leistungsumfang der durch lohnbezogene Beiträge finanzierten Sicherungssysteme sinkt, kann die entstehende Lücke nur durch zusätzliche Versicherungsangebote geschlossen werden, erfordert also über das bisherige Niveau hinausgehende zusätzliche Investitionen jedes einzelnen Bürgers in seine Sicherheit.

Wenn die Politik das Gewinner-Verlierer-Schema verlassen will, muss sie nach einem Weg suchen, die ‚Verlierer' zu ‚Gewinnern' zu machen. An die Stelle der Angst vor dem Verlust muss die Hoffnung auf einen Gewinn treten – und dann auch tatsächlich von der Politik erfüllt werden. Wie kann das geschehen? Möglich wäre eine solche Umkehrung durch eine nachdrückliche Steuersenkung im Rahmen einer großen Steuerreform. Eine solche Steuerreform hätte nicht nur tiefgreifende Folgen für zukünftige Tarifverhandlungen, da sie zu einer spürbaren Steigerung der Nettolöhne führt, sondern würde auch zusätzliche Spielräume eröffnen, die es dem Einzelnen ermöglichen, nach einer Absenkung des Leistungsumfangs insbesondere der Kranken- und Rentenversicherung zusätzliche Vorsorge zu betreiben. Am Ende freilich muss nach einer Aufrechnung der Entlastungen, die Folge einer Steuerreform sind, und der Belastungen, die Folge einer Neuordnung unserer Sozialversicherungen sind, ein Nettogewinn bleiben.

Die Folge wäre eine nachdrückliche Belebung der wirtschaftlichen Wachstumskräfte mit unmittelbarer Wirkung auf den Arbeitsmarkt. Denn nicht die Arbeit geht uns in Deutschland aus. Im Gegenteil: Für gering- wie hochqualifizierte Arbeitskräfte gibt es genug zu tun. Aber so lange die Bruttokosten eines einzelnen Arbeitsplatzes so hoch sind, wie dies heute der Fall ist, dauert die Zurückhaltung, neue Arbeitsplätze zu schaffen, unvermindert an. Das ändert sich im Nu, wenn Arbeit wieder bezahlbarer wird, weil die Lohnzusatzkosten sinken – oder zumindest doch nicht weiter ansteigen. Wenn dann eine steuerliche Entlastung hinzutritt, die zu höheren Nettolöhnen führt, ist zudem der Anreiz sehr viel größer als heute, sich um ein Arbeitseinkommen zu bemühen.

Die Senkung der lohnbezogenen Zusatzkosten, die mit einer steuerlichen Entlastung einher geht, entfaltet also eine doppelte Anreizwirkung: Sie fördert die Schaffung neuer Arbeitsplätze einerseits, wie sie andererseits zur Suche nach einem Beschäftigungsverhältnis ermuntert. Die Folge wäre eine Schubumkehr der Kräfte, wie sie unser Land so dringend braucht, eine Rückkehr auf den Wachstumspfad durch eine Belebung des Arbeitsmarktes und der Binnennachfrage.

Wenn eine Steuerreform am Anfang aller notwendigen Reformschritte stünde, dann wäre es in der Tat möglich, eine Mehrheit der Bürger, die sich derzeit als Verlierer sieht, zu Gewinnern zu machen. Auch für den Staat, der heute vor einer Steuerreform zurückschreckt, weil er weitere Einnahmeausfälle befürchtet, wäre dieser Schritt ein gutes Geschäft. Denn noch nie ging eine solche Steuerreform, die ihren Namen verdient, zulasten des Staates. Innerhalb kürzester Zeit fließen mehr Steuern in die öffentlichen Kassen als je zuvor.

Nach unserer Finanzordnung sinken oder steigen die Einnahmen von Bund, Ländern und Gemeinden in Abhängigkeit von der Zahl der in Deutschland Beschäftigten. Die Konsolidierung des Staatshaushaltes wird deshalb nur gelingen, wenn die Arbeitslosigkeit spürbar zurückgeführt wird. Wenn 500.000 Arbeitslose einen Job finden, werden die öffentlichen Kassen um etwa 10 Milliarden Euro entlastet.

Damit die Arbeitsplätze verfügbar sind, die benötigt werden, um Arbeitslose zu Beschäftigten zu machen, müssen die Bruttokosten von Arbeit sinken. Dafür ist eine Neuordnung des Sozialstaates unabdingbar. Damit diese Möglichkeit tatsächlich offen steht, müssen die zusätzlichen Investitionen eines jeden Einzelnen in seine soziale Sicherheit auch wirklich zu schultern sein. Das ist nur über eine steuerliche Entlastung zu erreichen, weil allein höhere Nettolöhne diese Spielräume eröffnen. Deshalb wäre es sinnvoll, als Einstieg in die Abfolge notwendiger Reformentscheidungen eine große Steuerreform zu setzen.

Wenn die Politik will, dass eine große Mehrheit der Gesellschaft sich angesichts notwendiger Reformen nicht verweigert, dann wird sie nicht nur Verzicht und Enthaltsamkeit fordern können. Sie wird auch keinen Erfolg haben, wenn sie sich mehr und mehr – wie heute zu beobachten ist – auf eine Mangelwirtschaft einstellt, den wirtschaftlichen Niedergang als Grundlage ihrer Entscheidungen hinnimmt, oder schicksalsergeben auf konjunkturelle Besserung hofft. Wer die Reformdiskussion als Kahlschlagdebatte führt, wird sie verlieren. Wenn die Politik die Unterstützung der Mehrheit der Gesellschaft haben will, muss sie in ihrem Denken und Entscheiden das Gewinner-Verlierer-Schema hinter sich lassen.

Am Ende steht dann ein doppelter Gewinn für die Mehrheit, die sich heute als Verlierer begreift: Ein Gewinn an Freiheit, weil die neue Gestalt des Sozialstaates sehr viel mehr Möglichkeiten eröffnet, selbst zu entscheiden, welches Risiko in welchem Umfang jeder Einzelne auf welche Weise absichern will; und weil die Politik Anstrengungen einfordert auf ein Ziel hin, von dem alle einen großen Nutzen haben: Nicht die Verwaltung des Mangels, der die Belastungen für jeden Bürger dauerhaft steigert, sondern der Arbeitsplatz für alle, weil Vollbeschäftigung die Kosten der sozialen Sicherheit auf viele Schultern verteilt – während heute immer weniger Beschäftigte immer größere Lasten tragen müssen.

Ludwig Erhard warb vor einem halben Jahrhundert für die Soziale Marktwirtschaft mit dem Versprechen, Wohlstand für alle zu schaffen. Damals glaubte ihm zunächst niemand. Er hatte kein Vorbild, auf das er sich rechtfertigend hätte berufen können. Wenn die Politik heute einen Weg einschlägt, die Voraussetzungen für Vollbeschäftigung zu schaffen, darf sie sich von den Zweiflern nicht entmutigen lassen. Die Erinnerung an die Entschlossenheit und das Selbstvertrauen Ludwig Erhards kann ihr dabei helfen. Soziale Marktwirtschaft ist nämlich mehr als die Erinnerung an eine glanzvolle Zeit der deutschen Nachkriegsgeschichte. Die Ordnung der Sozialen Marktwirtschaft taugt zur Lösung der Probleme einer globalisierten Welt wie keine andere. Denn ihr Maßstab ist der Mensch, ihr Ziel der Ausgleich und ihr Mittel die Förderung des Unternehmungsgeistes.

Was fordert Gerechtigkeit in einer Zeit der gesellschaftlichen Neuordnung?

Eine Debatte über gesellschaftliche Veränderungen, wie sie derzeit in Deutschland geführt wird, wirft auf Schritt und Tritt die Frage nach dem Maßstab der Gerechtigkeit auf. So lange das Urteil der Ethik gegen die Logik der Ökonomie steht, gibt es wenig Anlass zu der Hoffnung, die politischen Gestaltungsaufgaben zufriedenstellend lösen zu können. Erst eine Versöhnung der beiden widerstreitenden Gesichtspunkte eröffnet die Möglichkeit einer politischen Entscheidung, die keine Scheu haben muss, Maß zu nehmen am Anspruch der Gerechtigkeit, ohne dass sie die sachlichen Notwendigkeiten leugnet.

Mit gutem Grund muss deshalb jedes Urteil über soziale oder politische Vorhaben maßgeblich darauf Rücksicht nehmen, was wir als gerecht oder ungerecht empfinden. In einer offenen Gesellschaft sind diese Einschätzungen von unterschiedlichen Annahmen und Erwartungen geprägt. Was ist gerecht, was billig, was vertretbar? Antworten auf diese Fragen führen angesichts der Meinungsvielfalt unserer Gesellschaft regelmäßig zu heftigen Auseinandersetzungen. Entsprechend schwer ist es, eine allgemeine oder gar verbindliche Verständnisweise von Gerechtigkeit zu finden, die ihrerseits dann als Prüfstein politischer und sozialer Ordnungen zu taugen vermag.

Um einen gesellschaftlichen Zustand als gerecht bezeichnen zu können, muss zuvor eine Reihe von Voraussetzungen erfüllt sein. Mit dem Begriff der Gerechtigkeit verbinden wir vorzugsweise die Erwartung einer Gleichbehandlung aller Beteiligten – nach verbindlichen Regeln, die ausnahmslos, allerorten und für jedermann gelten. Neben dem Erfordernis der Gleichbehandlung zielt Gerechtigkeit auf eine durchaus unterschiedliche – eben gerechte – Ansprache des Einzelnen nach Leistungskraft und Fähigkeit. Ebenfalls muss unsere Vorstellung einer den grundrechtlichen und verfassungspolitischen Ansprüchen folgenden Verteilung eingelöst werden. Nur die gleichgewichtige Berücksichtigung aller Gesichtspunkte eröffnet überhaupt erst die Möglichkeit, einen Zustand, ein Verfahren, ein Handeln oder einen Vorschlag als gerecht einstufen zu können. Allen nachgelagerten Erwägungen ist dabei eine Erwartung vor- und übergeordnet: Im Kern muss sich Gerechtigkeit am Maßstab der Würde des Menschen messen lassen. Am Begriff der menschlichen Würde muss jede Vorstellung von

Gerechtigkeit Maß nehmen. Eben deshalb lässt sich die Frage nach dem durch ein eigenes Arbeitseinkommen gesicherten selbstbestimmten Lebensentwurf vom Begriff der Gerechtigkeit nicht lösen.

Es entspricht unserer Lebenserfahrung, dass sich sehr viel leichter sagen lässt, was von Fall zu Fall gerade nicht gerecht, also ungerecht ist. Hier fallen einvernehmliche Feststellungen leichter. So lässt sich – vielleicht unbestritten – sagen: Nicht gerecht, also ungerecht, ist es, achtlos vor dem Schicksal von Millionen arbeitsloser Menschen die Augen zu verschließen. Ungerecht ist dann ebenfalls ein Verzicht auf Entscheidungen, die notwendig sind, damit arbeitslose Menschen wieder in ein Beschäftigungsverhältnis zurückfinden können. Diese Ungerechtigkeit geht zulasten der Arbeitssuchenden heute, deren Möglichkeiten eines selbstbestimmten Lebens über die Maßen eingeschränkt werden, und unserer Nachkommen morgen, wenn wegen hoher Arbeitslosigkeit die Lohnersatzleistungen auf Pump gezahlt und von unseren Kindern mit Zins und Zinseszins zurückgefordert werden.

Die Ungerechtigkeit liegt auf der Hand – auch in dem Sinne übrigens, dass in Zeiten hoher Arbeitslosigkeit die Lasten der sozialen Sicherheit auf immer weniger Schultern geladen werden. Wenn es also nicht gerecht ist, Menschen im Turm der Arbeitslosigkeit einzumauern, dann ist es – im Umkehrschluss – gerecht, das zu tun, was die Bedingungen für das Wachstum von Beschäftigung verbessert. Im Klartext: Gerecht ist ein Handeln, das die Bedingungen für den Gewinn eines Arbeitsplatzes verbessert.

Also geht es – eben auch unter den Gesichtspunkten von Gerechtigkeit – zunächst um die Frage, wo die tieferen Ursachen unserer außerordentlich hohen Arbeitslosigkeit liegen – und was politisch entschieden werden muss, um diese Ursache zu bekämpfen. Erst dann können die Bedingungen für den Gewinn eines Arbeitsplatzes besser gestaltet werden. Wenn nichts geschieht und sich die Bedingungen für eine Belebung des Arbeitsmarktes nicht verändern, sind gleichermaßen bedrohliche Kürzungen sozialstaatlicher Leistungen sowie ansteigende Beitragssätze zulasten der Erwerbstätigen die unausweichliche Folge und eine weiter steil ansteigende Arbeitslosigkeit deshalb unausweichlich.

Es kann kein Zweifel bestehen: Eine ganz wichtige Ursache für die Arbeitslosigkeit in Deutschland liegt in der Höhe unserer Arbeitskosten. In Deutschland betragen die Kosten einer Vollzeitarbeitskraft durchschnittlich 180 Prozent des Direktentgeltes. Dieser Missstand ist verursacht durch die weltweit einmalig hohen Lohnzusatzkosten, die heute in Deutschland eine Wirkung entfalten, die einer Strafsteuer auf jedes Beschäftigungsverhältnis gleichkommt. Also muss ein Weg gefunden werden, die zu hohen Lohnzusatzkosten zu senken. Das ist möglich, indem beispielsweise die Wochenarbeitszeit um eine Stunde erhöht wird, weil so die Bruttokosten eines Arbeitsplatzes verhältnismäßig gesenkt werden. Vor allem aber führt der Weg, an dessen Ziel die begründete Erwartung steigender Nettolöhne und sinkender Arbeitslosigkeit steht, hin zu der Notwendigkeit, die Beiträge zu den sozialen Sicherungssystemen zumindest teilweise von den Bruttolöhnen abzukoppeln. Nur so werden die Kosten, die mit der Einrichtung eines Arbeitsverhältnisses verbunden sind, auf einen Stand zurückgeführt, der die Inanspruchnahme der Arbeitsleistung – etwa eines Handwerkers – für den Kunden wieder erschwinglich macht.

Von diesen Überlegungen ist das Prämienmodell, wie es für die Absicherung der Gesundheitsrisiken vorgeschlagen wird, geleitet. Anders als bei der Rente, die in Abhängigkeit von der Lebensarbeitszeit und der Höhe des Einkommens gezahlt wird, macht es einen guten Sinn, die Kosten der Gesundheitsvorsorge über Prämien, deren Höhe sich unabhängig vom Lohn und statt dessen nach den Kosten bestimmt, aufzubringen.

Unter den Gesichtspunkten eingeforderter Gerechtigkeit kann schlechterdings nicht abgelehnt werden, politische Entscheidungen zu treffen, die den Weg zu mehr Beschäftigung ebnen. Dieser Weg ist heute in vielfältiger Weise versperrt. Neben den hohen Bruttoarbeitskosten, die seit Jahren in Deutschland die Zahl der Beschäftigungsverhältnisse sinken lassen, während anderenorts neue Arbeitsplätze entstehen, sind es eine Vielzahl von weiteren Hemmnissen, die den Arbeitsmarkt lähmen. Allzu oft waren es in der Vergangenheit – vormals gut gemeinte – Schutzvorschriften, die in ihrer Fülle das Gegenteil von dem bewerkstelligten, was sie eigentlich bewirken sollten: Sie verhindern selbst bei guter Auftragslage die Neueinstellung von Arbeitskräften. Eben deshalb ist es so wichtig, in Zukunft betriebliche Bündnisse für Arbeit zu ermöglichen – um des Beschäftigungszuwachses willen. Und schließlich ist es die geringe Anziehungskraft von Beschäftigungsverhältnissen im Niedriglohnbereich, die einen Zuwachs von Beschäftigung verhindert. Die Einkommen, die dort in der Regel erzielt werden, sind kaum verlockend genug, um Menschen aus der

Abhängigkeit staatlicher Hilfen – oft in Verbindung mit Schwarzarbeit – zu führen. Deshalb ist es so wichtig, dass im Niedriglohnbereich, etwa bei einfachen Dienstleistungen, ein Einkommen netto erzielt werden kann, das eine lohnende und überzeugende Alternative zur Sozialhilfe bietet.

Alles das, was hier vorgeschlagen wird, findet in der öffentlichen Auseinandersetzung wenig Gegenliebe. Im Gegenteil: Schnell ist von Sozialabbau die Rede, von Ungerechtigkeit und von der Zertrümmerung des gesellschaftlichen Lastenausgleichs. Aber stimmen diese Vorwürfe wirklich? Kann man tatsächlich als ungerecht bezeichnen, was nach bestem Wissen und Gewissen dazu angetan ist, in Deutschland wieder ein Wachstum von Beschäftigung zu erzielen? Ist es ungerecht, Entscheidungen zu treffen, die Hunderttausende von Menschen aus der Arbeitslosigkeit in ein Beschäftigungsverhältnis führen? Und ist es ungerecht, jeden in unserer Gesellschaft an der Erreichung dieses Zieles zu beteiligen – nach seiner jeweiligen Leistungskraft?

Gerecht ist, was Menschen befähigt, ein selbstbestimmtes Leben führen zu können, indem sie für sich selbst sorgen und für sich selbst geradestehen. In diesem Sinne müssen wir heute über Befähigungsgerechtigkeit sprechen. Hier liegt übrigens auch der Grund dafür, dass Familie, Erziehung und Bildung mehr denn je unverzichtbarer Teil der Gerechtigkeitsfrage in unserer Gesellschaft sind. Das bedeutet nicht, dass Gerechtigkeit als iustitia distributiva, iustitia commutativa und iustitia legalis ihren Sinn verloren hat. Aber die Aufgabe heute zielt zunächst darauf ab, durch Befähigung zur Teilhabe an der Erarbeitung von Wohlstand erst wieder die Voraussetzungen dafür zu schaffen, dass die gebotene Hilfe für Schwache gewährleistet werden kann – und diese Hilfe dann so zu geben, dass mit ihrer Gewährleistung nicht der Anreiz einhergeht, sich in der Abhängigkeit von staatlicher Unterstützung zur eigenen Zufriedenheit und auf Dauer einzurichten.

Der Auftrag von Befähigungsgerechtigkeit meint im Kern: mit vereinten Kräften zu sorgen, dass alle Menschen teilhaben können an Arbeit und Wohlstand. Als beides noch ungefragt gegeben schien, wurde Gerechtigkeit häufig genug allein und ausschließlich als verteilungspolitische Aufgabe verstanden. Heute müssen wir wieder lernen, dass die Hilfe für Bedürftige nur in dem Maße sichergestellt werden kann, wie wirtschaftliches Wachstum dafür sorgt, staatliche Unterstützung auf dem Wege der Umverteilung bezahlen zu können.

Weil es gerecht ist, dass alle Menschen an Arbeit und Wohlstand teilhaben können, hat Ludwig Erhard das Ziel der Sozialen Marktwirtschaft nicht in kummervolle Ankündigungen bitterer Einschränkungen, sondern in den mitreißenden Ausruf gekleidet: Wohlstand für alle! Deshalb musste niemand die ängstliche Sorge haben, angesichts ungewisser Veränderungen am Ende zu den Verlierern zu zählen. Nicht Angst, sondern Zuversicht überwand das Elend der Nachkriegsjahre.

Wenn es gelingt, in Deutschland aus Arbeitslosen wieder Beschäftigte zu machen, ja, wenn wir gar das Ziel der Vollbeschäftigung wieder in den Blick nehmen, gibt es am Ende dieses Weges in unserer Gesellschaft nur Gewinner: die Arbeitslosen, die endlich wieder in Arbeit kommen, die Alten und die Jungen, weil unsere sozialen Sicherungssysteme wetterfest gemacht werden, die Arbeitnehmer, weil die auf jedem Arbeitseinkommen liegenden Lasten auf weit mehr Schultern verteilt werden, die wirklich Bedürftigen, weil sie sich auf die Hilfe der Gemeinschaft verlassen können, die Rentner, weil ihre Einkommen nicht mehr nach Kassenlage des Bundes bemessen werden, die kranken Menschen, weil sie sicher sein können, nur im Rahmen ihrer Leistungskraft an den Kosten ihrer Versorgung beteiligt zu werden.

Eine Politik, die verlässlich ist, erfüllt eine ganz wichtige Voraussetzung nicht nur glaubwürdigen, sondern auch gerechten Handelns. Es gibt kaum einen höheren Anspruch, an dem Politik sich messen lassen muss, als der Maßstab der Gerechtigkeit. Umso wichtiger ist es, Gerechtigkeit nicht als Leerformel oder Kampfbegriff zu verwenden. Wer den hohen Anspruch der Gerechtigkeit für sich und sein Handeln erhebt, muss jeweils sagen, was er unter Gerechtigkeit versteht.

Heute bemisst sich Gerechtigkeit in erster Linie am Erfolg des Bemühens, allen Menschen den Weg zur Teilhabe an einem selbstbestimmten Leben zu eröffnen. Der kürzeste Weg zu diesem Ziel führt über einen Arbeitsmarkt, der niemanden aussperrt. Aufgabe der Politik unter Maßgabe der Gerechtigkeit ist es, zu dieser Teilhabe zu befähigen – individuell wie institutionell. Die Förderung der Teilhabe jedes Einzelnen erfordert eine politische Gestaltung der gesellschaftlichen und wirtschaftlichen Rahmenbedingungen zu diesem Ziel.

Politik nähert sich dem Anspruch der Gerechtigkeit, wenn sie den Menschen einen Weg weist, durch ihren persönlichen Einsatz nicht nur für sich selbst etwas zu tun, sondern zugleich auch einen Beitrag zur Besserstellung ihrer Mitmenschen leisten zu können. Ist es wirklich nicht vorstellbar, in diesem Sinne eine neue gesellschaftliche Übereinkunft zu finden – und zwar auf der Grundlage einer gemeinsamen Vorstellung von Gerechtigkeit?

Soziale Marktwirtschaft im Zeitalter der Globalisierung *

Zwiespältig sind nicht nur in den europäischen Industriegesellschaften die Gefühle vieler Menschen, wenn sie an die Zukunft denken. Insbesondere der Gedanke an die Globalisierung der Wirtschaft weckt Hoffnungen und Befürchtungen zugleich. Auf der einen Seite lassen neue, offene Märkte eine Steigerung des Wohlstandes für alle erwarten. Auf der anderen Seite aber stellt ein verschärfter Wettbewerb wirtschaftliche Sicherheit, Arbeitsplätze und Sozialleistungen infrage. Heute gilt: Wer schneller ist, überrundet den, der sich Zeit lässt.

So wächst bei vielen – Arbeitnehmern und Mittelständlern – die Furcht, angesichts eines immer beschleunigteren Wandels der Bedingungen erfolgreichen Wirtschaftens nicht mithalten zu können und am Ende auf der Seite der Verlierer zu stehen, während die verhältnismäßig wenigen Akteure der großen, weltweit tätigen ‚global players' die Gewinner sind.

Gesellschaftsordnungen, so scheint es, die dem Einzelnen bisher Schutz und Sicherheit gaben, drohen zu zerbrechen. Und tatsächlich ist zu fragen: Kann der Staat in Zukunft seine ordnungspolitische Gestaltungsaufgabe und seine soziale Schutzpflicht gegenüber den Schwächeren tatsächlich noch erfüllen?

Tatsache ist: Der Nationalstaat hat immer weniger die Möglichkeit, globale ökonomische Prozesse beeinflussen oder gar steuern zu können. Nicht von ungefähr wird angesichts dieser neuen Herausforderungen die Frage nach der wachsenden Verantwortung der Unternehmen aufgeworfen. Wirtschaft und Gesellschaft haben sich immer mehr vom Staat unabhängig gemacht. So sehr die Gesellschaft auf diese Unabhängigkeit achtet und die neue Freiheit vom Staat verteidigt, so sehr ruft sie nach dem Staat, wenn sie sich schutz- und wehrlos ökonomischen Fährnissen ausgeliefert fühlt. Gerne wird dann dem viel gescholtenen shareholder value die Rolle des zeitgenössischen Sündenbocks zuerkannt. Es scheint, dass die unnachgiebige Erwartung möglichst hoher und stetiger Gewinne der Anteilseigner keine Grenzen kennt und vor nichts zurückschreckt.

Dieser Anschein trügt. Natürlich sind Unternehmen gezwungen, ihre Gewinnmöglichkeiten auszuschöpfen, um im Wettbewerb bestehen zu können. Kosten werden zurückgeführt, Arbeitsplätze abgebaut

* Erstveröffentlichung 2003

– umso schneller übrigens, je höher sich die Bruttokosten eines Arbeitsplatzes im Vergleich zu anderen Ländern beziffern –, gesetzliche Bestimmungen hinterfragt und Entscheidungsabläufe gestrafft.

Und doch ist die Welt des shareholder value eine ebenso unsichere und unberechenbare Welt wie die des Arbeitnehmers. Kursschwankungen und Kurseinbrüche sowie plötzliche und unvorhersehbare Aktienabstürze machen Reiche über Nacht arm. Manch einer hat das in den letzten Jahren leidvoll erlebt.

Wo gibt es in dieser Welt den sicheren Hafen, in dem der Mensch in Ruhe vor Anker gehen kann? Wo wird die Sehnsucht nach Geborgenheit und Berechenbarkeit der eigenen Lebensverhältnisse erfüllt?

Die Politik, an die diese Frage vor allem gerichtet wird, weiss offenbar keine Antwort. Sie weicht der Frage aus und flüchtet sich auf die Kirchenkanzel, um von dort mit erhobenem Zeigefinger andere an ihre Verantwortung zu erinnern. Sie mahnt Werte an und beschwört den guten Willen – in einer Gesellschaft, die sich der Regeln des Zusammenlebens nicht mehr ausreichend sicher ist. Das ist jedoch nicht mehr als eine treuherzig arglose Weise, vom eigenen Unvermögen abzulenken.

Die von vielen leidvoll erfahrene Unberechenbarkeit der Risikogesellschaft wird nicht dadurch besser, dass die Politik andere zur Ordnung ruft. Die Politik selbst ist gefordert, das zu leisten, weshalb einzig und allein Politik immer unverzichtbar bleiben wird: Sie muss einen Ordnungsrahmen schaffen, der die Regeln des Wettbewerbs bestimmt. Anders formuliert: Sie muss die Bedingungen des Marktes festlegen. Dieses Ziel, nämlich die Freiheit des Marktes mit dem Wunsch nach Sicherheit in Einklang zu bringen, ließ Ludwig Erhard vor einem halben Jahrhundert die Ordnung der Sozialen Marktwirtschaft entwickeln.

Aufgabe der Politik ist es, eine Gesellschaftsordnung zu entwerfen, die der Freiheit weiten Raum gibt, ohne den Schwächeren schutzlos dem überlegenen Stärkeren auszuliefern. Eine solche Gesellschaftsordnung kann nur gelingen, wenn sie den Eigennutz des Einzelnen mit den Erfordernissen des Gemeinwohls verbindet. Nicht aus Rücksichtnahme wird ein Unternehmen, dessen Management in den Vereinigten Staaten sitzt, einen Produktionsstandort in Europa aufrecht erhalten. Eine solche Entscheidung fällt nur, wenn sie unter Nutzengesichtspunkten zumindest nicht abwegig erscheint. Der Hinweis auf die Verantwortung für andere bewegt nichts. So, wie sich der Umbau des Sozialstaates zur Erhaltung einer wettbewerbsfähigen Volkswirtschaft und der finanziellen Sicherung seiner eigenen Zukunftsfähigkeit nicht durchsetzen lässt, wenn Arbeitnehmer, Rentner und Pensionäre ihre Interessen schwerwiegend verletzt sehen, genauso wenig wird der Appell an die Verantwortung von Unternehmen fruchten, wenn sie befürchten müssen, in der nächsten Hauptversammlung keine guten Ergebnisse vorlegen zu können.

Eben diese politische Aufgabe, eine Gesellschaftsordnung zu bauen, die Eigennutz und Gemeinwohl miteinander in Einklang bringt, hat die Soziale Marktwirtschaft in den Nachkriegsjahrzehnten beispielhaft gelöst. Heute ist es unsere Aufgabe, diesen Ansatz unter veränderten Bedingungen, zu denen auch die Globalisierung zählt, fortzuentwickeln. Dieser Aufgabe kann man sich nicht mit dem Hinweis entziehen, dass die Gesellschaftsordnung eines einzelnen Staates im Zeitalter der Globalisierung mit der Lösung der Probleme sowieso überfordert ist. Denn so sehr wir heute mehr denn je weltweit verbindliche Regeln benötigen – etwa für eine wirksame Fusionskontrolle und die Vermeidung von Kartellbildungen –, so sehr muss eine solche länderübergreifende Ordnung aufbauen auf gesellschaftlich anerkannten Regeln. Wenn aber schon die wettbewerbspolitischen Vorstellungen der Brüsseler Kommission in den Mitgliedsstaaten der Europäischen Union – und nicht zuletzt in Deutschland – nur Unverständnis hervorrufen, kann man einigermaßen ermessen, wie weit der Weg ist, bis Soziale Marktwirtschaft eine internationale Geltung erhält.

Die Probleme, vor denen wir stehen, sind lösbar. Dazu bedarf es einer klaren ordnungspolitischen Vorstellung, die anstehende Entscheidungen sinnvoll miteinander verknüpft: Beispielsweise muss die Selbstverantwortung für die Altersversorgung deutlich gestärkt werden, wenn wir die in Deutschland immer noch zu hohe Abgabenbelastung der Wirtschaft und der Bürger senken wollen. Das aber wird bedeutend leichter zu bewerkstelligen sein mit einem sehr viel besseren Zugang breiter Schichten zu lohnenden Formen der Vermögensanlage und -beteiligung. Die zukünftige Altersvorsorge zwingt zu großen Anstrengungen zugunsten neuer Formen der Vermögensbildung. Dazu gehört – in einem sehr viel größeren Umfang als bisher – die Beteiligung am Unternehmenskapital. Auf diese Weise werden in Zukunft immer größere Teile der Bevölkerung bei Tarifverhandlungen an beiden Seiten des Tisches sitzen. Sie sind dann an auskömmlichen Löhnen und vernünftigen Arbeitsbedingungen ebenso interessiert wie an guten Unternehmensgewinnen oder an einer Wertsteigerung ihrer Investment- und Pensionsfonds. Interessen, die bisher unversöhnlich gegeneinander standen, werden sich miteinander verbinden. Schon heute wissen viele Mittelständler, dass eine Beteiligung der Arbeitnehmer am Unternehmenserfolg Interessen zusammenführt, wo früher Kapital und Arbeit durch eine tiefe Kluft getrennt waren.

Nicht der Appell an Verantwortung löst die Probleme, sondern die Einladung, zum eigenen Nutzen Verantwortung selbst zu übernehmen. Wer in guten Zeiten am Erfolg des Unternehmens persönlich teilnimmt, ist eher bereit, in schlechten Zeiten Abstriche hinzunehmen.

Wo Interessen gegeneinander laufen, ist die Blockade nicht weit. Deshalb ist eine wichtige Voraussetzung zur Lösung unserer Probleme, dass Interessengegensätze aufgelöst und Partner, die sich bisher konfrontativ gegenüberstanden, auf gemeinsame Ziele hinarbeiten lernen.

Viele bis heute ungelöste Fragen können nicht länger ergebnislos vertagt werden. Wie soll beispielsweise das Bedürfnis, während eines Berufslebens immer häufiger anfallende und immer wichtiger werdende Phasen der Fort- und Weiterbildung zu durchlaufen, vereinbart werden mit dem Wunsch, die Lebensarbeitszeit Schritt für Schritt zu verkürzen? Beide Forderungen widersprechen einander und lassen sich nicht vereinbaren. Der politische Appell an die Tarifvertragsparteien, man möge sich doch bitte einigen, muss ungehört verhallen. Wann endlich nimmt die Politik zur Kenntnis, dass sie mit solchen Appellen den noch vorhandenen, knappen Rest ihres Ansehens verspielt? Aufgabe der Politik ist es, Vorschläge zu machen, wie auf ein gemeinsames Ziel hin gegensätzliche Interessen zueinander finden können. Um beim Beispiel zu bleiben: Weder den Beschäftigten noch der Bilanz tut es gut, wenn Arbeitnehmer bei deutlich erhöhtem Arbeitsplatzrisiko immer kürzer arbeiten. Ein Unternehmen kann kein Interesse daran haben, berufserfahrene Arbeitnehmer immer früher davon zu jagen, wie ein Arbeitnehmer kein Interesse daran haben kann, durch Verzicht auf Weiterbildung einem erhöhten Arbeitsplatzrisiko ausgesetzt zu sein. Ist es wirklich so schwer, angesichts dieser Interessenlagen einen gemeinsamen Weg zu finden, der für beide Beteiligten von Nutzen ist? Und wem hilft es, wenn schüchterne Versuche, solche Wege zu beschreiten, mit Totschlagargumenten aus der Welt geschafft werden? Welcher Politiker traut sich noch, Vorschläge zu machen, von denen er im vorhinein weiss, dass sie als Keule gegen ihn verwandt werden? Und welcher Gewerkschaftler kann sich das leisten? Also werden Vorschläge weiter mit einem Tabu belegt, Entscheidungsblockaden in Kauf genommen und Denkverbote bevorzugt. Kein Wunder, dass immer mehr Menschen glauben, die Probleme, vor denen wir stehen, seien unlösbar.

Politik hat die unverzichtbare Aufgabe, eine Ordnung zu bauen, die Einzelinteressen und Gemeinwohl miteinander verbindet. An diesem Maßstab vor allem ist sie zu messen. Heute wird in der Öffentlichkeit ein Politiker vor allem dann mit Lob bedacht, wenn man ihm abnehmen kann, ob er es gut meint. Wer es gut meint, hat dafür sicher Anerkennung verdient, aber als Politiker bleibt er weit hinter dem Anspruch zurück, der unverzichtbar Maßstab der Politik bleiben muss.

Ludwig Erhard hat das gewusst. Die Freiheit des Marktes birgt Unsicherheit. Viele erfahren das heute auf eine schmerzliche Weise. Diese Erfahrung weckt auf eine allzu verständliche Weise den Wunsch nach Sicherheit. Diesem Wunsch trägt aber keine noch so ausgeklügelte gesetzliche Schutzvorschrift Rechnung, weil sie sich am Ende gegen diejenigen kehrt, die ursprünglich geschützt werden sollten. Der Wunsch nach Schutz und Sicherheit wird nur erfüllt durch die Bereitschaft der gesellschaftlichen und politischen Akteure, gegensätzliche Interessen auf gemeinsame Ziele hin zu verbinden. Eben dies hat die Soziale Marktwirtschaft so erfolgreich werden lassen. Heute können wir diese Erfolgsgeschichte fortschreiben. Die Entscheidung ist uns in die Hände gelegt.

5. Gesellschaft neu denken

Die Ordnung der Gesellschaft:
Werte, Regeln und Anreize

Seit den 60er Jahren lässt sich in allen westeuropäischen Gesellschaften eine Veränderung beobachten, die gemeinhin und recht unscharf mit dem eher missverständlichen Begriff des Wertwandels beschrieben wird. An Zustimmung verlieren seitdem so genannte Pflichtwerte, während so genannte Selbstentfaltungswerte immer stärker in den Vordergrund treten. Erklärt wird diese Entwicklung häufig mit dem Hinweis auf die Veränderung der materiellen Lebensverhältnisse der Menschen. Die Überwindung der wirtschaftlichen Not der Nachkriegszeit, die einherging mit einer allgemeinen Wohlstandsmehrung, habe die Hinwendung zu postmateriellen Einstellungen gefördert. Während früher das Verhalten einer großen Mehrheit von Menschen ökonomistischen Werten gefolgt sei, so der Deutungsversuch, stünden nun eher hedonistische Werte im Vordergrund.

Die Politik in Deutschland hat sich mit diesen Veränderungen auf vielfältige Weise auseinandergesetzt. Mit guten Gründen wird der politische Wechsel, der 1969 mit der damaligen Bundestagswahl eingeläutet wurde, auch als eine Folge dieses Wertwandels verstanden. Das Wort des damaligen Bundeskanzlers Willy Brandt, man wolle jetzt mehr Demokratie wagen, trägt diesem Wandel der Einstellungen und Erwartungen Rechnung, indem es der wachsenden Bedeutung so genannter Selbstentfaltungswerte seine Anerkennung zollte. Was immer aus diesem Versprechen Brandts, das in den frühen 70er Jahren wie eine politische Verheißung wirkte, tatsächlich geworden ist, sei dahingestellt. Unbestreitbar hat die Bedeutung sogenannter Selbstentfaltungswerte seitdem und bis heute zugenommen. In der deutschen Gesellschaft heute werden Erwartungen, die seitens der Politik oder der Kirchen, von Lehrern oder Erziehern im Stil einer Vorschrift geäußert werden, schnell als unzulässige Begrenzung persönlicher Freiheit und eigener Lebensmöglichkeiten missverstanden. Wer heute vom Sollen spricht, muss gewärtig sein, dass seine Forderung schon vor einer Kenntnisnahme ihres Inhalts als Bevormundung zurückgewiesen wird.

Rückblick auf den Wertwandel

Nun wäre das alles kaum der Rede wert, wenn die Kluft zwischen den Erwartungen einerseits, wie sie etwa seitens der Politik an die Gesellschaft gerichtet werden, und der Bereitschaft der Gesellschaft andererseits, diesen Erwartungen zu folgen, nicht immer tiefer würde. Die seit etwa einem Jahrzehnt in Deutschland geführte Reformdebatte ist dafür ein bezeichnendes Beispiel. Während die Politik dazu auffordert, zum Wohle des Ganzen Gewohnheiten und Ansprüche zu überprüfen, beantwortet eine Mehrheit der Gesellschaft diese Aufforderung mit verständnisloser Ablehnung. Warum soll der Bürger, der sich keinerlei Mitverschulden am drohenden Zusammenbruch etwa der Sozialversicherung bewusst ist, jetzt zurückstecken und Verzicht üben?

Diese Spannung, die sich zunehmend zwischen politischen Appellen und gesellschaftlichen Reaktionen aufbaut, hat ihre tieferen Gründe. Es handelt sich dabei nämlich eben längst nicht nur um eine Blockade derer, die ihre Besitzstände verteidigen, gegen alle, die diese Besitzstände in Frage stellen. Die Blockade hat ihren tieferen Grund darin, dass Politik – parteiübergreifend – Gesellschaft anders versteht, als die Gesellschaft sich selbst begreift. Während die Politik auf bestimmte Werte verweist und den Verzicht um des Gemeinwohl willens einfordert, zeigt die mehrheitliche Antwort der Gesellschaft ziemliches Unverständnis gegenüber diesem Ansinnen. Diese Verweigerung gründet nicht nur in der Bereitschaft, das, was man sich oft unter Entbehrungen erworben hat, zum eigenen Nutzen zu verteidigen. Jenseits dieser Abwehr von Veränderungen, soweit sie eine Mehrheit schlechter stellt als zuvor, haben immer mehr Menschen große Schwierigkeiten, die von der Politik geltend gemachte Begründung, nämlich den Verweis auf bestimmte Werthaltungen, zu verstehen. Der zugemutete Verzicht wird als eine Form der Fremdbestimmung begriffen und damit als nicht zulässig abgewiesen. Die Begründung für diese angemaßte Fremdbestimmung macht die Sache nicht einfacher: bezieht sie sich doch auf Werte, die dem Lebensgefühl einer Mehrheit der Menschen ziemlich entfernt liegen.

Jüngere und Ältere fühlen sich gleichermaßen betroffen und einig in ihrer Antwort. Freilich sind die Handlungsfolgen verschieden. Während viele Ältere, die über Jahrzehnte das Verständnis sozialer Sicherheit in Deutschland geprägt haben, an ihren Ansprüchen festhalten und jeder Veränderung heftigen Widerstand entgegensetzen, weigern sich die Jüngeren zunehmend, um der Erfüllung von Ansprüchen der Älteren willen Einschränkungen hinzunehmen. Um es am Beispiel zu sagen: Die einen pochen nach wie vor auf die Möglichkeit der Frühverrentung zu günstigsten Bedingungen, während die anderen nicht mehr bereit sind, mit steigenden monatlichen Beiträgen die Rentenversicherung über Wasser zu halten. Unterdessen klagt die Politik über die Unbeweglichkeit der Gesellschaft, die jeder noch so sinnvollen, ja notwendigen Veränderung den Garaus macht.

Tatsächlich aber liegt das Problem woanders. Unsere deutsche Gesellschaftsordnung hatte eine unausgesprochene Voraussetzung ihres Erfolgs, nämlich eine lebendige Kultur der Pflichtwerte.

Erfolgreich war diese gesellschaftliche Ordnung, weil sie auf Übereinstimmungen bauen konnte, die es heute nicht mehr gibt. Diese Übereinstimmungen waren vor allem von einer großen Mehrheit der Gesellschaft geteilte, gemeinsame Werte und Überzeugungen, die seitens der Politik vorausgesetzt werden konnten. Ähnlich wie das berühmte Diktum Konrad Adenauers im Blick auf den Generationenvertrag, dass dieser nämlich dauerhaft Bestand habe, weil die Menschen nie aufhörten, Kinder in die Welt zu setzen, belegt beispielsweise die heute noch vorhandene Scheu vieler älterer Menschen, Sozialhilfe zu beantragen, dass bestimmte Verhaltensweisen als selbstverständlich vorausgesetzt werden müssen, wenn unsere gesellschaftliche Ordnung nicht aus den Fugen geraten soll. Nun sind aber heute solche Verhaltensweisen nicht mehr der Regelfall. Im Gegenteil: An die Stelle der gesellschaftlichen Übereinstimmungen, auf die man seinerzeit bauen konnte, als die wichtigsten Sozialgesetze in Deutschland gemacht wurden – etwa die erwähnte Bereitschaft, Kinder haben zu wollen, oder die Scheu vor der Inanspruchnahme staatlicher Armutshilfen –, sind inzwischen andere, teilweise ganz gegenläufige Einstellungen getreten. Seinerzeit konnte man sicher sein, dass bestimmte Abweichungen vom common sense die Ausnahme sind. Der Satz ‚Man tut das nicht!' entsprach keinesfalls einem weltfremden Wunschdenken. Man tat es tatsächlich nicht – jedenfalls in der Regel nicht –, und einem Verstoß gegen die Regel folgte die gesellschaftliche Ächtung auf dem Fuß. Die Tabuisierung verwerflicher Verhaltensweisen konnte von der Politik vorausgesetzt werden. Es gab nur wenige, die das Finanzamt betrogen, Sozialhilfe erschlichen, Subventionen rechtswidrig abstaubten, bei Rot über die Ampel fuhren oder sich unbegründet krankschreiben ließen, weil sie einfach einmal ein paar Tage blau machen wollten.

Noch in den späten 60er Jahren wurden Regelverstöße als gezielte Provokation einer Gesellschaft verstanden, deren Establishment in das Fadenkreuz der Kritik geraten war. Tatsächlich sind solche Regelverstöße oftmals Anstoß für einen Wandel – in der Gesellschaft ebenso wie in der Kunst oder der Sprache. Wenn Regelverstöße eine zunehmende Nachahmung finden, setzt nicht selten eine Erneuerung des bis dahin geltenden, herkömmlichen Regelwerkes ein, das dann ganz oder in Teilen überdacht und neu geschrieben werden muss – bis sich irgendwann wieder einmal Verstöße gegen die dann gültigen Regeln durchsetzen. Bleiben Regelverstöße jedoch ohne Nachahmung und behauptet ein geltendes Regelwerk seine Anerkennung, verpufft der Anstoß zur Veränderung.

Als die Generation der 68er die in der deutschen Gesellschaft geltenden Regeln herausforderte, war diese Provokation von unterschiedlichen Beweggründen getragen. Einige wollten zweifellos an die Stelle der alten Regeln neue und zeitgemässere setzen. Andere liebäugelten mit einem Gesellschaftsbild, das auf verbindliche Regeln ganz oder doch weitgehend verzichten sollte; dem Programm der antiautoritären Erziehung lag mehr oder weniger eine solche Vorstellung zugrunde; auch die Wiederentdeckung der Jugendschriften von Karl Marx und seine schwärmerische Beschreibung der postkapitalistischen Gesellschaft wies in diese Richtung.

Heute, dreieinhalb Jahrzehnte später, wird man sagen können, dass wohl beide Strömungen ihre Spuren hinterlassen haben. Die Regeln unserer gesellschaftlichen Ordnung haben sich seit den Studentenunruhen der späten 60er Jahre in weiten Teilen verändert. Manche nur der Konvention geschuldete Regel ist längst in Vergessenheit geraten. Unser Leben ist seitdem offener, selbstbestimmter, aber auch formloser und oberflächlicher geworden. Mit dem Abschied von vielen Regeln trennte sich die Gesellschaft auch von der Erinnerung an das Denken und die Erfahrungen vorangegangener Generationen. Eben das, was den tieferen Sinn von Konventionen ausmacht, droht auf diese Weise in Vergessenheit zu geraten.

Aber auch die zweite Strömung, die ein Gesellschaftsbild ohne feste und verbindliche Regeln vor Augen hatte, blieb nicht erfolglos. Zwar hat sich der Anspruch – natürlich – nicht durchsetzen können. Geblieben ist aber ein Verständnis des Regelverstoßes, das diesen eben nicht als eine Herausforderung der Mehrheitskultur versteht, sondern als eine alltägliche und gewöhnliche Verhaltensweise, die davon ausgeht, dass jede Regel eine immer nur begrenzte Geltung für sich in Anspruch nehmen kann. Der Mensch fühlt sich nicht mehr unter die Regel gestellt, sondern – im Gegenteil – als Beherrscher aller Regeln – und zwar ausnahmslos und in jedem Fall. So wurde der Regelverstoß zum Regelfall, der sich nicht sozialkritisch rechtfertigt, sondern mit der einfachen Begründung versehen wird, den Sinn einer Regel von Fall zu Fall nicht einzusehen. Wenn sich der Sinn einer Regel im Alltag nicht erschließt, wird sie für den Augenblick außer Kraft gesetzt. Wer nicht einzusehen vermag, warum er sich einer Regel beugen soll, verstößt gegen die Regel – und fühlt sich dabei im Recht. Der Hinweis, dass doch alle sich so verhalten, hat heute eine durchschlagende Wirkung. Oft wird er verbunden mit der Feststellung, dass der Regelverstoß zudem niemandem schade. Und schon ist klar, dass es nicht anstößig ist, bei Rot über die Ampel zu fahren, mit Hilfe des Krankenscheines ein paar Tage blau zu machen oder das Finanzamt zu betrügen.

Individualvorteil und Sozialnutzen

Dieses Denken erhält eine wirkliche Sprengkraft dann, wenn der Regelverstoß zum eigenen Nutzen geboten erscheint. Wer sich an die Regel hält, ist am Ende der Dumme. Wenn sich eine solche Erfahrung breit macht, wird auf Dauer jeder innere Zusammenhalt einer Gesellschaft gesprengt. Wer als einziger nachts vor der roten Ampel anhält, das Finanzamt nicht betrügt, sich nicht mit Hilfe des Krankenscheines ein paar schöne Tage macht, der gehört zu den Verlierern. Denn am Ende ist der Anständige nicht nur dem Vermuten nach der Dumme.

Wenn in einer Gesellschaft der Anständige bestraft wird, ist die Verführung groß, sich allerorten als Trittbrettfahrer zu betätigen und auf Kosten der Gemeinschaft den eigenen Nutzen zu verfolgen. Die Ziele des Gemeinwohls behindern dann die Verfolgung des eigenen Vorteils – und umgekehrt. Anstand versperrt den Weg zum eigenen Vorteil. Wenn Menschen im Alltag einen solchen Gegensatz zwischen den Erfordernissen des allgemeinen Wohls und des persönlichen Nutzens immer wieder machen, zerrütten die Grundlagen einer freien Gesellschaft. Denn eine freie Gesellschaft ist darauf angewiesen, dass Menschen erleben, wie die Verfolgung ihres Vorteils verbunden ist mit der Mehrung des Gemeinwohls.

Eben diese Erfahrung machen Menschen in unserer Gesellschaft heute kaum noch. Im Gegenteil: Auf Schritt und Tritt erleben sie, wie die Suche nach dem eigenen Vorteil den Erfordernissen des Gemeinwohls widerstreitet – und umgekehrt. Je häufiger diese Erfahrung gemacht wird, umso inniger werden, nicht zuletzt von der Politik, Werte ins Spiel gebracht. Mit der Beschwörung von Werten kann aber der beschriebene Gegensatz, in den der persönliche Nutzen und das allgemeine Wohl gerückt sind, nicht überwunden werden. Keine Gesellschaft lässt sich auf Dauer so beeindrucken, dass sie immer wieder die persönliche Nutzenerwartung des Einzelnen hintanstellt, um unter Verletzung des eigenen Vorteils das Gemeinwohl zu fördern. Eben deshalb ist es für freie Gesellschaften so überlebenswichtig, darauf zu achten, dass beide Handlungsziele, nämlich Individualvorteil und Sozialnutzen, nicht auseinanderfallen oder gar in einen unauflösbaren Widerspruch geraten.

Tatsächlich aber stehen in unserer Gesellschaft beide Handlungsziele im Widerstreit. Wenn ein Mitglied der gesetzlichen Krankenversicherung, das monatlich 550 Euro zahlt und glücklicherweise das ganze Jahr über die Krankenversicherung nicht in Anspruch nehmen muss, dann feststellt, dass die Versicherung weder für seine Brille noch für seinen Zahnarztbesuch einen nennenswerten Betrag übernimmt, verspürt es irgendwann den Wunsch, dass von dem kleinen Vermögen, das der Versicherte zwischenzeitlich seiner Versicherung übertragen hat, wieder etwas an ihn zurückfließt. Der Arbeitnehmer, der viele Jahre in die Arbeitslosenversicherung eingezahlt hat, überlegt sich, ob er vor einem fest vereinbarten Stellenwechsel sich nicht die Kündigung erbittet, um zwei oder drei Monate, als Arbeitsloser mit den Mitteln der Nürnberger Bundesagentur ausgestattet, auszuspannen, bevor er pünktlich bei seiner neuen Arbeitsstelle antritt.

Sind diese Verhaltensweisen verwerflich? Sicher, sie widersprechen einem Handlungsmaßstab, den das Gemeinwohl vorgibt. Aber ist es zu verurteilen, dass angesichts der Kosten-Nutzen-Rechnung einzelne sich eine Versicherungsleistung erschleichen, die ihnen eigentlich gar nicht zusteht? Liegt der Fehler in defizienten Moralvorstellungen der Menschen, oder liegt er in der defizienten Ordnung der Gesellschaft?

Tatsache jedenfalls ist, dass unsere Gesellschaft längst nicht mehr über ausreichend lebendige und handlungsleitende Überzeugungen verfügt, die ehedem sichergestellt haben, dass die gesellschaftlichen Institutionen ans Ziel kommen. Aber auch herkömmliche Regeln werden nicht mehr beachtet, weil zu viele erfahren, dass eine Befolgung dieser Regeln mit einer mehr oder weniger schwerwiegenden Schädigung des eigenen Nutzens verbunden ist. Wer regelgebunden handelt, stellt am Ende fest, dass er sich schlechter steht als sein Nachbar, der sein Handeln mitnichten an den vorgegebenen Regeln ausrichtet.

Inzwischen ist die Gefahr groß, dass gesellschaftliche Institutionen in sich zusammenbrechen, und herkömmliche Regeln ihre Bedeutung verlieren, weil beide auf Voraussetzungen beruhen, die nicht mehr gegeben sind. Denn wenn Verhaltens- und Handlungsweisen der Menschen nicht mehr mit dem vorgegebenen Sinn gesellschaftlicher Institutionen verzahnt sind – oder, noch schlimmer, miteinander in Widerstreit liegen –, zerbricht auf Dauer die Grundlage der Rechtfertigung einer sozialen Ordnung.

Die Schwierigkeiten der Krankenversicherung in Deutschland zeigen das beispielhaft. War ursprünglich diese Versicherung gedacht, um die großen, vom einzelnen Versicherungsnehmer nicht zu bewältigenden Risiken gemeinschaftlich zu schultern, so wurden der Leistungskraft der Solidargemeinschaft mit der Zeit immer neue und zusätzliche Aufgaben angemaßt: Versicherungsfremde Leistungen wurden mehr und mehr über das Beitragsaufkommen der Versicherungsnehmer finanziert, während zugleich auch die überschaubaren, kleinen Risiken von der Versicherung abgedeckt wurden. Die erste Belastung ging vor allem von der Politik aus, während die zweite dem Denken einer großen Mehrheit der Versicherten entsprach.

Was hat diese Entwicklung verursacht? Die Politik ließ sich zweifellos verführen von dem Gedanken, Bedürfnisse zu befriedigen und über einen Nebenhaushalt, nämlich den der Krankenkassen, zu finanzieren. Die Versicherten selbst erlebten eine stetige Steigerung ihrer Beiträge und sahen sich nicht zuletzt deshalb veranlasst, nach einer Ausweitung des Leistungsumfanges ihrer Versicherung zu fragen. Die so oft beschworene Anspruchsspirale dreht sich seitdem umso schneller, je mehr die Beitragsbelastungen der Versicherten zunehmen.

So führen bis heute fehlgeleitete Anreize zu Fehlleistungen des Systems. Informelle Tabus, die früher vielleicht eine solche Fehlleitung hätten aufhalten können, haben sich aufgelöst. Das Argument, Rücksicht auf die Belastung der Solidargemeinschaft zu nehmen und eigene Ansprüche deshalb zu begrenzen, entfaltet kaum noch Wirkung. Wo die monatlichen Beiträge in die Höhe schnellen und einen nennenswerten Teil des Einkommens verbrauchen, kann ein solches Argument auch nicht greifen. Folglich müsste eine Begrenzung der Inanspruchnahme von Leistungen der Solidargemeinschaft über entsprechende Anreize erfolgen. Ein solcher Anreiz wäre beispielsweise ein Bonus, der jedem zuteil wird, der überschaubare, kleine Risiken selbst übernimmt. In diesem Falle könnte ein niedriger Beitragssatz oder aber eine teilweise Rückerstattung geleisteter Beiträge erfolgen. Statt aber einen solchen Anreiz zum wirtschaftlichen Denken zu bieten, bewirken bis heute bei den gesetzlichen Krankenkassen fehlgeleitete Anreize das Gegenteil, nämlich die ungebremste Ausbeutung der Leistungskraft der Solidargemeinschaft. Besonders die Jungen, die immer weniger damit rechnen, dass die gesetzlichen Sozialversicherungen die eigene Erwerbsbiographie überleben, sind versucht, ganz auszusteigen. Sie haben immer weniger Lust, einen erheblichen Anteil ihres Einkommens abzuzweigen, um in Sozialkassen einzuzahlen, die in ihren Augen ein Fass ohne Boden sind.

Die gesellschaftspolitische Aufgabe muss also sein, die der Eigenverantwortung verbleibenden Aufgaben mit den Aufgaben der Solidargemeinschaft in eine neue Balance zu bringen. Der Schlüssel zur Lösung dieser Schwierigkeit findet sich in der Verbindung des persönlichen Wohlergehens mit der Leistungskraft der Gemeinschaft. Die politische Aufgabe liegt demnach darin, das Gefüge der gesellschaftlichen Institutionen so umzubauen und Anreize so zu setzen, dass die Nutzenerwartung des Einzelnen mit den Zielen des Gemeinwohls nicht in einen Widerstreit gerät, sondern Hand in Hand gemeinsam verfolgt werden können.

Gesellschaftliche Zusammenarbeit zum wechselseitigen Vorteil aller

Jede politische, soziale und ökonomische Ordnung einer freiheitlichen Gesellschaft hat eine doppelte Aufgabe zu erfüllen: Sie muss die Individualnatur des Menschen ebenso wie seine Sozialnatur anerkennen und beiden gleich ursprünglich Rechnung tragen.

Wenn der Individualnatur des Menschen ein Freiraum geschaffen wird, den die öffentliche Ordnung fördert und schützt, um das Recht jedes Einzelnen sicherzustellen, dann folgt diese Ordnung der moralischen, politischen, sozialen und ökonomischen Autonomie des Menschen, die jeder Ordnung vorausgeht und durch jede Ordnung ins Recht gesetzt werden muss. Diese Ordnung ist der Rechtsstaat, der jeden Menschen vor den Übergriffen Dritter schützt und ihm einen Freiraum der Entfaltung sichert, der erst durch die Rechte Dritter begrenzt werden kann.

Wie die Ordnung des Rechtsstaates die Individualnatur des Menschen im Blick hat, so muss jede politische, soziale und ökonomische Ordnung gleichermaßen der Sozialnatur des Menschen Gestalt verleihen. Das geschieht, wenn Menschen in ein Verhältnis der gesellschaftlichen Zusammenarbeit zum wechselseitigen Vorteil aller gesetzt werden. Die öffentliche Ordnung eröffnet dann der moralischen, politischen, sozialen und ökonomischen Solidarität Möglichkeiten ihrer Entfaltung und Wirkung. Solidarität, soweit sie die durch eine gesellschaftliche Ordnung gesicherten Möglichkeiten der Entfaltung erhält, fördert eben jenes Verhältnis der gesellschaftlichen Zusammenarbeit zum wechselseitigen Vorteil aller. Wie die Individualnatur des Menschen auf den Rechtsstaat abzielt, entspricht der Sozialnatur des Menschen der Sozialstaat.

Das verbindende Organisationsprinzip von Rechts- und Sozialstaat ist der Grundsatz der Subsidiarität: als Pflicht, die eigenen Angelegenheiten in eigener Verantwortung zu erledigen, und als Recht, für diese Erfüllung der eigenen Aufgaben, falls erforderlich, Hilfe und Unterstützung von der Gemeinschaft erwarten zu können.

Nun gibt es eine Form gesellschaftlicher Organisation, die eben dies in vorzüglicher Weise bewerkstelligt: nämlich die Solidargemeinschaft. Sie verbindet Autonomie und Solidarität nach den Grundsätzen der Subsidiarität, indem sie die für den Einzelnen nicht überschaubaren Risiken auf die Schultern aller verteilt. Die gesetzliche Krankenversicherung in Deutschland ist dafür ein gutes Beispiel. Sie bewirkt einen Ausgleich von Risiken, Nachteilen, Lasten und Leistungsfähigkeit. Damit sie bestehen kann, muss eine Voraussetzung erfüllt werden: Die kleinen Risiken muss jeder für sich tragen. Nur die Risiken, die jeden Einzelnen überfordern, weil sie für ihn unbeherrschbar sind, werden gemeinschaftlich übernommen. Wo die Berechenbarkeit nicht mehr gegeben und die Leistungskraft überfordert ist, muss ein Risiko auf die Schultern aller gelegt werden – und nur in diesem Fall. Ansonsten droht die Solidargemeinschaft zu zerbrechen, da sie mit einer Aufgabenfülle belastet wird, die alles in allem die Gemeinschaft überfordert. Wenn diese keine Veranstaltung der gesellschaftlichen Zusammenarbeit zum wechselseitigen Vorteil aller mehr ist, bietet die Solidargemeinschaft selbst einen Anreiz, umgehend auszusteigen, weil Lasten und Nutzen zu einseitig verteilt sind. Mit dem Appell an Moral und Solidarität ist dann nichts mehr zu richten.

Wenn sich eine freiheitliche Gesellschaft nicht (mehr) über Werte und Regeln steuern lässt, dann bleibt nur die Steuerung über Anreize. Ein Ordnungsgefüge von Anreizen hat eine doppelte Wirkung. Der Anreiz, eine Regel zu befolgen, gibt dieser Regel einen auf Anhieb erkennbaren Sinn. Darüber hinaus – und noch wichtiger – wird durch die anreizgeleitete Regelbefolgung verhindert, dass Menschen die Erfahrung machen müssen, mit der Befolgung der Regel sich selbst einen Schaden zuzufügen. Der Begriff der Regel meint in diesem Zusammenhang bestimmte Grundmuster persönlichen und gesellschaftlichen Verhaltens, etwa die Goldene Regel – im Volksmund bekannt in der Fassung: Was du nicht willst, dass man dir tut, das füg' auch keinem andern zu –: das Vorbild aller anreizgeleiteten Verhaltensregeln, insofern sie auf die Wechselseitigkeit des Handelns abzielt. Regeln, wie sie sich in Verfassungen rechtsstaatlicher Ordnungen wiederfinden, sind gemeinhin Ableitungen dieser Goldenen Kugel.

Die heute zu Recht beklagte Regelungsdichte beispielsweise in Deutschland ist ja gerade die Folge eines falsch verstandenen Verständnisses einer gesellschaftlichen Regel. Weil die Gültigkeit von Grundregeln immer weniger Berücksichtigung findet, sucht die Politik ihr Heil in einem zunehmend dichter geknüpften Netz von Verordnungen, die alle möglichen und denkbaren Wechselfälle im Vorhinein zu berücksichtigen suchen. Dieser Irrweg hat zu dem gefährlichen Ergebnis geführt, dass die Geltung wie die Wirkung von Grundregeln im Lebensalltag der Menschen weiter geschwächt und in ihrer Bedeutung kaum noch erfahrbar werden. Dem gegenüber überwindet etwa die Goldene Regel die Sorge vor den Unvorhersehbarkeiten des Einzelfalls. Sie gibt eine Maxime an die Hand, die immer und zu jeder Zeit Geltung beansprucht, nämlich den Abgleich eigener Überlegungen an den Empfindungen des anderen. Das von der Goldenen Regel anempfohlene Verhalten bemisst sich nach der Überlegung, was man selbst an der Stelle des anderen erwartet und erhofft. Unter Einbeziehung des anderen bestimmt sich das eigene Tun und Lassen. Damit verpflichtet die Goldene Regel zur Gleichförmigkeit des Handelns gegenüber Dritten, denen man nicht anders begegnen darf als sich selbst.

Diese Feststellung beinhaltet eine Wertentscheidung und verpflichtet sich einem Menschenbild. Sie ist zugleich das Fundament eines freiheitlichen Verständnisses von Sozialstaatlichkeit und damit der Impuls für eine Gesellschaftspolitik, die Anreize stiften muss, damit die in der Goldenen Regel verankerte, durch die Regel selbst zwar geforderte, nicht aber zu gewährleistende Reziprozität im Verhalten und Handeln der Menschen verankert wird.

Wenn sich eine freiheitliche Gesellschaft nicht über Werte steuern lässt, so behalten diese sehr wohl ihre grundlegende Bedeutung für jede gesellschaftliche und wirtschaftliche Ordnung. Denn zu welcher Regel ein Anreiz gesetzt wird, und auf welches Ziel unseres Zusammenlebens schließlich eine Regel hinführen soll, lässt sich nur beantworten, indem die Werte beim Namen genannt werden, auf die eine Gesellschaft sich verpflichtet. Es geht nicht um die Abdankung von Werten. Es geht vielmehr um die entscheidende Frage, auf welche Weise Werte in einer freiheitlichen Gesellschaft zur Geltung gebracht werden können – mit den Mitteln, die der Politik verfügbar sind. Das Mittel schlechthin, dessen die Politik sich zu bedienen hat, ist die Entscheidung über Anreize, die so oder so wirken können, dieser oder jener Werthaltung gesellschaftliche Achtung und Anerkennung verschaffen.

Wie nun kann man sich eine entsprechende Steuerung durch – materielle und immaterielle – Anreize vorstellen? Anreize sollen bewirken, dass Eigennutz und Gemeinwohl nicht länger gegeneinander ausgespielt, sondern miteinander verschränkt werden. In diesem Anliegen findet sich die Programmidee der Sozialen Marktwirtschaft. Zu ihrer Verwirklichung bedarf es einer politischen, gesellschaftlichen und wirtschaftlichen Ordnung, die das Streben des Menschen nach Wohlstand und Wohlergehen so lenkt und leitet, dass sich am Ende alle besser stehen als vorher. Die Soziale Marktwirtschaft begründet eine Ordnung, die eben nicht zulässt, dass die Triebfeder menschlichen Handelns, nämlich den eigenen Nutzen zu mehren, auf Kosten Dritter erfolgt. Unverzichtbar ist eine solche Ordnung, weil nur sie sicherstellen kann, dass der Schwache zum gleichberechtigten Partner des Starken wird, während der Starke daran gehindert ist, den Schwächeren zu beherrschen.

In diesem Sinne hat Alfred Müller-Armack das Programm der Sozialen Marktwirtschaft eine Friedensformel genannt, weil sie gegensätzliche Interessen in einer Gesellschaft nicht dem Spiel der Kräfte überlässt, sondern nach Wegen sucht, die Gegensätze zu überwinden. Dazu bedarf es gemeinsamer Ziele, die in der Lage sind, solche Interessengegensätze zu überbrücken. Das aber können nur Ziele sein, in denen alle – und nicht nur diese oder jene Gruppe – einen Nutzen für sich erkennen.

Die aktuelle politische Debatte verkennt diese Zusammenhänge gründlich. Deshalb lohnt es sich zu fragen, wo unsere Ordnung verändert werden muss, damit es wieder zu einer Versöhnung individueller Nutzenerwartung und solidarischen Gemeinsinns kommen kann.

Ein einfaches Beispiel, das seit vielen Jahren in aller Munde ist, kann vielleicht verdeutlichen, um was es geht: Wenn heute ein Arbeitnehmer, der Bitte seines Chefs folgend, am Wochenende Überstunden macht, damit zum vertraglich vereinbarten Termin die Arbeitsleistung erbracht ist, verstößt er gegen seine eigenen Vorteilserwägungen. Denn der Mehrlohn, den er verdient, führt dazu, dass der Arbeitnehmer am Ende des Monats im Zweifel netto weniger verfügbar hat als sein Kollege, der keine Lust zeigte, am Wochenende auf seine Freizeit zu verzichten und Überstunden zu leisten. Solche Beispiele finden sich in unserer Gesellschaft zuhauf: Wer sich anstrengt, stellt am Ende fest, dass es sich nicht lohnt. Wer sich bemüht, muss die leidvolle Erfahrung machen, dass er schlussendlich nichts davon hat. Wer mehr arbeitet, wird überrascht sein, dass sich sein Einkommen nicht vermehrt. Eine Gesellschaft, die auf solche Abwege geraten ist, darf sich am Ende nicht wundern, wenn Leistungswille und Leistungsbereitschaft zusammenbrechen.

Anreizgeleitete Regeln einer gesellschaftlichen Ordnung

Zu den tragenden ethischen Grundsätzen einer guten gesellschaftlichen Ordnung gehört, dass nicht bestraft werden darf, wer dem Gemeinwohl dient. Deshalb gehört zu den vornehmsten Aufgaben der Politik, darüber nachzudenken, wie Anreize gesetzt werden müssen, damit gemeinwohlverträgliches Handeln unterstützt und gemeinwohlabträgliches Verhalten zumindest nicht noch belohnt wird. Wo aber hat jemand, der Mitglied der gesetzlichen Krankenversicherung ist, die

Gelegenheit, seinen Nutzen zu mehren, wenn er sich im Sinne der Solidargemeinschaft verantwortlich verhält? Was hat ein Versicherungsnehmer davon, wenn er auf eine Erstattung von Auslagen verzichtet? In manchen Krankenkassen erhält er dann eine Rückerstattung – ein Anreiz, der dazu führt, selbst zu rechnen und, wo immer möglich, die Kosten zu begrenzen. Gibt es einen solchen Anreiz nicht, fordert das eigene Nutzenkalkül dazu heraus, das Leistungsangebot so umfassend wie möglich in Anspruch zu nehmen. Alles andere wäre wenig vernünftig. Bei einem feststehenden Jahresbeitrag liegt es auf der Hand, dass jeder danach bestrebt ist, für seinen – zudem jährlich steigenden – Beitrag eine möglichst große Gegenleistung zu erhalten.

Das alles hat mit Moral und Unmoral nichts zu tun. Eine ethische Bewertung darf nicht beim Verhalten des Versicherungsnehmers ansetzen, sondern bei den Überlegungen der Politik, die offenkundig nicht fähig ist, eine gesellschaftliche Ordnung so zu bauen und Anreize so zu setzen, dass die Verfolgung des Gemeinwohls und das Streben nach Eigennutz sich nicht wechselseitig blockieren.

Wenn der Staat als eine Organisation erfahren wird, die schamlos abkassiert, zeigen sich schon bald schwerwiegende Folgen. Denn es liegt auf der Hand, dass die Überlegungen des Einzelnen durch eben diese Erfahrung in zwei Richtungen angeregt werden: Einerseits wird darüber nachgedacht, ob es Wege gibt, sich der Steuer- und Abgabenpflicht zu entziehen, und andererseits wird alles darangesetzt, für die gezahlten Steuern und Abgaben eine höchstmögliche Gegenleistung zu erhalten. Dieses Verhalten ist rational – und deswegen am allerwenigsten Anlass für politische Klagen über eine angebliche Zerrüttung der Moral. Zu den schwerwiegendsten Folgen gehört zudem, dass eine Gesellschaft, in der die Bürger solche Erfahrungen machen, bald ihre wirtschaftliche Dynamik verliert. Denn die ganze Phantasie der Menschen wird sich auf diese beiden Ziele ausrichten: sich einerseits den Zwangsabgaben zu entziehen und andererseits einen möglichst hohen Gegenwert zu erlangen.

Eine dynamische Gesellschaft folgt hingegen einem anderen Denken: Sie belohnt Mehrarbeit, Unternehmungsgeist, Mut und Wagnis. Sie gewährt nicht demjenigen gesellschaftliche Anerkennung, dem es gelungen ist, grundlos wieder einmal drei Tage blau zu machen, sondern belohnt den, der sich anstrengt. Sie fördert nicht die Trägheit, sondern die Leistungsbereitschaft. Sie lässt nicht zu, dass der Anständige am Ende bestraft wird, während der Unanständige sich ins Fäustchen lacht.

Vielleicht wird in Deutschland zu wenig bedacht, dass die großen sozialpolitischen Errungenschaften der Nachkriegszeit, insbesondere die Kranken- und Rentenversicherungssysteme, unausgesprochen auf der Annahme beruhen, dass die Gesellschaft sich dynamisch entwickelt. Besonders gut kann man das beobachten, wenn man die Voraussetzungen des Generationenvertrages unserer Rentenversicherung beleuchtet: Der Generationenvertrag kann nur Bestand haben, wenn die Zahl der geborenen Kinder mit der Zahl der verrenteten Alten in einem ausgewogenen Verhältnis steht. Das aber ist in Deutschland schon lange nicht mehr der Fall. Wenn dann die Rentenkasse zusätzlich belastet wird durch eine jede Vorstellungskraft sprengende Zahl der Frühverrentungen, einer vorne und hinten verkürzten Erwerbsbiographie und einer stetig steigenden Lebenserwartung, muss das System zusammenbrechen. In den vergangenen Jahren wurden versicherungsfremde Leistungen wie umfangreiche Programme zur Ausbildung, Fort- und Weiterbildung auch mit den Beiträgen der Versicherungsnehmer finanziert, während ohne Rücksicht auf schrumpfende Beitragszeiten zur gleichen Zeit Millionen von Menschen in die Frühverrentung geschickt wurden. Das half der Industrie, weil viele ältere Arbeitnehmer zulasten Dritter, nämlich der Beitragszahler, freigesetzt werden konnten, und es half der Politik, weil sie sich im Glanz geschönter Arbeitslosenstatistiken sonnen konnte.

Nun wäre es grundfalsch, angesichts der sich haushoch türmenden Schwierigkeiten in eine Untergangsstimmung zu verfallen. Natürlich können die sozialen Sicherungssysteme überleben, wenn sie denn so entlastet werden, dass Beitragsaufkommen und Leistungskosten wieder in ein Gleichgewicht finden. Wenn etwa die gesamte Frühverrentung, ob sie nun freiwillig oder unfreiwillig erfolgt, aus dem Leistungskatalog der Rentenversicherung herausgenommen und auch nicht durch einen Staatszuschuss abgedeckt wird, weil dieser am Ende wieder auf ein Anziehen der Steuerschraube hinausläuft, wäre für das Überleben unseres Rentenversicherungssystems schon viel gewonnen. Das Risiko der Frühverrentung müsste dann beispielsweise in eine eigene Versicherung überführt werden, die man sich wie eine herkömmliche kapitalgedeckte Lebensversicherung vorstellen kann. Ihre Aufgabe wäre es, für die Zeitspanne zwischen dem Beginn der Frühverrentung und dem Eintritt in das gesetzliche Rentenalter monatlich den Betrag auszuzahlen, der sich aus dem versicherungsmathematischen Abschlag von der Rente ab dem 65. Lebensjahr ergibt. Wem das Schicksal der Frühverrentung hingegen erspart bleibt, erhält den gesamten Betrag mit dem Eintritt ins Rentenalter. So wäre sichergestellt, dass kein neuer Anreiz geschaffen wird, früher aus dem Erwerbsleben auszuscheiden.

Beispiele für einen erfolgversprechenden Umbau unserer Sozialversicherungssysteme gibt es zuhauf. Sie belegen, dass die Herausforderungen, vor denen wir stehen, allesamt zu bewältigen sind. Manche Lösung, die heute erneut als Vorschlag diskutiert wurde, hatte zudem in den 90er Jahren schon einmal Gesetzeskraft. Sei es nun der Selbstbehalt bei Leistungen der Krankenversicherung, die Belohnung einer jährlichen Prophylaxe bei der späteren Erstattung der Kosten für den Zahnersatz oder die Berücksichtigung der demographischen Entwicklung unserer Bevölkerung bei der Bemessung des Rentenniveaus: Das alles gab es schon einmal, bevor es dann nach dem Regierungswechsel 1998 rückgängig gemacht wurde. Seitdem haben sich die Probleme nachdrücklich verschärft. Deshalb wird man es heute nicht bei diesen Vorschlägen belassen können, sondern einen tiefgreifenderen Umbau der sozialen Sicherungssysteme in den Blick nehmen müssen.

Alle Maßnahmen in diesem Zusammenhang müssen sich ausschließlich an einem Ziel messen lassen: Sie müssen einen Beitrag leisten zu einer Wiedergewinnung der wirtschaftlichen Dynamik, die unsere Gesellschaft braucht, wenn sie ihre hohen Sicherheitsstandards auf Dauer behalten will. Die Voraussetzung dafür ist, dass es sich wieder lohnt, in Deutschland Arbeitsplätze zu schaffen – und insbesondere eine wirklich handhabbare Lösung für die Schaffung von Arbeitsplätzen im sogenannten Niedriglohnbereich gefunden wird. Das Mittel zur Erreichung dieses Ziels ist die Neukonzeption einer Anreizstruktur, die jeden belohnt, der sich so verhält, wie es dem Ziel der Wiedergewinnung einer wirtschaftlichen Dynamik entspricht. Deshalb ist die Aufgabe, der wir uns heute zu stellen haben, durchaus vergleichbar mit dem Auftrag, dem sich Ludwig Erhard in den ersten deutschen Nachkriegsjahren widmete: Es geht um die Gestaltung eines gesellschaftlichen Ordnungsgefüges, in dem die Anreize so gesetzt werden, dass Eigennutz und Gemeinwohl miteinander verbunden sind. Nur unter dieser Voraussetzung, die allein von der Politik zu erfüllen ist, werden die Regeln unseres gesellschaftlichen Zusammenlebens eine neue Geltungskraft erlangen. Wenn Menschen erfahren, dass die Befolgung von Regeln nahezu ausnahmslos zu Nachteilen führt, kommt es zwangsläufig zum Verfall dieser Regeln – und der Werte, die sich in solchen Regeln vergegenständlichen. Will man hier gegensteuern, hat es keinen Sinn, seitens der Politik eine moralische Aufrüstung zu predigen. Statt ständig über einen Wertverfall zu klagen, muss die Politik endlich ihre ureigene Aufgabe erkennen: nämlich eine Struktur von Anreizen in Kraft zu setzen, die den Bürger erfahren lassen, dass eine Befolgung von Regeln nicht ausnahmslos zu seinem Nachteil gereicht. Diese Aufgabe kann der Politik niemand abnehmen.

Gesellschaft neu denken:
der Weg zur Vollbeschäftigung

Alle spüren: wir befinden uns in einer Zeit des Umbruchs. Mit dem Fall der Mauer, die Europa über viele Jahrzehnte hinweg zweigeteilt hatte, begann eine friedliche Revolution, die bis heute andauert.

Die Mittel- und Osteuropäer ringen nach dem Zusammenbruch der Gewaltherrschaft um den Aufbau demokratischer Staaten und freiheitlicher Gesellschaften. Dabei ist nicht erstaunlich, dass es Rückschläge gibt. Viel erstaunlicher ist, wie wenig Rückschläge es bisher gegeben hat. Mittel- und Osteuropa sind in den vergangenen anderthalb Jahrzehnten ein gutes Stück des Weges vorangekommen.

Den Westeuropäern hingegen fällt es offenkundig bis heute schwer, sich einzugestehen, dass sie von der europäischen Revolution des Jahres 1989 ebenso betroffen sind wie die Menschen in Mittel- und Osteuropa. Erst allmählich begreifen die meisten, wie falsch die Annahme war, der Osten Europas kehre heim zum Westen. Von einer Rückkehr kann aber keine Rede sein. Stattdessen wächst in Europa etwas Neues, das sich allenfalls in seinen ersten Umrissen zeigt. Das neue alte Europa wird mehr sein als nur eine bloße Zusammenfügung der beiden ehemals durch Mauer und Stacheldraht getrennten Teile.

Nicht nur in der Außenpolitik, sondern auch in der Innenpolitik stehen die Europäer vor großen Aufgaben. In der Mitte und im Osten des Kontinents geht es um den Aufbau neuer Ordnungen. Aber gilt das nicht in weiten Teilen auch für den Westen?

Eine anhaltend steigende Arbeitslosigkeit, ein schwaches wirtschaftliches Wachstum und eine Überlastung der sozialen Sicherungssysteme stehen – mehr oder weniger – auf der innenpolitischen Tagesordnung aller westeuropäischer Staaten. In Deutschland kommen weitere, schwerwiegende Probleme dazu. Zu denken ist hier an die Gefährdung der Überlebenskraft der Familien, die Schwächen des Bildungssystems und den Überlebenskampf des Mittelstandes.

Veränderungen sind notwendig, um die Krise zu bewältigen. Seit über zehn Jahren wird in Deutschland über diese Veränderungen diskutiert. Geschehen ist wenig. Je länger die notwendigen Entscheidungen verzögert werden, umso größer wird der Veränderungsbedarf. Jeden Tag verstreicht kostbare Zeit. Die Ursachen, die wirtschaftliches Wachstum in unserem Land verhindern, sind vielfältig. Vor allem

Deutschland trägt heute die Verantwortung für eine allgemeine Wachstumsschwäche in der Europäischen Union.

Die Schwierigkeiten sind derweil so groß geworden, dass sie mit vielen kleinen und zaghaften Schritten nicht mehr zu lösen sind. Wir müssen etwas Neues beginnen, wie es der Bedeutung der Herausforderung entspricht.

Wer vor großen Veränderungen steht, wird leicht unsicher und ängstlich. Viele fragen sich: Gibt es vielleicht nicht doch eine Möglichkeit, an den liebgewonnenen Gewohnheiten festzuhalten? Diese Möglichkeit ist uns – inzwischen – versperrt. Die steigende, hohe Arbeitslosigkeit – auch eine Folge der Scheu vor notwendigen Veränderungen – ist dafür ein schlagender Beweis.

Aber wie wird es dann werden in Zukunft? Wenn die Angst angesichts der drohenden Ungewissheit nicht weiter unser Land und seine Entscheidungsträger lähmen soll, bedarf es einer verläßlichen Aussage, einer Wegbeschreibung. Wer den Neuanfang wagen soll, wer zum Aufbruch aufgefordert wird, hat Anspruch auf eine Geländekarte. Er will wissen, was auf ihn zukommt. Und so lange man ihm die Antwort auf diese Frage schuldig bleibt, ist er geneigt, den Aufbruch auf den nächsten Tag zu verschieben.

Was dem Wanderer die maßstabgetreue Geländekarte, ist dem Bürger das politische Programm. Seine Aufgabe ist es, den Weg zum Ziel zu beschreiben. Ein solches Programm muss zwei Aufgaben vor allem erfüllen: Es muss die Schritte in ihrer Abfolge – also die zu lösenden Aufgaben in ihrem Zusammenhang und in ihrer Vernetzung – erklären. Darüber hinaus muss ein solches Programm Auskunft darüber geben, ob und warum sich die Anstrengung lohnt. Anders gesagt: Es muss allen, die für den Weg zum Ziel gewonnen werden sollen, verdeutlichen, zu wessen Nutzen und mit welchem Gewinn der Aufbruch erfolgt. Niemand macht sich auf den Weg, wenn die Vermutung nahe liegt, dass es ihm, am Ziel angekommen, schlechter geht als zuvor. Und niemand ist zum Aufbruch bereit, wenn er den Eindruck hat, dass es sich nicht lohnt.

Die Antwort auf die Frage nach dem lohnenden Ziel ist die Antwort der Sozialen Marktwirtschaft. Ordnungsrahmen und Regelwerk der Sozialen Marktwirtschaft sind in der ersten Hälfte des 20. Jahrhunderts entwickelt worden, um einen Weg zu beschreiben, der Arbeit und Wohlstand für alle verheißt. Nach dem 2. Weltkrieg ist in Deutschland bewiesen worden, dass diese Verheißung kein leeres Versprechen ist, sondern eingelöst werden kann.

Um nichts anderes geht es heute: es geht um die Einlösung dieser Verheißung. Dafür müssen wir unsere Gesellschaft neu denken. Wir müssen etwas Neues anfangen, um endlich nicht länger hinter unseren Möglichkeiten zurückbleiben zu müssen. So groß auch die Schwierigkeiten heute sein mögen, so sind doch alle diese Schwierigkeiten zu bewältigen. Die Einlösung der Verheißung von Arbeit und Wohlstand für alle hat nur eine Voraussetzung: den Glauben an die schöpferische Kraft der Freiheit.

Arbeit für alle:
Der Weg zur Vollbeschäftigung steht offen!

Viele Zeitgenossen sind der Verzweiflung nahe. Ihre Bedrückung gründet in der Beobachtung einer täglich sich beschleunigenden wirtschaftlichen Talfahrt unseres Landes. Noch mehr schlägt vielen etwas anderes auf das Gemüt: Die Erinnerung nämlich, dass in Deutschland seit jetzt mehr als zehn Jahren über ein und dieselben Fragen tagein, tagaus gesprochen und gestritten wird – über Vorschläge, wie die Schwierigkeiten, vor denen unser Land steht, gelöst werden können. Aber es bewegt sich so gut wie nichts. Wen wundert es da, dass inzwischen immer mehr Menschen glauben, die Politik sei überfordert.

Im letzten Jahrzehnt dieser ewig wiederkehrenden Diskussion sind unzählige und unsägliche Pirouetten vollführt worden – mal beeindruckend kunstvoll, mal unverhohlen plump. Manch einer ist über seine eigenen Vorschläge gestolpert, einige haben längst aufgegeben, viele reden um den heißen Brei herum, aber einig sind sich alle in der Feststellung: Es muss endlich etwas geschehen. Jedoch an jedem Tag, der ins Land geht, dreht sich die Diskussion weiter im Kreis. Wer wollte da nicht verzweifeln?

Wie hat alles angefangen? In den späten 60er Jahren setzte sich in Westdeutschland eine Erwartung durch, die den Sozialstaat zum Wohlfahrtsstaat umdeutete. Die Gesellschaft wurde unbeweglicher, träger, wohlstandsverwöhnter. Schon gegen Ende der 70er Jahre begann dann eine Diskussion, die unmissverständlich auf die immer offenkundiger werdenden Gefahren dieser Entwicklung hinwies. Und tatsächlich versuchte nach dem Regierungswechsel 1982 die Politik eine behutsame Umsteuerung. Schon bald wurde jedoch klar, dass die Mehrheit der Menschen in einer Überflussgesellschaft für ein solches Vorhaben wenig Begeisterung aufbringt.

Dann kam das Jahr 1989 – und über Nacht war in Europa alles anders geworden. Das Jahr bezeichnet den Beginn einer friedlichen Revolution in Europa. Sie hat das ganze soziale, ökonomische und politische Leben erfasst. Nichts wird wieder so, wie es einmal war. Deutschland kann nicht mehr im Windschatten von Großmächten seiner Behaglichkeit frönen. Uns bläst der kalte Wind des Wettbewerbs schärfer denn je ins Gesicht. Mit der Öffnung der Grenzen in Europa haben andere Länder ihre Chance entdeckt, sich zu vergleichsweise sehr viel günstigeren Bedingungen im Spiel von Angebot und Nachfrage durchzusetzen. Es hat ein Wettlauf begonnen, der Deutschland, den wirtschaftlichen Riesen, schon bald außer Atem brachte, weil andere sich schneller und flinker bewegten. Das Ergebnis war vor nicht allzu langer Zeit auf allen Fernsehkanälen zu bewundern: Der deutsche Bundeskanzler muss nach China reisen, um eine Erfindung seiner eigenen Landsleute, den Transrapid, fahren zu sehen.

Was aber muss die Politik tun, um ihre lähmende Ratlosigkeit zu überwinden?

Die Antwort liegt auf der Hand und mag doch überraschen: Die Politik braucht Klarheit über ihre Ziele. Ein Grund, warum sie so oft wie ein taumelnder Boxer im Ring zu Boden geht, liegt genau hier: Ihr fehlt eine zulänglich klare Zielbestimmung. Stattdessen lässt sie sich aus der zutreffenden Einsicht, dass in einer hochentwickelten Industriegesellschaft alles mit allem zusammenhängt, dazu verführen, unterschiedliche, miteinander oft im Widerstreit stehende Ziele gleichzeitig zu verfolgen. Die letzten Jahre belegen das eindrucksvoll: Heute wird gespart, morgen die Ausnahme vom Sparen beschlossen. Die Vermittlungstätigkeit von Leiharbeitsfirmen wird erleichtert, gleichzeitig wird ein Leiharbeitsverhältnis so beschwert, dass niemand mehr etwas davon wissen will. Eine Rentenreform wird gekippt, anschließend eine neue in Angriff genommen, eine Steuerreform beschlossen, dann ausgesetzt. Kaum ist angekündigt, den Häuslebauern die Eigenheimzulage zu streichen, wird ein Programm verbilligter Kredite für Wohnungsmodernisierung angekündigt, und am Ende bleibt dann alles beim alten. Betriebsrenten werden als wertvoller Beitrag zur privaten Altersvorsorge gefördert, wenige Wochen danach die Inhaber von Betriebsrenten durch doppelt hohe Beiträge schmerzlich bestraft. Die Bundesforschungsministerin fördert die sogenannte grüne Gentechnik mit Millionenmitteln, während die Landwirtschaftsministerin mit viel Geld den Verbraucherboykott unterstützt. So verliert Politik jede innere Schlüssigkeit. Einander widersprechende Ziele werden im gleichen Atemzug genannt und verfolgt – ein halsbrecherisches Unternehmen. Die Paradoxie wird zum Programm. Und es fehlt eine halbwegs schlüssige Antwort auf die Frage: Von welchem Gesellschaftsbild lässt die Politik sich in ihrem Handeln leiten?

Damit nicht genug: Die Politik lässt eine Rhetorik aufblitzen, bei der selbst Gutwillige erschaudern. Da muss verzichtet und abgespeckt, der Gürtel enger geschnallt und müssen Besitzstände bekämpft werden, Sozialleistungen sind zusammenzustreichen, schmerzliche Einschnitte zu erwarten – und wie dergleichen Metaphern des Unbehagens sonst noch lauten mögen. Heulen und Zähneklappern scheint das Programm. Einschneidende Maßnahmen und schwerwiegende Belastungen werden angekündigt, das Anspruchsdenken in einem fort beschnitten, bittere Entbehrungen beschrieben und – immer wieder – eine Blut-Schweiß-und-Tränen-Rede gefordert. Wen wundert es, dass alle, die sich als Verlierer solcher Vorschläge sehen, ängstlich zurückschrecken. Sie verteidigen dann mit Zähnen und Klauen alles, was ihrer Sicherheit dient. Es beginnt ein heftiger Streit, der regelmäßig in einem Stellungskrieg endet und keine Gewinner kennt.

Wer vor den gegebenen Herausforderungen bestehen will, sollte wissen, dass eine Politik, die vor allem von Abbau und Verzicht spricht, keinen Erfolg haben kann. Wer nur von Einbußen redet, kann nicht auf Verständnis zählen, wenn er nicht gleichzeitig erläutert, zu welchen erstrebenswerten Zielen die vorgeschlagenen Veränderungen führen sollen und welcher Nutzen sich mit ihnen verbindet.

Wer heute in dem legendären, längst zu einer Programmschrift gewordenen Buch ‚Wohlstand für alle'[1] von Ludwig Erhard aus dem Jahr 1957 blättert, wird sich verwundert die Augen reiben: Auf Schritt und Tritt begegnet er Hinweisen und Bemerkungen, von denen man glauben könnte, dass sie erst vor wenigen Tagen im Blick auf die derzeitige Lage in Deutschland zu Papier gebracht wurden. Immer wieder warnt Erhard vor einer völlig falsch verstandenen Selbstbescheidung der Politik. Seine tiefe Abneigung gilt jeder Umverteilung im Mangel. Leidenschaftlich sucht er den „dynamischen Durchbruch nach vorne"[2], der allein die Lösung aller Schwierigkeiten bringen kann. Nur so lassen sich Arbeit und Wohlstand für alle erreichen. Erhard widerspricht eindringlich einer „besonderen deutschen Spielart von austerity-Politik, einer Politik des Verzichts... Niemand kann mir auch nachsagen, dass ich je Vokabeln verwandt habe, wie ‚den Leibriemen enger schnallen', ‚entsagen und entbehren müssen' u.a.m. Solche Heilmittel sind mit meiner wirtschaftspolitischen Grundauffassung nicht in Einklang zu bringen ... Man möge sich nur einmal klar machen, wieviel an Kraft, Energie und gutem Willen zerstört werden müßte, wenn sich die

Wirtschaftspolitik von der Absicht leiten lassen wollte, das Volk wieder zu einer bereits überwundenen Bescheidenheit zurückzuführen."[3]

Die große Verführung heute besteht darin, dass sich die Politik an der Schwelle zu einer neuen Mangelwirtschaft glaubt und damit selbst aufgibt, also darauf verzichtet, Ziele auf ihre Fahnen zu schreiben, die allein dazu geeignet sind, eine Mehrheit in der Gesellschaft für notwendige Schritte der Veränderung zu gewinnen. Wer meint, vor allem durch eine gerechtere Zuteilung – von Arbeit und Einkommen – das Übel an der Wurzel packen zu können, muss scheitern. Auch in diesem Zusammenhang gibt Ludwig Erhard einen wichtigen Fingerzeig: „Die Lösung liegt nicht in der Division, sondern in der Multiplikation des Sozialprodukts."[4] Nicht die Verteilung im Mangel, sondern die Weckung von Wachstumskräften ist das Gebot der Stunde. Selbst gut gemeinte Vorschläge zur Einsparung öffentlicher Mittel werden allein die sich inzwischen beschleunigt drehende Abwärtsspirale nicht bremsen können. Wer darauf verzichtet, Antriebskräfte zu wecken, wird auf eine Wende zum Besseren vergeblich hoffen.

Längst ist in Vergessenheit geraten, dass die Soziale Marktwirtschaft von ihrem Ursprung her weder ein betriebswirtschaftlicher Leitfaden sein wollte noch der Verführung erlag, sich im Streit um wirtschaftliche Vorteile auf die eine oder die andere Seite zu schlagen. Ludwig Erhard wusste, dass alle Streitigkeiten über die gerechte Verteilung des Sozialproduktes „in enger geistiger Nachbarschaft zu vielfältigen Bemühungen ... stehen, sich auf Kosten anderer Vorteile verschaffen zu wollen."[5] Gelingt dieser Versuch, ist der Misserfolg so gut wie sicher. Sinnvoller ist es, „alle einer Volkswirtschaft zur Verfügung stehenden Energien auf die Mehrung des Ertrages der Volkswirtschaft zu richten, als sich in Kämpfen um die Distribution des Ertrages zu zermürben und sich dadurch von dem allein fruchtbaren Weg der Steigerung des Sozialproduktes abdrängen zu lassen. Es ist sehr viel leichter, jedem Einzelnen aus einem immer größer werdenden Kuchen ein größeres Stück zu gewähren als einen Gewinn aus einer Auseinandersetzung um die Verteilung eines kleinen Kuchens ziehen zu wollen, weil auf solche Weise jeder Vorteil mit einem Nachteil bezahlt werden muss."[6] Kreist die Diskussion heute nicht tatsächlich immer mehr um die Verteilung eines kleiner gewordenen Kuchens? Sind nicht viele, auch wohlmeinende Vorschläge Ausdruck einer Verzagtheit, als wenn es auf absehbare Zeit nicht mehr möglich wäre, einen größeren Kuchen zu backen? Wer nur von Verzicht und Abbau spricht, hat keine Hoffnung mehr, durch einen wirtschaftlichen Aufschwung die Mehrung des Wohlstandes aller zu erreichen.

Wer sich dem Mangel unterwirft und nur über eine Umverteilung der Lasten nachdenkt, verstrickt sich zudem in aufreibenden Grabenkämpfen und wird für seine Vorhaben kaum die notwendige Zustimmung finden. Soziale Marktwirtschaft aber zielte auf die Überwindung von Gegensätzen, nicht auf deren Verschärfung. Das christliche Ethos ihrer Gründerväter stellte den Gedanken des Ausgleiches und der Versöhnung in den Mittelpunkt.

Aus dieser Erfahrung heraus entwickelte Alfred Müller-Armack den Gedanken der Versöhnung, des Brückenschlags zwischen den verschiedenen Konfessionen, den Ideologien – vor allem dem Liberalismus und dem Sozialismus – und den Nationalökonomien. Müller-Armack nennt dies ‚Irenik', also eine Lehre vom Frieden[7]; in der Sozialen Marktwirtschaft fügt er Bausteine widerstreitender Gesellschafts- und Ordnungsvorstellungen zu einer Einheit zusammen. So findet er zu einer Theorie, die den sozialen Frieden über einen Ausgleich der Interessen stiftet. Der Staat darf nur dann eingreifen, wenn dieser Friede gestört wird.

Die heutige Debatte verstellt mit ihrem einseitigen Fingerzeig auf den sogenannten ‚Abbau von Errungenschaften' aber den Blick für das, was der aus dem christlichen Welt- und Menschenbild abgeleitete Gedanke des Ausgleichs eigentlich meint, nämlich die Balance der unterschiedlichen Interessen und Akteure, die sich in einer Gesellschaft wiederfinden. Eine ‚Irenik' kann es nicht hinnehmen, dass mit dem Verweis auf vermeintlich soziale Gesichtspunkte bestimmte Gruppen empfindliche Nachteile hinnehmen müssen, während andere unbeteiligt bleiben: wenn beispielsweise Menschen, die gerne in Arbeit kommen möchten, wegen der Schutzbestimmungen für Arbeitsplatzinhaber daran gehindert werden, einen Arbeitsplatz zu finden. Der Ausgleich von Interessen und die Versöhnung von Gegensätzen machen es erforderlich, Vorschläge zu entwickeln, die Kosten und Nutzen einer Reform nicht einseitig zuteilen.

Müller-Armacks Lehre versteht unter der Versöhnung von Gegensätzen nicht deren Verklärung. Versöhnung meint für ihn viel mehr, Nutzenerwartungen verschiedener Akteure miteinander zu verbinden und auf ein Ziel hin zu ordnen, das allen Beteiligten als wünschenswert erscheint.

Wenn Politik auf diese Bemühung verzichtet, verliert sich die gesellschaftspolitische Debatte schnell in der Erörterung von Maßnahmen, ohne zu erklären, um welcher Erwartungen willen solche Hilfsmittel eingesetzt werden sollen. Wie ein Bildhauer, der sich zunächst überlegt, was er denn aus dem vor ihm liegenden Steinblock heraushauen will, bevor er wissen kann, ob er nun zum Fäustel oder zum Meißel greift, muss Politik ein Leitbild entwickeln, um die Wahl der Maßnahmen treffen zu können. Jede Debatte, die nur und ausschliesslich über das Handwerkszeug geführt wird, greift zu kurz.

Indem die Politik ihr Ziel bestimmt, muss sie darauf bedacht sein, nicht zum Schaden, sondern zum Nutzen einer Mehrheit zu wirken. Das aber gelingt derzeit regelmäßig nicht. Beispielhaft fiel der Kommentar einer großen Boulevardzeitung am Tag nach der Reform-Rede des Bundeskanzlers aus: „Vor allem den kleinen Leuten wird wieder in die Tasche gelangt. Arbeitslose, Kranke, Alte sind die Verlierer des gestrigen Tages."[8] Damit Veränderungen gewollt werden, darf die Gesellschaft sie nicht als eine gegen sich gerichtete Kriegserklärung missverstehen. Von dem, was die Politik vorschlägt, muss jeder – oder zumindest doch die große Mehrheit – für sich am Ende eine Besserung erwarten dürfen. Wer verändern will, wird scheitern, wenn am Ende wenige etwas gewinnen und viele manches verlieren. Deshalb müssen Vorschläge auf den Tisch, die dazu geeignet sind, die Fliehkräfte in unserer Gesellschaft einzufangen und auf ein gemeinsames, verbindendes Ziel hin zu verpflichten.

Gerade in einer Zeit des beschleunigten gesellschaftlichen Wandels steigt das Sicherheitsbedürfnis der Menschen. Es macht keinen Sinn, den Menschen dieses Bedürfnis ausreden zu wollen. Ihnen macht – im Gegenteil – jeder Angst, der für weitere und gar tiefgreifende Veränderungen eintritt. Der in den frühen Fünfzigern stehende Arbeitnehmer, der sich plötzlich auf der Straße wiederfindet, erlebt, dass er in unserer Arbeitsgesellschaft für den Rest seines Lebens nicht mehr gebraucht wird und der Arbeitsmarkt für ihn zugesperrt bleibt. Ein Mensch in dieser Lebenslage fühlt sich wie im freien Fall. Angesichts der Furcht vieler vor dem sozialen Abstieg hilft deshalb nur eines: Das Angebot sicherer Arbeitsplätze und die damit verbundene Wohlstandsmehrung für alle müssen endlich wieder zum übergreifenden Ziel der Politik werden. Wer nicht wissen kann, ob er morgen noch Arbeit hat, wird seinen Wunsch nach Sicherheit kaum durch eine Lockerung des Kündigungsschutzes erfüllt sehen.

Vor diesem Hintergrund werden im Folgenden sieben Schritte beschrieben, die auf ein Ende der wirtschaftlichen Talfahrt unseres Landes hoffen lassen und eine Umkehr der Entwicklung in Gang setzen können.

I.

Das Ziel, auf das sich Politik vor allen anderen verpflichtet wissen muss, lautet: Arbeit für alle. Vollbeschäftigung ist möglich – auch heute möglich –, wenn die Politik sich auch tatsächlich auf dieses Ziel festlegt. Vollbeschäftigung gilt vielen heute als unerreichbar. Das war 1948 nicht anders. Die Arbeitslosigkeit in Deutschland hat heute, wie damals, strukturelle Gründe. Vollbeschäftigung ist möglich, wenn die Bedingungen entsprechend umgestaltet werden. Vollbeschäftigung ist die Voraussetzung dafür, dass Soziale Marktwirtschaft ihr Versprechen, Wohlstand für alle zu schaffen, einlöst. Mit jedem neuen Arbeitsplatz, der in Deutschland geschaffen wird, nähern wir uns Schritt für Schritt anderen wichtigen Zielen wie etwa der Stärkung der Versicherungssysteme (Rente, Gesundheit, Pflege).

II.

Zu tun gibt es mehr als genug, Arbeit gibt es in unserem Land in Hülle und Fülle. Die Pflege von Parkanlagen, Dienstleistungen in Hotellerie und Gastronomie, der Einsatz in der Pflege, ein zunehmender Bedarf an Betreuung Junger und Alter, aber auch ganz andere, in hohem Maße schöpferische Tätigkeiten etwa in Forschung und Entwicklung, Kunst und Wissenschaft – die Liste ließe sich lange fortsetzen. Gelernten und ungelernten, hochqualifizierten und minderqualifizierten Arbeitskräften steht ein Bedarf gegenüber, der jeweils größer ist als das Angebot an Arbeitskräften. Die Arbeitskraft muss jedoch bezahlbar sein. Wie hoch der Preis von Arbeit sein darf, bis ihre Nachfrage erlischt, entscheidet nur einer: der Kunde unter den Bedingungen von Markt und Wettbewerb.

Unsere gegenwärtigen tarifvertraglichen Arbeitszeitregelungen müssen noch mehr der Notwendigkeit folgen, die Arbeitszeit der Mitarbeiter möglichst stufenlos der schwankenden Auftragslage des Betriebes anzupassen. Ein deutlicher Schwachpunkt in den meisten Tarifverträgen besteht darin, dass für alle Mitarbeiter der Branche, für die der Flächentarifvertrag gilt, ein und dieselbe Dauer der regelmäßigen Arbeitszeit vorgeschrieben wird. Diese breitflächige Festlegung auf eine bestimmte Wochenstundenzahl widerspricht der Vielfalt von Anforderungen, die sich an den einzelnen Arbeitsplätzen stellen. Während in der Fertigung sehr häufig die 35- oder 37,5-Stundenwoche ausreicht, erfordern bestimmte Tätigkeiten in Forschung, Entwicklung, Werbung oder Vertrieb zumeist längere regelmäßige Arbeitszeiten. Diese geben die meisten Tarifverträge aber nicht her. Die Betriebe müssen in den genannten Engpassbereichen dann zu teuren Überstunden greifen, die das Nettoeinkommen des Arbeitnehmers kaum steigern, die Arbeitskosten jedoch erhöhen und die Wettbewerbsfähigkeit des Unternehmens mindern.

Die Vereinbarung eines Arbeitszeitkorridors bietet eine Lösung für diese Schwierigkeit. Der Korridor sollte nicht zu knapp bemessen sein, damit er die Bedürfnisse der betrieblichen Praxis möglichst breit abdeckt – also zum Beispiel von 30 bis 40 Stunden reichen. In Branchen mit saisonal stark schwankender Beschäftigungslage könnte man sich entsprechend auf einen Korridor bei der Festlegung der Jahresarbeitszeit verständigen.

Wenn der Tarifvertrag eine solche Rahmenregelung vorgibt, kann der einzelne Arbeitgeber mit jedem einzelnen Arbeitnehmer die persönliche Arbeitszeitdauer vereinbaren. Diese wird dann Bestandteil des Arbeitsvertrages und kann, wie jeder andere Bestandteil auch, fristgerecht gekündigt und angepasst werden, wenn dies die Umstände notwendig machen. Damit wäre über die Regelung der Arbeitszeit genau dort zu entscheiden, wo diese Entscheidung am sachkundigsten getroffen werden kann: nämlich im Betrieb.

Der Arbeitszeitkorridor würde einen erheblichen Beitrag zum sozialen Frieden leisten. Denn die Auseinandersetzungen um die Arbeitszeit gehörten in der Vergangenheit zu den am meisten umkämpften Fragen.

III.

Arbeitsplätze in Deutschland liegen überwiegend im Mittelstand, im Handwerk, im Handel und im Gewerbe. Gleiches gilt für die Ausbildungsplätze. Wer also den Arbeitsmarkt beleben will, muss den Mittelstand in den Blick nehmen. Politik muss die Bedingungen so gestalten, dass diese dem Mittelstand erlauben, Arbeits- und Ausbildungsplätze zu schaffen. Gerade die unmittelbare Nähe des Mittelstandes zum Kunden ist oft sehr persönlich geprägt und setzt deshalb der Automation und der Rationalisierung engere Grenzen – im Unterschied zur industriellen Massenfertigung und den Großunternehmen der Finanzdienstleistungen.

IV.

Damit Arbeitsplätze im Mittelstand gesichert werden und neu entstehen können, ist eine nachdrückliche Steuersenkung erforderlich. Für Unternehmen, Arbeitnehmer und Selbständige müssen die Lohn-, Unternehmens- und Einkommenssteuer deutlich gesenkt werden. Wir brauchen dringend eine Schubumkehr, damit in der zur Zeit schrumpfenden Wirtschaft wieder die Wachstumskräfte geweckt werden. Um der Arbeitsplätze willen müssen Mittelstand und Mittelschicht in Deutschland die vorrangigen Nutznießer einer Steuerreform sein, die nach aller Erfahrung eine unmittelbare Belebung auf dem Arbeitsmarkt auslöst. Je höher die Bruttoarbeitskosten liegen, umso größer ist der Druck, Arbeitsplätze abzubauen und Tätigkeiten in andere Länder zu verlagern.

Damit eine Steuerreform ihren Zweck einer Lohn- und Einkommenssteigerung erreicht, müssen Mittelstand und Mittelschicht im Mittelpunkt stehen. Sie tragen heute den Löwenanteil des Steueraufkommens. Eine Steuerreform wird deshalb den Tarif bei der Lohn- und Einkommenssteuer so gestalten müssen, dass zusätzliche Leistung mit spürbar mehr Einkommen belohnt wird. Dann aber löst eine Steuerreform eine unmittelbare Belebung auf dem Arbeitsmarkt aus. Eben diese Hoffnung verbindet sich ganz zu Recht mit dem von Paul Kirchhof ausgearbeiteten Vorschlag.[9] Neben einer Abgabenentlastung muss unser Steuersystem grundlegend vereinfacht werden. Auch in dieser Hinsicht sind die überzeugenden Vorschläge von Kirchhof richtungsweisend.

V.

Neben einer Steuersenkung bedarf es der Senkung der Lohnzusatzkosten. Nur so wird ein Anreiz für die Aufnahme einer Erwerbstätigkeit geschaffen, werden die Bruttoarbeitskosten gesenkt, die Wettbewerbsfähigkeit verbessert und der Kostendruck, der auf personalintensiven Unternehmen liegt, gemildert.

Vorrangig sind zwei Gründe für die arbeitsplatzvernichtende Steigerung der Lohnzusatzkosten ursächlich: die jeweils steigenden Beiträge einerseits zur Renten- und andererseits zur Krankenversicherung.

Die Rentenbeiträge steigen derzeit, weil das Verhältnis von Beitragszahlern zu Leistungsempfängern wegen hoher Arbeitslosigkeit und kürzerer Lebensarbeitszeit immer ungünstiger wird. Um zu verhindern, dass die Rentenbeiträge weiter in die Höhe klettern, sind kurz- und mittelfristig vier Maßnahmen notwendig: Jede Form der Frühverrentung muss aus der gesetzlichen Versicherungsleistung herausgenommen (heute stehen in Deutschland nur noch rund 5 Prozent der 63jährigen in einem sozialversicherungspflichtigen Arbeitsverhältnis, die durch den Vorruhestand verursachten zusätzlichen Belastungen der sozialen Sicherungssysteme belaufen sich derzeit auf mehr als 37 Milliarden Euro im Jahr, der Ausfall an Wertschöpfung wird noch höher veranschlagt) und die gesetzliche Altersgrenze der Verrentung wieder mehr zur Regel werden denn die Ausnahme sein. Um der Sicherung des Generationenvertrages willen muss die Erziehungsleistung von Familien belohnt und schließlich die Höhe der Rente dem veränderten Altersaufbau unseres Volkes angepasst werden.

Die Maßnahmen für eine arbeitsplatzfördernde Umgestaltung der Krankenversicherung liegen auf der Hand: Hier bedarf es einer Begrenzung des Leistungsumfangs, der Einführung eines Selbstbehaltes (den es in den 90er Jahren schon einmal in der Höhe von 1 Prozent des Jahresnettoeinkommens eines Versicherten gab) und der Vermeidung von Mehrfachaufwendungen. Auch die Anbieter von Gesundheitsleistungen müssen sich weit mehr als bisher dem Wettbewerb stellen. Administrierte Preise und regulierte Märkte führen lediglich zu einer Verschärfung der Schwierigkeiten.

Am wichtigsten aber ist es, dem Versicherungsnehmer wieder Möglichkeiten der Selbststeuerung an die Hand zu geben. Heute werden die Wahl- und Gestaltungsrechte der Versicherten viel zu stark beschnitten, wenn es um die persönliche Entscheidung jedes Einzelnen über Art und Umfang einer Versicherung geht. Deshalb muss zukünftig jeder zwischen verschiedenen Optionen auswählen, sich seinen Versicherungsschutz selbst zusammenstellen und auf seine persönlichen Bedürfnisse ausrichten können. Er muss wählen und selbst entscheiden können, welchen überschaubaren Risiken er sich selbst gewachsen fühlt und welche unüberschaubaren Risiken er der Versicherung überantwortet. Ein Bonussystem muss Anreize bieten, eigene wirtschaftliche Überlegungen anzustellen, welche der empfangenen Leistungen über die Versicherung abgerechnet und welche Kosten selbst getragen werden, weil die in Aussicht gestellte Rückvergütung der Versicherung die Belastung durch die zu tragenden Kosten übersteigt.

Nicht zuletzt im Rahmen der Missbrauchsbekämpfung wird es zu Karenzlösungen kommen müssen, die den unberechtigten Empfang von Hilfen aus der Staats- oder Sozialkasse zu einem spürbaren Nachteil werden lassen. Gegen alle durch Karenzregelungen verursachten Leistungseinschränkungen werden Versicherungsmöglichkeiten für diejenigen angeboten, die sich vor solchen Risiken schützen wollen.

VI.

Wenn es zutrifft, dass Arbeit in Hülle und Fülle vorhanden ist, aber wegen zu hoher Bruttoarbeitskosten nicht in die Schaffung neuer Arbeitsplätze einmündet, muss eine Lösung für den Niedriglohnbereich gefunden werden, die vor allem einfache Arbeitsleistungen für den nachfragenden Kunden wieder bezahlbar macht. Eine spürbare Senkung von Steuern und Lohnzusatzkosten leistet dazu einen ersten, wichtigen Beitrag. Das allein aber wird nicht ausreichen. Deshalb muss das Einkommen im Niedriglohnbereich abgaben- und wohl auch steuerfrei gestellt werden. Bis zu einem Betrag, der bei etwa 1.300 Euro liegt, muss das Arbeitseinkommen brutto für netto gezahlt werden, bevor eine Besteuerung einsetzt. Nur dann wird das Lohnabstandsgebot ausreichend wirksam und ist ein Anreiz für die Aufnahme einer Erwerbstätigkeit gegeben. Das rechtmäßige Arbeitsverhältnis im Lohneingangsbereich steht in unmittelbarem Wettbewerb zu einem Einkommen, das Arbeitslosen- oder Sozialhilfe mit Schwarzarbeit kombiniert. Diese Messgröße bestimmt die Schwelle, die ein rechtmäßiges Einkommen überschreiten muss, damit es ausreichend Anreize für die Rückkehr ins Erwerbsleben bietet. Solche Anreize bietet ein Einkommen im Lohneingangsbereich heute nicht. Da sich die Arbeitslosigkeit in Deutschland jedoch vor allem im Lohneingangsbereich breit gemacht hat – ganz anders als in anderen westeuropäischen Ländern –, muss die Politik an eben diesem Punkt ansetzen. Statt der bisherigen Lohnzuschüsse im Rahmen sogenannter Kombilohnmodelle, die samt und sonders eine beschäftigungspolitische Wirkung bis heute vermissen lassen, ist zu überlegen, ob es im Lohneingangsbereich nicht eine neue Form eines staatlichen Lohnzuschusses geben soll, der ausschließlich der Aufstockung der an die Sozialkassen abzuführenden Beitragspauschale dient. Auf diesem Wege könnte der an die Rentenversicherung zu zahlende Beitrag dem Betrag angeglichen werden, der dem späteren Niveau der Rentenleistung annähernd entspricht. Die Sozialhilfe kann, wenn im Lohneingangsbereich tatsächlich wieder Arbeitsplätze entstehen, zunehmend von einer Lohnersatz- zu einer Lohnergänzungsleistung umgebaut werden.

VII.

Die Voraussetzungen für den Erfolg einer Volkswirtschaft sind nicht selbstverständlich gegeben, sondern müssen ständig gepflegt werden. Das gilt beispielsweise für eine der grundlegenden Bedingungen des Erfolgs der Sozialen Marktwirtschaft, die auf der Erziehungskraft der Familien aufbaut. Wo die Erziehungsleistung der Familien nachlässt, werden Haltungen und Einstellungen, die für eine erfolgreiche Wirtschaft unverzichtbar sind, immer weniger selbstverständlich. Deshalb gehört eine Familienpolitik im Sinne auch eines Ausbaues des Familienlastenausgleiches notwendigerweise zu den Voraussetzungen einer Wiedergewinnung der wirtschaftlichen Stärke einer Volkswirtschaft, die sich aus strukturellen Gründen im Abschwung befindet. Auch zählen die Bedingungen, die erfüllt sein müssen, damit eine Familiengründung überhaupt glücken kann, zu diesen unverzichtbaren Voraussetzungen. So muss etwa die Wahlfreiheit zwischen außerhäuslicher Erwerbsarbeit auf der einen und der Erziehungsarbeit in der Familie auf der anderen Seite tatsächlich vorhanden sein, weil anderenfalls viele Paare sich den Kinderwunsch versagen. In der Familie erfahren junge Menschen nicht nur Geborgenheit und Verlässlichkeit, sondern lernen auch mit auseinanderstrebenden Wünschen und gegenläufigen Zielen umzugehen. In der Familie wird die Fähigkeit erworben, die eigenen Ziele durchzusetzen und dabei gleichzeitig die Ziele anderer im Blick zu haben – Fähigkeiten also, die für das spätere Berufs- und Wirtschaftsleben entscheidende Bedeutung besitzen.

Wie die Stärkung der Familie gehört Bildung zu den Voraussetzungen des wirtschaftlichen Erfolgs einer Nation. Menschen, die in sehr jungen Jahren ihre Sprech- und Lesefertigkeit nicht entwickeln, unterliegen in ihrem ganzen späteren Leben schwerwiegenden Einschränkungen. Ein Kind, dessen Sprechfähigkeit unterentwickelt bleibt, wird diesen Mangel nie mehr ausgleichen können. Unser Bildungssystem muss deshalb dieser Einsicht Rechnung tragen und eine größtmögliche Förderung dort einsetzen lassen, wo sie am allerdringlichsten ist: in den Jahren vor und nach der Einschulung. In dieser Zeit werden die entscheidenden Weichen gestellt.

Wenn die Politik sich entscheidet, diese sieben Schritte zu gehen, werden am Anfang die Budgetdefizite im Bund, in den Ländern und den Gemeinden aller Voraussicht nach wachsen. Steuersenkungen vermindern zunächst die Einnahmen des Staates; Familienlastenausgleich, Kinderbetreuung und Bildung verlangen erhöhte Ausgaben. Diese Verschuldung aber kann in Kauf genommen werden, denn sie gleicht einem Kredit, mit dem eine überlebenswichtige Investition vorab finanziert wird: die Investition in Vollbeschäftigung und Wohlstand. Jede vernünftige Steuerreform wird zumindest einen Teil der Entlastung durch eine Streichung möglichst vieler steuerrechtlicher Sondertatbestände refinanzieren. Zudem wird es nicht lange dauern, bis die zunächst zu erwartenden weiteren Einnahmerückgänge der öffentlichen Kassen wettgemacht sind und der Kredit zurückgezahlt werden kann. Schon bald nämlich werden – so widersprüchlich das in manchen Ohren klingen mag – die Steuerquellen stärker sprudeln als zuvor und die staatlichen Kassen wieder mehr Steuern einnehmen.

Diesen Kampf musste schon Ludwig Erhard ausfechten. Gegen den Widerstand der Alliierten hat die Bundesregierung auf seinen Vorschlag hin im April 1950 Steuersenkungen und Steuerrückerstattungen beschlossen. Im Gegenzug durften die Staatsausgaben nicht weiter gesteigert werden. „Wenn sicher auch alles getan werden sollte, um eine Einschränkung artfremder Staatsfunktionen zu erreichen..., so wird man sich doch damit abfinden müssen, daß in der Mitte des 20. Jahrhunderts eine wesentliche Entlastung des Staates nicht sehr wahrscheinlich ist. Andererseits aber wird man das sehr berechtigte Anliegen aller Staatsbürger wie auch der Wirtschaft anerkennen wollen, dennoch zu einer Senkung der steuerlichen Belastung zu gelangen."[10] Dieses Ziel kann aber nur erreicht werden, wenn „die Staatsausgaben wenigstens auf der gegenwärtigen ja keineswegs unbeträchtlichen Höhe"[11] gehalten werden. „Wenn nur dieses gelingt, dann wird in Zukunft die steuerliche Entlastung des Staatsbürgers und der Wirtschaft bei einer weiteren Steigerung des Sozialproduktes gleichwohl als Befreiung spürbar werden"[12], mahnte Erhard damals.

Wann je hat der Staat gespart, wenn er nicht durch bittere Not dazu gezwungen wurde? Auch wenn eine Steuerreform, wie sie hier vorgeschlagen wird, zunächst die Einnahmen der öffentlichen Kassen weiter schmälert, wird doch schon bald der Zeitpunkt kommen, zu dem es aufgrund eines deutlich höheren Steuerzuflusses möglich ist, die öffentliche Verschuldung Schritt für Schritt zurückzuführen. Dafür bedarf es einer Neuvermessung der staatlichen Zuständigkeiten, eines Abbaus seiner Regelungsdichte, einer verlässlichen Finanzplanung zur Rückführung des gesamtstaatlichen Defizits sowie einer Finanzreform mit einer neuen Aufgabenzuteilung an Bund, Länder und Gemeinden. Eine solche Finanzreform wird nicht umhin können, die Aufgaben der jeweiligen staatlichen Ebenen zu entflechten, den Wildwuchs der Mischfinanzierungen zu beschneiden und den Einstieg in ein Steuertrennsystem zu vollziehen.

Erst wenn die Politik sich auf eine klare Zielbestimmung festlegt, können politische Entscheidungen wieder einer nachvollziehbaren Logik folgen und wie die Zahnräder einer Uhr ineinander greifen. Politik wird dann wieder verlässlich und berechenbar.

Das Ziel aller Entscheidungen – und Zumutungen gegenüber den Bürgerinnen und Bürgern – ist, Vollbeschäftigung und Wohlstand für ausnahmslos alle in unserer Gesellschaft anzusteuern. Da am Anfang dieses Weges eine Steuerreform steht, die dem Staat einen weiteren, spürbaren – allerdings befristeten – Einnahmeverzicht abverlangt, wird es im weiteren Verfolg einer Politik, die an eben dem Ziel der Vollbeschäftigung ihr Maß nimmt, immer wieder finanzpolitischer Nachsteuerungen bedürfen. Das aber ist heute – von Steuerprognose zu Steuerprognose – nicht anders. Schon jetzt haben die staatlichen Budgets einen Schuldenstand erreicht, der zur politischen Bewegungslosigkeit verurteilt.

Anders als heute werden allerdings deutliche Wachstumsschübe erfolgen und die Arbeitsplätze im globalen Wettbewerb wetterfest gemacht. Mit dem Rückgang der Massenarbeitslosigkeit wird zugleich das Fundament aller sozialen Sicherungssysteme gefestigt.

Politik ist der Brückenschlag von der Hypothese (der Wissenschaft) zum Imperativ (der Entscheidung). Tatsächlich ist es an der Zeit, diesen Brückenschlag jetzt zu vollziehen.

Die Reform des Gesundheitswesens als ordnungspolitische Aufgabe

Die Reform des Gesundheitswesens in Deutschland ist gleichermaßen ein sozialpolitisches und ein wirtschaftspolitisches Thema. Ursachen des stetigen Anstiegs der Kosten der Gesundheitsversorgung liegen zum einen darin, dass die Möglichkeiten von Medizin und Medizintechnik ständig verbessert und ausgeweitet werden, so dass ein höherer Kosteneinsatz entsteht. Zum anderen ist die Ordnung des Gesundheitswesens aus den Fugen geraten.

Die ordnungspolitische Aufgabe besteht nun darin, Strukturen zu entwickeln, die gewährleisten, dass die Heilung von Krankheiten für alle Versicherten zu erschwinglichen Kosten nach dem Stand der Medizin und der Medizintechnik sichergestellt bleibt. Seit vielen Jahren stehen Sozial- und Wirtschaftspolitik vor der bis heute ungelösten Schwierigkeit, die stark ansteigenden Aufwendungen für Heilbehandlungen, die sich in steigenden Beiträgen zur Krankenversicherung niederschlagen, einzugrenzen. Denn die damit verbundene Erhöhung der Lohnzusatz- und entsprechend der Bruttoarbeitskosten führt unmittelbar zu einem Abbau von sozialversicherungspflichtigen Arbeitsplätzen. Der Abbau von Beschäftigung beschleunigt sich.[13] Diese Folge ist seit Jahren zu beobachten. Zudem mindern die steigenden Beiträge zu den Sozialkassen die verfügbaren Einkommen in immer empfindlicherer Weise. Das wiederum hat Folgen für Tarifverhandlungen und Tarifabschlüsse.

Inzwischen bestreitet niemand mehr, dass eine grundlegende Neuordnung des Gesundheitswesens unabdingbar ist. In der Diskussion befinden sich insbesondere zwei Lösungsansätze: Das Modell der Gesundheitspauschale sowie der Vorschlag einer Bürgerversicherung.

Ordnungspolitische Grundlagen

Das Gesundheitssystem, wie es sich über Jahrzehnte in Deutschland entwickelt hat, ist inzwischen von den ordnungspolitischen Grundannahmen der Sozialen Marktwirtschaft weit abgewichen. Die Versorgungsstruktur unterliegt Regulierungen, die meist zwischen den beteiligten Berufsständen, der staatlichen Verwaltung und den einschlägigen Wirtschaftszweigen ausgehandelt werden. Eine auf Dauer wirksame

Kosteneinsparung bei hoher Leistungsfähigkeit ist nur zu erreichen, wenn das gesamte Gesundheitswesen nach den Grundsätzen der Sozialen Marktwirtschaft neu geordnet wird.

Nach dem Leitsatz der Subsidiarität dürfen solidargemeinschaftliche Lösungen nur dort verankert werden, wo der Einzelne mit seinen Möglichkeiten tatsächlich überfordert ist. Vorrang hat die eigene Verantwortung. Bevor die Solidargemeinschaft oder gar der Staat ins Spiel kommen, muss jeder Einzelne für seine Gesundheit, seinen Versicherungsschutz und seine Krankheitskosten einstehen. Die Solidargemeinschaft tritt erst ein, wenn Risiken abgesichert werden müssen, die der Einzelne nicht mehr überblicken kann.

Ebenso wichtig ist, dass die Anbieter von Gesundheitsleistungen nicht länger der Regeln des Marktes enthoben bleiben dürfen. Versicherungen, Ärzte, Krankenhäuser sowie Hersteller und Verkäufer von Heilmitteln müssen sich dem Wettbewerb stellen. Nur eine Ordnung des Marktes macht knappe Güter wirtschaftlich erschwinglich und verfügbar. Die Anbieter sind dann für ihren wirtschaftlichen Erfolg selbst verantwortlich. Das Grundübel des derzeitigen Gesundheitssystems ist seine straffe gesetzliche, korporative und in Teilen gegen den Markt gerichtete Ordnung. Die Grundsätze der Sozialen Marktwirtschaft sind im deutschen Gesundheitssystem in weiten Teilen außer Kraft gesetzt.

Man kann im übrigen nicht nur Teileelemente einer sozial-marktwirtschaftlichen Ordnung befürworten, weil die Neuordnung des Gesundheitswesens, wenn sie erfolgreich sein will, einem einheitlichen Maßstab folgen muss. So hat eine Selbstbeteiligung der Patienten und Versicherten an ihren Heilungskosten nur dann einen Sinn – und wird nur dann auch als sinnvoll und vorteilhaft hingenommen –, wenn die eigene finanzielle Mitverantwortung über die Wahlmöglichkeit zwischen verschiedenen Angeboten, die miteinander im Wettbewerb stehen, wirklich wahrgenommen werden kann und alle Beteiligten die Kosten überschauen können.

Die nachfolgenden Überlegungen zu einer Reform des Gesundheitswesens beschreiben die Grundlage einer Neuordnung in zwölf Punkten.

Reformeckwerte

1.

Die gesetzliche Krankenversicherung bleibt eine Pflichtversicherung bis zu einer Pflichtversicherungsgrenze, die nach dem Bruttoeinkommen bemessen wird. Der Leistungskatalog in dieser Pflichtversicherung ist gesetzlich festgelegt. Zwischen den Anbietern der gesetzlichen Krankenversicherung soll Wettbewerb herrschen. Dieser Wettbewerb hat nur dann Sinn, wenn ein wirtschaftliches Scheitern einer Versicherung ebenso wie die Neugründung und Neuzulassung von gesetzlichen Krankenkassen möglich ist. Die gesetzlichen Krankenkassen müssen jeden Versicherungspflichtigen auf seinen Wunsch hin aufnehmen. Dabei muss der dauerhafte Versicherungsschutz der Versicherten gewährleistet sein, zum Beispiel dadurch, dass im Fall einer Insolvenz die anderen Versicherungen verpflichtet sind, die Versicherten anteilig zu übernehmen, ohne dabei zwischen sogenannten guten und sogenannten schlechten Risiken auswählen zu dürfen. Die gesetzlichen Kassen sollen sich im Wettbewerb um die Höhe der Beiträge, die Angebote von Zusatzversicherungen und –leistungen, Hilfen, aber auch Bonusangebote und Selbstbeteiligungsmöglichkeiten bewähren.

2.

Die gesetzliche Krankenversicherung bleibt eine Familienversicherung: Über die Beiträge der Versicherten wird – wie bisher – ein Teil des Familienlastenausgleiches gewährleistet. Der Beitrag wird nicht mehr als prozentualer Teil des Einkommens, sondern als absoluter Betrag, der für jeden Versicherten gleich ist, festgelegt (Gesundheits- bzw. Kopfpauschale). Für den Arbeitgeber wird ein Festbetrag in Form eines prozentualen Zuschlags zum tariflichen Bruttolohn gesetzlich festgelegt. Das führt zu einer Dämpfung der Lohnzusatzkosten. Ein solches, vom Einkommen unabhängiges Beitragssystem ist aber auch deshalb notwendig, weil sonst die Versicherungen im Wettbewerb um günstige Beiträge versuchen werden, möglichst wenig Bezieher niedrigerer Einkommen versichern zu müssen. Allerdings muss die gegenüber heute dann höhere Beitragsbelastung niedrigerer Einkommen über das Steueraufkommen ausgeglichen werden. Der bisherige Sozialausgleich innerhalb der gesetzlichen Krankenversicherung wird also in Zukunft teilweise auf das Steuersystem übertragen, während er heute ausschließlich über die Beiträge innerhalb der Versichertengemeinschaft erfolgt.

Zwischen den gesetzlichen Krankenkassen bleibt ein Risikostrukturausgleich notwendig, da eine Auswahl der Versicherten sowie eine Abstufung der Beiträge je nach persönlicher Risikoeinschätzung ausgeschlossen bleiben. Kinder werden weiter mitversichert. Der Risikostrukturausgleich muss aber – anders als heute – einfachen und durchschaubaren Regeln folgen sowie Überkompensationen ausschließen. Er richtet sich im wesentlichen nach der Zahl der mitversicherten Angehörigen und einigen wenigen Risikogruppen wie zum Beispiel den älteren Versicherten oder besonders risikobehafteten Berufsgruppen.

3.

Die gesetzliche Krankenversicherung soll verschiedene Tarifmodelle mit unterschiedlichen Formen der Selbstbeteiligung anbieten. Der Standardtarif soll bereits eine Basis-Selbstbeteiligung enthalten. Die Selbstbeteiligung wird als prozentuale Beteiligung an den jeweiligen Behandlungskosten bis zu einer Obergrenze gespreizt. Nur dann fördert sie das persönliche Interesse der Versicherten, die Behandlungskosten in einem überschaubaren Rahmen zu halten. Die Versicherungstarife enthalten Bonusregelungen zum Beispiel für regelmäßige Vorsorgeuntersuchungen. Zudem soll jede Versicherung die Rückerstattung von Beitragsteilen im Rahmen einer Bonusregelung vorsehen, wenn der Versicherte über eine gewisse Zeit hinweg Kassenleistungen nicht in Anspruch genommen hat.

4.

Der gesetzliche Leistungskatalog muss weiter überprüft werden. Sterbegeld oder Krankentagegeld beispielsweise, aber auch künstliche Befruchtungen können einer Zusatzversicherung überlassen werden. Die Krankenversicherung sollte sich ganz auf Heil- und Behandlungskosten beschränken.

5.

Das Sachleistungsprinzip wird durch das Kostenerstattungsprinzip ersetzt. Jeder Patient erhält demnach eine Rechnung, die er selbst bezahlt, um dann von der Versicherung eine Erstattung zu erhalten. Insbesondere bei hohen Kostenfällen, wie zum Beispiel stationären Behandlungen, erhalten Versicherte und Versicherungen die Rechnung gleichzeitig. Die Versicherung kann dann die Rechnung sachlich prüfen und nach Rücksprache mit dem Versicherten die Zahlung übernehmen. Vor der Prüfung besteht keine Zahlungspflicht gegenüber dem Arzt oder dem Krankenhaus. In Fällen von Unfähigkeit, die eigenen Geschäfte wahrzunehmen, oder in Fällen eines unregelmäßigen wirtschaftlichen Verhaltens können beglaubigte Betreuer eingesetzt werden bzw. kann ausnahmsweise nach dem Sachleistungsprinzip – der unmittelbaren Zahlung der Kasse an den Leistungsträger – verfahren werden.

Damit entfällt das derzeitige, unter wirtschaftlichen Gesichtspunkten mehr als fragwürdige Entgeltsystem, das die Kassenärztlichen Vereinigungen als die wichtigsten Partner der Leistungserbringer vorsieht. Heute werden von den Kassen pauschal Milliardenbeträge als Abschlagszahlungen an die KVen überwiesen. Die KVen rechnen mit den Ärzten ab. Dabei gibt es eine KV-interne Tarifstruktur. Die Kostenträger, nämlich Kassen und Patienten, sehen nie die Abrechnung der erbrachten Leistungen. Dieses System entzieht den Zahlenden, nämlich den Versicherungen und den Patienten, die notwendige Information über Preise und Leistungen. Es kann nicht länger hingenommen werden, dass in einem so bedeutenden Wirtschaftszweig wie dem Gesundheitssystem grundlegende Regeln kaufmännischer Sorgfalt außer Kraft gesetzt bleiben.

6.

Kassenärztliche Vereinigungen und Kassen handeln Rahmentarife für Behandlungskosten aus, die eine Obergrenze bestimmen, bis zu der die Versicherungen zur Kostenerstattung verpflichtet sind. Einzelverträge der Kassen mit den Ärzten empfehlen sich nicht, weil die Vertragspartner dann zu ungleich stark wären. Darüber hinaus soll es aber auch einen Preiswettbewerb geben können, mit dem Ärzte werben dürfen, einschließlich beispielsweise einer Rabattregelung für langjährige Patienten. Auf diese Weise können Anreize für wirtschaftlich günstige Organisationsformen den niedergelassenen Ärzten an die Hand gegeben werden. Der Versicherte bewegt sich dann auf einem Markt, der ihm zu seinem eigenen Vorteil Kosten begrenzen hilft.

7.

Die Zulassungsregulierungen der Kassenärztlichen Vereinigungen für die Niederlassung von Ärzten und die Eröffnung von Arztpraxen entfallen. Die niedergelassenen Ärzte arbeiten als Selbständige mit voller Niederlassungsfreiheit und auf eigenes Wagnis. Auch hier muss es einen Wettbewerb um das beste Preis-Leistungs-Verhältnis geben. Das Zusammenspiel von Angebot und Nachfrage regelt der Markt. Voraussetzung dafür ist die grundsätzliche freie Wahl des Arztes durch den Patienten.

8.

Der pharmazeutische Handel wird liberalisiert. In Deutschland und in allen Ländern der EU sollen die Preisbindungen für Arzneimittel abgeschafft werden. Voraussetzung für den Betrieb einer Apotheke bleibt die Bindung an ausgebildete Pharmazeuten. Es fällt das Verbot, mehrere Apotheken in einer Hand betreiben zu dürfen. Der Versandhandel wird zugelassen. Für den Versicherten mit Selbstbeteiligung entsteht auch hier ein Markt, so dass er die Kosten der Behandlung selbst beeinflussen kann. Eine Positivliste ist nicht notwendig. Es reicht eine Beschränkung auf allgemein zugelassene Medikamente und gegebenenfalls eine Negativliste.

9.

Forschende Pharmafirmen sollen durch ein verbessertes Patentrecht geschützt werden: Die zu knappe Frist zwischen der gesetzlichen Zulassung neuer Mittel, ihrer Markteinführung und der Patentschutzlaufzeit dieser Mittel ist zu verlängern. So erhalten forschende Unternehmen ausreichend Zeit, die Forschungsausgaben zu marktfähigen Preisen durch den Vertrieb der neuen Medikamente wieder einzuspielen, bevor preiswertere Generika auf den Markt drängen.

10.

Die Leistungtarife der Krankenhäuser können, wie zum Beispiel bei der ambulanten ärztlichen Behandlung, als Rahmentarife (im Sinne von Obergrenzen) zwischen den gesetzlichen Kassen und den Krankenhäusern ausgehandelt werden. Statt der Tagespauschalen soll – im Sinne des Kostenerstattungsprinzips – eine exakte Leistungsabrechnung erfolgen. Dabei sollen zum Beispiel die Kosten für den bloßen Aufenthalt mit Verpflegung von der eigentlichen Krankenbehandlung getrennt ausgewiesen werden. Gleiches gilt für die verabreichten Medikamente. Für die ärztlichen und pflegerischen Behandlungen wie Diagnose, Operation oder Beratung können Pauschalen festgesetzt werden.

11.

Rund 80 Prozent der Ausgaben im Deutschen Gesundheitswesen werden von rund 20 Prozent der Versicherten verursacht. Ein ähnliches Zahlenverhältnis zeigt sich hinsichtlich der Inanspruchung des Arzneimitteletats. Bei den genannten 20 Prozent der Versicherten handelt es sich vor allem um chronisch Kranke sowie um ältere, multimorbide Patienten. Eine zukunftsweisende Reform des Gesundheitswesens kann diesen Tatbestand nicht leugnen. Tatsächlich ist es heute so, dass chronisch kranke Menschen teilweise völlig unabgestimmt bei mehreren Behandlern verschiedene Leistungen in Anspruch nehmen. Auf diese Weise sind weder der erhoffte Heilungserfolg noch die gewünschte Wirtschaftlichkeit zu erreichen. Deshalb werden die Versicherungen auf Dauer nicht umhin kommen, die Inanspruchnahme ihrer Leistungen durch chronisch und multimorbide Kranke bestimmten Spielregeln zu unterwerfen. Das beginnt mit einer Stärkung der Rolle des Hausarztes bei der Abstimmung der verschiedenen Bestandteile der ärztlichen Versorgung, insbesondere im Blick auf ambulante und stationäre Versorgungsbestandteile, sowie einer deutlichen Verbesserung der Prävention.

12.

Mit der missbrauchsgeschützten Patientenkarte muss in Zukunft ein Datenträger zur Verfügung stehen, der umfassend Auskunft über die gesamte Krankheitsbiographie eines Menschen gibt. Auf diesem Wege wird es möglich, Mehrfachuntersuchungen und Mehrfachbehandlungen gänzlich zu vermeiden. Heilbehandlungen können zielgenauer und mit der umfassenden Kenntnis der Vorgeschichte eines Patienten durchgeführt werden. Auf diese Weise kann jede Diagnose treffsicherer gemacht und können Mehrfachbehandlungen weitgehend vermieden werden.

Sicherheit im Alter:
Vorschläge für eine Alterssicherung, die den Lebensstandard gewährleistet

Die gesetzliche Altersversorgung (Rentenversicherung) beruht heute vor allem auf folgenden Grundsätzen:

1. Die sozialversicherungspflichtig Beschäftigten finanzieren durch ihre Beiträge die Renten der Leistungsempfänger und erwerben damit den Anspruch auf eigene Altersversorgung mit Ausscheiden aus dem Erwerbsalter (Umlagesystem der Versicherung).

2. Die Höhe der Rentenzahlung steht als Lohnersatzleistung in einem unmittelbaren Zusammenhang mit der Arbeitsleistung des Versicherten, also seine Lebensarbeitszeit und seinem Erwerbseinkommen. Der Beitrag zur Rentenversicherung wird deshalb als Prozentsatz des versicherungspflichtigen Einkommens, nämlich des Bruttoeinkommens bis zur sogenannten Versicherungspflichtgrenze, bemessen.

3. Alle Rentenzahlungen, die sich nach anderen Maßstäben ergeben, wie z.B. die Anrechnung von Kindererziehungsjahren, gelten als versicherungsfremde Leistungen, sind also aus dem Bundeshaushalt und nicht aus den Beiträgen zu finanzieren.

4. Bei Ehepaaren wird eine sog. Hinterbliebenenrente gezahlt, die der Witwe oder dem Witwer zusteht, weil die Familie als Erwerbsgemeinschaft verstanden wird.

Die Grundlage dieser durch Umlage finanzierten gesetzlichen Rentenversicherung ist ein einigermaßen ausgeglichenes Verhältnis von Beitragszahlern und Leistungsempfängern. Damit das Verhältnis zwischen dem Beitragsaufkommen und den Rentenleistungen im Gleichgewicht bleibt, müssen wiederum zwei Voraussetzungen erfüllt sein: Eine ausreichend hohe Quote von sozialversicherungspflichtig Beschäftigten, also eine niedrige Arbeitslosigkeit, und eine ausgeglichene demographische Entwicklung der Gesellschaft, also in etwa eine Geburtenrate, die nicht unter der Zahl der Todesfälle liegt.

Diese Grundlagen sind heute auf mehrfache Weise infrage gestellt oder nicht mehr gegeben:

- Die Lebensarbeitszeit ist deutlich gesunken, während die Lebenserwartung deutlich gestiegen ist. Im Augenblick steigt die Lebenserwartung in Deutschland um durchschnittlich drei Monate jährlich.

- Die von der Konjunktur unabhängige, strukturbedingte Sockelarbeitslosigkeit ist stetig angestiegen.

- Die Geburtenzahl ist so gering, dass die Bevölkerung mit wachsender Geschwindigkeit altert und zu schrumpfen beginnt.

- Es ist nicht sicher, dass die für die Wertschöpfung unserer Volkswirtschaft notwendige Arbeitsleistung einer sinkenden Bevölkerungszahl durch Produktivitätssteigerungen aufgefangen werden kann. Dann würde auch das Bruttoinlandsprodukt sinken – mit der Folge, dass immer weniger Mittel für die Altersversorgung zur Verfügung stehen.

Es ist besonders die demographische Entwicklung, die auf Dauer unserem Rentensystem die Grundlage entzieht. Das Verhältnis von Beitragszahlern zu Rentenempfängern betrug 1960 noch 4:1. Heute beträgt es 2:1. Im Jahr 2030 wird es schließlich 1:1 betragen. Die Enquete-Kommission ‚Demographischer Wandel' des Deutschen Bundestages geht davon aus, dass um das Jahr 2020 dieses Zahlenverhältnis so ungünstig wird, dass weder ausreichende Rentenzahlungen noch wirtschaftlich erträgliche Beitragssätze gehalten werden können.[14] Das System bricht zusammen.

Diese Entwicklung betrifft die Altersgruppe derer, die heute etwa 40 Jahre alt sind. Diese Altersgruppe scheidet zu einem Zeitpunkt aus dem Arbeitsleben aus, in dem die Umstellung auf ein neues Rentensystem endgültig vollzogen werden muss. Das bisherige Umlagesystem, der Generationenvertrag, kann dann eine ausreichende Altersversorgung alleine nicht mehr leisten. Die demographische Entwicklung zwingt dazu, zumindest zusätzlich in entscheidendem Umfang kapitalgedeckte Versicherungsbestandteile aufzubauen, die von der Zusammensetzung der Altersgruppen in der Bevölkerung unabhängiger sind. Doch diese Kapitalstöcke müssen zunächst aufgebaut werden. Sie stehen erst nach Ablauf einer Generation zur Verfügung. Wir stehen deshalb vor einer zweifachen Aufgabe:

1. Wir müssen jetzt sorgfältig, aber ohne jede weitere Zeitverzögerung ein Konzept für die dauerhafte Neuordnung der Altersvorsorge erstellen. Dieses Konzept muss, bis es mit Rentenleistungen wirksam wird, langfristig aufgebaut werden.

2. Wir müssen mit einem Sofortprogramm die gesetzliche Rentenversicherung bis zum Zeitpunkt ihrer dauerhaften Neuordnung sichern: Es geht um die Generation der 40- bis 50jährigen, die heute in der Mitte ihres Arbeitslebens steht und Leistungsträger unserer Volkswirtschaft ist. Ihr müssen wir eine glaubhafte und gesicherte Perspektive für die Altersversorgung eröffnen, die ihrer Lebensleistung entspricht.

Dieses Sofortprogramm muss an den oben genannten Ursachen für die heutige Schieflage der Rentenversicherung ansetzen. Es muss im Rahmen der kurzfristig nicht änderbaren demographischen Entwicklung dazu beitragen, das Zahlenverhältnis von Beitragszahlern und Leistungsempfängern so günstig wie möglich zu halten. Darüber hinaus muss es neben einem sorgfältigen Ausgleich von Beitragssätzen und Rentenleistungen im Zuge der Bevölkerungsentwicklung, wie es der ‚demographische Faktor' vorsieht, zusätzliche Maßnahmen zur Verhinderung von Altersarmut und zur Sicherung des Lebensstandards vorsehen.

Ein solches Sofortprogramm muss dazu beitragen, die tatsächliche durchschnittliche Lebensarbeitszeit durch positive Anreize auf freiwilliger Basis zu erhöhen, die Rentenversicherung finanziell zu entlasten und Vorsorge für die kritische Zeit des Übergangs zu schaffen. Dazu wird im Einzelnen vorgeschlagen:

1.

Mit einer Werbung für die Inanspruchnahme von Angeboten einer Kombination von Teilzeitarbeit mit Teilzeitrente sollen positive Anreize für eine Verlängerung der Lebensarbeitszeit gesetzt werden. Die schon jetzt bestehenden Möglichkeiten können zu diesem Zweck auf freiwilliger Basis bis zum 70. Lebensjahr ausgedehnt werden. Eine Voraussetzung dafür ist eine Veränderung der Einstellung in weiten Bereichen der Wirtschaft zur Beschäftigung älterer Mitarbeiter. Die erhöhte Lebenserwartung mit zugleich durchschnittlich gesteigerter Leistungsfähigkeit auch in fortgeschrittenem Alter, der absehbare Mangel an Arbeitskräften und der wirtschaftliche Wandel zwingen uns ohnehin, berufliche Karrieren auf eine verlängerte Lebensarbeitszeit hin zu entwerfen und auch der Altersgruppe der Fünfzigjährigen bessere berufliche Möglichkeiten zu eröffnen.

Man kann überlegen, Altersteilzeit ab dem 65. Lebensjahr steuerlich beispielsweise mit einem halbierten Einkommensteuersatz zu begünstigen, um so die Inanspruchnahme der Rentenkasse zur Auffüllung des Einkommens zu verringern. Darüber hinaus kann in diesem Alter auf die Zahlung von Beiträgen zur Arbeitslosenversicherung verzichtet werden, wodurch für Arbeitnehmer wie Arbeitgeber ein zusätzlicher finanzieller Anreiz entsteht.

2.

Eine besondere Lösung ist für die im Hinblick auf die Möglichkeit des Vorruhestandes (aus gesundheitlichen und anderen Gründen) kritische Zeit ab dem 55. Lebensjahr zu entwickeln. Eine erhebliche Rolle spielt hier auch der nach wie vor bevorzugte Weg des Personalabbaues bei größeren Unternehmen der Wirtschaft. Der immer mehr ausgeweitete Vorruhestand trägt ganz wesentlich zu den Finanzierungsproblemen der Rentenversicherung bei. Davon müssen wir die Rentenversicherung entlasten. Vorgeschlagen wird eine private Pflichtversicherung für Berufsunfähigkeit und Vorruhestand, sofern gesundheitliche oder wirtschaftliche Gründe dazu führen, ab dem 55. Lebensjahr. Diese Versicherung nach dem Modell der Leibrente ist auf Leistungen bis zum gesetzlichen Renteneintrittsalter ausgelegt. Die Rentenversicherung zahlt nur noch einen gegenüber heute verringerten Betrag, der über diese Zusatzversicherung aufgestockt wird. Wer diese Versicherung nicht oder nur in einem beschränkten Umfang in Anspruch nimmt, erhält mit dem 65. Lebensjahr die Auszahlung des (restlichen) Betrages.

Der monatliche Beitrag zu dieser Vorruhestandsversicherung bewegt sich in einer Größenordnung von etwa 10 Euro und ist ab dem Beginn der Arbeitstätigkeit zu entrichten. Die Tarifparteien können auch vereinbaren, dass die Zahlung dieser Versicherungsbeiträge Teil des Entlohnungssystems wird. Die Versicherungsbeiträge wirken im Sinne der Vorsorgekosten steuermindernd.

3.

Die Lebensarbeitszeit wird auch durch den immer weiter nach hinten verlagerten Eintritt in das Berufsleben durch lange Ausbildungszeiten verkürzt. Die Anerkennung von Ausbildungsjahren für die Rente ist schon lange deutlich vermindert worden. Notwendig ist aber auf der anderen Seite eine Verkürzung der Ausbildungs- und Studienzeiten, etwa durch ein Abitur nach 12 Schuljahren und entsprechende Studienbedingungen, aber auch ein früherer Beginn von Versicherungsleistungen. Nach Vollendung des 23. oder 24. Lebensjahres bis zum Eintritt in die Berufstätigkeit ist deshalb ein Rentenbeitrag zu erheben, der einem späteren Anspruch auf eine Rente kurz oberhalb des Sozialhilfeniveaus entspricht. Dieser Beitrag kann wahlweise durch geringfügige Beschäftigung während der Ausbildung erwirtschaftet werden, oder durch Kreditfinanzierung, die langfristig zurückgezahlt werden kann, oder durch die Eltern, die dies steuermindernd geltend machen können. Damit ist ein zusätzlicher Anreiz gegeben, die Ausbildung zügig zu durchlaufen.

4.

Das Bundesverfassungsgericht hat den Gesetzgeber verpflichtet, die sogenannte nachgelagerte Besteuerung der Altersbezüge umzusetzen. Das heißt, dass künftig die Rentenleistungen besteuert werden, während die Beiträge zur Altersversorgung das zu versteuernde Einkommen vermindern. Dieser Systemwechsel der Einkommensbesteuerung kann nicht in einem einzigen Schritt erfolgen, da er mit erheblichen Mindereinnahmen des Staates verbunden ist. Deshalb ist ein schrittweiser Übergang anzustreben, der zeitlich so angelegt sein muss, dass die Generation der heute 40jährigen durch schrittweise höhere Anerkennung von Vorsorgeleistungen eher in die Lage versetzt wird, ihre private Altersvorsorge zu stärken.

5.

Bei den Beiträgen zur Rentenversicherung wird eine Komponente des Familienleistungsausgleiches eingeführt. Familien, die Kinder erziehen, zahlen demnach einen um 0,5 Prozentpunkte geringeren Beitrag zur Rentenversicherung als Berufstätige, die keine Kinder erziehen. Der Bonus betrifft beide Elternteile. Die Anerkennung von Erziehungsjahren, die bisher schon gewährt werden, kann ausgebaut werden. Wenn aber die Rentenleistungen vernünftigerweise nach der Höhe der Arbeitsverdienste bemessen werden sollen, dann müssen Kinderlose einen entsprechend höheren Beitrag entrichten. Dieser Familienleistungsausgleich im Rahmen der gesetzlichen Rentenversicherung kann natürlich nicht auf Seiten der Arbeitgeberbeiträge zur Rentenversicherung erfolgen, die für alle gleich bleiben müssen, sondern ausschließlich auf der Seite der Arbeitnehmerbeiträge. Dies ist auch deshalb gerechtfertigt, weil Familien mit Kindern wegen der wesentlich höheren finanziellen Belastung weit weniger für die private Altersvorsorge tun können als Kinderlose, zugleich aber mit ihrer Erziehungsleistung die wirtschaftlichen Grundlagen der gesetzlichen Altersvorsorge überhaupt erst sicherstellen. Auch diese Maßnahme entlastet vor allem die Generation der heute 40jährigen, die zunehmend die Last sowohl einer zahlenmäßig stark anwachsenden Rentnergeneration als auch der eigenen Nachkommenschaft aufbringen muss. Es ist deshalb nicht nur gerechtfertigt, sondern auch notwendig, an beiden Seiten Entlastung zu schaffen.

Deutschland – sprachlos?
Zur Bedeutung von Familie, Schule und Bildung

Für den Zusammenhalt – mehr noch: für das dauerhafte Überleben – einer Gesellschaft ist die Gemeinsamkeit der Sprache unverzichtbar. Wo es keine gemeinsame Sprache gibt, findet kein Gespräch statt. Wo nicht miteinander gesprochen wird, wachsen Unverständnis, Feindseligkeit und schließlich Gewalt. Alles bleibt fremd, wenn die Sprache nicht verstanden wird: andere Menschen, das Land, die Kultur. Eine Gesellschaft kann nur bestehen, wenn ihre Mitglieder die Fähigkeit besitzen, sich untereinander zu verständigen und zu verstehen. Ohne gemeinsame Sprache leben Menschen, mögen sie auch Haus an Haus wohnen, nebeneinander her: Sie fühlen sich unverstanden, fremd und einsam.

Manches spricht dafür, dass diese Verbindung, die Sprache und Gesellschaft aufeinander bezieht, heute in Vergessenheit zu geraten droht. Wie soll Verständigung stattfinden und Verständnis wachsen, wenn beispielsweise in einem dritten Schuljahr zahlreichen Kindern der Begriff ‚Hafen' nichts sagt. Diese Schülerinnen und Schüler können zwar Buchstabe für Buchstabe lesen, den Sinn eines Textes aber nicht erschließen. Immer häufiger werden in unseren Grundschulen Kinder unterrichtet, deren Sprachfähigkeit stark unterentwickelt ist. Nicht zuletzt die Pisa-Studie hat uns darauf aufmerksam gemacht: Wir müssen dringend unser Augenmerk darauf lenken, wie das Sprachvermögen von Kindern besser gefördert werden kann. Für das spätere Leben hängt alles davon ab.

In der Entwicklung des Sprachvermögens entscheiden sich Erfolg und Misserfolg der späteren Schullaufbahn und eines ganzen Berufslebens. Was in der Grundschule versäumt wird, ist später nur schwer – und oft gar nicht – wieder aufzuholen. Deshalb müssen wir uns mit Nachdruck um den vertieften Erwerb der deutschen Sprache bereits vor der Einschulung kümmern. Künftig sollte im Vorfeld der Grundschulanmeldung die Sprachfähigkeit der angehenden Erstklässler überprüft werden. Bei erkennbaren Mängeln müssen diese Kinder vor der Einschulung in Sprachfördermaßnahmen, die Teil des Kindergartenangebotes – oder, noch besser, Teil eines vorschulischen Angebotes unter dem Dach der Grundschule – sein können, so lange im Deutschen unterrichtet werden, bis sie in der Lage sind, dem Unterricht von Anfang an tatsächlich zu folgen. Heute ist es keine Ausnahme, dass

Kinder ausländischer Eltern eingeschult werden, ohne ein einziges Wort Deutsch zu sprechen. Wie soll da Integration in der Schule gelingen? Schon ein Gespräch in der Schulklasse ist nicht möglich, geschweige denn eine Teilnahme am Unterricht. Es macht keinen Sinn, wenn Kinder ohne ausreichende Sprachkenntnisse teilnahmslos in der Klasse sitzen und dem Unterricht nicht folgen können. In der Klassengemeinschaft führt das zu Spannungen und Spaltungen, zu Vereinsamung und Gewaltbereitschaft.

Die Entwicklung der Sprachfähigkeiten eines Menschen ist von herausragender Bedeutung für sein künftiges Leben. Das gilt uneingeschränkt auch für die Kinder aus ausländischen Familien. Sprachförderkurse, die vor der Einschulung angeboten werden, befähigen dazu, am Gemeinschaftsleben in der Schule teilzuhaben. Sie können finanziert werden, indem der muttersprachliche Unterricht, der heute auf Staatskosten ausländischen Kindern in der Schule erteilt wird, zurückgeführt wird. Im Land Rheinland-Pfalz etwa wurden 2003 rund fünf Millionen Euro für den muttersprachlichen Unterricht der Ausländerkinder Jahr für Jahr aufgewendet. 133 Lehrkräfte sind dadurch gebunden.

Der heute immer noch geforderte Besuch des muttersprachlichen Ergänzungsunterrichts für ausländische Kinder ist gerade dann für die gewünschte Integration wenig förderlich, wenn der Erwerb der deutschen Sprache nicht oder nur unzureichend gewährleistet wird. Natürlich ist es wichtig, dass die Herkunftssprache bei Ausländerkindern – zumal in der ersten oder zweiten Generation – nicht völlig verkümmert. Zwei- oder gar Mehrsprachigkeit ist eine willkommene Bereicherung für das ganze Leben und eröffnet nicht selten zusätzliche berufliche Möglichkeiten. Dies darf aber nicht vergessen lassen, dass zuallererst der Erwerb der deutschen Sprache als Voraussetzung für die Integration in unserer Gesellschaft Vorrang genießen muss, wenn es um die Unterrichtsgestaltung an unseren öffentlichen Schulen geht.

Dem Erwerb der deutschen Sprache ist aber nicht nur deshalb Vorrang einzuräumen, weil er eine unverzichtbare Voraussetzung für Bildung und Ausbildung ist. Für den Zusammenhalt unserer Gesellschaft ist die Pflege der Sprachfähigkeit ebenso unersetzlich. Mittels einer gemeinsamen Sprache wachsen wir in eine Gesellschaft hinein, lernen wir uns selbst verstehen, und erfahren wir etwas über die eigene Kultur. Geschichtliche Erfahrungen wie verbindliche Maßstäbe werden mittels Sprache von Generation zu Generation weitergegeben. Indem Kinder eine Sprache lernen, bemächtigen sie sich einer Kultur. Das eine ist ohne das andere nicht möglich.

Langzeituntersuchungen haben ergeben, dass heute rund 25 Prozent aller Vorschulkinder – und längst nicht nur solche aus ausländischen Herkunftsfamilien – sprachgestört sind. Diese Kinder an der Schnittstelle zwischen Kindergarten und Schulbeginn haben einen verzögerten Sprechbeginn, ein eingeschränktes Sprechverständnis, einen unzureichenden Wortschatz; sie verfügen über eine falsche Grammatik, eine undeutliche oder unverständliche Aussprache und eine insgesamt nur beschränkte Fähigkeit zu sprechen. Noch 1982 lag der Anteil an Sprachstörungen lediglich bei 4 Prozent.

Der Erwerb der Sprachfähigkeit ist in erster Linie nicht eine Sache der Grundschule. Auch die beunruhigenden Ergebnisse der Pisa-Studie im Blick auf die Lesefähigkeit deutscher Schülerinnen und Schüler können schlechterdings nicht den Schulen angelastet werden. Alle Bemühungen um Vermittlung von Sprache bleiben ziemlich erfolglos, wenn sie nicht im Elternhaus beginnen. Wenn Kinder nicht zu Hause sprechen und lesen, wird die Schule wenig ausrichten können. Vor allem in der Familie – und in zweiter Linie erst im Kindergarten – werden die entscheidenden Weichen gestellt.

Wer heute die schulpolitische Diskussion in Deutschland aufmerksam verfolgt, kann sich des Eindrucks kaum erwehren, dass vor allem ein Wettlauf um bessere Betreuungsangebote eingesetzt hat. Mit der Zusicherung einer verlässlichen Betreuung lassen sich vielleicht Wahlen gewinnen, eine Antwort auf den Bildungsnotstand in Deutschland ist dies indessen nicht. Genauso verhängnisvoll ist es, wenn den Lehrerinnen und Lehrern – oft genug – der schwarze Peter zugespielt wird. Diesem Berufsstand kann am allerwenigsten ein Vorwurf gemacht werden. Im Gegenteil: Ohne den selbstlosen Einsatz vieler Pädagogen sähe alles sehr viel schlimmer aus.

Unser Problem ist ein anderes. Wir haben uns mehr und mehr angewöhnt, Bildung und Erziehung öffentlichen Einrichtungen zu übertragen. Die aber sind rettungslos überfordert, wenn sie mit diesem Auftrag alleine gelassen werden.

In der Entwicklung der Sprachfähigkeit von Kindern zeigt sich, ob eine Gesellschaft noch eine lebendige Beziehung zu ihren kulturellen Prägungen besitzt. Wenn die Freude am Lesen oder die Liebe zum

Buch als nur noch altmodische Einstellungen belächelt werden, darf das ernüchternde Ergebnis der Pisa-Studie nicht verwundern, dass rund 42 Prozent der 15-jährigen angeben, nie zum eigenen Vergnügen zu lesen. In diesem bedenklichen Befund werden wir von keinem anderen Land übertroffen.

Die Bedeutung, die Sprache für die Entfaltungsmöglichkeiten eines jeden Menschen, das Zusammenleben in unserer Gesellschaft und nicht zuletzt den Erfolg im Berufsleben hat, macht unmissverständlich klar, dass es eigentlich wenig Wichtigeres gibt als die Unterstützung der Entwicklung des Sprachvermögens von Kindern. Zwei Dinge sind in diesem Zusammenhang vor allem notwendig: Die Gesellschaft, also wir alle, müssen die Familien in ihrem Erziehungsauftrag endlich stärker unterstützen. Das ist eine Frage des Geldes, aber mindestens ebenso sehr eine Frage des Mutes – des Mutes nämlich, sich zu Erziehung und zu Erziehungsmaßstäben zu bekennen. Und ein Zweites ist notwendig: Wir dürfen die Schulen mit ihrem immer schwieriger gewordenen Auftrag nicht allein lassen. Die Politik muss endlich aufhören, Lehrerinnen und Lehrer zum Prügelknaben zu machen. Der Berufsstand der Lehrer hat alle Achtung verdient. Wer sich unter oft schwierigsten Bedingungen um die Einlösung des Bildungs- und Erziehungsauftrages kümmert, wird nicht gerade ermutigt und bestärkt, wenn Politiker sich über ihn lustig machen.

Wir alle sind davon überzeugt, dass es richtig und notwendig ist, wenn Unternehmen heute große Summen investieren, um in fünf oder zehn Jahren am Markt bestehen zu können. Wann begreifen wir endlich, dass eine Gesellschaft ebenfalls Investitionen tätigen muss, wenn sie in fünf oder zehn Jahren bestehen will? Die wichtigsten Investitionsvorhaben einer Gesellschaft sind Familie und Schule, Erziehung und Bildung. Wer heute nicht investiert, geht morgen in den Konkurs. Dieser Satz hat Geltung für ein Unternehmen und er hat Geltung für die Gesellschaft.

Welche Schlussfolgerungen sind zu ziehen?

Viele machen sich derzeit die Tatsache zunutze, dass nur Wenige die Pisa-Studie wirklich gelesen haben. So kann unwidersprochen manche Schlussfolgerung gezogen, die mitnichten von den Ergebnissen der Studie gedeckt ist, und manche Empfehlung abgegeben werden, auch wenn sie an den Einsichten der Vergleichsstudie vorbeigeht.

Um es vorab zu sagen: Pisa ist kein Plädoyer für diese oder jene Schulform und deshalb nicht der Nachweis, den man für den Erfolg der einen oder anderen Schulorganisation in Anspruch nehmen kann. Pisa lenkt unser Augenmerk auf ganz andere, sehr viel wichtigere Fragen. Wir müssen wieder über Bildung reden: also über das, was unverzichtbar und wirklich wichtig ist.

Es sind es vor allem drei Sachverhalte, die es sich zu vergegenwärtigen lohnt:

1.

Es ist keinesfalls übertrieben, wenn man feststellt: Die Sprechfähigkeit und das Sprachvermögen eines Menschen sind der Schlüssel für das Gelingen oder Misslingen eines ganzen Lebensentwurfes. Alles – wirklich alles – für das spätere Leben hängt davon ab, wie Sprechfähigkeit und Sprachvermögen in den ersten Lebensjahren entwickelt werden. Wir wissen heute, dass eine unzulängliche Entwicklung der Sprechfähigkeit und des Sprachvermögens im späteren Leben nie mehr wettgemacht werden können. Deshalb lenkt Pisa unser Augenmerk auf die Zeitspanne vor der Einschulung. Wenn Kinder mit sechs oder sieben Jahren in die Schule kommen, muss ihre Sprechfähigkeit und ihr Sprachvermögen schon weit entwickelt sein, weil ansonsten die Schule keine Möglichkeit mehr besitzt, in den ersten Lebensjahren entstandene Mängel auszugleichen. Pisa verweist uns also mit Nachdruck auf die Lebensjahre eines Kindes vor seiner Einschulung: also auf die Aufgaben und die Bedeutung vor allem der Familie.

Entscheidend für die Entwicklung von Sprachfähigkeit und Sprechvermögen ist die Familie. Hier wird zuallererst Grund gelegt, was sich dann in den ersten Lebensjahren schnell entwickelt. Wo sonst ist der Ort, sprechen zu lernen? Wo der Ort, den Wunsch wach werden zu lassen, lesen zu lernen? Wo der Ort, neugierig zu machen auf das, was Sprache für unser Leben bedeutet?

Die Leselust, die einen Menschen ein ganzes Leben lang begleiten kann, wird geweckt durch das Vorlesen. Wer in seinem späteren Leben Lesen als Abenteuer erfährt, verdankt dieses unvergleichliche Erlebnis oft denjenigen, die durch Vorlesen die kindliche Phantasie angeregt haben.

Hier zeigt sich, dass die Entwicklung von Sprachvermögen und Sprechfähigkeit ganz unmittelbar etwas zu tun hat mit der Wiederentdeckung des Buches. Einer Gesellschaft, die keine Lesekultur kennt, wird es schwerlich gelingen, Kinder erfahren zu lassen, dass die Bewältigung von Welt nur mittels Sprache gelingen kann.

2.

Zudem werden wir nicht umhin können, den Kindergarten sehr viel stärker mit der Aufgabe zu betrauen, bei der Entwicklung der Sprechfähigkeit junger Menschen zukünftig eine maßgebliche Rolle zu spielen. Die Bedeutung einer Förderung des Sprachvermögens im Kindergarten kann angesichts der Ergebnisse von Pisa nicht mehr ernsthaft bestritten werden.

Der Kindergarten soll nicht zur Vorschule werden. Wir brauchen auch keine Curriculum für Kindertagesstätten und müssen Kindergärtnerinnen auch nicht zu Deutschlehrern weiterbilden. Aber wir haben allen Grund dafür zu sorgen, dass mit dem Zeitpunkt der Einschulung die Sprechfähigkeit und das Sprachvermögen von Kindern so entwickelt sind, dass sie nicht ihr ganzes späteres Leben unter Versäumnissen leiden, die auf eine mangelhafte Sprachförderung in den ersten Lebensjahren zurückzuführen sind.

Wir müssen darüber nachdenken, ob nicht – unter dem Dach der Grundschule – ein vorschulisches Angebot eröffnet wird, das allen Kindern ab fünf offen steht. Denkbar ist sogar, den Termin der Einschulung, der heute im bundesweiten Durchschnitt deutlich über dem gesetzlich vorgesehenen Termin, nämlich der Vollendung des 6. Lebensjahres, liegt, um ein Jahr vorzuziehen. In der Grundschule könnte dann ein vorschulisches Angebot eröffnet werden, von dem die Kinder – je nach Grad der Reifung und Entwicklung – ein, zwei oder höchstens drei Jahre lang Gebrauch machen. Anschließend werden sie in die (heutige) 3. Grundschulklasse überführt. Die Erfolge einschlägiger Schulversuche sprechen uneingeschränkt dafür.

Immer mehr werden in den nächsten Jahren Kindergärten wie auch Schule neben ihrem Erziehungs- und Bildungsauftrag auch einen Betreuungsauftrag erfüllen müssen. Deshalb stellt sich die Frage, wie der Ausbau von Ganztagsangeboten sehr viel stärker als heute für eine Verbesserung der Bildung genutzt werden kann. Das gilt insbesondere für die Zeit bis zum 10. Lebensjahr.

3.

Zu den wirklich beklemmenden Befunden der Pisa-Studie gehört es, dass in deutschen Schulen die Starken wie die Schwachen zu wenig Förderung erfahren. Im Unterricht muss beides gelingen. Die überdurchschnittlich Begabten müssen sich entfalten können und die unterdurchschnittlich Begabten dürfen sich nicht missachtet fühlen. Jedes Kind ist nach der Maßgabe seiner Fähigkeiten und Begabungen individuell zu fördern.

Wer fördern will, muss aber den Mut haben, auch von einem Kind Leistung zu fordern. Dem widersprechen vielfältige ‚Errungenschaften' der Bildungspolitik der letzten Jahre: ein Verständnis der Grundschule als Kuschelecke, der Verzicht auf die Benotung von Rechtschreibung, die Textanalyse der Gebrauchsanleitung eines Rasenmähers anstelle der Beschäftigung mit Goethes Iphigenie oder die Möglichkeit, ein ‚mangelhaft' in Deutsch durch ein ‚gut' im Fach Arbeitslehre auszugleichen.

Vieles von dem, was die Bildungspolitik in den letzten Jahren zugelassen und gewollt hat, vermittelt jungen Menschen den Eindruck, dass die Schule keinerlei Erwartungen an sie stellt. Wer nicht fordert, kann jedoch schwerlich fördern. Nur wer einem Menschen nicht vertraut, verzichtet darauf, ihn mit bestimmten Erwartungen zu bedenken. Immer noch meinen viele, dass der Verzicht auf Leistung einen Menschen glücklich macht. Das Gegenteil ist der Fall: Wer morgens verschlafen hat, und den Gipfelaufstieg deshalb versäumt, fühlt sich am Abend keinesfalls glücklicher als seine Freunde, die sich mit dem Aufgebot aller Kraft, in sengender Hitze und mit wundgelaufenen Füßen den Qualen einer Gipfelbesteigung unterzogen haben. Wer sich einer Anstrengung stellt, die seinen Möglichkeiten angemessen ist, erfährt, was es heißt, glücklich zu sein. Deshalb brauchen wir eine Kultur der Anstrengung: Nicht, um die Menschen zu quälen, sondern um ihnen Möglichkeiten zu eröffnen, ihr Lebensglück zu finden. Erfüllung erfährt nur, wer der Anstrengung nicht ausweicht.

Schule kann und muss diese Erfahrung vermitteln. Sie muss jeden jungen Menschen nach seinen Möglichkeiten fördern und fordern. Sie muss ihm Bücher zur Verfügung stellen, die nicht jede Lust am Lesen schon im Keim ersticken. Sie muss ihn erfahren lassen, welches Abenteuer es sein kann, sich in eine Lektüre zu vertiefen. Sie muss in einem jungen Menschen das Glücksgefühl wecken, das sich nur einstellt, wenn man nicht jeder Anstrengung auf Dauer ausweichen kann.

Leicht gesagt und schwer getan? Zweifellos – und Ratschläge, die am grünen Tisch, fernab des Schulalltags, entwickelt wurden, gibt es zuhauf. Deshalb ist entscheidend gar nicht so sehr, was jetzt die Politik in Pisa hineinliest oder aus Pisa herausliest. Entscheidend ist, dass wir in Deutschland gottlob viele, viele Tausende von Lehrerinnen und Lehrern haben, die sofort bereit sind, im Schulalltag das zu tun, was notwendig ist. Jeder Lehrer und jede Lehrerin verliert aber die Lust, wenn er oder sie sich allein gelassen fühlt. Und deshalb gilt: Die Gesellschaft darf Bildungspolitik nicht länger als das fünfte Rad am Wagen betrachten. Wir dürfen Lehrerinnen und Lehrer nicht länger bei der Wahrnehmung ihres Bildungsauftrages im Stich lassen.

Wir reden über Erziehung, die wir von Eltern und Lehrern, von Familie und Schule fordern. Wenn aber über Erziehungsziele diskutiert wird, scheut unsere Gesellschaft jede Festlegung. Wer ermutigt Eltern und Lehrer, ihren Erziehungszielen treu zu bleiben? Im Pluralismus der Erziehungsstile und Erziehungsziele sind solche Festlegungen verpönt. Deshalb ist Pisa alles andere als der ausgestreckte Zeigefinger gegenüber Schule und Familie. Pisa ist vor allem und zunächst die Frage, welche Bedeutung wir alle den Bedingungen von Bildung und Erziehung einräumen.

Mehr Wettbewerb im Bundesstaat: Vorschläge für eine Stärkung des Föderalismus in Deutschland

In den fünf Jahrzehnten seines Bestehens hat sich der Föderalismus in Deutschland nicht zu seinem Vorteil entwickelt. Im Gegenteil: In mancher Hinsicht ist er vom rechten Weg abgekommen. Da liegt es auf der Hand, dass vielfältige und begründete Klagen immer lauter werden: Klagen über ein System der Mischfinanzierung, das kaum noch durchschaubar ist und manchen falschen Anreiz setzt; Klagen über eine Verwischung von Verantwortlichkeiten, die am Ende gar nicht mehr erkennen lassen, wer für welche Entscheidung gerade zu stehen hat; Klagen über widersinnige Folgen des Bund-Länder-Finanzausgleichs, der im Ergebnis unter anderem dazu führt, dass eigene Anstrengungen zur Überwindung der Finanzschwäche kaum lohnend erscheinen.

Der verflochtene Föderalismus, der sich in Deutschland breit gemacht hat, gleicht in vielerlei Hinsicht einem Leviathan:

Er behindert Beweglichkeit, fördert Blockaden, bestraft eigene Anstrengungen der Länder – oder erschwert diese zumindest doch – und lähmt schließlich Leistungsfähigkeit und Leistungsbereitschaft. Während sich die Mütter und Väter des Grundgesetzes eindeutig zugunsten eines kompetitiven Föderalismus aussprachen, hat sich in den letzten Jahrzehnten in Deutschland ein kooperativer Föderalismus entwickelt, der mehr oder weniger alle Grundsätze der Durchschaubarkeit und der klaren Zuordnung von Verantwortlichkeit außer Kraft setzte.

Längst ist die Zeit gekommen, dieser Entwicklung gegenzusteuern. Doch scheint die Politik wie versteinert. Statt einen fruchtbaren Streit über die Regeln der Zusammenarbeit im Rahmen unserer bundesstaatlichen Ordnung zu führen, bevorzugt man Absprachen unter dem Tisch – immer wieder in nächtlichen Sitzungen der Gremien, die geschaffen wurden, um die Politikverflechtung weiter auszubauen.

Vorab sei gesagt: Die Neuordnung des Finanzausgleichs darf kein Hebel sein, die Diskussion über eine Länderneugliederung in Gang zu setzen oder gar die Existenz einiger Bundesländer infrage zu stellen. Was immer am Ende beschlossen wird, muss den Fortbestand auch der kleinen und der finanzschwachen Länder sicherstellen. Die deutschen Bundesländer sind keine Verwaltungsbezirke, die nach Belieben durch einfaches Gesetz zugeschnitten werden können. Sie sind Staaten, über deren Fortbestand und Grenzen der Souverän, die Bürger selbst, entscheidet. Diese Entscheidungen sind in der Vergangenheit unterschiedlich ausgefallen. Zuletzt wurde der Zusammenschluss von Berlin und Brandenburg in einer Volksabstimmung abgelehnt. Es wäre töricht, die Diskussion über eine Erneuerung unserer bundesstaatlichen Ordnung mit dem Versuch einer territorialen Neugliederung Deutschlands zu belasten.

Unter dieser Voraussetzung ist ein neues Regelwerk zu finden, das jedem Bundesland die Aufgabe zuweist, zunächst selbst für seine wirtschaftliche und finanzielle Lage verantwortlich zu sein. Diese Maxime erscheint in der deutschen Politik als eine offenbar ungeheuerliche Feststellung. Und doch spiegelt sie den Kerngedanken des Föderalismus, der die Autonomie der Entscheidung um einer klaren Verantwortlichkeit willen fordert. Eben diese Verantwortlichkeit ist heute im vielfältig miteinander verflochtenen Zusammenspiel zwischen Bund, Ländern und Gemeinden oftmals nicht mehr zu erkennen. Welcher Gemeinderat hat nicht schon ein Projekt nur deshalb beschlossen, weil es eine hohe Bezuschussung für die Maßnahme gab? Und umgekehrt gilt: Welcher Gemeinderat hat sich nicht schon bitter darüber beklagt, dass Bund und Länder Gesetze machen, die von den Kreisen und Städten finanziert werden müssen? Die Länder schieben Aufgaben dem Bund in die Schuhe, der sich in umgekehrter Richtung gerne rächt. Wer trägt die Verantwortung für die Hochschullandschaft in einem Bundesland? Wer für die Entwicklung der regionalen Wirtschaftsstruktur, für den sozialen Wohnungsbau, die Einkommenssituation der Landwirtschaft oder die Kosten der Sozialhilfe? Wer sorgt für ausreichende Kindergartenplätze: Der Bund durch Bundesgesetz, die Länder durch Landesgesetz, oder die Gemeinden, die den Löwenanteil der Kosten tragen? Die Beispiele zeigen: Es ist ein völlig undurchschaubares Knäuel an Zuständigkeiten, Vereinbarungen, Absprachen und Ansprüchen, Regeln und Sonderregeln entstanden, deren Sinnhaftigkeit sich beim besten Willen nicht mehr erschließt.

Die Zeit für eine Neuordnung ist gekommen. Eine solche Neuordnung muss den Föderalismus in Deutschland stärken. Vier programmatische Leitsätze weisen dieser Reform den Weg:

Zunächst ist es der Grundsatz der Subsidiarität. Ausgangspunkt unserer Staatsordnung ist die Verantwortung des freien Menschen für sich selbst. Erst dort, wo seine persönliche Entscheidung überfordert wird, tritt die Gemeinschaft subsidiär, also helfend, für ihn ein. Die Hilfe der Gemeinschaft und die Regeln, nach denen diese Hilfe gegeben wird, müssen der Verantwortung und der Selbständigkeit der Person verpflichtet sein. Dies geschieht am besten, wenn die Gemeinschaft sich in verschiedene Ebenen gliedert und immer die möglichst untere Ebene, die einen Lebensbereich umfasst, der für den Einzelnen überschaubar und erfahrbar ist, zu entscheiden hat.

Sodann ist es das Gebot der Gewaltenteilung. Dadurch wird der Gefahr der Zusammenballung von Macht vorgebeugt. Bundesstaatliche Ordnungen unterstützen und fördern die Gewaltenteilung durch eine zusätzliche vertikale Struktur.

Schließlich ist es der Maßstab der Nachvollziehbarkeit politischer Entscheidungen. Auch in modernen, komplexen Gesellschaften muss das politische Geschehen noch erklärbar und verstehbar bleiben. Eine staatliche Ordnung gewinnt dort an Zustimmung und Vertrauen, wo ihre Aufgaben klar bestimmt sind und das umfassen, was die kleineren Einheiten nicht mehr leisten können. Dieses Bedürfnis, auf der einen Seite großräumig teilzuhaben, aber auf der anderen Seite zu Hause entscheiden zu dürfen, äußert sich zunehmend in einer Zeit, der nach Meinung vieler die Globalisierung eine neue Richtung gibt.

Endlich sind es die Verfahrensregeln des Wettbewerbs. Kein anderes Verfahren ist vergleichbar erfolgreich, wenn es darum geht, die Suche nach der jeweils besten Lösung zu beschleunigen. Nur wer Wettbewerb zulässt, kann sich darauf verlassen, dass am Ende die bessere unter allen Lösungen gefunden wird. Maßstab für die Bewertung einer Lösung ist nicht ein Preisgericht, kein Schiedsmann und keine Runde von Fachleuten, sondern die große Zahl all derer – Bürger oder Verbraucher –, zu deren Nutzen eine Lösung gesucht wird. Deshalb gibt es auch keine demokratischere Verfahrensweise, als nach der besten aller Lösungen im Rahmen eines Wettbewerbsverfahrens zu suchen. Eine Wettbewerbsordnung ist das genaue Gegenteil einer – ihr fälschlicherweise oft unterstellten – Bevorzugung der Stärkeren. Sie ist eine Ordnung gleicher Chancen ohne Ansehung von Herkunft, Stand, Befähigung und Person. Eines allerdings kann eine Ordnung des Wettbewerbs nicht: Sie ist außerstande, Gleichheit bei den Ergebnissen zu gewährleisten. Am Ende gibt es Gewinner und Verlierer, freilich jeweils von Mehrheiten bestimmte Gewinner und Verlierer.

Eine Problemlösung mag ihren Erfinder noch so sehr überzeugen, wenn sich eine Mehrheit anders entscheidet und einem vermutlich besseren Vorschlag den Vorzug gibt, scheidet sie aus dem Verfahren aus. Um es an einem Beispiel zu sagen: Wenn jedes Bundesland Wissenschafts-, Hochschul- und Technologiepolitik auf eigene Rechnung betreibt, wird es nicht lange dauern, bis bestimmte Hochschulen einen regen Zuspruch erfahren, während andere um Studenten werben müssen.

Vor dem Hintergrund dieser vier Leitsätze muss eine Reform des Föderalismus und der Finanzverfassung unseres Bundesstaates fünf Gestaltungsziele erreichen. Wir brauchen:

- eine neue Verteilung der Gesetzgebungskompetenz von Bund und Ländern,
- eine neue Finanzverfassung der Bundesrepublik Deutschland,
- eine grundlegende Neuordnung des Länderfinanzausgleiches,
- eine Stärkung der Kommunalen Selbstverwaltung sowie
- eine Verankerung föderalistischer Strukturen in der Europäischen Union.

Diese fünf Ziele müssen Eingang finden in ein Konzept, das gleichermaßen schlüssig wie durchsetzbar ist.

Es ist an der Zeit, dass die Politik nicht länger vor dieser Aufgabe flüchtet. Die Reform des Föderalismus muss im Gegenteil ein ernstes Anliegen der Politik werden. Auch um die Entmachtung der Länderparlamente zu stoppen, bedarf es substanzieller Änderungen, weil ebenso flammende wie unverbindliche Appelle nicht mehr weiterhelfen. Wer den Föderalismus in seiner Substanz retten will, kann jetzt nicht länger die politische Auseinandersetzung scheuen. Deshalb ist es an der Zeit, genau zu beschreiben, wohin der Weg führen soll.

1.

Wir brauchen eine neue und klare Verteilung der Gesetzgebungszuständigkeiten von Bund und Ländern. Dazu muss in einem ersten Schritt die konkurrierende Gesetzgebung abgeschafft werden, da es ihr in hohem Maße zu verdanken ist, dass die Gesetzgebung der Länder durch die Gesetzgebung des Bundes ersetzt wird. An die Stelle der ursprünglichen Länderzuständigkeit ist in vielen dieser Fälle die Zustimmungspflicht des Bundesrates getreten. Zudem sollte auch die Rahmengesetzgebung des Bundes entfallen. An die Stelle der konkurrierenden Gesetzgebung wie der Rahmengesetzgebung kann dann eine Grundsätzegesetzgebung treten, die sich auf wenige Sachverhalte zu beschränken hat. Die ausschließliche Gesetzgebung der Länder wird für bestimmte, entsprechend ausgeweitete Zuständigkeitsbereiche festgelegt. Dazu gehören zum Beispiel das Kommunalrecht, das Schulwesen, das Hochschulwesen, die Förderung der wissenschaftlichen Forschung, die Medien einschließlich der Presse, das Vereins- und Versammlungsrecht, Land- und Forstwirtschaft, Teile des Rechtes der Wirtschaft, die öffentliche Fürsorge, Siedlungswesen und Wohnungsbauförderung, die Erhebung von Straßengebühren außer bei Bundesfernstraßen, die Krankenhäuser. Für Zuständigkeitsverlagerungen zugunsten internationaler Verträge zulasten der Länder, etwa im Rahmen der Europäischen Union, wird die Zustimmung der Landesregierung an ein imperatives Mandat der Landtage gebunden.

2.

Wir brauchen eine neue Finanzverfassung für die Bundesrepublik Deutschland. Auf der Ausgabenseite haben die Gemeinschaftsaufgaben von Bund und Ländern und die zahlreichen sonstigen Mischfinanzierungen die Verantwortlichkeiten bis zur Unkenntlichkeit verwischt. Im Sinne der Konnexität werden Gesetzgebungs- und Finanzierungsverantwortung zusammengeführt und in eine Hand gelegt. Auf alle Formen der Mischfinanzierung wird deshalb in Zukunft ersatzlos verzichtet. Auf der Einnahmeseite wird ein Trennsteuersystem eingeführt, bei dem der Bund den Ertrag der Mehrwertsteuer erhält, während die Länder den Ertrag der Einkommen- und Körperschaftssteuer erhalten. Den Ländern steht zukünftig das Recht zu, auf einer bundeseinheitlichen Bemessungsgrundlage Zu- oder Abschläge auf den Standardtarif zu erheben. Für die übrigen Ländersteuern, wie die Grundsteuer und die Erbschaftssteuer, erhalten die Länder eine volle Gesetzgebungshoheit. Der Kommunale Finanzausgleich wird durch eigenständige Steuereinnahmen der Gemeinden ergänzt und in ein ähnliches Ausgleichssystem überführt, wie es zukünftig zwischen den Ländern gelten soll.

3.

Wir brauchen eine grundlegende Neuordnung des Länderfinanzausgleiches. Das Urteil des Bundesverfassungsgerichtes vom 11. November 1999 hat leider nicht die erhoffte gründliche Neuordnung des Länderfinanzausgleiches nach klaren Maßstäben erreichen können. Mit einem zur Auslegung einladenden Maßstäbegesetz und der nachfolgenden Neufassung des Länderfinanzausgleiches im Solidarpakt II wurden nur geringfügige Veränderungen vorgenommen. Damit konnten die bestehenden Ungereimtheiten und Fehlsteuerungen nicht beseitigt werden. Nach wie vor ist es etwa so, dass ein Bundesland ohne die Mittel des Länderfinanzausgleiches bei den Steuereinnahmen pro Einwohner einen hinteren Platz einnimmt, nach Länderfinanzausgleich aber über höhere Einnahmen je Einwohner verfügt als die finanzstärkeren Länder. Jedoch haben diese beachtlichen Ausgleichszahlungen für die finanzschwächeren Länder bis heute nicht dazu geführt, dass diese ihre Wirtschaftskraft nachhaltig verbessert und so ihre Steuereinnahmen aus eigener Kraft erhöht hätten. Im Gegenteil: Die Schere öffnet sich, statt dass sie sich im Ländervergleich schließt. Das kann schon deshalb nicht verwundern, weil es überhaupt keinen Anreiz gibt, die eigene Wirtschafts- und Finanzkraft zu stärken, um über vergleichbar gute Einnahmen aus eigener Kraft zu verfügen. Eine Reform des Föderalismus kommt deshalb nicht ohne ein neues System des Länderfinanzausgleiches aus. Wenn die Aufgaben zwischen Bund und Ländern neu verteilt, Mischfinanzierungen abgeschafft und ein Trennsteuersystem mit Steuergesetzgebungszuständigkeiten der Länder eingeführt werden, muss der Länderfinanzausgleich ohnehin an die dann völlig veränderten Voraussetzungen angepasst werden.

Hier bietet sich ein verblüffend einfaches und klares System an, das alle nach gleichen Regeln und Maßstäben behandelt und dem grundsätzlichen Auftrag der Gleichwertigkeit der Lebensverhältnisse Geltung verschafft. Dieses neue System hilft, ein würdeloses Feilschen um Vergünstigungen im Zusammenspiel von Bundestag, Bundesregierung und Bundesrat zu vermeiden. Im Einzelnen werden dabei ganz im Sinne des Bundesverfassungsgerichtes die sich widersprechenden Sonder- und Ausnahmeregelungen wie ‚Hafenpauschalen' oder ‚Einwohnerveredelungen' aus der Welt geschafft.

Bei der Bemessung der Finanzkraft werden die Gemeindefinanzen zu 100 Prozent einberechnet. Der Bund füllt die Haushalte der besonders schwachen Länder auf 85 Prozent der durchschnittlichen Finanzkraft auf. Die Starken geben dann 50 Prozent dessen ab, was sie über dem Durchschnitt haben. Die Schwächeren erhalten im Gegenzug 50 Prozent dessen, was sie vom Durchschnitt trennt. Das sichert jedem Land eine Mindestausstattung von 92,5 Prozent der durchschnittlichen Finanzkraft. Bundesergänzungszuweisungen gibt es ausschließlich und zeitlich begrenzt für außerordentliche Haushaltsnotlagen, wie sie derzeit Bremen und das Saarland überwinden müssen, sowie für die Überwindung erheblicher Infrastrukturdefizite, wie sie derzeit noch die neuen Bundesländer zu bewältigen haben.

Dieses neue System des Länderfinanzausgleiches führt – Hand in Hand mit einer veränderten Finanzverfassung – zu einer angemessenen und nach einfachen Regeln anpassungsfähigen Verteilung des Steueraufkommens auf den Bund einerseits sowie die Länder und Gemeinden andererseits. Die Aufgaben von Bund und Ländern werden zunächst neu verteilt und die Mischfinanzierung zugunsten unmittelbarer Steuereinnahmen der Länder abgeschafft. Zu den neuen Aufgaben des Bundes ist im Gegenzug die Auffüllung der Länderhaushalte auf 85 Prozent der durchschnittlichen Finanzkraft zu rechnen. Damit werden die derzeitigen Bundesergänzungszuweisungen in Höhe von heute rund 15,5 Milliarden Euro zu einem erheblichen Teil ersetzt. Aus den neu festgelegten Aufgabenzuweisungen ist ein Schlüssel für die Aufteilung des gesamten Steueraufkommens auf Bund und Länder abzuleiten. Es ist deshalb müßig zu berechnen, ob Bund oder Länder bei einer neuen Finanzverfassung mit einem neu geordneten Länderfinanzausgleich Vorteile oder Nachteile zu erwarten haben. Wenn deren Steuereinnahmen im Rahmen des Trennsteuersystems diesem, den Aufgabenzuweisungen entsprechenden Schlüssel nicht gerecht werden, kann die dann entstehende Kluft über Ausgleichszahlungen zwischen Bund und Ländern nach der Maßgabe des zuvor festgelegten Verteilungsschlüssels für die Steuereinnahmen überprüft werden. Selbstverständlich ist dabei immer ein durchschnittlicher Normsatz für den Einkommensteuertarif zugrunde zu legen, für den Länder und Gemeinden im neuen System ja ein eigenes Hebesatzrecht erhalten sollen. Wahlweise kann als Ausgleichsinstrument auch eine variable Beteiligung an der Mineralölsteuer als dann einziger und neuer Gemeinschaftssteuer in Betracht gezogen werden.

Die Haushalte der Länder unterscheiden sich heute immer weniger von den kommunalen Haushalten. Ein Land ist nicht mehr wirklich

Herr seines Budgets. Nur 2 bis 5 Prozent der Ausgaben sind ohne umfängliche Gesetzes- oder sogar Verfassungsänderungen tatsächlich gestaltbar. Ein Land wie Rheinland-Pfalz zum Beispiel bezieht fast 7,5 Prozent seiner Einnahmen aus dem Finanzausgleich. Eine Änderung des Finanzausgleiches muss folgerichtig zu mehr Gestaltungsfreiheit bei den Einnahmen wie den Ausgaben führen. Deshalb sollte der Auftrag des Bundesverfassungsgerichtes, den Länderfinanzausgleich neu zu ordnen, als Chance für eine umfassende Reform des Föderalismus begriffen werden, damit am Ende eine klare Zuordnung von Einnahmen- und Ausgabenverantwortung auf allen Ebenen der staatlichen Ordnung erkennbar wird.

Eine Finanzverfassung und ein Ausgleichsmodell auf der Grundlage der hier vorgestellten Leitsätze hätte entscheidende Vorteile für alle Beteiligten: Jedes Land erhält den Lohn für seine Anstrengungen, Wirtschaftskraft und Wohlstand zu mehren. Heute wird dieser Lohn weithin vorenthalten. Jedes Land hat zukünftig ein Interesse, seine Mittel sparsam und wirtschaftlich einzusetzen; heute bleiben sowohl Misswirtschaft als auch Sparsamkeit weitgehend folgenlos, da über die Ausgleichssysteme anschließend eine Anhebung oder eine Absenkung nahezu auf das Durchschnittsniveau erfolgt.

In wirklicher Not soll niemand alleine gelassen werden. Deshalb muss es auch in Zukunft ein Ausgleichssystem geben. Aber dieses Ausgleichssystem kann nicht weiter auf der Grundlage der heute allüberall geübten Politikverflechtung stattfinden. Voraussetzung für eine Neuordnung der Ausgleichssysteme ist eine Politikentflechtung, eine klare Abgrenzung der Verantwortlichkeiten und eine Rückgewinnung von Gestaltungsfreiheit zugunsten der einzelnen, vorzugsweise unteren Ebenen unserer bundesstaatlichen Ordnung.

Bevor Karlsruhe gezwungen wird, ein neues Konzept im Detail der Politik zu diktieren, sollte die Politik selbst sich um ein neues Konzept bemühen. Zu Recht wird im Blick auf die zu Ende gehende Regierungskonferenz der Mitgliedstaaten der Europäischen Union immer lauter eine Klärung der Kompetenzkompetenzfrage angemahnt. Aber ist diese Mahnung gegenüber Brüssel wirklich glaubwürdig, wenn die Bundesländer angesichts der eigenen Hausaufgaben versagen?

Eine Debatte über die Zukunft des Föderalismus in Deutschland ist überfällig. Man mag dem früheren Staatsminister im Bundeskanzleramt, Michael Naumann, der seinerzeit den deutschen Föderalismus als

„Verfassungsfolklore" und „Ausdruck der Angst der Deutschen vor sich selbst" verunglimpft hat[15], geistige Verirrung unterstellen, sollte aber nicht davon ausgehen, dass diese Äußerung unbedacht erfolgt ist.

Das Bekenntnis zum Föderalismus ist in der Berliner Republik weniger selbstverständlich denn je und gerade deshalb weit dringlicher als zuvor.

Das Bekenntnis zum Föderalismus ist ohne ein Bekenntnis zum Grundsatz der Subsidiarität nicht zu haben. Auch deshalb ist es dringlicher denn je, die Erneuerung des Föderalismus in Deutschland in Angriff zu nehmen, damit in Zukunft unsere bundesstaatliche Ordnung wieder aus sich selbst heraus überzeugt – durch ihre Leistungsfähigkeit, eine klare Zuordnung politischer Verantwortlichkeit und eine bessere Nachvollziehbarkeit ihrer Entscheidungsabläufe.

Die Vernetzung der Aufgaben erkennen

Ohne Frage steht unser Land vor mehr Schwierigkeiten als den hier angesprochenen. Und natürlich sind die Vorschläge, die hier gemacht wurden, nicht geeignet, alle Fragen zu beantworten.

Aber die hier zur Sprache gebrachten Schwierigkeiten sind die, die als erste angegangen werden müssen – und zwar in einer Weise, die der vielfältigen Vernetzung der Probleme Rechnung trägt. Darum bemüht sich der hier gemachte Vorschlag: die dringlichsten Herausforderungen nicht jeweils für sich, sondern in ihrem vielfältigen Zusammenhang anzugehen.

Wahrscheinlich bleibt uns keine andere Wahl, als zunächst die ersten, allerdings entscheidenden Schritte zu tun. Weitere Schritte werden, in Abhängigkeit der Reichweite der eingeleiteten Veränderungen, folgen müssen.

Wichtig ist nur, dass wir uns entscheiden, wirklich etwas Neues zu beginnen. Damit das gelingen kann, muss sich am Beginn der Debatte alles auf die eine, einzige Frage beschränken: Wo liegt unser Ziel, dem wir alle anderen Ziele zuordnen? Was wollen wir erreichen? Kurzum: was ist uns das Wichtigste?

Meines Erachtens kann die Antwort nur lauten: Wir müssen alles tun, damit wieder sozialversicherungspflichtige Arbeitsplätze in Deutschland entstehen, die Arbeitslosigkeit abgebaut werden kann und wir eine Belebung des Arbeitsmarktes – vor allem auch im Lohneingangsbereich – erreichen. Dafür sind die Voraussetzungen zu schaffen. Alles hat sich zunächst auf dieses Ziel hin zu richten.

Wenn wir uns in der Mangelwirtschaft einrichten, oder uns gar mit ihr abfinden, werden wir keiner einzigen Herausforderung erfolgreich begegnen können. Deshalb brauchen wir so dringlich eine Schubumkehr der Kräfte. Im Augenblick beschleunigt sich die wirtschaftliche Talfahrt. Unser Ziel muss es aber sein, auf den Wachstumspfad zurückzukehren. Wir müssen eine neue ökonomische Dynamik erreichen. Die Politik steht in der Verantwortung, dafür die Weichen zu stellen, sprich: den Ordnungsrahmen zu schaffen. Nur dann wird jenes Ziel zu erreichen sein, das – nicht zuletzt um der Zukunft der sozialen Sicherheit willen – im Mittelpunkt aller Anstrengungen und Bemühungen stehen muss: das Ziel nämlich, den Arbeitsplatzverlierern die Chance zu eröffnen, zu Arbeitsplatzgewinnern zu werden. Jeder Hilfsempfänger, der wieder zum Steuer- und Beitragszahler wird, unterstützt die Zukunftssicherung unserer Gesellschaft und trägt dazu bei, dass der Spielraum für eine gestaltende Politik zurückgewonnen wird.

6. Christlicher Glaube und politische Verantwortung

Christlicher Glaube und politische Ethik *

Das politische Selbstverständnis der westeuropäischen Demokratien hat sich in der zweiten Hälfte des 20. Jahrhunderts maßgeblich verändert. Unter dem Eindruck der Zerstörung durch Krieg und Gewaltherrschaft suchte die Politik in allen westlichen Demokratien Europas nach dem Ende des 2. Weltkrieges eine Wertbindung, die Schutz vor einem neuerlichen Rückfall in den Nihilismus versprach. Sie setzte gegen die Menschenverachtung totalitärer Ideologien eine politische Ethik, die im weiteren Sinne ohne Rückbindung an den christlichen Glauben nicht vorstellbar gewesen wäre. Philosophische Strömungen, die – wie beispielsweise der Existentialismus oder der Neomarxismus – von dieser Bindung Abstand nahmen, blieben in Deutschland wie in Westeuropa zunächst ohne maßgeblichen Einfluss auf das politische Selbstverständnis und seine Bindung an ethische Grundüberzeugungen.

Das änderte sich im Laufe der Jahrzehnte. Die christliche Soziallehre erlitt einen Bedeutungsverlust, der nicht ohne Folgen für die politische Ethik bleiben konnte. An die Stelle der Naturrechtslehre als Herzstück einer christlich inspirierten Gesellschaftsphilosophie traten immer stärker andere Leitbilder in den Vordergrund, die Toleranz und Pluralismus zum wichtigsten Dreh- und Angelpunkt des politischen Selbstverständnisses der westeuropäischen Demokratien bestimmten. Natürlich hatten diese Begriffe auch schon zuvor ihre Geltung. Neu hingegen war, dass sie zum obersten und wichtigsten Maßstab wurden, nach dem eine politische Ordnung zu beurteilen schien. Damit wurde eine Entwicklung ausgelöst, die Abschied nahm von einer Bindung der politischen Ethik an christliche Glaubensüberzeugungen. Infolge dieser Entwicklung verbreitete sich ein Lebensgefühl der Beliebigkeit, die von vielen als Befreiung von einem allzu bevormundenden Regelwerk einengender Vorschriften verstanden wurde.

Heute stehen die westlichen Demokratien ziemlich fassungslos vor dem Ergebnis dieser Entwicklungen. Der Begriff von Freiheit hat seine Konturen eingebüßt und verliert sich ins Unbestimmte. Maximen, die ehemals Orientierung für die persönliche Lebensgestaltung wie die öffentlichen Angelegenheiten gaben, sind zerstört oder doch zumindest auf den Rang eines willkürlichen Leitbildes herabgestuft. Auf dem Markt der Möglichkeiten behaupten sich viele Meinungen,

* Erstveröffentlichung 2003

aber keine Überzeugung kann mit Aussicht auf Erfolg geltend machen, anderen überlegen zu sein. Gleichberechtigt steht Angebot neben Angebot.

Am meisten Aufmerksamkeit erhält, wer gegen eine Regel verstößt oder eines der noch vorhandenen wenigen Tabus verletzt. So wie sich die Lebensentwürfe vieler Menschen als eine Art Flickenteppich gestalten, so scheinen weltanschauliche Richtungen oft nicht mehr zu sein als verlockende Kaufangebote im Schaufenster eines Warenhauses; der Käufer ist eingeladen, das auszuwählen, was ihm gerade gefällt und seinem augenblicklichen Geschmack entgegenkommt.

Andere Kulturen begegnen einer solchen Entwicklung mit tiefer Verachtung. Sie sehen darin einen Verrat an Ordnungsvorstellungen, über die sich der Mensch nicht ungestraft hinwegsetzen kann, und fühlen sich aufgefordert, eine solche Zivilisation zu vernichten – bis hin zur Anwendung terroristischer Gewalt. Auch im Inneren verführen solche Zeiten der Sinnkrise und des Orientierungsverlustes zu totalitärem Denken. Wo nichts mehr Geltung hat, ist die Gefahr groß, der unverbindlichen Beliebigkeit durch die Flucht in geschlossene Weltbilder zu entkommen.

In der Tat: Was helfen die Leitbegriffe von Pluralismus und Toleranz, wenn es nicht mehr möglich ist, die Grenzen von Toleranz und Pluralismus zu bestimmen? Wenn aber eine Gesellschaft nicht mehr in der Lage ist, diese Grenzen zu bestimmen, dann ist sie sich ihrer selbst längst nicht mehr sicher. Das aber heißt: Es ist an der Zeit, dass die freiheitlichen Demokratien sich ihrer Grundlagen neu vergewissern und auf den Weg machen, das zu bestimmen, was keine Relativierung duldet.

Anlässe dazu gibt es genug: neue Möglichkeiten, die uns die Biowissenschaften eröffnen, die Diskussion über den Embryonenschutz und die Sterbehilfe, die Frage nach der weltweiten Geltung von Menschenrechten. Das sind nur einige Stichworte. Unsere Welt wächst zusammen, immer größere Entfernungen überwinden wir in immer kürzerer Zeit, Kulturen beginnen sich zu vermischen – und gleichzeitig voneinander abzugrenzen, immer mehr Probleme fordern grenzüberschreitende, ja weltweit geltende Lösungen. Gleichzeitig wächst die Angst vor dem Verlust von Geborgenheit und Sicherheit. Die Fülle der Lebensstile wird von Tag zu Tag reichhaltiger. Wir erfahren, dass die Möglichkeiten der eigenen Lebensgestaltung immer größer werden, gleichzeitig aber die Berechenbarkeit der eigenen Lebensplanung sinkt. Diese Ambivalenz ist heute eine prägende und verbreitete Lebenserfahrung. Viele, gerade junge Menschen fühlen sich angesichts dieser Doppelgesichtigkeit unserer Kultur alleine gelassen, zumal Bereitschaft und Mut zur Erziehung sinken. Kindergarten und Schule werden mit Erziehungsaufgaben überfrachtet, während die Erziehungskraft der Familie immer stärker bedroht zu sein scheint.

Eine Gesellschaft braucht gemeinsame Maßstäbe, um ein friedliches Zusammenleben gewährleisten zu können. Wo aber finden sich solche Maßstäbe, die als allgemein verbindlich anerkannt werden? Wie lassen sich solche Maßstäbe begründen, was spricht für ihre Verbindlichkeit? Ist es überhaupt möglich, dass eine freiheitliche Gesellschaft ihre mehrheitlich bestimmten Ziele an gemeinsamen Maßstäben ausrichtet?

Neue Entwicklungen in den Biowissenschaften

Die Hilflosigkeit, ethische Fragen mit zureichender Verbindlichkeit zu beantworten, um so zu politischen Regeln zu finden, zeigt sich beispielhaft im Umgang mit den neuen Möglichkeiten der Biowissenschaften.

Diese Hilflosigkeit mag zunächst überraschen, da doch unsere Verfassung einen unmissverständlichen Maßstab zur Beurteilung aller Zweifelsfragen an die Hand zu geben scheint: Die Behauptung der Unantastbarkeit und der Unverletzlichkeit menschlicher Würde fasst in einem Satz zusammen, was das christliche Menschenbild im Kern ausmacht. Dieser Satz ist zugleich Dreh- und Angelpunkt unserer Verfassung.

Der Hinweis auf die Unantastbarkeit der Würde eines jeden Menschen gilt universell, unabhängig von der körperlichen und geistigen Leistungskraft, dem jeweiligen Entwicklungsstand und den verschiedenen Lebenslagen. Er gilt aber auch unabhängig von kulturellen Prägungen und religiösen Überzeugungen.

Nun erleben wir jeden Tag, wie der Versuch unternommen wird, die universelle Gültigkeit dieses Satzes einzuschränken. Gelegentlich geschieht dies – etwa im Blick auf ein unterschiedliches Verständnis von Grundrechten – mit dem Verweis auf andere Menschenbilder fremder Kulturen. Immer häufiger aber wird die universelle Bedeutung dieses obersten aller Menschenrechte auch infrage gestellt im

Blick auf den Anfang und das Ende des menschlichen Lebens selbst. Präimplantationsdiagnostik und Euthanasie, Embryonenschutz und Sterbehilfe beinhalten Fragen, die ganz unterschiedlich beantwortet werden, je nachdem, ob die Würde des Menschen unbedingt oder bedingt gilt.

Viele in unserer Gesellschaft neigen dazu, solche Fragen von Fall zu Fall zu beantworten. Eine Lösung soll dann im Gespräch der beteiligten Wissenschaften gefunden werden. Die Gründung eines Nationalen Ethikrates folgt dieser Vorstellung, so als ob unterschiedliche Überzeugungen im Verlauf eines Gespräches in Einklang gebracht werden könnten. Das mag gelingen, wenn Überzeugungen gemeint sind, die sich auf Bedingtes beziehen. Wo aber das Unbedingte, nämlich die Würde des Menschen, im Mittelpunkt steht, gilt auch der Maßstab des Unbedingten. Hier hilft dann nicht das gesellschaftliche Resümee moralischer Erwägungen; Ethik wäre in diesem Fall nichts anderes als der Spiegel der Gesellschaft. Auch hilft es nicht, Verantwortung zu bestimmen als die Quersumme aller Urteile der Beteiligten. Denn wer der Verzweckung des Menschen widerstehen will, wird nicht umhin können, den Menschen immer auch als Zweck an sich zu sehen.

Dann aber kommt der Maßstab des Unbedingten ins Spiel, zu dem jede Ethik des Bedingten in einem unaufhebbaren Widerspruch steht. Für die bioethische Debatte bedeutet dies, dass auf der Grundlage des christlichen Menschenbildes nichts anderes gelten kann, als der unbedingte und unantastbare Schutz des Lebens um seiner Würde willen – von Beginn an bis zu seinem Ende.

Arbeit und Wirtschaft

Seit vielen Jahren wird Deutschland von der Geißel der Arbeitslosigkeit heimgesucht. Es sind strukturelle Gründe, die diese Arbeitslosigkeit immer höher steigen lassen. Die Bruttokosten eines Arbeitsplatzes in Deutschland sind im Vergleich zu anderen Industriegesellschaften die höchsten, während wir bei den Nettolöhnen längst keinen Spitzenplatz einnehmen. Es sind die viel zu hohen Lohnzusatzkosten, die verhindern, dass neue Arbeitsplätze entstehen. Heute muss ein Facharbeiter rund fünf Zeitstunden arbeiten, um sich mit dem, was von seinem Verdienst netto übrig bleibt, eine einzige Arbeitsstunde, gerechnet zu Bruttokosten, zurückkaufen zu können.

Andere Hemmnisse treten hinzu: Die immer mehr erschwerte und erst jüngst wieder leichter nutzbare Möglichkeit, befristet einzustellen, der bürokratische Aufwand, der mit der Schaffung eines Arbeitsplatzes einhergeht, unzulängliche Bildungsstandards besonders bei den Grundfertigkeiten im Schreiben, Lesen und Rechnen. All dies und noch mehr verhindert, dass der Arbeitsmarkt in Deutschland in Bewegung kommt.

Statt diese strukturellen Hemmnisse zu beseitigen, verfolgen große Teile von Politik, Gewerkschaften, Verwaltung und Interessenverbänden eine Linie, die im Ergebnis die Arbeitsplatzbesitzer immer besser stellt – um den Preis, dass die Arbeitsplatzsuchenden daran gehindert werden, in Lohn und Brot zu kommen. Für sie wird ein Füllhorn sozialer Ersatzleistungen bereitgehalten, das – vor dem Hintergrund, dass alles Bemühen, einen neuen Arbeitsplatz zu finden, allzu oft zum Scheitern verurteilt ist – verständlicherweise mit Zähnen und Klauen verteidigt wird.

Alle wissen, dass diese Verschwendung menschlicher Leistungskraft nicht länger mehr bezahlbar ist. Wichtiger aber noch: Alle wissen, dass diese Politik immer mehr Menschen bitteres Unrecht zufügt, indem es Leistungsbereitschaft lähmt sowie den Wunsch nach einer staatlich gewährleisteten Rundumversorgung nährt, und mit der Unantastbarkeit menschlicher Würde schlechterdings nicht vereinbar ist. Das gilt übrigens auch unter dem Gesichtspunkt der Nachhaltigkeit, indem Lebensmöglichkeiten künftiger Generationen über Gebühr eingeschränkt werden, weil wir Aufgaben von heute auf Kosten der Menschen, die morgen leben, bezahlen.

Eine Politik, die dem christlichen Menschenbild folgt, muss für alle das Tor zu einem Leben in eigener Verantwortung offen halten. Das gilt vor allem für die Beteiligung eines jeden am Arbeitsgeschehen. Die Tür zur Arbeitswelt muss wieder offen stehen auch für die, die heute ohne jedes Verschulden und wegen struktureller Hemmnisse daran gehindert werden, einen Arbeitsplatz zu finden.

Ordnung des Zusammenlebens: Familie und Gesellschaft

In einer freiheitlichen Gesellschaft entscheidet jeder für sich, welchem Lebensentwurf er folgt und welche Lebensform er wählt. Dem staatlichen Zugriff bleibt beides entzogen. Nur die Verfassung steckt den Rahmen ab, innerhalb dessen jeder Bürger in seiner Verantwortung und auf der Grundlage des Rechtes zur Selbstbestimmung sein Leben gestaltet.

Entscheidungen, die sich auf die persönliche Lebensgestaltung beziehen, sind von Staat und Gesellschaft zu achten. Gleichwohl ist es richtig und gerechtfertigt, bestimmte Lebensformen – beispielsweise in der Verfassungsordnung oder durch politische Festsetzungen – einer besonderen Förderung zu empfehlen und etwa in der Steuerpolitik bevorzugt zu behandeln. Mit gutem Grund hat unser Grundgesetz deshalb Ehe und Familie gegenüber anderen Formen des Zusammenlebens hervorgehoben. Sie tut dies mit Bedacht. Denn eine freiheitliche Gesellschaft ist überlebensnotwendig auf diese Institutionen angewiesen. Ehe und Familie sind gleichsam das Fundament, auf denen die freiheitliche Gesellschaft aufbaut: Nur in der Familie werden Regeln eingeübt und Verhaltensweisen gelernt, die für den Bestand der Gesellschaft als Ganzes unverzichtbar sind. Nur in der Familie macht ein junger Mensch die Erfahrung wechselseitiger Verlässlichkeit und Hilfsbereitschaft, lernt er, seine Erwartungen mit den Erwartungen anderer in Einklang zu bringen, im Widerstreit der Meinungen sich zu behaupten, ohne andere zu verletzen, und sich im Zusammenspiel mit anderen zu verstehen. In der Familie als der zu allererst erfahrenen Gemeinschaft wird von Generation zu Generation das Ethos einer Gesellschaft auf ganz natürliche Weise erzeugt. Denn Ethos meint zunächst nichts anderes als die Abstimmung von Verhaltensweisen, die aus den wechselseitigen Erwartungen hervorgehen und schließlich um der Verlässlichkeit willen zu Regeln geformt werden. Deshalb beginnt für jeden Menschen der Weg vom Ethos zur Ethik in der Familie, ausgehend von der Erfahrung des Umganges mit dem Mitmenschen bis hin zu den Grundsätzen der eigenen Lebensbewältigung.

Ein Kind erfährt in der Familie, was es bedeutet, sich auf die Bindung an Regeln im Umgang mit anderen Menschen verlassen zu können. Ohne die unterstellte Verläßlichkeit in der wechselseitigen Befolgung solcher Regeln zum Nutzen aller kann keine Gesellschaft bestehen. Ihren lebhaftesten Ausdruck findet dieses Verständnis einer Bindung an Regeln in den Institutionen von Ehe und Familie. Unter Regeln, wie sie hier verstanden werden, sind Verhaltensweisen zu verstehen, die sicherstellen, dass andere Menschen im eigenen Handeln nie unberücksichtigt bleiben. In diesem Sinne spiegelt die Gesellschaft nichts anderes als das, was die innere Verfaßtheit von Ehe und Familie ausmacht.

Keine andere Lebensform ist für die Gesellschaft so unverzichtbar, keine andere kann diesen Raum der Erfahrung so unmittelbar eröffnen. Was zunächst als befremdliche Einengung und Einschränkung gelten mag, nämlich die Berücksichtigung Dritter in den eigenen Handlungsmöglichkeiten, erweist sich bei näherem Hinsehen als schierer Freiheitsgewinn. Unter dieser Maßgabe ist die Ehe gleichsam die institutionelle Grundform, die in der Familie generationenübergreifend entfaltet wird. Denn nur in der Reziprozität verlässlicher Regeln eröffnet sich die Möglichkeit der Erfahrung von Freiheit und Selbstbestimmung. Wer ständig vor dem anderen auf der Hut sein muss, weil er befürchtet, dass er hinter's Licht geführt wird, weil es keine gemeinsamen und verbindlichen Regeln gibt, die das Verhalten Dritter berechenbar machen, wird alle Kraft daran setzen müssen, sich vor Übergriffen zu schützen. Eine freiheitliche Lebensform ist so nicht aufrecht zu erhalten, ja, sie gerät sogar leicht zur Bedrohung, wenn sie nicht durch eine anerkannte Ordnung ihre Gestalt gewinnt.

Ehe und Familie stehen unter dem besonderen Schutz des Staates. Sie stehen mit anderen Lebensformen, so sehr diese Achtung verdienen, nicht auf ein und derselben Stufe. Eine Gesellschaft, die unter dem Gesichtspunkt der Gleichheit die Freiheit des einen mit der Freiheit des anderen in Übereinklang bringen will, kann auf den Erfahrungsraum von Ehe und Familie nicht verzichten. Sie kann auch nicht zulassen, dass gleichgeschlechtliche Lebenspartnerschaften beispielsweise dieselbe Förderung erhalten wie Ehe und Familie.

Mehr noch: Die Politik hat dafür zu sorgen, dass auch unter veränderten gesellschaftlichen Bedingungen die Überlebensfähigkeit von Ehe und Familie gewahrt wird, indem sie die Voraussetzungen für eine Stärkung der Erziehungskraft von Familien schafft. Dies bedeutet, dass nicht nur ein finanzieller Ausgleich für die Leistungen, die für die Gesellschaft als Ganze erbracht werden, erfolgt. Unterstützung von Ehe und Familie meint in diesem Zusammenhang weit mehr: nämlich die Gleichwertigkeit von häuslicher Familienarbeit und außerhäuslicher Erwerbstätigkeit sowie die Sicherstellung ihrer Vereinbarkeit. Dass die Politik auf diesem Feld ihre Hausaufgaben noch lange nicht erledigt hat, ist traurig und ärgerlich zugleich.

Wenn der tiefere Grund für die Vorrangstellung von Ehe von Familie nicht entfallen soll, verbietet sich der Weg, die Erziehungsleistung auf staatliche Einrichtungen zu übertragen. Nur wenn die Familie als

Raum der ursprünglichen Erfahrung einer wechselseitig übernommenen und verlässlich zugesprochenen Verantwortung begriffen wird, bleibt sie in ihr Recht gesetzt. Umso wichtiger ist es, nach Wegen zu suchen, den Erfahrungsraum von Familie offen zu halten. Vor allem im Blick auf die Vereinbarkeit von Familie und Beruf muss die Politik bereit sein, größere Anstrengungen auf sich zu nehmen und nach neuen Möglichkeiten zu suchen, gerade auch anderen Lebensformen einen Zugang offen zu halten, Familie werden zu können.

Wer die Familie unter den heutigen Bedingungen retten will, darf seine Hoffnung nicht nur auf Krippen, Kindertagesstätten und Ganztagsschulen richten. Er muss vielmehr danach fragen, wie Eltern geholfen werden kann, ohne dass eine schleichende Verstaatlichung der Erziehungsarbeit erfolgt. Hier ist beispielsweise an ein Netzwerk von Tagesmüttern zu denken. Das gibt es in Deutschland so selten wie generationenübergreifende Wohnformen.

Ethik und Politik

Die drei genannten Beispiele – Herausforderungen der Biowissenschaften, Arbeit und Wirtschaft sowie die Frage nach der Ordnung unseres Zusammenlebens – erfordern von der Politik einen Maßstab der Beurteilung, den die Politik selbst nicht bereithalten kann. Sie muss sich dieses Maßstabs vergewissern, indem sie sich ein Orientierungswissen aneignet, das über die bloße Beschreibung der Sachfragen hinausgeht. Die ausführliche Erörterung in der Sache reicht nicht aus, um die offenen Streitfragen mit ausreichend guten Gründen beantworten zu können.

Die Ethik bietet jenes Orientierungswissen, dessen die Politik sich bedienen muss. Nun ist die Ethik ihrerseits eine Wissenschaft, die nicht aus sich selbst heraus zu abschließenden Antworten findet. Auch sie beruht auf Voraussetzungen, die sie auch dort nicht leugnen kann, wo sie scheinbar zu einvernehmlichen Antworten findet. Dabei ist der Ursprung aller Ethik nichts anderes als das Bemühen von Menschen, um ihres Einvernehmens willen Regeln zu finden, die hingenommen und getragen werden können, weil die Handlungseinschränkungen, die jede Regel mit sich bringt, abgegolten werden durch erhebliche Vorteile, die beispielsweise entstehen, wenn das Verhalten Dritter verlässlich und berechenbar wird, weil auch diese sich den gemeinsamen

Regeln unterordnen. Die unmittelbare Folge solcher handlungsbegrenzender Regeln ist ein Gewinn an Freiheit.

Wo Regeln des Zusammenlebens ihren Sinn nicht verfehlen sollen, erhalten sie den Rang einer Vorschrift. Die Ethik gibt uns solche Vorschriften als Regel an die Hand. Nun lassen sich in einer Vielzahl von Fällen auch ganz andere Vorschriften denken als die, die wir ‚ethisch' nennen. Deshalb muss sich Ethik immer ihrer Voraussetzungen bewusst sein und diese benennen. Wo beispielsweise der Verzweckung des Menschen widersprochen und seine Entwürdigung als eine Leugnung seines Menschseins gebrandmarkt wird, kommen Wertungen ins Spiel, die über das hinausgehen, was ein Ethos mit Fug und Recht an ursprünglichen Verhaltenserwartungen gegenüber dem gemeinschaftlichen Zusammenleben von Menschen zum Ausdruck bringt.

Menschenbild und Gesellschaft

Wo Menschen zusammenleben, wo sich zivilisierte Formen des Umgangs entwickeln und die Frage nach dem Sinn allen Tuns aufleuchtet, entwickelt sich ein Menschenbild. Wo Menschen beginnen, sich ihrer selbst zu vergewissern, kann der Frage nach dem eigenen Selbstverständnis nicht länger ausgewichen werden. Bevor jedoch eine Ethik die Frage nach dem rechten Tun beantworten kann, muss zuvor ein Menschenbild Antwort auf die Frage geben, welchem Maßstab die Unterscheidung von rechtem und falschem Tun folgt. Das einer Ethik zugrunde liegende Arrangement von Werten ist immer auch der Spiegel eines Menschenbildes, das seinerseits die Grundlage jeder Beurteilung menschlichen Tuns und Lassens ist.

Was für die Beziehung zwischen Ethik und Menschenbild gilt, das gilt genauso für die Beziehung zwischen Politik und Menschenbild. Auch die Entscheidungen der Politik sind hinsichtlich ihrer Wertung gänzlich abhängig von dem Menschenbild, das ihr zugrunde gelegt wird. Ob politisches Handeln als richtig und gut gelten darf, bemisst sich vorab am Maßstab des Menschenbildes, das aller Politik vorausgeht.

Es ist das christliche Menschenbild, das nicht nur die Mütter und Väter unserer Verfassung sich zu eigen gemacht haben. Dieses christliche Menschenbild hat darüber hinaus wie kein anderes Bild vom Menschen die europäische Kultur über zwei Jahrtausende hinweg geprägt.

Jüdische, antike und vor allem christliche Einflüsse haben ein Bild vom Menschen gezeichnet, das weltweit als einmalig und einzigartig gelten darf. Es sieht den Menschen mit einer Würde ausgestattet, die von keinem anderen Menschen angetastet werden darf. Diese Würde ist jedem Menschen zu eigen – ganz unabhängig von seiner physischen oder psychischen Leistungskraft, seiner Befindlichkeit, seiner Hautfarbe, seiner Herkunft, seinem Einkommen, seiner körperlichen Verfassung und seinen geistigen Fähigkeiten. Diese Würde eines jeden Menschen und ihre ausnahmslos geltende Unantastbarkeit sind jedem Menschen als Person zugesprochen. Das christliche Menschenbild sieht den Menschen als Person, also nicht nur als Teil einer Gattung, als Ergebnis der Evolution, als Mitglied einer Rasse oder einer Klasse. Die Gemeinsamkeit aller Menschen, ihre Gleichheit, begründet sich in der Personalität eines jeden einzelnen Menschen.

Das christliche Menschenbild sieht in der Gottesebenbildlichkeit des Menschen den tiefsten Grund seiner Personalität. Da jeder Mensch von Gott nach seinem Bild erschaffen wurde, ist ihm von Anbeginn an eine unverfügbare Würde zugesprochen. Eine Ethik, die am Menschen und der Person Maß nimmt, kommt nicht umhin, allen Menschen ausnahmslos und in gleicher Weise eine Würde zuzusprechen, die auch im Blick auf noch so hehre Ziele von niemandem angetastet werden darf.

So sehr dieses Menschenbild vom christlichen Glauben beseelt ist, so wenig muss dieses Menschenbild nur für diejenigen gelten, die sich der christlichen Glaubensgemeinschaft zurechnen. Im Gegenteil: Das christliche Menschenbild kann in einer Sprache beschrieben werden, die nicht einer Glaubenswahrheit verpflichtet ist. So begründet das Vermögen, sich selbst Zwecke setzen zu können, die Würde des Menschen. Diese Freiheit, sich selbst Zwecke setzen zu können, ist eine praktische Gewissheit, die immer nur mir selbst offenbar sein kann. Da jeder Mensch das Wissen seiner Würde und seiner Freiheit nur für sich, also subjektiv, haben, also niemals als Wissen über Dritte erlangen kann, bleiben folglich Freiheit und Würde jeder verfügenden Beurteilung durch andere Menschen entzogen.

Zur Überzeugungskraft des christlichen Menschenbildes gehört es, dass seine bestimmenden Aussagen über den Menschen für alle, die mit dem Verweis auf seine Gottesebenbildlichkeit nichts anzufangen wissen, die innere Schlüssigkeit und Einstimmigkeit dieses Menschenbildes anerkennen müssen. Die Feststellung der unantastbaren Würde eines

Menschen hängt demnach nicht davon ab, ob andere Menschen bereit sind, sich wechselseitig diese Würde zuzuschreiben. Die Würde eines Menschen kann weder zu- noch aberkannt werden. Sie ist jedem Menschen vom Anfang bis zum Ende seines Lebens zu eigen. In dieser Einsicht findet jede Ethik ihr Maß und ihr Ziel.

Die Regeln der Ethik, die zu rechtem Tun anleiten und von unrechtem Tun abhalten sollen, sind also Ratschläge, die unmittelbar aus dem Menschenbild folgen. Die Einmaligkeit des christlichen Menschenbildes liegt darin, dass dieses Bild vom Menschen als einer unverfügbaren Person keinen anderen, höherrangigen Maßstab zur ethischen Beurteilung einer Handlung zulässt. Über allem, was ein Mensch zu bedenken hat, steht dieses Selbstverständnis eines Geschöpfes, dem die Freiheit als mögliche Sittlichkeit nie verloren gehen kann. Diese Freiheit zur Sittlichkeit verdient eine uneingeschränkte und uneinschränkbare Achtung. Damit verfügt die Ethik über einen Maßstab, der universelle Geltung beanspruchen kann, also immer und überall ins Spiel gebracht werden muss. Jede von der Politik vorgeschlagene Lösung muss sich an diesem Maßstab messen lassen. Und das Urteil über Lösungsvorschläge der Politik wird davon abhängen, ob diese Vorschläge mehr oder weniger diesem Maßstab gerecht werden.

In der Frage nach dem Menschenbild liegt folglich der Dreh- und Angelpunkt aller Politik und ganz besonders der ihrer Beurteilung nach ethischen Grundsätzen. Die Frage nach dem Menschenbild ist von alles entscheidender Bedeutung. Je nachdem, wie diese Frage beantwortet wird, folgt die Politik anderen Wegen und anderen Zielen. Deshalb ist das Menschenbild, auf das hin sich Politik verpflichtet fühlt, keine Würze für schmackhafte Sonntagsreden, sondern Maßstab für alltägliches Handeln.

Das christliche Menschenbild zeichnet sich dadurch aus, dass es in seinen verschiedenen Wirkungen und Folgen für Christen und Nichtchristen – also für alle Menschen – annehmbar und anziehend ist. Aus dem christlichen Menschenbild ist längst das europäische Menschenbild geworden. Als Maßstab für eine menschenwürdige Gesellschaft behauptet es den Anspruch der Unbedingtheit der Person gegen jeden Versuch der Einschränkung menschlicher Würde. Wo aber dieser Versuch der Einschränkung einmal unternommen wird, liefert der Mensch am Ende sich seinesgleichen aus: er wird als Mittel gebraucht werden, wie er andere Menschen seinerseits als Mittel benutzt.

Hier klingt das Konzept einer Gesellschaftsphilosophie und –politik an, die dem christlichen Menschenbild jenseits aller Traditionen und Religionen, jenseits aller religiösen, ethnischen und sozialen Konflikte eine herausragende Bedeutung zuerkennt: als Schlüsselbegriff für eine Gesellschaft, die den Menschen davor bewahrt, vor allem nach dem Nutzen, den er für andere oder für die Gemeinschaft hat, beurteilt zu werden. Das christliche Menschenbild gibt das Rüstzeug an die Hand, mit dem allein die Gefahr des erneuten Rückfalls in die Barbarei abgewehrt werden kann. Nur wo der Politik das Bekenntnis zu Unbedingtheit vorangeht, werden Menschen vor einem Selbstverständnis geschützt, das am Ende ihrer totalitären Verfügbarkeit Tür und Tor öffnet.

Politik und Religion

Dieses Anerkenntnis zur Unbedingtheit, das am Ende den Schutz der Würde des Menschen allein sicherstellen kann, wird in der Gesellschaft durch die Religion gegenwärtig und lebendig gehalten. Sie ist die bleibende Erinnerung daran, dass der Mensch nicht Schöpfer seiner selbst ist. Die Beziehung zwischen Geschöpf und Schöpfer liegt vor aller Politik und hat doch entscheidende Folgen für die Politik. Weil der Mensch sich nicht selbst geschaffen hat, haben andere Menschen nicht das Recht, bedingungslos über ihn zu verfügen. Der Mensch in seiner Geschöpflichkeit bleibt dem letzten Zugriff durch andere entzogen. In diesem Sinne beschützt und erhöht Religion den Menschen. Sie gibt ihm einen Freiraum, staunen zu dürfen über das, was alle Dimensionen des Menschlichen überragt. Nur in dieser Ahnung einer Entgrenzung seiner Bedingtheit findet ein Mensch den Freiraum, den er zu seiner Menschwerdung braucht.

Das klingt theologisch, ist aber doch durch und durch politisch. Allein die Differenz von Schöpfer und Geschöpf lässt uns die Verantwortung aushalten, die uns aufgegeben ist. Nur das Wissen um diese Differenz gibt die Kraft, mit dem eigenen Versagen leben zu können. Gäbe es diese Unterscheidung nicht, müsste der Mensch angesichts seiner Begrenzungen verzweifeln.

Die Ahnung des Absoluten, die wir Menschen inmitten der engen Schranken unseres bedingten Daseins verspüren, autorisiert die Achtung der Unantastbarkeit menschlicher Würde. Robert Spaemann hat zu Recht darauf hingewiesen, dass der Gedanke der Menschenwürde und ihrer Unantastbarkeit seine Begründung nur in einer Philosophie des Absoluten findet.[1] Eine Gesellschaft, die das Absolute leugnet – wie beispielsweise eine atheistische Gesellschaft –, entzieht dem Gedanken der Menschenwürde seine Begründung und so die Möglichkeit seiner zivilisatorischen Selbstbehauptung. Die Bestimmung dessen, was Würde ist, wird anderenfalls in die Hände von Menschen gelegt und damit politischer Verfügbarkeit preisgegeben. Deshalb ist die Religionsfreiheit von allen Menschenrechten das wichtigste, weil Religion allein eine Gesellschaft vor dem Vergessen des Absoluten schützt. Nur wenn Religion einen institutionellen Schutz erfährt, bleibt die Möglichkeit der Begründung des Gedankens der Menschenwürde sichergestellt. „Das Recht auf Gewissensfreiheit und besonders auf Religionsfreiheit ... stützt sich auf die ontologische Würde der menschlichen Person,"[2] so wie es seinerseits die Voraussetzung dafür ist, dass die Überzeugung von der Würde der Person in einer Gesellschaft begründungsfähig bleibt.

Die „Präsenz des Gedankens des Absoluten in einer Gesellschaft ist eine notwendige, nicht jedoch eine hinreichende Bedingung dafür, dass die Unbedingtheit der Würde auch jener Repräsentation des Absoluten zuerkannt wird, die ‚Mensch' heißt."[3] Aus diesem Grund sind die Anfragen, die uns beispielsweise von den Biowissenschaften zur Beantwortung vorgelegt werden, Anfragen immer auch an das Menschenbild, auf das hin sich eine Gesellschaft verständigt. Da, wo die Umrisse eines Menschenbildes zu verwischen drohen, muss eine Gesellschaft sich neu verständigen, welches Bild vom Menschen sie ihrem eigenen Selbstverständnis zu Grunde legen will. Eben das scheint heute dringlicher denn je zu sein.

So wie Religion unmittelbar Einfluss nimmt auf die Frage nach dem Selbstverständnis des Menschen, so ist das Bild vom Menschen der Ausgangspunkt aller Ethik, die ihrerseits der Politik die Richtung weist. Die Vergegenwärtigung des Absoluten begründet den Gedanken der Menschenwürde, der seinerseits ein fundamental ethischer Gedanke ist. Ethik wiederum, soweit sie der Politik ihre Ausrichtung gibt, hat deshalb nach Wegen zu suchen, wie im Gefüge von Staat und Gesellschaft dem Gedanken der Menschenwürde ausreichend Geltung und Schutz verliehen werden kann. Politik hat die Aufgabe, nach zustimmungsfähigen Grundsätzen eine Ordnung des menschlichen Zusammenlebens zu stiften. Die Grundsätze, die eine solche Ordnung beseelen, sind zu allererst ethische Überlegungen. Die Ordnung selbst ist ein Gefüge von Institutionen, vorzugsweise Regeln, die das Zusammenleben von Menschen so gestalten, dass ethische Grundsätze – unabhängig von der Tugendhaftigkeit der einzelnen Mitglieder einer Gesellschaft – im alltäglichen Leben zur Geltung kommen.

Institutionenethik

Politik hat der Frage nachzugehen, wie mit ihrer Hilfe die Befolgung ethischer Grundsätze sichergestellt werden kann. Sie täuscht sich, wenn sie glaubt, dieses Ziel mit Ermahnungen oder gar Vorhaltungen erreichen zu können. Aufgabe von Politik ist es, Regeln zu entwickeln, die Anreize dazu bieten, das eigene Verhalten so auszurichten, dass es mit dem Gemeinwohl verträglich ist oder diesem gar in die Hände spielt. Politische Ethik ist somit Institutionenethik und steht vor der Herausforderung, Strukturen der Zusammenarbeit zum gegenseitigen Vorteil von Menschen zu begründen. Dazu bedarf es vor allem entsprechender Regeln, deren Beachtung der Staat durchzusetzen hat. Diese Regeln müssen so beschaffen sein, dass sie zu gleicher Zeit die Erreichung gesellschaftlicher Ziele, ethischer Verbindlichkeiten und persönlicher Vorteilserwartungen in einen unlösbaren Zusammenhang stellen.

Unter dem Gesichtspunkt, dass der Gedanke der Menschenwürde eine fundamentale Bedeutung für die Ethik hat, müssen die Regeln der gesellschaftlichen Zusammenarbeit vor allem sicherstellen, dass unter keinen Umständen das Recht des Stärkeren zum Erfolg führt. Wenn Menschen zum gegenseitigen Vorteil zusammen arbeiten sollen, müssen sie Vertrauen haben können. Vertrauen aber wächst nur dort, wo jeder um die wechselseitige Verbindlichkeit gemeinsamer Regeln weiß. Vertrauen ist nur dann möglich, wenn Regeln gefunden und durchgesetzt werden, die das Verhalten des Gegenüber berechenbar machen. In der modernen Gesellschaft sind wir gezwungen, ständig Menschen zu vertrauen, denen wir niemals zuvor begegnet sind und über deren Persönlichkeit wir nichts wissen können. Ärzte und Rechtsanwälte, Fondsmanager, Politiker, Arbeitgeber und Gutachter, Händler, Krankenschwestern, Handwerker und Kraftfahrzeugmechaniker – nahezu ausnahmslos handelt es sich um Menschen, von denen unser persönliches Wohlergehen entscheidend abhängen kann. Wenn wir ihnen trotzdem vertrauen, obwohl wir sie nicht persönlich kennen, dann liegt das daran, dass gesellschaftliche Regeln beachtet werden, die unseren eigenen Vorteil weitgehend an den unseres Gegenüber binden. Indem wir zu diesen Menschen in ein Beziehungsverhältnis treten, tun wir das, weil beide Seiten einen Nutzen für sich erwarten.

In diesem Sinne wirken kalkulierte Nutzenerwägungen und moralische Ziele nicht gegeneinander, sondern sie bedingen und unterstützen einander wechselseitig. Im Kern geht es darum, dass Politik den Rahmen absteckt und die Regeln entwickelt, die das Streben des Einzelnen nach Selbstverwirklichung mit den Zielen der Allgemeinheit in Übereinstimmung bringen.

Wenn wir heute in Deutschland gezwungen sind, beispielsweise unseren Sozialstaat neu zu denken, dann ist es heilsam, sich an diesen Grundsatz zu erinnern. Denn der Umbau unseres Sozialstaates, so überfällig er ist, wird nicht gelingen, wenn die Politik mit erhobenem Zeigefinger ein anderes Verhalten von den Bürgerinnen und Bürgern fordert. Es ist nicht Aufgabe der Politik, im Kathederstil andere zu belehren. Aufgabe der Politik ist es, eine Ordnung so zu gestalten, dass die Verfolgung des persönlichen Nutzens mit der Unterstützung des allgemeinen Wohls verbunden wird oder doch zumindest vereinbar ist. Solange der Sozialhilfeempfänger keinen Job findet, der ihm einen größeren Vorteil bringt als den der monatlichen Lohnersatzleistung, wird er selbst dann sein Leben kaum ändern, wenn der Staat ihm unverhohlen mit Strafe droht. In dem Augenblick aber, in dem seine Nutzenerwägung zugunsten eines sozialversicherungspflichtigen Beschäftigungsverhältnisses ausfällt, muss der Staat gar nicht mehr drohen, weil der Betroffene ganz von alleine sein Verhalten ändert. Eben dafür aber hat die Politik zu sorgen: Regeln so zu gestalten, dass der Einzelne das Gemeinwohl unterstützen kann, ohne gegen seine eigenen Vorteilserwartungen verstoßen zu müssen.

Der Eckstein einer Institutionenethik ist der Grundsatz der Subsidiarität. Dieser Grundsatz ist das Organisationsgesetz einer freiheitlichen Gesellschaft. Alle institutionenethischen Überlegungen folgen in ihrer gesellschaftlichen Umsetzung diesem Grundsatz. In ihm findet sich ein Maßstab, nach dem sich die Reichweite staatlicher Tätigkeit, gesellschaftlicher Zuständigkeit und persönlicher Verantwortung bemessen. Was der Einzelne zu tun in der Lage ist, bleibt ihm vorbehalten. Kein Staat und keine Gesellschaft darf sich die Erledigung einer solchen

Aufgabe anmaßen. Umgekehrt aber gilt: Staat und Gesellschaft müssen den Einzelnen – materiell und ideell – in die Lage versetzen, seinen Obliegenheiten auch tatsächlich nachkommen zu können. Eine Steuergesetzgebung, die den Einzelnen mehr und mehr ausplündert, nimmt ihm Schritt für Schritt die Möglichkeiten, sich um seine eigenen Angelegenheiten mit Aussicht auf Erfolg kümmern zu können. Am Ende gar nimmt sie dem Menschen jeden Anreiz zu einem selbständigen Lebensentwurf in freier Selbstbestimmung. Der durch den Staat seiner Mittel beraubte Mensch wird entmündigt und zum Gegenstand fürsorglicher Betreuung.

Hier nun schließt sich der Kreis: Denn eine Politik der Entmündigung ist immer auch eine Politik der Entwürdigung. Ein Staat, der Menschen entwürdigt, leugnet ihr Menschsein. Nicht nur Folter, Willkür und Gewaltherrschaft können Menschen entwürdigen. Entwürdigt wird ein Mensch auch, wenn er unter Regeln gezwungen wird, die den Erfolg des eigenen Nutzens abhängig machen von einem Verstoß gegen das Gemeinwohl. Ein System sozialer Sicherung beispielsweise, das den wirtschaftlichen Umgang mit dem Beitragsaufkommen der Versichertengemeinschaft vom jeweiligen Nutzenstreben des Versicherungsnehmers völlig abgekoppelt hat, verdirbt die Moral und wird auf Dauer zusammenbrechen. Eben dies erleben wir derzeit. Das – und manch anderes – Beispiel zeigt, dass die Diskussion über den Zusammenhang von Menschenbild, Ethik und Politik alles andere als eine Angelegenheit wirklichkeitsvergessener Weltverbesserer ist. Im Gegenteil: Wer die brennenden zeitgenössischen Herausforderungen bestehen will, wird nicht umhin können, sich diesen Zusammenhang immer neu zu vergegenwärtigen. Es liegt auf der Hand, dass die Politik auch deshalb oft so ratlos wirkt und mit ihren Vorschlägen nicht selten scheitert, weil sie ihren eigenen Voraussetzungen – nämlich dem, was jeder Politik vorgelagert ist – zu wenig Beachtung schenkt. Die Frage nach dem Zusammenhang von Religion, Ethik und Politik ist deswegen alles andere als überflüssig. Im Gegenteil: Nur eine schlüssige Antwort auf diese Frage kann Lösungen vorbereiten helfen, die uns voranbringen.

Menschenwürde und Sterbehilfe.
Die Bedeutung des christlichen Menschenbildes für die Entscheidungen der Politik *

I.

Wenn Politik – ihrem Selbstverständnis nach – einem wertgebundenen Maßstab folgen will, dann muss sie zunächst Auskunft geben, welches Menschenbild ihren Entscheidungen zugrunde liegt. In der Frage nach dem Menschenbild gipfelt die Frage nach dem wertgebundenen Maßstab von Politik. Werte sind Abstraktionen handlungsleitender Überzeugungen. Diese Abstraktionen werden greifbar und bestimmt in der Antwort auf die entscheidende Frage, die aller Politik vorangeht, der Frage nämlich: Was ist der Mensch?

Jede Politik wurzelt in einer Anthropologie. Bevor politisch entschieden werden kann, ist die Frage nach dem Menschenbild, das der Politik die Richtung weist, zu klären. Es geht um nicht mehr und nicht weniger als um die Bestimmung der Stellung des Menschen in der Welt, seines Verhältnisses zu sich selbst und seiner Beziehung zu seinen Mitmenschen.

Das Menschenbild der christlichen Demokratie speist sich aus verschiedenen Quellen: In ihm vereinigen sich vor allem antike, hellenistische und jüdische Vorstellungsweisen, die schließlich in das christliche Menschenbild eingegangen sind und bis in die Gegenwart nachwirken.

Heute leben wir in Gesellschaften, die sich weithin schwer tun mit einem christlich geprägten Menschenbild. Zwar sind die Verfassungen vieler westeuropäischer Staaten von eben diesem Menschenbild beseelt, aber die Säkularisierungsschübe der letzten Jahrzehnte haben die Quellen dieses Menschenbildes in weiten Teilen versiegen lassen. Umso wichtiger ist es, nicht zuletzt um der Rettung dieses Bildes vom Menschenwillen und unter Beibehaltung seiner christlichen Prägung, die Antwort auf die alles entscheidende Frage nach dem Menschen in einer verallgemeinerungsfähigen Form zu geben. Nur so wird das christliche Menschenbild zustimmungsfähig auch für die vielen, die sich selbst längst von einer christlichen Prägung gelöst haben. Für eine politische Partei, eine Volkspartei zumal, die nach Mehrheiten strebt und streben muss, bleibt dies eine unverzichtbare Aufgabe: Um der

* Erstveröffentlichung 2003

Rettung des christlichen Menschenbildes willen muss sie sich auf verallgemeinerungsfähige Überzeugungen berufen.

Das ist einer der Gründe, warum im folgenden gelegentlich ein Gleichklang mit der Philosophie Immanuel Kants zu bemerken ist. Kant hat das, was wir bis heute als christliches Menschenbild wiedererkennen, in einen Begründungszusammenhang gestellt, der auch in den Augen derjenigen schlüssig erscheinen mag, die sich selbst von ihrer christlichen Herkunft losgesagt haben.

Bei einer Erörterung über das Problem der Sterbehilfe ist dieses Bemühen, das christliche Menschenbild in einer verallgemeinerungsfähigen Form darzustellen, von besonderer Bedeutung: Denn Politik zielt auf verbindliche Regeln, die von allen Bürgerinnen und Bürgern hinzunehmen sind. Ein Gesetz verlangt uneingeschränkte Geltung. Dieser allgemeine, ausnahmslose Zwang, der jedem Gesetz zu eigen ist, hat immer wieder Anlass gegeben, von der Politik eine weltanschauliche Unverbindlichkeit zu verlangen. Dabei wird übersehen, dass eine solchermaßen geforderte Unverbindlichkeit gar nicht möglich ist. Wie immer Politik entscheidet: Sie tut das auf der Grundlage eines jeweils verschiedenen Bildes vom Menschen. Dieses Menschenbild muss sich, wenn man es zur Grundlage verbindlicher politischer Entscheidungen nimmt, im Blick auf seine Verallgemeinerungsfähigkeit rechtfertigen. Von seinen Ergebnissen im Politischen, seinen Handlungsfolgen also, muss das christliche Menschenbild eben diesen Nachweis führen, dass es aus nachvollziehbaren Gründen als Grundlage von Entscheidungen dienen kann, die für alle gleichermaßen Verbindlichkeit beanspruchen dürfen.

II.

Das christliche Menschenbild ist die axiomatische Voraussetzung für drei Teilantworten, die auf die aller Politik vorangehende Frage nach dem Menschen und seiner Stellung in der Welt zu geben sind.

Zunächst ist festzuhalten: Der Mensch ist, nach den hier zu nennenden axiomatischen Voraussetzungen, Person von seinem Anfang bis zu seinem Ende, also immer Subjekt und niemals nur Objekt. Seine Personalität ist nicht geknüpft an bestimmte Daseinsformen oder Seinsmerkmale. Sie ist ganz unabhängig von möglichen Interessen Dritter, der Frage nach seiner Brauchbarkeit, seinem Bewusstseinszustand und seinen intellektuellen oder emotionalen Fähigkeiten. Von seinem Anfang bis zu seinem Ende ist jeder Mensch ohne jede Einschränkung Person, folglich unverfügbar nicht nur für Dritte, sondern auch in seinem Verhältnis zu sich selbst.

Jeder Mensch besitzt sodann als Person eine uneingeschränkte Würde. Diese Würde ist ihm von Anfang an zu eigen. Weder Dritte noch er selbst dürfen über diese Würde verfügen. Die personale Würde übersteigt die menschliche Natur, obwohl sie doch immer an diese menschliche Natur gebunden ist. Indem sie unlösbar der menschlichen Natur beigeordnet ist, begründet sie deren Unverfügbarkeit. Hier gründet das Verbot des Selbstmordes, mehr noch: Hier liegt der Grund dafür, dass kein Mensch sein Leben auch nur leichtfertig aufs Spiel setzen darf. Es gibt nur einen einzigen Grund, den ansonsten unlösbaren Zusammenhang von personaler Würde und menschlicher Natur zu trennen und in seiner Geltung einzuschränken: Um die Würde eines anderen Menschen zu retten, hat jeder Mensch das Recht, sein eigenes Leben aufs Spiel zu setzen.

Die personale Würde des Menschen beinhaltet den uneingeschränkten und unbedingten Schutz seiner physischen und moralischen Integrität. Selbst unverfügbar – ja, Ausdruck des Unverfügbaren schlechthin –, begründet diese Würde durch ihre Bindung an die menschliche Natur deren ebenfalls zugeeignete Unverfügbarkeit.

Schließlich und drittens ist jeder Mensch zu jeder Zeit Zweck an sich. Damit nimmt er eine einzigartige Stellung in der gesamten Schöpfung ein. Als Zweck an sich ist er geschützt vor jeglichem Anspruch der Verzweckung durch Dritte. Er ist sittliches Subjekt und hat das Vermögen, sich selbst Zwecke setzen zu können.

Diese Einsicht gewinnt ein Mensch nie als Ergebnis einer theoretischen Erkenntnis, sondern immer nur als eigene praktische Gewissheit. Die Überzeugung, Zweck an sich zu sein, findet der Mensch nur in der Vergewisserung seiner Subjektivität. Diese Subjektivität aber bleibt der feststellenden Erkenntnis der anderen immer verschlossen und damit der verfügenden Beurteilung durch einen Dritten ausnahmslos entzogen.

Demnach gibt es keine Möglichkeit, die personale Würde eines Menschen in noch so gut gemeinter Absicht einzuschränken. Der Mensch bleibt unverfügbar und seine Integrität unantastbar. Dieser Satz gilt universal, ganz unabhängig von verschiedenen sozialen, kulturellen oder religiösen Prägungen und Lebensumständen. Die Würde, die jedem Menschen zu eigen ist, setzt allem Handeln und Entscheiden eine unverrückbare Grenze. Sie äußert sich in der Achtung nicht vor den Wünschen anderer, sondern allein in der Rücksicht auf die Unantastbarkeit und die Unverletzlichkeit der Person.

‚Würde' in diesem Sinne bedeutet also nicht, dem Wunsch nach dem schnellen Tod des unheilbar Kranken zu folgen, sein Leiden zu verkürzen und seinem Leben ein vorschnelles Ende zu setzen. So verständlich diese Wünsche im Einzelfall sein mögen, ihnen nachzugeben bedeutet, die personale Würde zu verletzen. Denn Würde ist keine Frage von Gesundheit oder Krankheit, von Wohlbefinden oder Missbehagen, Glück oder Unglück. Auch kein noch so weit vorangeschrittener physischer Verfall kann der Würde eines Menschen Abbruch tun.

In manchem Diskussionsbeitrag zum Problem der Sterbehilfe kündigt sich eine Veränderung der Semantik an. Die Rede vom ‚menschenwürdigen Tod' meint gelegentlich das Gegenteil, nämlich dem Wunsch eines unheilbar Kranken nach vorzeitiger Beendigung seines Lebens nachzugeben. Dabei verkennt diese Redeweise, dass dann, wenn diesem Wunsch nachgegeben wird, der Verfügbarkeit über das Unverfügbare Tür und Tor geöffnet wird. Den vermeintlichen Rechtfertigungsgründen im Einzelfall wird eine Flut weiterer Rechtfertigungsgründe im Blick auf andere, mehr oder weniger vergleichbare Fälle folgen. Diese werden dann nicht mehr abzuwehren sein. Wenn dem unheilbar Kranken das Leben zu einer unerträglichen Last geworden ist, gilt das dann nicht auch für den Lebensmüden, den vom Leben tief Enttäuschten, den wegen einer zerbrochenen Beziehung gekränkten oder im Beruf gescheiterten, von Todessehnsucht erfüllten Menschen?

Wer dem Begriff der Würde seinen absoluten Anspruch versagt, muss wissen, dass er Dritten eine Verfügungsvollmacht zubilligt, die das Ende der Selbstbestimmung eines Menschen bedeutet. Diese Selbstbestimmung darf und muss ein Mensch beanspruchen, weil er allein Zweck an sich und nicht nur Mittel ist. Ein Mensch, der sich selbst als sittliches Subjekt begreift, kann dieses Recht der Selbstbestimmung nicht abtreten. Die Anerkennung als Zweck an sich ist die Grundlage nicht nur des Rechtes, sondern auch der Pflicht zur Selbstbestimmung. Wo ein Mensch dieses Recht auf Selbstbestimmung missversteht als Anspruch, auch nur für sich selbst Abstand zu nehmen von der eigenen Würde als einer absoluten, verleugnet er sich selbst als sittliches Subjekt, als Zweck an sich. Eben hier liegt der Grund, warum ein Mensch nicht einmal für sich entscheiden kann, sein Leben zu beenden. Indem er den absoluten Anspruch seiner Würde verwirft, verleugnet er sich als sittliches Subjekt, dem allein das Recht auf Selbstbestimmung zusteht. Der Anspruch auf Selbstbestimmung schließt die Anerkennung der eigenen unantastbaren Würde ein. Wer diesen Zusammenhang aufzulösen sucht, zerstört am Ende beides. An diesem Punkt zeigt sich: Was anfangs noch als axiomatische Voraussetzung beschrieben wurde, ist zugleich konkludierendes Ergebnis eines Nachdenkens über die Bedingungen menschlicher Selbstbehauptung. In diesem Sinne ist der an den Beginn der Überlegungen gestellte Hinweis auf das christliche Menschenbild eben keine willkürlich getroffene Annahme, sondern die Schlussfolgerung eines in sich schlüssigen Begriffs von Selbstbestimmung.

Der absolute Anspruch der Würde ist Voraussetzung und Bedingung menschlicher Selbstbestimmung. Wenn jemand durch sein Handeln diesem absoluten Anspruch widerspricht, zerstört er die Bedingung und die Grundlage seiner eigenen Autonomie. Leben und Würde werden dann verfügbar. Dabei macht es keinen Unterschied, ob diese Verfügbarkeit dem Einzelnen für sich oder einem Dritten für andere zufällt.

Manch einem mag diese Argumentationsfigur schwer zugänglich sein. Und doch findet sich hier der Kern unseres europäischen Menschenbildes. Dieses Menschenbild ist eine kulturelle Errungenschaft sondergleichen. Es gebietet uns, die Würde des Menschen als eine absolute vor jeder Einschränkung zu bewahren, weil es uns anhält, den Menschen vor jeder Verfügbarkeit zu schützen. Die Würde ausnahmslos eines jeden Menschen ist weder verfügbar für ihn selbst noch verfügbar durch ihn selbst. Anderenfalls tut ein Mensch so, als wenn seine Würde eine nur bedingte wäre. Dann aber gäbe es keinen Grund, Dritten zu verwehren, Zugriff zu fordern, wenn nur die Bedingungen gegeben sind, die eine Einschränkung der menschlichen Würde scheinbar erforderlich machen.

Der Begriff der Würde, wie er dem europäischen Menschenbild unverwechselbar zu eigen ist, verleiht jedem Menschen einen Schutz, der von nichts und niemandem eingeschränkt werden darf. Dieser Schutz gilt ganz unabhängig von der je augenblicklichen Verfassung eines Menschen. Er ist so unverfügbar wie seine Würde. Weil die Würde des Menschen verfügbar ist, hat sie unter allen Umständen einen uneingeschränkten Schutz verdient. Aus diesem Grund ist das Leben eines Menschen unantastbar.

Nicht zuletzt die Ideologien des 20. Jahrhunderts haben versucht, die Würde eines Menschen abhängig zu machen von seiner Zugehörigkeit zu einer Rasse oder einer Klasse. Die verheerenden Folgen stehen uns heute vor Augen. So wie Rasse und Klasse keine Einschränkung der menschlichen Würde begründen können, gilt dies ausnahmslos auch für andere Eigenschaften, Fähigkeiten und Merkmale eines Menschen: seine Hinfälligkeit und seine Lebenskraft, seine Schönheit und seine Hässlichkeit. Reichtum und Armut, Jugend und Alter, Krankheit und Gesundheit, Dummheit und Klugheit bleiben ohne Einfluss auf die Bestimmung der menschlichen Würde. Solche Eigenschaften sind niemals Einschränkungen oder Weiterungen der Würde eines Menschen.

Nicht die Erfüllung des Wunsches nach einer vorzeitigen Beendigung des Lebens macht unsere Welt menschlicher. Vielmehr könnte es sein, dass wir unsere Einstellung zum leidenden Menschen überdenken müssen. Ist der Mensch in der Not seines Leidens tatsächlich eine Schwundstufe des Lebens? Oder ist es nicht vielmehr so, dass der Mensch in der Hinfälligkeit seines Leidens erst ahnen lernt, was es wirklich bedeutet, eine unantastbare Würde zu besitzen?

Jeder ahnt, dass es leicht ist, über diese Fragen im allgemeinen zu reden. Die Unerträglichkeit des Leidens und die furchtbare Qual mancher Menschen dürfen nicht beschönigt oder verharmlost werden. Und keiner kann für sich selbst bürgen, wie er denkt und fühlt, wenn der Arzt ihm die Diagnose einer unheilbaren Krankheit eröffnet. Niemand weiß wirklich und im Vorhinein, was er empfindet, wenn er selbst als unheilbar Kranker den Tod herbeisehnt. Und doch gilt, dass wir der Heiligkeit des menschlichen Lebens Ehrfurcht bis zum Ende schulden. Uns steht es nicht zu, über Leben und Tod zu entscheiden oder auch nur mitzuentscheiden. Das aber heißt, auch nicht über den eigenen Tod verfügen zu können.

Die Ehrfurcht vor der Geschöpflichkeit des Menschen bedeutet, dass wir die Grenzen unserer eigenen Gestaltungsmacht anerkennen, und zwar im Sinne des lebensverlängernden wie des sterbebeschleunigenden Tuns. Vielleicht müssen wir wieder lernen, die Natur in ihr Recht zu setzen. Dieses Recht der Natur verlangt von uns die Fähigkeit und die Bereitschaft, einen Menschen sterben zu lassen – oder vielleicht besser: Verlangt wird von uns die Tugend der Tapferkeit, die man braucht, um einen Menschen dem Tod zu überantworten, auch wenn wir diesen Menschen mit allen uns verfügbaren Kräften im Leben festhalten wollen.

III.

Für den Alltag deuten sich damit eine Reihe von Schlussfolgerungen an. Zunächst gilt, dass unter der Voraussetzung des christlichen Menschenbildes aktive Sterbehilfe unter allen Umständen verboten ist und verboten bleiben muss. Hingegen ist passive Sterbehilfe zumindest erlaubt – vielleicht sogar in einer größeren Zahl von Fällen geboten. Wenn wir wieder lernen, der Natur ihr Recht zu belassen, dann verbietet es sich, lebensverlängernden Maßnahmen um jeden Preis das Wort zu reden.

Wer aber hat in jedem einzelnen Fall diese Entscheidung zu treffen, was zu tun oder zu lassen ist – eine Entscheidung, um die niemand zu beneiden ist? Es gibt wohl nur eine Person, die in ihrer Verantwortung zur Entscheidung berufen ist: nämlich der Arzt. Gesetzgebung und Rechtsprechung können zwar einen Rahmen setzen, innerhalb dessen eine Entscheidung zu treffen ist. Am Ende aber bleibt die Urteilskraft des Arztes gefordert. Er allein kann die zahllosen Einzelgesichtspunkte, die in eine solche Entscheidung einfließen müssen, überblicken.

Was aber kann die Ethik dem Arzt an die Hand geben, das seine Urteilskraft stützen könnte? In diesem Zusammenhang ist an die Tugendlehre zu erinnern. Zwei Tugenden sind es vor allem, die mir maßgeblich zu sein scheinen: die Tugend des Maßes und die Tugend der Tapferkeit. Welches Handeln verlangt die Tugend des rechten Maßes in der jeweiligen Lage, in der sich ein Patient befindet? Eine allgemeine, unter allen Umständen verbindliche Antwort auf diese Frage gibt es nicht, ja, kann es nicht geben. Zu viele Gesichtspunkte fließen in die Urteilsbildung des Arztes mit ein: die eigene Prognose über den Verlauf der Erkrankung, der Wille des Patienten, die Verhältnismäßigkeit bei der Wahl der medizinischen Mittel, das Mitgefühl mit dem leidenden Menschen, nicht zuletzt das Alter des Patienten. All das – und wohl noch viel mehr – muss und wird in die Gesamtabwägung, die ein Arzt zu treffen hat, einfließen. Nur ein Arzt ist in der Lage, sich ein

Urteil darüber zu bilden, ob der am Ende verzweifelte Kampf um Leben und Gesundung nach allem Ermessen verloren ist oder vielleicht noch gewonnen werden kann.

Manche meinen, letztentscheidend müsse der Wille des Patienten sein. Ich habe da meine Zweifel. Was verstehen wir unter einer Willensäußerung im Angesicht des Todes? Entweder äußert sich der Wille lebensbejahend, oder er äußert sich lebensverneinend. Sollte das der letzte, am Ende entscheidende Maßstab sein, unabhängig von der ärztlichen Prognose, den Lebensumständen, dem Alter und den therapeutischen Möglichkeiten? Auch hier ist die Urteilskraft des Arztes gefordert. Aber kann der Arzt dem Willen des Patienten folgen, wenn es aus seiner Sicht kaum eine Wahrscheinlichkeit gibt, dass der Todeswunsch des Patienten dem angenommenen natürlichen Verlauf der Krankheit und den Möglichkeiten der ärztlichen Kunst entspricht?

Ich vermute, dass am Ende die Letztentscheidung beim Arzt liegt – und liegen muss: im Sinne einer verantwortlichen Abwägung und nicht zuletzt der eigenen moralischen Intuition folgend. Diese Letztentscheidung erfordert ein kluges und bedachtes Urteil; man kann sie nicht vorab bis ins Letzte durch Vorschriften regeln. Die immer weiter voranschreitende Verrechtlichung dort, wo ein Mensch, dem Gang der Natur folgend, die Grenze zwischen Leben und Tod überschreitet, bringt uns keiner Lösung näher.

Vielmehr scheinen mir Regeln notwendig, die möglichst unanfällig sind gegenüber jeder Form der Verzweckung. So muss beispielsweise ausgeschlossen bleiben, dass Gesichtspunkte der Kosteneinsparung das Urteil des Arztes beeinflussen.

Wichtig ist zudem eine neue Festlegung dessen, was wir unter ‚Sterben' verstehen – eine Definition, die von der heutigen rechtlichen Würdigung abweichen muss. Das Sterben eines Menschen setzt früher ein, als es einem Arzt derzeit noch festzustellen gestattet ist.

Schließlich und letztlich plädiere ich für eine kulturelle Enttabuisierung des Sterbens. So sehr jeder Tod die Katastrophe unseres Lebens ist, so wenig macht es Sinn, den Tod aus unserem Leben zu verbannen. Nur wenn wir Leiden, Sterben und Tod nicht verdrängen und in unser Leben zurückholen, werden wir die Urteilskraft entwickeln können, die wir so dringend benötigen, um in Grenzsituationen unseres Lebens bestehen zu können.

Im übrigen gibt es eine Alternative zur Sterbehilfe, nämlich eine menschliche Sterbebegleitung. In diesem Sinne ist schon in den Grundsätzen der Bundesärztekammer zur ärztlichen Sterbebegleitung vom 11. September 1998 festgehalten, dass bei Sterbenden die Linderung des Leidens so im Vordergrund stehen kann, dass eine möglicherweise unvermeidbare Lebensverkürzung hingenommen werden darf. Eine gezielte Lebensverkürzung durch Maßnahmen, die den Tod herbeiführen oder das Sterben beschleunigen sollen, ist hingegen unzulässig. Wenn an die Stelle von Lebensverlängerung und Lebenserhaltung palliativmedizinische und pflegerische Maßnahmen treten, muss diese Entscheidung dem Willen des Patienten entsprechen.

Es ist naheliegend, dass ein Begriff von der Würde des Menschen, wie er hier vertreten wird, unmittelbar die Frage aufwirft, ob dieser absolute Anspruch der Würde und ihres Schutzes nicht mit einer im letzten geradezu unmenschlichen philosophischen oder gar theologischen Befrachtung einhergeht. Zu eingängig scheint auf den ersten Blick das Argument, um der Würde des Menschen willen sein Leiden abkürzen zu dürfen.

Es ist richtig, das Leiden eines sterbenden Menschen lindern zu wollen. Dieses Ziel kann und darf ärztliches Handeln vorrangig bestimmen. Deshalb darf die Palliativmedizin in Deutschland nicht länger das fünfte Rad am Wagen bleiben. Es ist höchste Zeit, dass in allen Krankenhäusern die Palliativmedizin beheimatet wird, so wie es unverzichtbar ist, dass an unseren Hochschulen die Palliativmedizin endlich die Bedeutung erhält, die ihr längst zukommt. Und dennoch ist es wichtig, an der Unterscheidung festzuhalten, wie sie in den Grundsätzen der Bundesärztekammer zur ärztlichen Sterbebegleitung getroffen wird. So geboten es sein kann, zur Linderung des Leidens eine möglicherweise unvermeidbare Lebensverkürzung hinzunehmen, so dringlich ist es, dort innezuhalten, wo der Tod willentlich und beschleunigt herbeigeführt wird. Hier liegt eine – wenn auch gelegentlich fließende – Grenze, die nicht überschritten werden darf. Die Beschleunigung des Sterbens darf nie ein Ziel sein.

Diese Grenzziehung beansprucht im hier vorgestellten Zusammenhang eine universelle Geltung für alle Kulturkreise. Was zunächst als hoher Anspruch oder gar überhebliche Verallgemeinerung klingen mag, wird verständlich, wenn man sich die Alternative vor Augen führt. Denn wenn die Würde eines Menschen nicht mehr absolut gilt, dann ist die Bestimmung dieser Würde abhängig vom Urteil Dritter. Das aber heißt, dass jeder Mensch – besonders dann, wenn er hilflos ist –, den Motiven, Interessen und Intentionen anderer Menschen ausgeliefert wird. Das können durchaus gutmeinende und wohlwollende Motive und Intentionen sein. Und doch ist der Mensch, wenn seine Würde erst einmal einem Dritten überantwortet wird, nicht mehr Subjekt, also Zweck an sich, sondern allein Objekt, also verfügbares Material. Nicht ohne Grund wird im heutigen Sprachgebrauch vom ‚Menschenmaterial' gesprochen. Wenn in bestimmten Lebenslagen – etwa dann, wenn ein Mensch nicht mehr Teil der Kommunikationsgemeinschaft ist – ein Mensch nur noch über eine abgestufte Würde verfügt, obliegt es Dritten, über Anlass und Umfang dieser Abstufung zu bestimmen. Es gibt dann keinen gleichen Begriff der Würde mehr, weil diese abhängig gemacht wird von einzelnen Merkmalen, vorrangig wohl von der geistigen Ausstattung und körperlichen Leistungskraft. Gesellschaftliche Mehrheiten bestimmen dann, wem heute nach welchem Maßstab welcher Grad von Würde zuerkannt wird. Am Ende ist der Mensch verfügbar nach den Moden und den Launen des Tages, der Mehrheit oder der Herrschenden.

Die entscheidende Frage lautet nun: Will ich das – für mich selbst? Oder anders: Will das irgend jemand – für sich selbst? Können wir uns vorstellen, dass ein Mensch, in welchem Kulturkreis auch immer er aufgewachsen ist und von welchem Menschenbild auch immer sein Denken geprägt ist, für sich selbst will, verfügbares Objekt der Entscheidung Dritter zu sein?

Vernünftigerweise wird man diese Frage nicht mit einem Ja beantworten können. Der Begriff einer absoluten Würde entspricht der universellen Hoffnung aller Menschen. Aus eben diesem Grund verdient er einen universellen Anspruch.

Das christliche Menschenbild, das Ausgangspunkt der Überlegungen war, verpflichtet uns gar nicht so sehr auf Normen, Gesetze und Verbote. Aber es mahnt uns, um alles in der Welt die Unantastbarkeit der Würde eines jeden Menschen zu achten und zu wahren. Das macht seine Einzigartigkeit aus. Wie kein anderes Bild vom Menschen gibt es einen Schutz vor der Verfügbarkeit durch Dritte. Der einzige Preis, den diese Zusicherung des Schutzes verlangt, besteht darin, dass der Mensch gegenüber sich selbst die Unantastbarkeit seiner Würde zugesteht und nicht missachtet.

Jenseits des Profanen:
Religiöse Grundlagen
des freiheitlichen Verfassungsstaates *

Niemand sollte sich täuschen: Auf Unverständnis oder gar Empörung stößt das Urteil des Bundesverfassungsgerichtes über die Anbringung eines Kreuzes oder Kruzifixes in den Unterrichtsräumen einer staatlichen Pflichtschule längst nicht überall. Zwischen Gleichgültigkeit und Zustimmung schwanken die Stellungnahmen der meisten zu diesem Thema befragten Bürgerinnen und Bürger. Dieser Befund – für sich betrachtet – stimmt noch nachdenklicher als der Anlass, das Verfassungsgerichtsurteil selbst. Denn so mancher Kommentar zum Urteil zeigt, wie wenig unsere Gesellschaft auf Voraussetzungen und Bedingungen ihrer Freiheit achtet.

Eine Klägerin aus Bayern hat im deutschen Fernsehen geltend gemacht, dass sie aus ästhetischen Gründen kein Kruzifix im Klassenzimmer ertragen könne. Insbesondere Kinder würden dadurch – zumindest unterbewußt – erschrocken gemacht. Dieses Ärgernis des Kreuzes hinzunehmen, sei sie nicht bereit. Im übrigen fühle sie sich gegen ihren Willen beeinflusst, ja beeinträchtigt. Das Bundesverfassungsgericht folgt der Argumentation der Klägerin offenbar, wenn es als einen Grund für seine Entscheidung angibt, dem Staat sei es untersagt, bestimmte Bekenntnisse zu privilegieren. Eben das tue er jedoch, wenn ein Kreuz erlaubterweise im Klassenzimmer hänge, da ein Kruzifix immer auch Symbol der missionarischen Ausbreitung des Christentums sei.

Bevor in dieser Angelegenheit eine Entscheidung in der Sache selbst zu fällen ist und bevor über die Folgen einer – so oder so – getroffenen Entscheidung nachgedacht werden muss, bedarf es einer Weitung des Blicks auf den kulturellen und sozialen Zusammenhang, in den das Anliegen der Klägerin und das Urteil des Gerichtes eingebettet sind. Damit stellt sich die – im zuständigen Ersten Senat des Verfassungsgerichtes zweifellos nicht übersehene – Frage, auf welchen Fundamenten unsere Kultur eigentlich ruht. Ganz allgemein und sehr verkürzt wird man sagen können: Es sind zutiefst christlich geprägte Fundamente, die dem europäischen Kontinent, seitdem er zu einer eigenen Identität gefunden hat, sein unverwechselbares Gepräge gegeben haben. Zu diesen fundamentalen, also identitätsgründenden Überzeu-

* Erstveröffentlichung 1995

gungen gehört spätestens seit der europäischen Aufklärung ein unumstößliches Bekenntnis zur Toleranz – als das die Freiheit des einen mit der Freiheit des anderen vereinigende Band. Dieses Bekenntnis zur Toleranz gründet in dem Wissen um die Zerbrechlichkeit der Freiheit, die sich schnell verflüchtigt, wenn sie nicht geschützt wird – als die Freiheit des anderen und des Andersdenkenden. Eben hierin zeigt sich die Aufgabe einer Ordnung der Freiheit. So wenig Freiheit und ihre Ordnung ein und dasselbe sind, so wenig lassen sich beide voneinander trennen, da jede persönliche, gesellschaftliche und politische Freiheit einer Ordnung bedarf, die ihr Schutz und Dauer verleiht. Es geht also um beides: Um die Freiheit und ihre Ordnung.

Offenbar wollte das Bundesverfassungsgericht diese Freiheit schützen – und ist in diesem Bemühen einem verheerenden Irrtum erlegen: Es hat ganz und gar aus dem Blick verloren, dass eben dieses Bekenntnis zur Toleranz als der Freiheit des anderen nicht voraussetzungslos besteht, sondern die reife Frucht einer Tradition ist, die sich aus religiösen Quellen speist. In Europa sind das vorrangig Glaubenshaltungen im Umfeld des jüdischchristlichen Kulturkreises. In dessen Mittelpunkt steht eine Anthropologie, die dem Menschen die Fähigkeit zuerkennt, einem persönlichen Gott zu begegnen. Unser zeitgenössisches Menschenrechtsverständnis lässt sich kaum aus diesem religiösen Zusammenhang herauslösen. Zugespitzt formuliert: Wenn es keinen Gott gibt, dann gibt es letzten Endes auch kein absolutes Verbot einer Verfügbarkeit von Menschen über Menschen. Das bedeutet natürlich keineswegs, dass ein Mensch, der zu keinem Gottesglauben zu finden vermag, nicht in der Lage wäre, einem absoluten Verbot einer Instrumentalisierung menschlichen Lebens mit großem Ernst zu folgen. Um eine solche individuelle Lebensleistung geht es aber im vorliegenden Zusammenhang nicht. Es geht vielmehr um die staatliche Ordnung, deren Legitimität sich jenseits des Begründungszusammenhanges ihres Geltungsanspruchs nicht aufrechterhalten lässt. In diesem Falle ist es der Anspruch, den das absolute Verbot einer Instrumentalisierung des Menschen als bloßes Mittel erhebt. Die Anerkennung einer universal gültigen Unantastbarkeit des Menschen als Person ist eine zivilisatorische Leistung, die mit gutem Recht als eine der größten Errungenschaften europäischer Kultur bezeichnet werden kann. Diese Anerkennung ist jedoch, wie man täglich feststellen kann, kein Faktum, sondern eine Norm. Als solche ist sie unhintergehbar und unverfügbar. Von Generation zu Generation muss diese Überzeugung lebendig gehalten werden. Damit das möglich bleibt, müssen Menschen bereit sein, sich selbst und ihre Beziehung zum Mitmenschen im Wissen um die eigene Unvollkommenheit und Erlösungsbedürftigkeit verstehen zu lernen. Dieses Wissen um die eigene Endlichkeit ist Grundstein einer Ordnung der Freiheit und Quelle freiheitlicher Politik.[1] Denn wenn alles unvollkommen ist – und im Horizont menschlicher Existenzweise unvollkommen bleibt –, dann und nur dann hat niemand das Recht, andere Menschen unter sein geistiges oder politisches Joch zu zwingen. Nur die Vergegenwärtigung des Wissens um Transzendenz schützt am Ende vor totalitären Ansprüchen.

In diesem Sinne ist das Kreuz auch ein Zeichen abendländischer Zivilisation. Es ist – unabhängig vom konkreten Heilsgeschehen, das der Christ mit ihm verbindet – im europäischen Kulturkreis wie kein anderes, vergleichbares Zeichen ein Symbol der Defiziens und Erlösungsbedürftigkeit des Menschen. Das Kreuz ist jedoch nie und nimmer – hier hat die Klägerin fraglos recht – ein ästhetischer Genuss. Das gilt so seit eh und je – und wird immer so sein: Den einen ist und war der Gekreuzigte ein Ärgernis, den anderen eine Torheit.[2] So ist es bis heute: Jedes Kruzifix ist eine Kampfansage an den schönen Schein unverbindlicher Menschenfreundlichkeit und gefühliger Brüderlichkeit, die in dem Augenblick in höchstem Grade gefährdet sind und restlos entschwinden können, wo die Erinnerung an den tieferen Grund menschlicher Personalität zunächst verblasst und dann vergessen wird.

Diese Gefahr ist mit dem Urteil des Bundesverfassungsgerichtes nicht geringer geworden. Wenn Religion in Staat und Gesellschaft nicht mehr gegenwärtig bleibt, zerbröseln die Grundlagen einer freiheitlichen Ordnung. Man hätte glauben können, dass diese Einsicht in den letzten Jahren eher gewachsen sei.[3] Der Kulturwissenschaftler René Girard, auf den sich kürzlich Antje Vollmer[4] in einem ähnlichen Zusammenhang zustimmend bezog, hat zutreffend bemerkt: „Es gibt keine Gesellschaft ohne Religion, weil ohne Religion keine Gesellschaft möglich wäre."[5] Eine freiheitliche Ordnung, die sich selbst im staatlichen Bereich die sichtbare Vergegenwärtigung derjenigen Grundlagen, auf denen sie selbst beruht, aus Gründen eines vermeintlich gebotenen Minderheitenschutzes versagt, muss wissen, dass sie damit die Fundamente der staatlichen Ordnung selbst zunächst verbirgt und schließlich preisgibt. Denn sie hat offenbar in allgemeiner Gedankenlosigkeit längst vergessen, dass der freiheitliche, säkularisierte Staat von Voraussetzungen lebt, die nicht fraglos gegeben, sondern immer wieder zu erneuern und zu verlebendigen sind. Genau hier liegen die Grenzen der vom Verfassungsgericht jetzt so überaus eindringlich beschworenen Neutralitätsverpflichtungen des Staates: Ist es vorstellbar, dass der freiheitliche Staat sich neutral verhält gegenüber den Fundamenten seiner eigenen Ordnung? Bedarf nicht gerade die Freiheit – und damit auch die Meinungs- und Religionsfreiheit – der dauerhaften Erinnerung an das Unverfügbare, um gegenüber allen Anfeindungen und Verführungen bestehen zu können?[6] Und muss dieses Argument menschlicher Vernunft nicht einfließen in jede Betrachtung der verfassungsmäßigen Trennung von Kirche und Staat – nicht um der Kirche, sondern um der staatlichen Ordnung willen?

Der freiheitliche Rechtsstaat und die liberale Demokratie müssen um ihrer selbst und um ihres Fortbestandes willen ein existentielles Interesse an Religion lebendig halten. Ansonsten ist es nur eine Frage der Zeit, bis beide Bestandsbedingungen zerrüttet sind. „Das Interesse an der Religion in ihrer nachaufgeklärten politischen Funktion als Liberalitätsgarant ist gleicherweise ein religiöses wie ein politisches Interesse, und so weit es sich heute im Staat zur Geltung bringt, bestimmt es die zivilreligiöse Prägung unserer Kultur wesentlich mit."[47] Das aber heißt: Ein Staat, der den Auftrag zur Trennung von Kirche und Staat missversteht als Auftrag zur Absonderung religiöser Überzeugungen von staatlichem Handeln, und folglich darauf aus ist, religiösen Zeichen und Symbolen im Felde staatlicher Daseins- und Lebensgestaltung ihre Geltung zu nehmen, setzt seine Zukunft als freiheitlicher Rechtsstaat aufs Spiel. Religion ist fraglos weit mehr als die Funktion, an deren Erfüllung Staat und Gesellschaft interessiert sind. Aber wenn dieses Interesse erlischt, wird eine Immunisierung gegen Totalitätsansprüche aller Art – zurückhaltend formuliert – nicht einfacher, geschweige denn erfolgversprechender. Die Verbannung des Kreuzes aus dem Raum staatlicher Hoheitsansprüche hat in Europa eben andere Folgen als vergleichsweise in uns entlegeneren Kulturkreisen.

Alle diese Überlegungen haben nichts mit Ansprüchen der christlichen Kirchen, aber alles mit dem Erhalt der Bestandsbedingungen freiheitlicher Rechtsstaatlichkeit zu tun. Es geht im Kern um die

Frage, ob und wie das Humanum innerweltlich dauerhaft zu retten ist, wenn man es von den Wurzeln seiner Herkunft abschneidet.

Die Abwendung vom Kreuz hat in der europäischen Geschichte bisher keine segensreichen Wirkungen gezeigt. Der Versuch, die staatliche und gesellschaftliche Ordnung von ihren religiösen Wurzeln zu lösen, wird auch zukünftig gründlich misslingen. Gerade die Menschen im 20. Jahrhundert haben in dieser Hinsicht reichlich bittere Erfahrung sammeln können. Mit sich beschleunigender Geschwindigkeit erlebte und erlebt die europäische Moderne, zu welchen Konsequenzen dieser Versuch führt. Ein Blick in die jüngste Vergangenheit genügt, um festzustellen, wie Ersatzreligionen zwar das Heil der Menschen versprechen, tatsächlich aber den Bau von Konzentrationslagern bewerkstelligen. Wenn die Neutralitätspflicht des freiheitlichen Staates missverstanden wird als eine Außerkraftsetzung der Geltung von Religion im staatlichen Bereich, dann ist der freiheitliche Staat selbst von Einsturzgefahr bedroht: Weder eine Kunstreligion – wenn die Ästhetik[8] an die Stelle religiöser Fundamente tritt – noch der Rückzug auf eine ausschließlich funktionale Betrachtung[9] – wenn Gesetze und Gerichte die religiösen Fundamente ersetzen sollen – können die Freiheit auf Dauer beschützen. Deshalb braucht der Staat ein anderes Beziehungsverhältnis zum Kreuz, als jetzt vom Bundesverfassungsgericht verfügt wurde.

Mir scheint, dass wir in unserem Verständnis von Toleranz und Freiheit inzwischen hinter das 18. Jahrhundert zurückgefallen sind und Gefahren einer allgemeinen Sinnentleerung, wie sie in der Aufklärung hellsichtig gesehen wurden, zu erkennen uns weigern. Zumindest die Spätaufklärung fand zu der Einsicht, „daß der Mensch immer auch homo religiosus ist. Das, was er von der Religion behalten muß, darf Aufklärung, sofern sie sich selbst nicht mißverstehen will, niemals zerstören; im Gegenteil: Nur wenn dem Menschen ein religiöses Fundament bleibt, kann ein dialektisches Umkippen von Aufklärung verhindert werden."[10] Ohne jeden Abstrich gilt diese Feststellung auch für die Freiheit, die – will sie den gerade aus ihr selbst erwachsenden Gefährdungen widerstehen – nicht die Grundlagen zerstören darf, die bewusst bleiben müssen, um eine Ordnung der Freiheit zu bewahren. Die Signatur dieses Wissens ist im europäischen Kulturkreis mehr als alles andere das Zeichen des Kreuzes. Ein Staat, der die Ordnung der Freiheit zu schützen gewillt und verpflichtet ist, darf diesen Zusammenhang niemals aus dem Blick verlieren.

Das Kopftuch ist keine Kutte und keine Kippa

Der Streit um das Kopftuch ist inzwischen auch in Deutschland entbrannt. Der Kern der Auseinandersetzung lässt sich in die Frage kleiden: Trifft es zu, dass ein Verbot, als Lehrerin an einer deutschen Schule das Kopftuch zu tragen, mit innerer Zwangsläufigkeit auch ein Verbot der Mönchskutte, des Kruzifixes oder der Kippa nach sich zieht? Viele beantworten diese Frage mit einem unmissverständlichen Ja.

Sie sehen im Kopftuch ein religiöses Symbol, und meinen deshalb, das Kopftuch nicht anders behandeln zu dürfen als die Kippa, das Kruzifix oder die Mönchskutte. Wenn eines dieser Symbole aus den deutschen Schulen verbannt werde, seien mit ihm zugleich auch alle anderen religiösen Symbole zu entfernen.

Diese Gedankenführung scheint auf den ersten Blick durchaus folgerichtig und einleuchtend. Und doch geht sie von ganz falschen Voraussetzungen aus und führt zu entsprechend fehlgeleiteten Schlussfolgerungen. Denn das Kopftuch ist vorrangig kein religiöses Symbol und nicht einer Glaubenswahrheit geschuldet. Das Kopftuch, das zudem anders aussieht als der traditionelle Schleier muslimischer Frauen, ist vielmehr Ausdruck eines politischen Standpunktes, der sich ziemlich genau beschreiben lässt, weil er mit dem nachdrücklichen Einsatz für eine bestimmte Rechts- und Gesellschaftsordnung verbunden ist. Diese Rechts- und Gesellschaftsordnung will sich in allen Punkten von der westlichen Zivilisation abgrenzen, mehr noch, sie versteht sich selbst als einen Gegenentwurf zum westlichen Verständnis von Staat und Gesellschaft. Zu Recht ist das Kopftuch deshalb von Bassam Tibi ein „Emblem des Islamismus" genannt worden,[1] ein Symbol des Widerstandes vor allem gegen das westliche Verständnis der Menschenrechte und der Menschenwürde.

Manche Beobachter weisen darauf hin, dass in der Diaspora das Kopftuch heute stärker verbreitet ist als in der Kultur des Islam selbst. Hier erfüllt es eben nicht die ursprüngliche Aufgabe des Schleiers, die Welt der Frauen vor der Welt der Männer zu behüten.[2] In der Diaspora wird das Kopftuch vor allem eingesetzt, um Frauen – nicht selten gegen ihren Willen – von der europäischen Welt hermetisch abzugrenzen. Das Kopftuch ist ein sichtbares Zeichen des Widerspruchs, Ausdruck einer gewollten Fremdheit. Bassam Tibi stellt zu Recht fest: „Die Hervorhebung der partikularen Eigenart der Muslime als ein

281

Kollektiv dient vor allem dazu, jede Integration zu verhindern."[3] Der Schleier dient damit im Ergebnis einer Ghettoisierung. Er wird als Mittel einer auf das Ganze der anderen Kultur zielenden, umfassenden Abgrenzung missbraucht. Das Kopftuch steht also zu allererst für ein politisches Ziel, und ist keinesfalls ein Ausdruck von Frömmigkeit, will also mitnichten einer Glaubensüberzeugung oder einer davon abgeleiteten Verhaltensvorschrift Geltung verschaffen. Es ist, in der Diaspora zumal, die Absage an jeden Willen zur Integration.

Der Streit um das Kopftuch berührt aus diesem Grund nicht unsere Einstellung zum Islam, sondern wirft die Frage auf, wie wir uns zum Islamismus verhalten. Dieser vertritt ein Menschenbild, das den in mehr als zwei Jahrtausenden in Europa entwickelten Vorstellungen vom Recht und der Würde des Menschen bis heute entgegengesetzt ist. Das Selbstverständnis des Islamismus zielt auf eben ein solches Gegenbild, wie es etwa mit der Verfassung der Bundesrepublik Deutschland in keiner Weise vereinbar ist, und muss deshalb seinem Selbstverständnis nach jede Bereitschaft zur Integration bekämpfen.

Deshalb ist es irrig, das Kopftuch als bewussten Ausdruck einer zivilisatorischen Ausgrenzung und damit als politisches Symbol auf eine Stufe zu stellen mit anderen Zeichen, die einer religiösen Gesinnung Ausdruck geben. Denn das Kopftuch bringt nicht einen Unterschied zwischen dem Islam einerseits und dem Christentum oder dem Judentum andererseits zum Ausdruck, sondern markiert die Differenz zwischen dem politischen Programm des Islamismus und der europäischen Idee der Menschenrechte.

Der Streit um das Kopftuch ist somit ein politischer Streit um eine politische Frage. Kann man sich vorstellen, dass eine Lehrerin, die dem Islamismus als einem politischen Programm verpflichtet ist und dies durch das Tragen eines Kopftuchs öffentlich und sichtbar zum Ausdruck bringt, an einer staatlichen deutschen Schule unterrichtet? Ihr Verständnis von Staat und Gesellschaft liegen so weit von den Überzeugungen unserer Verfassung entfernt, dass die Frage wohl schlechterdings nicht mit Ja beantwortet werden kann. Hingegen wird man schwerlich behaupten können, dass der Träger einer Mönchskutte oder einer Kippa damit zum Ausdruck bringen will, wie sehr er eine Verfassung wie unser deutsches Grundgesetz missachtet. Wer gleichwohl bereit ist, das Kopftuch im Klassenzimmer zu dulden, wird sich dann allerdings nicht auf die Religionsfreiheit berufen können. Denn eben dieses Menschenrecht auf Religionsfreiheit anzuerkennen ist der Islamismus am wenigsten bereit. Im Unterricht einer staatlichen Schule aber hat eine solche Einstellung nichts zu suchen.

Wenn das Kopftuch im Klassenzimmer nichts zu suchen hat, dann nicht deshalb, weil religiöse Symbole aus der Schule verbannt werden müssten. Im Gegenteil: Jede Kultur ist mit religiösen Überzeugungen verbunden – und die Zustimmung zu einer Kultur beinhaltet immer auch die Zustimmung zu ihren Voraussetzungen. Deshalb springt zu kurz, wer glaubt, er könne alle Schwierigkeiten aus der Welt schaffen, wenn er nur alle religiösen Hinweise aus dem öffentlichen Leben verbannt. Diese scheinbare Lösung empfiehlt sich umso weniger in einem Land, das – anders als beispielsweise die Vereinigten Staaten von Amerika – nicht auf einer Zivilreligion aufbauen kann. Deren entscheidende Aufgabe ist es, ständig daran zu erinnern, dass eine demokratische Ordnung nicht nur aus sich selbst heraus Bestand haben kann. Sie bedarf der Grundlegung eines Menschenbildes, das von Überzeugungen beseelt ist, die jenseits der Grenze politischer Verfügbarkeit und endlicher Begrenztheit liegen.

Jede politische Ordnung muss ihr jeweiliges Verhältnis zu den ihr vorgelagerten, sie in ihren Grundentscheidungen begründenden religiösen Überzeugungen bestimmen. Weil demokratische Politik nie eine Antwort auf die Frage nach dem Sinn menschlicher Existenz zu geben sich anmaßen darf[4], ist sie auf religiöse Vorstellungen verwiesen. Die politische Theologie beschreibt jene vorgelagerten Überzeugungen, die den Regeln der Gesellschaft eine Verbindlichkeit geben, die sich nur von ihrem Sinn her verstehen lässt. Dieser Sinn erschließt sich über das Menschenbild, in dem sich das Unbedingte mit dem Bedingten zusammenfindet.

Jede staatliche und gesellschaftliche Ordnung ist auf ein Menschenbild gegründet, das ihr Ziel und Maß gibt. Das Menschenbild, das mit dem Kopftuch einen äußeren Ausdruck findet, ist mit dem Erziehungsauftrag einer Lehrerin an einer staatlichen deutschen Schule schlechterdings unvereinbar. Kopftuch, Kutte, Kreuz und Kippa sind Symbole aus ganz verschiedenen Sphären. Gerade das Kruzifix ist – längst nicht nur für Christen – der sinnfällige Ausdruck eines Menschenbildes, das den demokratischen Verfassungsstaat der Bundesrepublik begründet und einen universellen Anspruch über alle Grenzen der Kulturen, Zivilisationen und Religionen hinweg erhebt. Seine Erinnerung an die unantastbare Würde und die gleichen Rechte aller Menschen unterliegt keiner historischen oder zivilisatorischen Einschränkung. Das Kopftuch hingegen wirbt für eine Rechts- und Wertordnung, die dem demokratischen Verfassungsstaat und seinem Verständnis der Menschenrechte den Kampf angesagt hat.

Im Übrigen wird mit der Duldung des Kopftuches im Klassenzimmer allen gläubigen Muslimen ein Bärendienst erwiesen. Denn wer den Schleier als vorrangig religiöses Symbol missdeutet und mit dem Erziehungsauftrag öffentlicher Schulen für vereinbar hält, lässt wenig Bereitschaft erkennen, zwischen dem Islam als einer Religion und dem Islamismus als einer Ideologie zu unterscheiden.[5] Während die religiösen Überzeugungen des Islam Achtung verdienen, müssen die politischen Ziele des Islamismus unseren Widerstand herausfordern. Die europäische Kultur ist mit einem Bild vom Menschen, das der Unbedingtheit seiner Würde spottet, niemals vereinbar.

Ist die CDU noch christlich?
Zum Streit über die Stammzellforschung

Seit ihrer Gründung wird die Christlich Demokratische Union gefragt, ob sie tatsächlich gut beraten war, einen so hohen Anspruch, wie ihn der Anruf des Christlichen im Namen der Partei begründet, sich selbst zum verpflichteten Maßstab ihrer Politik zu wählen. Die Frage liegt auf der Hand: Denn trotz allen Bemühens wird dieser Anspruch von Mal zu Mal im politischen Alltag nicht – oder zumindest doch nicht ausreichend – erfüllt. Wer wollte das bestreiten? In einer Demokratie ist die Verführung groß, tatsächlichen oder vermeintlichen Mehrheitsströmungen nachzulaufen und so die Treue zum eigenen Anspruch aufs Spiel zu setzen. Niemand wird von sich behaupten können, dieser Verführung immer widerstanden zu haben. Ja, es scheint, dass Parteien gelegentlich um den Preis ihres Überlebens gar nicht anders können, als gute Miene zum bösen Spiel zu machen und der Laune des Tages ihren Tribut zu zollen.

Die nüchterne Einsicht in die eigene Fehlbarkeit darf jedoch nicht zur Ausrede geraten. Es gibt zweifellos Fragen, die von einer so grundlegenden Bedeutung sind, dass sie keine ausweichende Antwort zulassen – jedenfalls dann, wenn man sich dem christlichen Menschenbild verpflichtet weiß. Zu dieser Frage gehört allen voran der Lebensschutz, also die Achtung der unantastbaren Würde eines jeden Menschen. Dieser Schutz gilt in einer umfassenden Weise, vom Anfang bis zum Ende, ohne jede Einschränkung und ohne jede Ausnahme. Er gilt für jeden Menschen, unabhängig von seiner Herkunft, seiner Hautfarbe, seinen Überzeugungen, Begabungen und Besitztümern, ob alt oder jung, krank oder gesund.

Es ist richtig, dass die ausnahmslose Gültigkeit des Schutzes der menschlichen Würde ihren tiefsten Grund in der Tatsache findet, dass der Mensch Geschöpf ist. Er hat sich nicht selbst geschaffen und ist nicht der Schöpfer seiner selbst. Ohne sein Zutun ist er ins Leben gerufen. Deshalb hat er nicht die Möglichkeit, von sich aus zu bestimmen, welcher Mensch zur Gemeinschaft gehört – und welcher verstoßen werden darf. Ebensowenig ist er befugt, auf eigene Rechnung Eingrenzungen des Menschlichen sich anzumaßen. Wo der Mensch in diese Rolle schlüpft, bedroht er sich selbst, da niemand zu sagen vermag, wer am Ende die Macht hat, die Grenzziehung vorzunehmen.

Der Mensch ist Mensch von Anfang an. Mit der Verschmelzung von Ei und Samenzelle ist die gesamte Potenz eines Menschen bestimmt. So unabdingbar äußere Umstände sind – von der Einnistung in die Gebärmutter angefangen bis hin zu Bildung und Erziehung –, um diese Potenz zur Geltung zu bringen, so wenig haben äußere Umstände irgendeinen Einfluss auf die Potenzialität selbst, die jeden einzelnen Menschen und seine Unverwechselbarkeit im Verlauf einer Lebensgeschichte ausmacht. Von dieser Potenzialität her bestimmen sich Wert und Würde, nicht von den jeweiligen Stufen ihrer Verwirklichung.

Wer dem christlichen Menschenbild anhängt, sieht in dieser Potenzialität, die den unterschiedlichsten Stufen der kreatürlichen Entwicklung eines Menschen zu eigen ist, den Grund für die unbedingte Schutzwürdigkeit des menschlichen Lebens von Anfang an. Aber auch der wird mit guten Gründen sich zu dieser Unantastbarkeit bekennen, der dieser Begründung nicht folgen kann. Denn sobald im Akt einer willkürlichen Setzung die erste Ausnahme von der Regel gemacht wird, lässt sich kein Kriterium mehr finden, das dauerhafte und allgemeine Verbindlichkeit erwarten lässt. Die Würde eines jeden Menschen ist unantastbar zu jeder Zeit und an jedem Ort. Kulturelle, soziale, religiöse, therapeutische oder medizinische Gründe mögen Anlass geben, die unterschiedlichsten Ausnahmen zu erwägen. Alle diese Ausnahmen mögen am Ende nicht beliebig, sondern gut begründet sein. Aber sie sind allesamt willkürlich, oft von Vorteilserwägungen geleitet und auf gar keinen Fall unangreifbar.

Nur die Unantastbarkeit der Würde ist als alleiniges Prinzip zustimmungsfähig für alle, gleich welcher Gottesvorstellung oder Weltanschauung sie sonst auch folgen mögen. Das christliche Menschenbild ist somit von einem Grundsatz getragen, der zwar in der Überzeugung von der Gottesebenbildlichkeit eines jeden Menschen wurzelt, aber in seinen Schlussfolgerungen alle Voraussetzungen erfüllt, die an ein allgemeines moralisches Gesetz gestellt werden müssen.

Die Schlussfolgerungen im Blick auf die aktuelle biowissenschaftliche Debatte liegen auf der Hand. Eine Bioethik, die auf das christliche Menschenbild verpflichtet ist, kann nicht zustimmen der Praxis einer Präimplantationsdiagnostik, die dazu führt, dass menschliches Leben gleichsam auf Probe gezeugt wird. Sie kann niemals die Hand einer verbrauchenden Embryonenforschung reichen, die überhaupt nur vorstellbar ist, wenn menschliches Leben, der Embryo, getötet wird. Sie kann nicht zulassen, dass von einer vermeintlichen Abwägung zwischen ganz und gar ungleichen Rechtsgütern gesprochen wird, so als ob der Lebensschutz des Menschen auf der einen Seite und die Freiheit der Forschung auf der anderen Seite gegeneinander ausgespielt werden könnten. Denn der Lebensschutz des einen Menschen kann nur durch ein einziges Rechtsgut begrenzt werden, nämlich durch den gleichrangigen Lebensschutzanspruch eines anderen Menschen. Eine solche Begrenzung findet auch nur dann statt, wenn die beiden Grundrechte in einem unmittelbaren Widerstreit zueinander stehen. Mitnichten ist es erlaubt, die Hoffnung auf Heilungserfolge in ferner Zukunft heute zu missbrauchen, um den Lebensschutz eines – und sei es eines gerade gezeugten – Menschen zu begrenzen. Nur wenn Leben gegen Leben steht und zwar hier und jetzt, kann man von einem Fall ethischer Abwägung sprechen.

Vor allem bei der Abtreibung haben wir uns daran gewöhnt, die Sache anders zu beurteilen. Der Gesetzgeber wie das Verfassungsgericht haben jedoch den ethischen Grundsatz, dass eine Abwägung nur zwischen gleichen Rechtsgütern stattfinden kann, keinesfalls über Bord geworfen und aus genau diesem Grunde unterschieden zwischen der Straffreiheit der Abtreibung einerseits und der Rechtswidrigkeit der Abtreibung andererseits.

Wenn menschliches Leben von Anfang an zu schützen und aus diesem Grund eine verbrauchende Embryonenforschung nicht zulässig ist, dann kann die Erzeugung von Stammzellen und Stammzell-Linien, denen die Tötung eines Embryos vorausgeht, nicht erlaubt sein. Nun gibt es jedoch seit Jahr und Tag weltweit eine überschaubare Zahl von Stammzell-Linien, die der Forschung zu wissenschaftlicher Nutzung angeboten werden. Diese Stammzell-Linien sind ausnahmslos aus der Tötung eines Embryos hervorgegangen. Anschließend wurden die Stammzellen reproduziert, ohne dass menschliches Leben dabei vernichtet wurde. Ist der Import solcher Stammzell-Linien zulässig?

Ich meine: Er ist zulässig. Niemand wird behaupten können, dass die Nutzung von Stammzell-Linien ethisch unbedenklich ist, da am Anfang immer die Tötung eines Embryos gestanden hat. Aber die Stammzell-Linien, die bestehen, sind etwas anderes als ein Embryo. Ihre wissenschaftliche Verwertung heute geht nicht mehr mit der Tötung menschlichen Lebens einher. Stammzell-Linien sind etwas ganz anderes als tiefgefrorene Embryonen, von denen nicht in jedem Einzelfall gesagt werden kann, ob sie irgendwann einmal in die Gebärmutter eingepflanzt werden. Sie mögen dem Tod geweiht sein. Dies befugt aber nicht zu ihrer vom Menschen veranlassten und gewollten Tötung zu Zwecken der Forschung.

Wenn vorhandene Stammzell-Linien zu wissenschaftlichen Zwecken genutzt werden dürfen, nachdem alle anderen Möglichkeiten ausgeschöpft sind, ist es von einer ganz entscheidenden Bedeutung, dass nur die weltweit gelisteten und bis zu einem in der Vergangenheit liegenden Stichtag erfassten Stammzell-Linien der Forschung überlassen werden. Alles andere würde Anreize bieten, neue Stammzell-Linien zu züchten und dafür die nicht erlaubte Tötung von Embryonen jetzt und in Zukunft zu billigen. Im Übrigen ist längst nicht entschieden, ob die Forschung tatsächlich in einem heute oft geltend gemachten Ausmaß embryonale Stammzellen benötigt. Welche Möglichkeiten die Nutzung adulter Stammzellen oder auch der aus dem Nabelschnurblut gewonnenen Stammzellen bieten, scheint auch unter Forschern längst nicht ausgemacht. Da weltweit Stammzell-Linien nur sehr begrenzt zur Verfügung stehen, ist die Forschung gezwungen, sehr viel stärker als bisher auf Chancen zu setzen, die sich aus der Arbeit mit adulten Stammzellen ergeben. Im Übrigen scheint es nicht ganz unmöglich, irgendwann einmal embryonale Stammzellen zu gewinnen, ohne dafür einen Embryo töten zu müssen. Selbst ausgewiesene Fachleute weisen heute darauf hin, dass kein Mensch sagen kann, welche Möglichkeiten sich in zwei, fünf oder zehn Jahren bieten.

Der hier vorgeschlagenen ethischen Lösung wird gerne der Vorwurf der Heuchelei gemacht. Dieser Vorwurf geht ins Leere: Stammzell-Linien, so wenig ihre Nutzung ethisch unbedenklich ist, sind eben nicht Embryonen, wenngleich sie vor langer Zeit aus diesen einmal gewonnen wurden. Auch unter ethischen Gesichtspunkten handelt es sich um zwei verschiedene Sachverhalte, die zweifellos sehr eng miteinander verbunden, aber deshalb doch nicht ineinszusetzen sind.

Die hier getroffene Unterscheidung ist weder das Ergebnis einer kalten Sophistik, noch wird sie beschönigt durch eine christliche Rhetorik. Sie ergibt sich aus einer ethischen Erwägung auf der Grundlage des christlichen Menschenbildes, das für die CDU bis heute nicht nur seine orientierende Kraft, sondern – wichtiger noch – seine grundlegende Bedeutung ungeschmälert behalten hat.

7. Menschen ...

Standfest in den Grundsätzen.
Von der Treue eines Politikers
zu seinen Überzeugungen

Erwin Teufel zum 60. Geburtstag

Wer etwas über die orientierende Kraft von Grundwerten im politischen Alltag erfahren will, wird in den Lehrbüchern der Politik kaum fündig. Reiche Einsicht beschert ihm jedoch ein Blick in das Leben von Erwin Teufel, der Politik nie anders verstanden hat denn als Auftrag, eine Wertordnung gestaltend mit Leben zu erfüllen. Diese Formulierung mag zunächst steif und unverbindlich klingen. Bei näherem Hinsehen jedoch entpuppt sie sich als gar nicht harmlos. Menschen, die Treue zu sich selbst und ihren Grundsätzen ernst nehmen, sind gefährlich. Sie müssen bereit sein, Auseinandersetzungen durchzustehen. Wer der eigenen Überzeugung folgt, muss für den Streit gerüstet sein.

Ein Mensch, der den Anspruch erhebt, sein Handeln darauf zu richten, eine Wertordnung mit Leben zu erfüllen, sieht in dieser Wertordnung jeweils mehr als nur die Begrenzung eigener politischer Befugnisse und Zuständigkeiten. Eine Wertordnung ist weit mehr als nur das Gehäuse von Politik. Grundwerte sind für einen Menschen wie Erwin Teufel nicht nur Fixpunkte politischer Entscheidung, sondern unmittelbar das Ziel selbst, in dessen Dienst sich die Politik zu stellen hat.

Diese Haltung gleitet keineswegs ins Doktrinäre ab, wohl aber geht sie einher mit großer Entschlossenheit. Es liegt auf der Hand, dass eine solche Einstellung jeden faulen Kompromiss scheut. Sie kann, wenn der demokratische Staat es erfordert, Einschränkungen hinnehmen oder bestimmte Ziele zurückstellen. Dann aber bleibt doch immer ein ceterum censeo, manchmal ein ganzes langes Leben lang.

Die ernste Beteuerung des Wissens um die eigene Defizienz in der aktuellen politischen Situation prägt jeden Menschen, der sich in Treue zu seinen Grundsätzen übt. Dieses Bewusstsein, hinter dem Anspruch zurückbleiben zu müssen, weil die Umstände es erzwingen, macht bescheiden, ja demütig. Der Weg eines Menschen, der Politik so versteht, ist entbehrungsreich. Oft dauert es Jahre und Jahrzehnte, bis man sich einem Ziel nähert. Und manchmal reicht noch nicht einmal die Spanne des eigenen politischen Lebens. Doch der Schutz vor Vermessenheit und das Wissen, dass alles, was wir beginnen, Stückwerk

* Erstveröffentlichung 1999

bleibt, sind Quellen der Kraft, der Geduld, der Ausdauer und der Hartnäckigkeit. Mehr noch: Politik erhält so ihren Ernst, ja, eine Würde, die jeder modischen Verführung widersteht.

Erwin Teufel erfreut sich jener Wertschätzung, die einem Menschen zuteil wird, von dem man weiß, dass er die Kraft hat, modischen Verführungen zu widerstehen. Der kurzatmige Erfolg des Tages vermag ihn nicht zu locken. Zwar weiß der Politiker Erwin Teufel, dass heute scheitert, wer die Gesetze der Mediengesellschaft nicht zur Kenntnis zu nehmen bereit ist. Aber er hat im Umgang mit diesen Gesetzen einen Weg gefunden, den er unbeirrt geht, auch wenn ihm auf diesem Weg gelegentlich Unverständnis begegnet. Er verzichtet auf die reißerische Schlagzeile und die vorschnelle Ankündigung. Was Erwin Teufel beginnt, das beginnt er mit Bedacht. Was er anfängt, entspringt nicht dem Bemühen, nur den Erfordernissen des Tages gerecht zu werden, sondern ordnet sich auf ein langfristiges Ziel hin. Seine Person steht für Verläßlichkeit, sie verkörpert den Ernst, der aller gestaltenden Politik auch in der Erlebnisgesellschaft immer zu eigen bleiben wird.

Zu einer Zeit, als andere vom Sparen redeten, ohne je daran zu denken, mit diesem Appell Ernst zu machen, war Erwin Teufel erfüllt von dem Gedanken, dass ein Politiker seine Verantwortung gründlich verfehlt, wenn er durch eine immer weiter voranschreitende Verschuldung den Spielraum zukünftiger Generationen mehr und mehr einschränkt. Also entschloss er sich, Sparappelle nicht nur an andere zu richten, sondern selbst zu handeln. Er durchforstete seinen Landeshaushalt und strich Gelder zusammen, wo ihm das verantwortbar erschien. Ich traf ihn einmal am frühen Morgen in der Villa Reitzenstein. Nach unserem Gespräch fragte ich ihn, welche Termine für den Rest des Tages anstünden. Er lachte und sagte mir, es sei kein besonders angenehmes Tagesprogramm, das auf ihn warte. Anschließend bestieg er den Hubschrauber und flog in den Süden seines Landes: Dort sprach er auf einer Kundgebung aufgebrachter Bauern. Anschließend musste er in eine Universitätsstadt, um empörten Landesbediensteten eine Verwaltungsreform zu erklären, die mit der Auflösung einer Vielzahl von Außenstellen einherging. Zum Abschluß des Tages schließlich stand eine öffentliche Diskussion mit Vertretern von berufsständischen Organisationen auf dem Programm, denen mitzuteilen war, dass ihre – oft nicht unberechtigten – Wünsche auf absehbare Zeit ausnahmslos nicht berücksichtigt werden konnten.

Es gibt Politiker, die leben in der Furcht vor dem Wähler, und trauen sich deshalb nicht, ungeschminkt die Wahrheit zu sagen. Wieder andere gehen in die Knie, wenn lautstarker Widerstand sich regt. Schließlich gibt es solche, die nur dort Opfer verlangen, wo sie wissen, dass der öffentlichkeitswirksame Protest organisierter Interessengruppen nicht zu befürchten steht. Sie treffen dann lieber die Schwächsten der Schwachen, bevor sie sich mit mächtigen Verbänden anlegen.

Das alles ist Erwin Teufels Art nicht. Er setzt durch, was er für richtig hält, wovon er überzeugt ist und was er mit seinem ausgeprägten Gefühl für Verantwortung vereinbaren kann. Nicht die Lautstärke des Protestes ist für ihn Kriterium, sondern die Frage, ob ein Vorschlag unter Gesichtspunkten der ihm anvertrauten Verantwortung bestehen kann.

Und er hat damit Erfolg. Die Menschen spüren, dass Erwin Teufel nicht zu den Politikern gehört, die den Weg des geringsten Widerstandes gehen. Er will überzeugen und nicht überreden. Nicht die Drohgebärde, sondern eher schon eine beschwörende Sachlichkeit entspricht seinem Naturell. Und eben deshalb findet er Vertrauen, weil er sich von dem einmal eingeschlagenen Weg nicht abbringen lässt. Erwin Teufel gewinnt Wahlen, obwohl – oder gerade weil – er von seiner Geradlinigkeit nicht ablässt.

Politiker wie Erwin Teufel sind oft unbequem. Auch wenn er zu Recht eher als Mann der leisen Töne bezeichnet wird, so darf man doch nie seine Zielstrebigkeit und seine Ausdauer unterschätzen. Jeder, der Erwin Teufel in den vergangenen Jahrzehnten beobachten konnte, kann sich an Diskussionen erinnern, die von ihm eben nicht mit einem faulen Kompromiss beendet wurden: Ob es um die Frage der Aufnahme von Vietnam-Flüchtlingen ging, um Probleme der Ausländerintegration, der Sozial- oder der Umweltpolitik – Erwin Teufel ist ein streitbarer Mensch, wenn es um die Schwachen in unserer Gesellschaft geht. Ein Thema hat ihn dabei immer ganz besonders beschäftigt, nämlich die Familienpolitik. Erwin Teufel ist kein Mann der technokratischen Standortdebatte. Viel mehr beschäftigt ihn die Frage: Wie muss eine menschenwürdige Gesellschaft aussehen, die sich an dem hohen Anspruch christlich geprägter Ordnungsvorstellungen messen lässt.

Mit dieser Frage, die im Mittelpunkt seines Denkens wie seines Handelns steht, verbindet sich seine politische Existenz. Er gehört zu jenen

Politikern, die von der Frage umgetrieben werden, wovon eine Demokratie eigentlich lebt.

Seine wegweisenden Beiträge in den letzten Jahrzehnten wirken weit über den Tag hinaus. Dafür gebührt ihm großer Dank.

Macht und Ohnmacht.
Helmut Kohl am 11. Juli 2001 zugeeignet

Es gibt wohl niemanden – unter seinen Anhängern wie unter seinen Gegnern –, der ernstlich bestreitet, dass Helmut Kohl wie kaum jemand eine ganze Epoche gestaltet hat. Sein Name verbindet sich mit der bis heute spannendsten Zeit der deutschen Geschichte im 20. Jahrhundert, den ereignisreichen und aufregenden Jahren des Zusammenbruchs der europäischen Nachkriegsarchitektur und des beginnenden Aufbaues einer neuen politischen Ordnung. Vielen gilt Helmut Kohl zudem – und wohl zu Recht – gleichsam als die Versinnbildlichung des homo politicus, ja, als die Verkörperung des Politischen schlechthin. Oder genauer gesagt: Helmut Kohl hat für eine ganze Epoche das Verständnis wie das Selbstverständnis von Politik geprägt. Wie kein anderer seiner Vorgänger hat er der immer noch jungen deutschen Demokratie anschaulich vor Augen geführt, was den Kern des Politischen ausmacht – eine angesichts der in Deutschland langen Geschichte der Verachtung des Politischen schwierige und bisweilen undankbare Aufgabe. Er ist dafür gescholten und gefeiert worden. Dabei schien es immer so, dass ihn weder die Schelte noch die Bewunderung sonderlich beeindruckte. Mit einer Selbstsicherheit, die nicht selten auch seinen Gegnern Achtung abverlangte, ist er seinem Verständnis des Politischen über viele Jahrzehnte gefolgt – ganz im Sinne von Max Weber, dass nämlich nur „wer sicher ist, daß er daran nicht zerbricht, wenn die Welt, von seinem Standpunkt aus gesehen, zu dumm oder zu gemein ist für das, was er ihr bieten will, daß er all dem gegenüber: ‚dennoch!' zu sagen vermag, nur der hat den ‚Beruf' zur Politik."[1] Nun hat Burkhard Spinnen in einem bemerkenswerten Beitrag vor nicht allzu langer Zeit von einer Metamorphose gesprochen, die das Politische derzeit durchläuft. Das politische Leben in Deutschland sei durch und durch skandalförmig geworden. Damit sei Politik nicht mehr der Streit um Konzepte, weil nach der Dramaturgie des Skandals nicht länger die politische Absicht das Verfahren regiert, sondern allein die Frage nach der individuellen Schuld, der Zwang zum sofortigen Handeln und die Verpflichtung zur besonders strengen Sühneleistung. Im Verlauf und Wesen des Skandals zeige sich eine neue Erscheinungsform des Politischen.[2]

Tatsächlich erleben wir eine Veränderung der politischen Kultur, die tiefgreifend zu sein scheint. Die herkömmliche Auffassung von Sinn und Zweck der Politik ist offenbar brüchig geworden. Da liegt es nahe, einen Augenblick innezuhalten und zu fragen, ob das, was bisher den Begriff des Politischen ausmachte, tatsächlich auf die Schutthalde der Geschichte gehört.

Wer sich dem Politischen nähert, stellt fest, dass er in eine Lebenswirklichkeit eintaucht, die sich in den Beschreibungen eines politikwissenschaftlichen Lehrbuches nicht wiederfindet. Das Politische ist gleichermaßen individueller Fluchtpunkt einer persönlichen Weltsicht und doch immer auch universelle Sichtweise einer existentiellen Dimension allen menschlichen Daseins: Das Politische zielt immer auf das ausnahmslos Allgemeine, die conditio humana, ja, es ist Teil dieser conditio humana, weil es Grundfragen unseres menschlichen Daseins in den Mittelpunkt stellt. Etwa die Frage nach der Ordnung unseres Zusammenlebens, der Gestaltungsfähigkeit einer Gemeinschaft nach verbindlichen Grundsätzen, der Beheimatung von Werten wie Freiheit und Gerechtigkeit im Gefüge eines staatlichen und gesellschaftlichen Aufbaues – und eben jene Frage, die sich aus unserem persönlichen wie dem öffentlichen Leben nie ausklammern lässt: nämlich die Zähmung der Macht, derer es immer bedarf, wo zwei oder gar mehr Menschen miteinander in Beziehung treten.

Die Macht gehört zum Politischen, sie ist Teil desselben – nicht Werkzeug, sondern Gegenstand der Politik. Helmut Kohl gilt und galt als Machtmensch. Und tatsächlich: Wie wenige andere war und ist er Meister in der Aneignung, im Umgang und in der Gestaltung von Macht – nach Grundsätzen, deren Geltung nicht aus der Macht selbst erwachsen. Damit ist er zunächst nichts anderes als der Glücksfall eines Menschen, der Macht beherzt an sich bindet und sie nach verantworteten Maßstäben einsetzt.

Macht muss gezähmt werden. Deshalb unterliegt sie sittlichen Maßstäben. So steht es auch im Lehrbuch. Aber die Frage nach der Macht ist weit vielschichtiger. Auch in den Dienst der guten Sache gestellt, strebt sie nach Zusammenballung und Verselbständigung – schon um ihrer Sicherung willen. Das widerspricht keineswegs ihrer Zähmung, auch wenn die Demokratie mit Fug und Recht alles daransetzt, Macht zu begrenzen: durch Regeln, Wahlen, Amtszeiten, Gegengewichte.

Tatsächlich ist jedoch die Ballung von Macht allein das Problem nicht: Man denke nur an geschichtliche Umstände wie etwa 1933, wo gerade ein Machtverfall – auf Seiten der demokratischen Kräfte – die

Voraussetzung dafür schuf, dass ein Machtmissbrauch von bis heute unvorstellbarem Ausmaß einsetzen konnte. Die Vielschichtigkeit der Frage nach der Macht berührt einen anderen Punkt: Den der Tragik, zu der ein Mensch fast unausweichlich geführt wird, wenn er sich der Aufgabe stellt, Macht nach verantworteten Grundsätzen zu zähmen.

Schon nach kurzer Zeit wird einem Menschen klar, dass selbst in höchsten politischen Ämtern seine Macht nicht ausreicht, um auch nur annähernd das zu tun, was ihm nach Maßgabe des Sittlichen zu tun geboten erscheint. Und umgekehrt: Es wird ihm klar, dass Macht, die er einsetzt, keinesfalls zu den Ergebnissen führt, die ihm nach Maßgabe des Sittlichen erwünscht scheinen. Und indem er – um seiner sittlichen Ziele willen – nach immer mehr Macht strebt, verliert er schnell die Empfindung für alle, denen er auf diese Weise zugleich einen Teil der eigenen Macht bestreitet.

Das ist der Fall der Antigone: Um ihrem sittlichen Willen folgen zu können, hat sie Macht an sich gezogen – und an sich ziehen müssen –, die einem anderen, dem König, zu eigen war. Auf dem Weg zum Guten hat sie die Besitzverhältnisse in der Zuteilung von Macht gründlich stören müssen. Hätte sie den Versuch unternommen, diese Macht, die sie einem anderen genommen hat, zu behalten und für sich zu sichern, hätte nicht nur sie in Freiheit ihrem Gewissen folgen können, sondern zugleich dafür gesorgt, dass auch alle anderen Bürger von Theben – auf Dauer – ihren sittlichen Überzeugungen hätten folgen können.

Antigone hatte das nicht im Sinn. Anders der Politiker, der Machtmensch. Er scheut nicht zurück vor der Zusammenballung von Macht, im Gegenteil: Ohne dieses Bestreben nach Absicherung seiner Macht wäre er ein Träumer. Aber der Machtgewinn des einen ist der Machtverlust des anderen, vollzogen nach anerkannten und doch oft genug unbekannten Regeln.

Helmut Kohl war und ist ein Machtmensch. Er wollte die Zusammenballung von Macht, sonst hätte er nie für das Amt des Bundeskanzlers zur Verfügung gestanden. Er wollte die Zusammenballung – und er brauchte sie, für seine wirklich geschichtlichen Leistungen zumal: die Wiedervereinigung, den Bau des europäischen Hauses, die Einführung einer gemeinsamen Währung, den Vollzug des Nachrüstungsbeschlusses und noch sehr viel mehr. Das alles musste gegen große Widerstände durchgesetzt werden, und war schon deshalb immer auch eine Frage der Macht.

Nun ist die Mächtigkeit des einen die Ohnmächtigkeit des anderen. Auch der erfolgreiche Politiker, der Macht ungewöhnlich lange an sich binden kann, wird sie eines Tages verlieren: in der Demokratie nach friedlichen Spielregeln, in nichtdemokratischen Verhältnissen durch Sturz, einen verlorenen Krieg oder Gewaltanwendung. Und immer bewahrheitet sich der Satz: Je höher der Aufstieg, umso tiefer der Fall. Der Macht folgt die Ohnmacht auf dem Fuß.

Je prägender ein Mensch wirkte, je gestaltender er eine ganze Epoche bestimmte, je größer sein Einfluss war, umso aufdringlicher ist das Bemühen seiner Gegner, die Erinnerung daran auszulöschen. Eine früh neuzeitlich bewährte Weise bestand ehedem darin, alle Porträts eines Verstorbenen oder eines in Ungnade Gefallenen abzuhängen. Später dann wurden Fotos und Filmdokumente gefälscht: Plötzlich war die posthum in Ungnade gefallene Person gar nicht dabei gewesen, also unbedeutend und nicht erinnerungswürdig.

Heute sind die Mittel subtiler. Den größten Erfolg verspricht die Strategie der Skandalierung einer Person. Schritt für Schritt wird der Gipfel des Skandals erklommen: Der Gesetzesbruch wird dann am Ende zum Verfassungsbruch, die ungesetzliche Einwerbung von Spenden zur strafbewehrten Untreue und schließlich zum Erweis von Bestechlichkeit, das Wort eines mit Haftbefehl gesuchten Straftäters dankbar für bare Münze genommen, während die Rede des beschuldigten Politikers als dreiste Täuschung der Öffentlichkeit verdächtigt wird.

Helmut Kohl hat alles das erlebt. Es geht in diesem Zusammenhang – wohlgemerkt – nicht um Anklage und Verteidigung. Es geht hier auch nicht um die Heroisierung oder die Diskreditierung eines erfolgreichen Politikers und langjährigen Bundeskanzlers. Es geht weder um einen Mythos Kohl noch um einen Antimythos Kohl. Es geht um das von jedem politisch Interessierten geforderte Urteil angesichts des Versuches, einen Menschen zur Unperson zu machen. Denn wenn alles Bemühen der Skandalierung nicht fruchtet, dann führt ein Weg immer noch sicher zum Ziel: Man muss einem Menschen seine Ehre nehmen. Und an diesem Punkt kann und darf die Öffentlichkeit nicht einfach unbeteiligt bleiben.

Seit Gründung der Bundesrepublik Deutschland hat kein Politiker annähernd soviel tragen und ertragen müssen wie Helmut Kohl, nachdem er von der politischen Bühne abgetreten war. Mit aller Energie hat er sich zur Wehr gesetzt. Oft stand er allein – auch deshalb, weil alle wissen (und niemand es sagt), dass ein Politiker, der sich in die Nähe eines anderen, im Mittelpunkt der Skandalierung stehenden Politikers stellt, selbst nicht ungestraft davonkommt. Wer die Nähe zu einem Menschen, der offenbar finsteren Machenschaften frönte, nicht scheut, muss ja offenbar doch wohl selbst finstere Machenschaften zu verbergen haben. Gleich und gleich gesellt sich eben gerne – und dieses Urteil der Öffentlichkeit ist schnell gefällt.

So steht der Skandalierte meist ganz allein in seiner Ohnmacht. Helmut Kohl hat das erfahren. Kein anderer deutscher Politiker ist je so tief gestürzt. Aber er hat den Sturz überlebt – übrigens auch politisch, wie jeder beobachten kann, der ihn im unbefangenen Gespräch mit Menschen erlebt.

Mit dem 11. Juli 2001 ist ein neues Kapitel aufgeschlagen. Der Mann hat das verloren, was seine politische Begabung erst wirksam werden ließ: Seine Frau, zu deren größten Leistungen es zählt, an der Seite ihres Mannes nie ihren Widerspruchsgeist, ihre Selbständigkeit im Denken und Urteilen aufgegeben zu haben.

Wer im Angesicht des Todes an die Abgründe der Hoffnungslosigkeit und der Verzweiflung geführt wird, erreicht einen Punkt, an dem die eigene Ohnmacht den Blick öffnet auf das am Ende jenseits aller Politik allein Wichtige, den Frieden mit sich selbst und den Frieden mit Gott. So jedenfalls lehrt es uns die alttestamentarische Figur des Hiob, der sich in dem Augenblick, da ihm alles genommen wurde, auf diese Vergewisserung zurückzieht.

Das Wechselspiel von Macht und Ohnmacht hat Helmut Kohl wie kein anderer seiner Zeit erlebt. Er hat erfahren, was Max Weber meinte, als er von dem Wissen um die Tragik sprach, in die alles Tun, zumal aber das politische Tun, in Wahrheit verflochten ist: „Es ist durchaus wahr und eine ... Grundtatsache aller Geschichte, daß das schließliche Resultat politischen Handelns oft, nein: geradezu regelmäßig, in völlig unadäquatem, oft in geradezu paradoxem Verhältnis zu seinem ursprünglichen Sinn steht. Aber deshalb darf dieser Sinn: der Dienst an einer Sache, doch nicht etwa fehlen, wenn anders das Handeln inneren Halt haben soll."[3] Oft genug birgt das Handeln des Politikers innere Widersprüche, scheinbare und tatsächliche. Die einzige Möglichkeit, dem politischen Handeln Richtung und inneren Halt zu geben, erwächst aus dem Glauben an die Sache. Dieser Glaube allein verleiht Festigkeit und Stärke, er weist die Richtung und schützt vor Verirrung. „Wie die Sache auszusehen hat, in deren Dienst der Politiker Macht erstrebt und Macht verwendet, ist Glaubenssache. Es kann nationalen oder menschheitlichen, sozialen und ethischen oder kulturellen, innerweltlichen oder religiösen Zielen dienen ... immer muß irgendein Glaube da sein. Sonst lastet in der Tat – das ist völlig richtig – der Fluch kreatürlicher Nichtigkeit auch auf den äußerlich stärksten politischen Erfolgen."[4] Es lohnt, sich diese bemerkenswert hellsichtige Äußerung über den Kern des Politischen immer wieder vor Augen zu führen. Der Einsatz von noch soviel Macht vermag nicht sicherzustellen, dass jenes Ziel, das der Politiker im Sinn hatte, auch unmittelbar erreicht wird. Gerade das Politische ist Teil und Ausdruck der Kontingenz allen menschlichen Tuns. Diese nüchterne Einsicht wäre jedoch auf eine geradezu fatale Weise missverstanden, wenn die Politik darauf verzichtete, die Macht in den Dienst an einer Sache zu stellen. Ansonsten verliert Handeln jeden inneren Halt. Wer sich aber dem Dienst an einer Sache verpflichtet weiß, muss von einem festen Glauben beseelt sein. Anderenfalls – man kann es nicht oft genug wiederholen – lastet der Fluch kreatürlicher Nichtigkeit auch auf den äußerlich stärksten politischen Erfolgen.

Nicht die Frage, welcher Glaube einen Politiker beseelt, hält Max Weber für entscheidend. Wichtig allein ist, dass der Glaube an die Sache jeder Macht die Richtung weist. Das mögen andere, denen ein solcher Glaube fehlt, gerne vergessen machen. Gegen dieses Vergessen steht das Lebenswerk von Helmut Kohl.

Vom Geist und Ton der Politik.
Bernhard Vogel zum Siebzigsten *

Er ist ein Mann des Wortes – und schon deshalb eine außergewöhnliche Erscheinung in der deutschen Politik. Wenn Bernhard Vogel etwas in Bewegung setzt, dann tut er dies meist mit der Hilfe des Wortes. Er nutzt das Wort – mit der ihm eigenen Bedachtsamkeit und einer seltenen Treffsicherheit. Sein Umgang mit Sprache verrät eine geradezu traumwandlerische Sicherheit. Seine Spontaneität äußert sich nie anders als in überlegten sprachlichen Ausdrucksformen: jede Redewendung ein Gewinn. Bernhard Vogel neigt nicht dazu, die Öffentlichkeit über seine Empfindungen zu unterrichten. Wenn er spricht, dann spricht er als Politiker, als Mann des öffentlichen Lebens. Diskretion ist seine Natur, die taktvolle Zurückhaltung sein Lebensentwurf.

Wer ihn kennenlernen will, muss deshalb zuhören lernen; ein Gespür dafür entwickeln, wie er das Wort gebraucht und redet. Wann immer er spricht: Das Wort ist für ihn Ausdruck und Angebot einer Verbindlichkeit, die zu seinen wohl herausragendsten Eigenschaften zählt. Mit dem, was er sagt, will er verbinden und zusammenführen. Gegensätze werden überbrückt und – wenn möglich – aufgelöst. In der Sache gelingt das nicht immer und manchmal ist Unverbindlichkeit der Preis des Verbindlichen. Aber auch dann zeigt sich in der Rede eine Geisteshaltung, der es am Ende lieber ist, die Sache im Unentschiedenen zu belassen, als durch den Gebrauch des Wortes zu entzweien. Die Betonung der Gemeinsamkeit scheut, wenn nicht anders möglich, am Ende die Auseinandersetzung in der streitigen Sache und sucht statt dessen den Weg des auskömmlichen Miteinanders.

Alles das sind keine schlechten Voraussetzungen für einen Politiker. Bernhard Vogel ist Politiker mit Leib und Seele – und er ist es seit seinen Jugendjahren. Er ist es in einem ganz besonderen Sinne – einem Sinn übrigens, von dem ich vermute, dass dieser zwar in den Jahren seiner akademischen Bildung geschärft, aber lange vorher ihm schon zu eigen war: als ein Sinn für das Gemeinsame und Gemeinschaftliche, dem Selbstverständnis eines Brückenbauers folgend, ja, im Geist eines Hausvaters, der weiß, dass es an ihm liegt, ob die ganze große Verwandtschaft beisammen bleibt.

Mehr als alles andere zeichnet ihn sein Gespür für Stil und Takt aus. Wo anders hätte ein solcher Charakter sich wohlfühlen können als im

* Erstveröffentlichung 2002

Seminar von Dolf Sternberger. Er hat ihn geprägt, wenn es denn in diesen Fragen überhaupt einer Prägung durch Erziehung und Bildung bedurfte. In seinem Nachruf auf den Lehrer, erschienen am 28. Juli 1989 in der Frankfurter Allgemeinen Zeitung, schreibt Bernhard Vogel: „Dolf Sternberger hat auch im öffentlichen Gebrauch des Wortes vorbildliche Maßstäbe gesetzt. Er hat einer ganzen Generation von Politikern und von politischen Wissenschaftlern bewiesen, daß es möglich ist, sich auch im Bereich des Politischen elegant und präzise zugleich auszudrücken." Das, was hier über Dolf Sternberger gesagt wird, trifft ohne jeden Abstrich auf Bernhard Vogel zu. Die Seelenverwandtschaft ist unverkennbar.

Dieses Verständnis von Politik, wie Sternberger es so eindrucksvoll lehrte und lebte, war die Grundlage einer in Deutschland bis heute einmaligen und unvergleichlichen politischen Laufbahn. 1967 wird Bernhard Vogel – gerade 35 Jahre alt – Kultusminister in Rheinland-Pfalz. Das ist schon lange her. Seitdem bekleidete er, ein halbes Leben lang, hohe und höchste Ämter in unserem Staat, als Ministerpräsident zunächst in Rheinland-Pfalz von 1976 bis 1988, bevor er dann 1992 Thüringer Ministerpräsident wurde und das bis 2003 blieb. Er war Vorsitzender von zwei Landesverbänden der Christlich Demokratischen Union, zweimal Vorsitzender der Ministerpräsidentenkonferenz, Präsident des Maximilian-Kolbe-Werkes und ist bis heute Vorsitzender der Konrad-Adenauer-Stiftung.

Seit 35 Jahren bewältigt Bernhard Vogel ein Arbeitsprogramm, dem wohl nur wenige gewachsen sind. Wann immer er eine neue Aufgabe übernahm, er widmete sich ihr mit Haut und Haaren. Es gibt kaum einen Vorgang, den er nicht kennt, keinen Vermerk, den er nicht gelesen hat, keine Akte, die er sich nicht vornimmt. Sein stupendes politisches Wissen ist ebenso nahezu sprichwörtlich wie seine Kenntnis politischer Zusammenhänge.

Bernhard Vogel ist ein Mann treuer Pflichterfüllung. Trotzdem ist die Politik ihm keine Last, sondern Lebensfreude. Er genießt seine Arbeit und findet in ihr Erfüllung. In den dreieinhalb Jahrzehnten seines politischen Wirkens hat er bittere Enttäuschungen erlebt und glanzvolle Siege gefeiert. Dabei ist er immer der geblieben, der er von Anfang an war: ein Mensch, der sich frei gehalten hat von Marotten und Allüren. Auch hier liegt einer der Gründe für seine Beliebtheit. Er freut sich, auf andere zuzugehen, und wirkt aufmerksam, aufgeräumt und gut gelaunt, mag der Kopf noch so voll sein. Bernhard Vogel sucht und genießt die Nähe zu anderen Menschen. Gleichwohl überwindet diese Nähe einen Rest an Distanz nie. Das Gefühl für Stil und Takt ist ihm allgegenwärtig.

Manch einer hat diese ihm eigene, seiner Persönlichkeit entsprechende Mitte zwischen Nähe und Ferne missverstanden. Tatsächlich zeigt sich hier eine selten gewordene Eigenschaft, die ihn befähigt, nie die Fassung zu verlieren. Als ich ihn Anfang der 70er Jahre auf einer studentischen Vollversammlung erlebte, die den damals gängigen Formen der Begegnung zwischen aufgebrachten Studenten und dem zuständigen Kultusminister entsprach, gelang ihm etwas ganz eigentümliches: Ohne belehrend zu wirken, allein durch seine Ausstrahlung und seine Besonnenheit, wurde plötzlich der Ton maßvoller und der Umgang entkrampfter. Er blieb sich auch angesichts scharfer Angriffe treu in seinem Werben um Verbindlichkeit und Gemeinsamkeit, während alle, die vor ihm saßen, das Wort als Waffe missbrauchten. Und so hat er sich schließlich durchgesetzt – in den unzähligen Institutionen und Gremien, in denen er gearbeitet hat: den Parlamenten, Kabinetten und Konferenzen, dem Zentralkomitee der Deutschen Katholiken, den Gremien des Zweiten Deutschen Fernsehens, den Parteivorständen der Christlich Demokratischen Union Deutschlands.

Seine Niederlagen waren immer Vorbereitungen künftiger Siege. Das hat vielleicht auch damit etwas zu tun, dass er selbst in bitteren Stunden, seinem Gespür für Stil und Takt folgend, das Wort benutzte, nicht um zu verletzen, sondern um zu verbinden.

Als er am 3. Mai 2002 anlässlich der Trauerfeier zum Gedenken an die Opfer des Verbrechens am Erfurter Gutenberg-Gymnasium eine Rede hielt, sagte er gegen Ende seiner Ansprache: „Schnelle Antworten können oberflächliche Antworten sein. Natürlich werden wir über Gesetze sprechen müssen. Sicher wird es Auseinandersetzungen geben müssen, auch Streit. Aber geht das nach der Erfahrung dieser Tage nicht in einem anderen Geist und in einem anderen Ton?"

Diese Frage hat Bernhard Vogel oft und eindringlich gestellt, manchmal sich selbst, gelegentlich leise, kaum vernehmbar, öfter auch unüberhörbar. Von diesem Bild der Politik hat er nie losgelassen – und er will es auch nicht, weil sein Verständnis des Politischen seinem Wesen und seiner Überzeugung entspricht. Auch im Streit kann und soll Politik das im Blick behalten, was verbindet. Ob sie dazu gewillt ist, kann man an einem untrüglichen Zeichen erkennen: Im Ton der Politik spiegelt sich ihr Geist.

Es kann wenig verwundern, dass Bernhard Vogel in der Kultur-, Medien- und Bildungspolitik immer eine besondere Herausforderung sah. Das hat nicht nur damit zu tun, dass er sich vor seiner Entscheidung zum Berufspolitiker dem Erziehungsauftrag der Schulen und Hochschulen besonders verbunden fühlte. Seine Nähe zur Kultur- und Bildungspolitik hat auch andere, tiefere Gründe. Sie liegen in dem Wissen um die Unverzichtbarkeit dieser Institutionen als einer Voraussetzung dafür, dass eine Gesellschaft ihr menschliches Gesicht behält. Und von der Struktur der Institutionen hängt eben ab, welcher Geist in ihnen lebt. Das haben alle gelernt, die im Sperrfeuer der studentischen Unruhen der späten 60er Jahre auf der anderen Seite standen und so zu ihrem politischen Bekenntnis gefunden haben. Wenn der Geist der Menschlichkeit lebendig bleiben soll, bedarf es seines institutionellen Schutzes. Der Geist, der unser Bildungswesen beseelt, kann nicht unabhängig von den Strukturen unserer Schulen und Hochschulen beschrieben werden; der Geist, der unser gemeinsames Verständnis von Erziehung prägt, kann ebenso wenig unabhängig gesehen werden von den Institutionen, die ihn beschützen: Familie, Schule, aber auch die Kirchen, Universitäten und Kindergärten. Bernhard Vogel hat diesen Zusammenhang nie bestritten. Mehr noch: Er weiß um die Zerbrechlichkeit dieses Zusammenhangs.

Wenn es ernst wird, sind Stil und Takt mehr als das Ergebnis einer geglückten bürgerlichen Erziehung: Sie sind Ausdruck der Achtung und der Anerkennung dessen, was gewachsen ist und uns in die Hände gelegt wurde, damit wir es als treue Verwalter pflegen. Den Begriff der Nachhaltigkeit hat nicht Bernhard Vogel erfunden. Aber der Sache nach war ihm dieser Gedanke immer vertraut. Er hat sich geweigert, Entscheidungen zu treffen, die zwar der Mode des Tages folgen mögen, aber auf lange Sicht das zerstören, was er für eine freiheitliche Gesellschaft als grundlegend und entscheidend empfindet. Ohne Stil und ohne Form mündet eine noch so gut gemeinte Politik schnell in die Barbarei. Das, was heute getan wird, darf sich in seinen Folgen auch später nie als zerstörerisch erweisen.

Ganz zu Recht gilt Bernhard Vogel als einer der erfolgreichsten Politiker unseres Landes. Jedem Amt, das er bekleidete, hat er einen Stempel aufgedrückt. Fast schon legendär ist bis heute sein Ruf als Kultusminister. Hier hat er sich in aufgeregten Jahren als besonnener Erneuerer einen Namen gemacht, der bis heute nachklingt. Was immer er tat, er verfolgte seine Anliegen behutsam. Überhastete Eile ist seine Sache nicht, eher das geduldige Überzeugen.

Seine wohl größte Herausforderung fand er schließlich als Thüringer Ministerpräsident. Mit einem unvergleichlichen Einsatz konnte er das Land an die Spitze aller neuen Bundesländer führen. Dabei hat seine Einfühlsamkeit gegenüber den Sorgen der Menschen im Osten nie den Gedanken aufkommen lassen, ihm seine Herkunft aus dem Westen zum Vorwurf zu machen.

In seinem oben erwähnten Nachruf auf Dolf Sternberger schrieb Bernhard Vogel 1989 über seinen Lehrer: „Er hat die Bundesrepublik Deutschland durch seine Wissenschaft und durch seine Sprache entscheidend mit geprägt." Es ist nicht vermessen, dies heute schon über ihn selbst zu sagen: Bernhard Vogel hat die Bundesrepublik Deutschland durch seine Politik und durch seine Sprache entscheidend mit geprägt. Er gehört zu den großen Persönlichkeiten unseres Landes.

... und Städte

Bonn und Berlin: Symbole geistiger Orientierung?
Der paternale und der subsidiäre Staat – ein fortwirkendes Spannungsverhältnis *

Die Überschaubarkeit der politischen Verhältnisse gehörte zu den herausragenden Eigenschaften der alten Bundesrepublik. Staat und Gesellschaft waren mehr oder weniger wohlgeordnet, die politischen Strukturen übersichtlich, die Charaktere der Regierenden wie die der Regierten kalkulierbar und – selbst in schwierigen Jahren – der Orientierungsrahmen deutscher Politik fest umrissen. Die Kleinräumigkeit des Staates brachte es mit sich, dass jeder jeden kannte. Die Bundeshauptstadt bot keine Chance für eine von der Öffentlichkeit unbemerkte Geheimdiplomatie.

Das politische Koordinatensystem war akzeptiert, hatte sich vielfältig bewährt, schien leicht zu durchschauen und einfach zu verstehen: hier der Westen, dem man sich zugehörig fühlte, dort der Osten, von dem man sich bedroht wusste. Von wenigen Ausnahmen abgesehen, wurde der öffentliche Meinungsstreit über Nuancen geführt. Ab und zu brach sich die Lust an der Auseinandersetzung Bahn: Der Historikerstreit erregte die Gemüter, die Auseinandersetzung über Ursachen und Folgen des Terrorismus, die Frage der Wiederbewaffnung und später die Nachrüstungsdebatte – es waren nur wenige Themen, die wert schienen, einen öffentlichen Streit zu führen. Wenn es dann zur Auseinandersetzung kam, waren in der Regel die Fronten immer klar: Die einen verstanden sich als links, während die anderen als rechts galten – wogegen sich die Betroffenen immer heftig zur Wehr setzen mussten, weil dieser Begriff gleichbedeutend war mit dem Vorwurf einer unverbesserlichen, ewig gestrigen, geistlosen Position, die einer intellektuellen Betrachtung eigentlich gar nicht wert gehalten wurde. Während die einen sich mit aller Kraft gegen die Unterstellung wandten, rechts zu sein, hatte die andere Seite ihre liebe Not, angesichts des real existierenden Sozialismus zu erklären, worin sie denn eigentlich ihre linke Gesinnung sähe.

Seit dem Fall der Mauer und der Wiedervereinigung Deutschlands nun ist nichts mehr so, wie es einmal war. Seitdem leben in der Bundesrepublik Deutschland 18 Millionen Menschen, die im Sozialismus aufgewachsen sind und zum Sozialismus erzogen wurden. Ihnen war der Raub der Freiheit versüßt worden mit dem Versprechen, dass

* Erstveröffentlichung 1999

sich ‚Vater Staat' fürsorglicher als jedes andere Regime um die Betreuung seiner Untertanen kümmern werde. Der Verlust der Freiheit wurde scheinbar aufgewogen durch einen Zugewinn an Sorglosigkeit. Das Versprechen sozialer Sicherheit wurde als eine Annehmlichkeit empfunden, die den Menschen von mancher Alltagsmühe befreite. Zwar konnte diese Fürsorge dann tatsächlich noch nicht einmal die Befriedigung menschlicher Grundbedürfnisse sicherstellen, aber sie zeigte sich im Alltag doch meist von der gutmütigen Seite: Sie eröffnete den Menschen einen recht bequemen Weg der Lebensführung und nahm ihnen die Angst, sich entscheiden zu müssen. Reisefreiheit, Meinungsfreiheit, Pressefreiheit – das alles gab es nicht. Aber die Erfahrung, von einem betrügerischen Reiseunternehmer geprellt zu werden, oder die Anstrengung, sich Tag für Tag zwischen den einander widersprechenden Kommentaren unterschiedlicher Zeitungen, Magazine und Fernsehkanäle ein eigenes Urteil bilden zu müssen – auch das gab es im Alltag so gut wie nicht. Das Leben war berechenbar, manchmal konnte man sich sogar geborgen und beschützt fühlen. Die schmerzliche Zerstörung des Rechtes auf Selbstbestimmung schien mehr oder weniger ausgeglichen durch die Befreiung von der anstrengenden Pflicht zur Selbstbestimmung.

Dann fiel die Mauer und die Freiheit kehrte zurück. Jetzt erfahren die Menschen täglich, dass ihr Leben in der freiheitlichen Gesellschaft oft unruhiger, schwieriger und anstrengender ist als die Existenz unter staatlicher Betreuung. Sicher: das gilt zweifellos nicht für die Nonkonformisten, die ihr Leben, ihren Arbeitsplatz, den Studienplatz ihrer Kinder und eine Einweisung in die Psychiatrie riskierten. Aber wann je waren die Nonkonformisten mehr als eine kleine, meist unverstandene Minderheit? Einer ganz anderen Orientierung folgte – zunächst – die alte Bundesrepublik. Unverwechselbarer Teil ihrer Gründungsurkunde war die Konzeption der Sozialen Marktwirtschaft, die einem subsidiären Staatsverständnis folgt. Vor und während des Zweiten Weltkrieges fanden sich Männer zusammen, die – geprägt auch vom Widerstand gegen den Nationalsozialismus – über die Ordnungsstrukturen eines Rechts- und Sozialstaates nachdachten. Diese Überlegungen fanden Eingang in die Freiburger Denkschrift vom Januar 1943. Nach dem Zusammenbruch flossen diese Gedanken in die Formulierungen des Grundgesetzes und der Wirtschaftsverfassung der Bundesrepublik Deutschland ein.

Als dann aber durch einen stetig wachsenden Wohlstand die Spielräume für verteilungspolitische Segnungen immer größer wurden, stiegen entsprechend die Erwartungen der Westdeutschen an ihren Staat. Dieser wurde mehr und mehr nicht nur als Garant des sozialen Ausgleichs gesehen, sondern von ihm wurde erwartet, dass er immer stärkere wohlfahrtsstaatliche Aktivitäten entwickelte. So bildete sich in der alten Bundesrepublik spätestens seit den 60er Jahren ein neues Staatsverständnis heraus, das den Gedanken der Subsidiarität zunehmend in Vergessenheit geraten ließ und die Wohlfahrtsgarantie geradezu als eine legitimatorische Grundlage des Weststaates in den Vordergrund stellte. Im Osten Deutschlands entwickelte sich als Folge einer obrigkeitsstaatlichen, fürsorglichen Betreuung eine Gewöhnung an den Polizeistaat, der eine weitgehende Zuständigkeit für die Reglementierung des Alltags der Menschen beanspruchte.

In der Berliner Republik fließen beide Erfahrungen zusammen: die Erinnerung an die von den westlichen Siegermächten wiederbegründete Demokratie in den alten Bundesländern und die Verwundungen durch die von der Sowjetunion errichtete Diktatur im Osten. Das könnte ein Glücksfall für unser Land sein, die Gunst der Stunde zu nutzen, um über einen gemeinsamen neuen Anfang nachzudenken. Eben dies geschieht jedoch nicht, weil die hüben und drüben durch ihre jeweils andere Geschichte geprägten Menschen eine ganz offen zur Schau gestellte Gleichgültigkeit füreinander zeigen. Es scheint, dass der Wunsch, einander zu verstehen, nicht besonders groß ist.

Nach wie vor wirken unterschiedliche geschichtliche Erfahrungen fort. Beide Traditionslinien spiegeln Entwicklungen und Richtungen, die tiefe Wurzeln in der deutschen Geschichte haben, und beide sind nicht erst in diesem Jahrhundert entstanden.

Es täuscht sich, wer glaubt, geschichtlich gewachsene und oft genug konfliktreich im Widerstreit liegende Traditionslinien eines paternalen und eines subsidiären Staatsverständnisses seien heute überwunden. Auch heute geht es um mehr als unterschiedliche Mentalitäten verschiedener Landsmannschaften. Es geht um geschichtlich gewachsene Weisen des Selbstverständnisses von bürgerlicher Freiheit und staatlicher Autorität. Der Freiheitskampf der Badener, Rheinländer, Hanseaten und Westfalen gehört zur deutschen Geschichte dazu, wie der aufgeklärte Absolutismus der Preußen zur Zeit des großen Friedrich und die obrigkeitsstaatliche Fürsorge Otto von Bismarcks dazugehören.

Nach der Reformation und dem Dreißigjährigen Krieg entwickelte sich in Deutschland eine Staatszwecklehre, die immer stärker die Verabsolutierung des Wohlfahrtsgedankens in den Vordergrund rückte. Der Untertan tritt einer prinzipiell allzuständigen und allsorgenden Obrigkeit gegenüber. Hans Maier hat das in seinen frühen Forschungen über die ältere deutsche Staats- und Verwaltungslehre eindrucksvoll nachgewiesen: Zweck der polizeilichen Tätigkeit des Staates wird das Glück der Bürger. Dieses Glück ist Gegenstand aller obrigkeitsstaatlichen Regelungen. „Da jedoch der Bürger nach dieser Lehre infolge seiner sittlichen Schwäche und Uneinsichtigkeit zu diesem guten Leben aus eigener Kraft unfähig ist und nur durch Befolgung obrigkeitlicher Gebote dazu gelangen kann, bleibt die ethische Diskussion ganz auf die Obrigkeit beschränkt."[1] Dem Bürger steht ein Urteil darüber, was sein Glück ausmacht, nicht zu.[2] „Alle Politik wird gleichsam auf Polizei reduziert. Die peinliche gebotsmäßige Regelung aller Lebensverhältnisse, die minutiös ausgestaltete ‚gute Ordnung und Policey', die schließlich mehr und mehr zum Selbstzweck wird: sie erscheinen geradezu als Signum des deutschen Territorialstaats der Neuzeit."[3] So gewannen staatliche Regierung und Verwaltung in Deutschland eine quasi-religiöse Dignität. „Der deutsche Fürstenstaat, aus lutherisch-reformatorischem Antrieb erwachsen, ist so nicht nur der Anfang des modernen kontinentalen Staatskirchentums geworden, sondern zugleich auch eine erste Ausprägung des neuzeitlichen Kultur- und Wohlfahrtsstaates."[4]

Im 18. Jahrhundert gelangte dieses paternale Staatsverständnis in Preußen zur vollen Blüte. Der Paternalismus steht im Mittelpunkt der Politiklehre Christian Wolffs und gehört zu den Grundüberzeugungen von Friedrich II. und Friedrich Wilhelm II. Der paternale Standpunkt ist Ausdruck einer moralischen Gesinnung des absolutistischen Herrschers, der sich für die Wohlfahrt seiner Untertanen verantwortlich fühlt. Paternalismus ist dabei gleichsam das Gegenstück zum Absolutismus: Vom unmündigen Bürger kann nicht erwartet werden, dass er für sich selbst einsteht. Wer gehorsamer Untertan sein muss, darf umgekehrt erwarten, dass der Monarch als guter Hausvater auf die Minderung seiner Lebensrisiken hinwirkt.

Zur gleichen Zeit regt sich in Preußen die schärfste Kritik am Paternalismus. Wie kein anderer verweist vor allem Immanuel Kant auf den Zusammenhang von Paternalismus und Despotismus: Was „das Prinzip der Glückseligkeit ... auch im Staatsrecht für Böses anrichtet, so wie es solches in der Moral tut, auch selbst bei der besten Meinung, die der Lehrer desselben beabsichtigt. Der Souverän will das Volk nach seinen Begriffen glücklich machen, und wird Despot; das Volk will sich den allgemeinen menschlichen Anspruch auf eigene Glückseligkeit nicht nehmen lassen, und wird Rebell."[5] Kants Kritik verhallt nicht ungehört. Das allgemeine Landrecht für die preußischen Staaten schränkt das staatliche Recht der Wohlfahrtssorge ein. Und doch halten Rechtsprechung und akademische Lehre während fast des ganzen 19. Jahrhunderts an den wohlfahrtspolizeilichen Befugnissen des Staats fest.

Eine andere Tradition entwickelte sich unter katholischem Regiment im Westen Deutschlands. Hier hatte die christliche Pflicht zur caritas eine ganz andere Bedeutung als im protestantischen Osten. Nicht die Beteuerung ‚sola fide', sondern die Aufforderung ‚fides caritate actuosa' galt als Maxime eines gottgefälligen Lebens. Vor diesem Hintergrund wurde über ganz andere Lösungen zur sozialen Frage nachgedacht. Es entwickelte sich die Katholische Soziallehre mit ihrer starken Betonung des Prinzips der Subsidiarität, das etwa Heinrich Brauns, von 1920 bis 1928 in zwölf Kabinetten Reichsarbeitsminister, immer wieder zur Geltung brachte, wenn er angesichts des Massenelends in der Weimarer Republik gegenüber den Verführungen eines versorgungsstaatlichen Denkens standhaft blieb: „Wenn wir die Kosten der sozialen Leistungen aus steuerlichen Mitteln aufbringen wollen, dann verlassen wir damit den Versicherungsboden und betreten den Boden der öffentlichen Fürsorge."[6]

Paternales und subsidiäres Staatsverständnis stehen für zwei unterschiedliche Denkweisen. Beide haben ihre Wurzeln in religiösen Überzeugungen. Beide Traditionen führen zu sehr verschiedenen Verständnisweisen von Sozialstaat und Sozialpolitik. Erst im letzten Drittel unseres Jahrhunderts begann eine Verwischung der Unterschiede. Seit den 60er Jahren gibt es eine in Ost und West mehr oder weniger gleichförmige Entwicklung: Die Deutschen hüben wie drüben verständigten sich in den Nachkriegsjahrzehnten ganz unabhängig voneinander mehrheitlich auf die alte Tradition vom ‚Vater Staat'.

Hier wie dort, im Westen wie im Osten Deutschlands, entwickelte sich eine ausgeprägte Abneigung gegenüber den Zumutungen und Anmaßungen von Freiheit. Ein immer größeres Streben nach Sicherheit, immer umfänglichere Erwartungen wurden gegenüber dem Staat, von dem man fordert, wie ein treusorgender Familienvater die Dinge des Lebens zu regeln, geltend gemacht. Freiheit hingegen, die von den Menschen verlangt, Verantwortung für sich und andere wahrzunehmen, verlor immer mehr an Zustimmung und Wertschätzung. Ein Lebensentwurf, der sich dem Anspruch staatlicher Betreuung beugte, schien – auch um den Preis der Gängelung – bequemer.

Auf den ersten Blick scheint es so, als ob die Menschen in beiden Teilen Deutschlands in grundverschiedenen Erfahrungswelten gelebt haben. Soviel auch für diese Aussage spricht, so sehr sind doch Zweifel angebracht, ob diese Behauptung der Wirklichkeit voll gerecht wird. Natürlich erfuhren die Menschen in den beiden Teilen Deutschlands gänzlich andere Prägungen, war das Alltagsleben der Menschen im Westen mit den Lebensumständen der Menschen im Osten nicht zu vergleichen. Und doch ist es so, dass die Betonung der zum Teil unüberbrückbaren Unterschiedlichkeiten nur die eine Seite der Medaille sichtbar macht. Denn so konfrontativ die politischen Systeme der beiden Staaten in Deutschland gegeneinander standen, so konvergent verlief die Entwicklung der Mentalitäten der Menschen hier wie dort.

Es ist eine ausgemachte Selbsttäuschung der Westdeutschen, den Menschen in den jungen Bundesländern eine besondere Staatsgläubigkeit zuschreiben zu wollen. In der alten Bundesrepublik verlief die Entwicklung keineswegs anders als im Osten. Sie entfernte sich mehr und mehr von ihren liberalen Wurzeln. „Je näher der Zusammenbruch des Sozialismus jenseits der eigenen Grenzen rückte, desto mehr entsprach die Bundesrepublik Deutschland seinem Ideal."[7] Die Forderungen an Staat und Politik nahmen zu und gerieten notwendigerweise in einen Widerspruch zum Selbstverständnis des politischen Systems, das auf dem Subsidiaritätsprinzip aufbaut – dem Vorrang der Eigenverantwortung vor der staatlichen Zuständigkeit. Die Folge war eine strukturelle Überforderung der Politik, ein ständiges Anwachsen der Staatsquote, eine voranschreitende Brüchigkeit der staatlichen Institutionen, deren Legitimität mehr und mehr von ihrer wohlfahrtsstaatlichen Leistung abhängig gemacht wurde, sowie schließlich ein Bedeutungsverlust der Gesellschaft, die sich für die Lösung von Problemen in eigener Verantwortung immer weniger gefordert sah.

Wie keine andere Institution verkörpert die heutige Bundesregierung diesen scheinbar neuen Grundkonsens des wiedervereinigten Deutschland: Angesichts der stürmischen Veränderungen in der Epoche des Umbruchs haben die sie tragenden Parteien versprochen, dass alles so schlimm nicht kommen werde – und dort, wo es schlimm wird, eben die Schutzfunktion des Staates erheblich ausgeweitet werden würde. Die führenden Köpfe der Bundesregierung bringen damit zum Ausdruck, was zuvor im Wahlkampf als Erwartung von der Publizistik formuliert worden war: In 678 Meldungen der fünf nationalen Fernsehsender in den Sommermonaten des Jahres 1998 waren Aussagen darüber enthalten, wer für die Lösung der anstehenden Probleme zuständig ist: der Staat oder die Gesellschaft. In 77 Prozent dieser 678 Meldungen wurden der Staat und die Politik als zuständig für die Lösung der Probleme dargestellt. An die Zuständigkeit der Gesellschaft wurde dagegen nur äußerst selten appelliert. Dies galt ausnahmslos für alle wichtigen Themen der aktuellen Berichterstattung. Damit war klar, welche der beiden großen Parteien den Erwartungen der Öffentlichkeit eher entsprach. Auch aus diesem Grund kann es nicht überraschen, dass eine sozialdemokratische Bundesregierung zunächst mit einer massiven Umsatzsteuererhöhung ihre Arbeit begann, damit ‚Vater Staat' am Ende noch schneller und noch umfangreicher auch die kleinen Lebensrisiken einfangen konnte.

Dramatisch hat seit dem Regierungswechsel 1998 die Staatsgläubigkeit der Deutschen zugenommen. Mit Fug und Recht kann von einer Renaissance des Sozialstaatsdenkens gesprochen werden. Auf die Frage „Wären Sie dafür oder dagegen, daß in Deutschland die soziale Sicherheit weiter ausgedehnt wird, auch wenn dafür mehr Vorschriften und höhere Steuern kämen?", antworteten mit Ja im November 1991 48 Prozent, im Januar 1994 37 Prozent, im Juni 1998 40 Prozent und im Dezember 1998 51 Prozent.[8] Der Befund spricht Bände: Unmittelbar nach der Wiedervereinigung war die Staatsgläubigkeit der Deutschen geringer als heute. Seinen beschönigenden Ausdruck findet dieser Glaube an die Zuständigkeit des Staates in der Forderung nach sozialer Gerechtigkeit. Der oft bewusst unbestimmt gebrauchte Begriff versteht sich heute immer mehr als Verteilungsgerechtigkeit und immer weniger als Leistungsgerechtigkeit. Den Vorrang staatlicher Fürsorge gegenüber der Betonung individueller Anstrengung und Verantwortung für die eigene Existenz bestätigen in den 90er Jahren eine immer größere Zahl von Befragten in West- wie in Ostdeutschland.

Der hier dargestellte Befund einer langfristigen Drift weg vom Vorrang gesellschaftlicher Zuständigkeit hin zu der Erwartung, Staat und

Politik seien für die Lösung von Problemen zur Rechenschaft zu ziehen, kann wenig verwundern, wenn man sie in Ländern findet, die Jahrzehnte unter das Joch eines autoritären, staatssozialistischen Regimes gezwungen waren. Es kann wenig überraschen, dass dort, wo von Generation zu Generation dazu erzogen wurde, obrigkeitsstaatliche Bevormundung und Betreuung hinzunehmen, diese Erziehung auch heute noch nachwirkt. Erstaunen kann ein solcher Befund schon mehr, wenn man ihn in freiheitlichen Gesellschaften beobachtet. Wenn auch die Westdeutschen sich in dieser Hinsicht der ostdeutschen Mentalität noch nicht angepasst haben, so ist doch eine Annäherung unverkennbar. Jedenfalls haben sich die Westdeutschen von den Quellen, aus denen sich ihr Staatsverständnis lange speiste, weit entfernt. Die Traditionen des badischen Liberalismus und den rheinischen Katholizismus werden zunehmend schwächer und haben ihre prägende Kraft längst verloren.

Die Berliner Republik beginnt zu einem Zeitpunkt, da ein in der Geschichte Deutschlands über lange Zeit folgenreicher Dualismus überwunden zu sein scheint – zu Gunsten einer Bestimmung des Verhältnisses von Bürger und Staat im Sinne einer fürsorglichen, väterlichen Zuwendung der schützenden staatlichen Autorität zu seinen verängstigten Bürgern und Untertanen. Behält am Ende Bismarck recht? Er sagte voraus: „Es ist möglich, daß unsere Politik einmal zugrunde geht, wenn ich tot bin. Aber der Staatssozialismus paukt sich durch. Jeder, der diesen Gedanken wieder aufnimmt, wird ans Ruder kommen."[9] Diese Erwartung entspricht weder den verfassungspolitischen Zielen, wie sie den Vätern des Grundgesetzes vor Augen standen, noch den wirtschaftlichen Gesetzmäßigkeiten einer Gesellschaftsordnung, die zum Schutz der Schwachen wirken soll.

An der Wiege der Berliner Republik steht also die Aufgabe, mit einer Lebenslüge aufzuräumen, so als könnten Staat und Politik tatsächlich mit etwas gutem Willen die heute in sie gesetzten, überbordenden Erwartungen erfüllen. Neu zu entdecken sind hingegen die freiheitlichen Traditionslinien in der Geschichte der Deutschen – und neu zu bestimmen ist die geistige Orientierung, der das wiedervereinigte Deutschland folgt. Es geht um nicht weniger als um die Frage, wie die Deutschen sich selbst im Verhältnis zu ihrem Staat verstehen.

Es wäre an der Zeit, dass eine öffentliche Debatte nicht nur über Schicksalsfragen der Vergangenheit, sondern auch über diese zukunftsgewandte Richtungsbestimmung einsetzt. Die Schutzfunktion des Staates, die Lösungszuständigkeit der Zivilgesellschaft und die Eigenverantwortung des Bürgers müssen neu balanciert werden, damit Deutschland jene Stabilität im Inneren zurückgewinnt, die Voraussetzung für die Bewältigung seiner großen Aufgaben im Äußeren ist. Deshalb muss unser wiedervereinigtes Land sich bewusst bleiben, daß es auf zwei Säulen ruht: der rheinischen wie der preußischen Tradition. Die darin begründete dauerhafte Spannung zwischen einem paternalen und einem subsidiären Staatsverständnis wurde bisher in der deutschen Geschichte selten fruchtbar gemacht für die Suche nach einer neuen Sichtweise in der Bestimmung des Verhältnisses von freiheitlicher Gesellschaft und staatlicher Vorsorge. Die Konzeption der Sozialen Marktwirtschaft war einer der ganz wenigen Entwürfe in der politischen Ideengeschichte der Deutschen, diese Spannung aufzulösen und beide Traditionslinien miteinander zu versöhnen.

Alfred Müller-Armack hatte 1950 seine Gedanken über die Möglichkeit einer die Weltanschauungen verbindenden Sozialidee niedergeschrieben.[10] Er forderte seinerzeit eine irenische Besinnung mit dem Ziel, eine Gesellschaftsordnung zu bauen, die versöhnt, weil sie gleichermaßen auf sozialen Schutz und persönliche Freiheit gegründet ist. Damals verhallten seine Gedanken ungehört. Das beginnende Wirtschaftswunder ließ ein so anspruchsvolles Vorhaben als überflüssig erscheinen. Die vormaligen Sünden rächen sich heute. Vielleicht ist es an der Zeit, ein halbes Jahrhundert später, den Appell Müller-Armacks ernst zu nehmen. Die Berliner Republik sollte auf diese Aufgabe nicht nur mit einem Achselzucken antworten.

Sankt Petersburger Ansichten *

Im Stadtpark von Zarskoje Sjelo steht, unweit des Katarinenschlosses, wo sich einmal das Bernsteinzimmer befand, Wladimir Iljitsch Lenin – in patinierter Bronze und vergleichsweise stilvoller Darstellung. Wenige Schritte dahinter reckt sich seit kurzem in hellem Holz ein russisches Kreuz in die Höhe. Es überragt die revolutionäre Kultfigur deutlich und stört die kunstvolle Symmetrie der vom Gärtner konzentrisch auf den Revolutionär zugeordneten Blumenbeete empfindlich. Unwillkürlich bietet sich dem Betrachter ein Bild, das als Symbol gelten kann für die tiefen inneren Spannungen eines Landes, ein Sinnbild gar der inneren Zerrissenheit eines Volkes, ein Symbol für Rußland jedenfalls, das sich wie kaum ein anderes Land im Umbruch befindet. Lenin und das Kreuz: Zeichen zerbrochener Verbindlichkeiten und zugleich ein Emblem für jene Stadt, die genau auf der Schnittstelle liegt, wo sich Osten und Westen berühren – eine Stadt, die seit ihrer Gründung durch Peter den Großen eine vermittelnde Rolle zwischen den Kulturen eingenommen hat und heute wie je den Besucher in ihren Bann schlägt.

Sankt Petersburg im Herbst: Die letzten schönen Tage vor einem langen, feuchten Winter, eine Stadt mit fünf Millionen Menschen, von denen rund 27 Prozent – etwas weniger als in Rußland insgesamt – am Rande des Existenzminimums und darunter leben. Pulsierendes Leben im historischen Zentrum, öde Tristesse in dem von Stalin Anfang der 50er Jahre errichteten künstlichen Mittelpunkt eines damals geplanten neuen Petersburg, aus dem dann nicht mehr wurde als eine trostlose Plattenbausiedlung. Eine Stadt, deren zentrale Beheizung einsetzt, nachdem der Winter schon begonnen hat, und die mit Strom versorgt wird aus einem Kernkraftwerk vom Typ Tschernobyl, rund 15 Kilometer vor ihren Toren gelegen. Eine Stadt, in der nicht selten drei Generationen in einer gemeinsamen Wohnung von 36 qm leben – mietfrei, in Häusern, die um die Jahrhundertwende gebaut wurden und oft mit der Fassade eines Palastes geschmückt sind. Eine Stadt schließlich, die bis vor 70 Jahren nicht nur das bedeutendste Machtzentrum Europas war, sondern auch unvergleichlich in ihrem imperialen Charakter, der Geschlossenheit ihrer architektonischen Form und dem unermeßlichen Reichtum ihrer Oberschicht.

Sankt Petersburg war seit je eine Stadt voller Widersprüche – und so ist es bis heute geblieben. 1991, so erzählen die Menschen, gab es keine

* Erstveröffentlichung 1997

Lebensmittel, keine Geschäfte, selbst in den Hotels hatte man kaum etwas zu essen. Das ist inzwischen anders. Der Lebensstandard ist hier deutlich höher als in vielen anderen Städten und Regionen Rußlands. Die letzten fünf Jahre brachten deutliche Verbesserungen – und neues Elend. Wer Glück – und Beziehungen – hatte, kaufte eine Wohnung in einer der alten Fürstenresidenzen am Ufer der Neva, kann in ein paar Jahren auf eine Wertsteigerung von hunderttausend Prozent (oder mehr) hoffen und kassiert schon heute Mieten von mehreren Tausend Euro monatlich. Wer hingegen Unternehmergeist besitzt, aber weniger Verbindungen hat, der eröffnet ein kleines Geschäft oder einen Kiosk und kann schon im zweiten Monat die Schutzgelder an die Mafia nicht mehr bezahlen, so dass er unweigerlich dem Ruin seiner Existenz ausgeliefert ist.

Wie sich Privatisierung in der postkommunistischen Zeit vollzieht, vermag hier niemand so recht zu sagen. Wahrscheinlich lässt sich so etwas tatsächlich nicht geordnet angehen. Es wird experimentiert, gefördert und behindert, beschleunigt und gebremst – und alles zur gleichen Zeit, von den gleichen Verwaltungen, oft von den gleichen Personen. Was angesichts solcher Umstände wann erwartet werden kann, weiß niemand. Aber es entsteht – trotz Mafia und ständig wechselnder Gesetzgebung – allmählich ein neuer Mittelstand. Kleinunternehmer beginnen ein Gewerbe in dieser Stadt, die bis zur Revolution von Handel und Handwerk geprägt war; und resigniert ist die Stimmung keinesfalls. Viele Menschen wirken ratlos, aber hoffnungsfroh.

Die strenge Architektur der Stadt, so scheint es dem Betrachter, verfehlt ihre psychologische Wirkung auf die Bewohner nicht: Wo die gesamte Anlage der Imperiale in ihrer klassizistischen Form ein einziges großes Symbol für ein Leben in geregelter Ordnung zu sein scheint, wirkt auch heute, inmitten dramatischer Umbruchjahre, vieles geordnet. Und doch brodelt es unter der Oberfläche. An die Stelle einer immer noch weiter zerfallenden staatlichen Autorität ist die Mafia getreten – oder besser: verschiedene Clans haben diese Stadt unter sich aufgeteilt. Trotz einer umfassenden öffentlichen Präsenz der Polizei ist das staatliche Gewaltmonopol längst zerbrochen. So ist die Sicherheit inzwischen zu dem zentralen Problem geworden: Insbesondere kleine unternehmerische Initiativen werden durch Schutzgelderpressungen erstickt. Ausländische private Sicherheitsdienste, die legal arbeiten, können diesem wuchernden Krebsgeschwür kaum noch Einhalt gebieten. Die staatliche Administration ist zu schwach – und zu anfällig für mafiose Kumpanei.

Armut und Not nehmen zu, und gleichzeitig beginnen viele, sich auf die noch ungeregelten neuen Lebensbedingungen einzustellen. Die sprichwörtliche Leidensfähigkeit der Russen lässt eine Wiederholung der Ereignisse des Oktober 1917 in naher Zukunft nicht befürchten. Aber die ihren Luxus kaum verbergende Klasse der Neureichen und eine tatsächlich wachsende Kluft zwischen Gewinnern des Umbruchs und seiner Verlierer bewegt viele Publizisten dazu, die Bevölkerung aufzurütteln und den nach wie vor personell übersetzten Bürokratien Dampf zu machen. So könne es nicht weitergehen, sagt freundlich und entschieden eine engagierte Journalistin. Wie es aber weitergehen solle – darüber herrscht auch in der Presse Ratlosigkeit.

Oft genug ist die Politik zu schwach, Entscheidungen durchzusetzen. Es fehlt nicht am guten Willen. Das Problem liegt bei der Umsetzung – und in den Köpfen vieler, die den Kommunismus auch deshalb aufgenommen haben, weil er der zaristischen Tradition zentralistischer Entscheidungsbefugnisse entsprach. Und dennoch geht es voran: Gerade haben sich mehrere kleine Fraktionen im Petersburger Parlament zusammengeschlossen und die lähmende Zersplitterung überwunden. Allmählich entsteht politische Handlungsfähigkeit, schlüpft die Politik aus einer bloßen Moderatorenrolle heraus und wird, langsam, zu einer gestaltenden Kraft.

Wer, von außen kommend, in diesen Prozess eintaucht, erlebt einen Staat im Werden. Es entsteht Kontrakt neben Kontrakt, neue Beziehungen werden geknüpft, gelegentlich wirken die Relikte der Vergangenheit fort, in vielen Bereichen herrscht das Recht des Stärkeren. Ein exzessiver Individualismus findet sich neben einem bis heute fortwirkenden anachronistischen Kollektivismus. Sankt Petersburg – eine Stadt voller Widersprüche, ein Laboratorium für Experimente, eine Metropole auf der Suche nach neuen Ordnungen des Zusammenlebens. Wie könnte es auch anders sein, wenige Jahre nach dem Zusammenbruch einer totalitären Herrschaft? Eine Stadt voller Ratlosigkeit, deren Menschen dennoch zuversichtlich gestimmt sind: ein Land auf der Suche nach seinem eigenen Weg. Dieses eine zumindest nimmt der Besucher mit nach Hause: Die Einsicht, dass besserwisserische Rezepte noch nicht einmal wert sind, belächelt zu werden. Der neue Staat, der zu werden beginnt, wird aus den Traditionen und der Mentalität des russischen Volkes erwachsen. Seine Institutionen werden der Kultur und der Geschichte Rußlands entsprechen, wie auch die gesellschaftliche und soziale Ordnung dieses Landes, in dem Begriffe wie Freiheit, Markt und Eigentum ihre je eigene Bedeutung haben. Die muss sich gar nicht diametral unterscheiden von unserem westeuropäischen Verständnis. Und doch hat vieles seinen eigenen Sinn. Wichtig wäre nur, dass westliche Berater nicht mit fertigen Rezepturen kommen, sondern als neugierige Forscher, die bereit sind, im Laboratorium mitzuarbeiten – wie es etwa der örtliche Vertreter der Konrad-Adenauer-Stiftung, Josef Duchac, mit Beharrlichkeit und Einfühlungsvermögen tut.

Auf dem Flug von Sankt Petersburg lese ich in den Tageszeitungen, dass die Grünen in Deutschland den Verkehrsminister schärfstens rügen, weil er nicht bereit ist, neue gesetzliche Bestimmungen zur Einbeziehung von Inline-SkaterInnen in der Verkehrspolitik zu befürworten. Europa wäre schon ein gutes Stück weiter, wenn der Westen bereit wäre, endlich zur Kenntnis zu nehmen, dass vor unserer Haustüre Probleme liegen, die alles in den Schatten stellen, was den politischen Alltag in Deutschland gemeinhin füllt. Eben das hat Nikita Ananov, Abgeordneter in Sankt Petersburg und Vorsitzender des Parlamentsausschusses für Stadtplanung und Stadtentwicklung, im Sinn, wenn er keinesfalls höhere finanzielle Transferleistungen aus dem Westen fordert, sondern den Westen um ein wenig Zeit und Interesse bittet. Darum eben geht es, um die Erkenntnis, dass die Herausforderung der friedlichen Revolution nur bewältigt werden kann, wenn wir begreifen, dass sie uns alle angeht.

Jerusalem – eine Stadt der verzweifelten Hoffnung *

Niemand, der Jerusalem früher einmal gesehen hat, erkennt diese Stadt jetzt wieder. Auf Straßen, Plätzen, Basaren und Cafés, wo sich ehedem Besucher aus aller Herren Länder fanden, lastet eine bedrückende Stille. Die sonst so lärmende Stadt ist wie ausgestorben. Selbst an den Heiligen Städten sucht man vergeblich nach Fremden. Gassen, die früher schwarz von Menschen waren, sind leer und verlassen. Die Menschen leben in Furcht und Schrecken. Über der Stadt und dem ganzen Land liegt der Schatten einer lähmenden Angst.

Kaum einer kommt morgens in sein Büro, ohne nicht zunächst einmal zum Telefonhörer zu greifen, um die Familie zu Hause darüber zu unterrichten, dass er wohlbehalten angekommen ist. Vor den öffentlichen Fernsprechern bilden sich lange Schlangen, weil viele versprochen haben, sich pünktlich alle zwei oder drei Stunden daheim zu melden. Das Land ist in Angst erstarrt. Im größten Hotel der Stadt sind in der Hauptreisezeit fünf Gäste eingebucht. Die Menschen sind verzweifelt, die Lage scheint aussichtslos.

Tatsächlich vergeht kein Tag, an dem nicht ein Selbstmordattentäter unschuldige Menschen in die Luft sprengt. Heute ist es ein Schulbus, morgen ein Jugendtreff, gestern war es ein Café. Unschuldige Menschen sterben. Die palästinensischen Terrorgruppen haben ihre Strategie seit geraumer Zeit geändert: Nicht mehr militärische Ziele werden vorrangig angegriffen, sondern zunehmend Anschläge auf die Zivilbevölkerung verübt. Die erwartete psychologische Wirkung liegt auf der Hand. Kein Wunder, dass der Touristenstrom, der für die wirtschaftliche Lage des Landes auch heute noch eine überlebenswichtige Bedeutung hat, schon lange versandet ist.

Fragt man die Menschen, was sie sich am sehnlichsten wünschen, so hört man nur eine Antwort: Sicherheit. Nur Sicherheit. Endlich in Sicherheit leben zu können. Endlich keine Angst mehr haben müssen. Endlich in einem Restaurant sitzen zu dürfen, ohne fürchten zu müssen, dass in der Nähe eine Bombe detoniert. Endlich sich keine Sorgen mehr machen müssen, ob den Kindern auf dem Schulweg etwas zustößt. Endlich Sicherheit. Friede heißt in Israel Sicherheit.

Die Spätnachrichten am 16. Juli senden – wie an fast allen Tagen zuvor und danach – einen Beitrag über den palästinensischen Terroranschlag vom Vormittag. Die traurige Bilanz: acht Tote, unschuldige

* Erstveröffentlichung 2002

Menschen, darunter ein Baby, und zwanzig zum Teil lebensgefährlich Verletzte. Ein Bus in der Nähe von Emanuel im Westjordanland wurde in die Luft gesprengt. Als die Menschen aus dem Autowrack ins Freie flüchten, eröffnen die Palästinenser das Feuer. Einer der tagtäglichen Terroranschläge. Die Öffentlichkeit in Europa hat längst aufgehört, sich darüber zu empören. Die Angst vor dem Terror ist in den Augen derjenigen, die in Sicherheit leben, zum Normalfall geworden. Hätte es weniger als acht Tote gegeben, wahrscheinlich wäre der Anschlag gar nicht gemeldet worden. Als ein paar Tage später, am 31. Juli, bei einem Bombenanschlag in der vollbesetzten Cafeteria der Hebräischen Universität Jerusalem sieben junge Leute ums Leben kamen und mehr als 70 verletzt wurden, war dies vielen deutschen Zeitungen am darauffolgenden Tag gerade einmal einen Siebenzeiler wert. Und – man ist fast versucht zu sagen: natürlich – ließen die meisten Kommentierungen in Deutschland an der Politik Israels kein gutes Haar: Denn, so die gängige Meinung, wer die palästinensischen Extremisten herausfordert, indem er gegen Terroristen, Selbstmordattentäter und deren Umfeld mit Gewalt vorgeht, dürfe sich nicht beklagen, wenn der Krieg immer mehr Opfer fordert und immer schlimmere Formen annimmt. Eine verkehrte Welt! Aber die veröffentlichte Meinung in Deutschland scheint überzeugt, mit dieser Vermutung den Kern des Problems zu treffen.

Eine Woche vor dem Selbstmordattentat eines palästinensischen Kommandos in Emanuel besuche ich Jerusalem. Ich gehe durch die Altstadt, meine jüdischen Freunde haben unverhohlene Angst. Zuvor sind wir durch den Tunnel Beit HaMigdash geführt worden. Die Eröffnung dieses Tunnels durch den ehemaligen Premierminister Netanjahu im Jahr 1996 war danach Anlass für blutige Zusammenstöße.

Wir verlassen den Tunnel, passieren die israelischen Soldaten am Ausgang, die sich inmitten des arabischen Viertels der Stadt ziemlich verloren vorkommen, und betreten die Via Dolorosa. Ich bin wie vom Schlag gerührt. Wo sich normalerweise – und in der Hauptreisezeit zumal – ein Bild des Gedränges, Gelärme und Geschiebe zeigt, ist die Straße leergefegt. Die Stille ist unheimlich, sie drückt wie die Ruhe vor dem Sturm. Weit und breit keine Menschenseele. Es ist eine fast gespenstische Atmosphäre, man fühlt sich in eine verlassene Geisterstadt versetzt. Jerusalem ist menschenleer, die Geschäfte rechts und links der Straße geschlossen, die Fensterläden verriegelt, die Altstadt wie ausgestorben. Vielleicht ist es die Anspannung meiner israelischen Begleiter, die mich auf einmal zu erfassen beginnt: Plötzlich empfinde auch ich eine Spannung wie vor einem drohenden Unwetter. Einer der ganz wenigen Händler, die ihren Laden geöffnet halten, will uns russische Ikonen zeigen, die jüdische Aussiedler ins Land gebracht haben. Meine Freunde drängen, weiter zu gehen, nicht stehen zu bleiben und schon gar nicht den Laden zu betreten. Wir folgen dem Mann, der uns in fließendem Deutsch anspricht, dennoch, schauen uns aber nur flüchtig um und lehnen jede Einladung zu einem längeren Verweilen bei einem Glas Mokka höflich ab.

Israel – ein Land und ein Volk zwischen Hoffen und Bangen. Zu gerne würde man an die Zukunft glauben, aber die Tatsachen sprechen eine andere Sprache. Der Bürgermeister von Jerusalem, Ehud Olmert, gehört zu den wenigen, die nach wie vor Zuversicht verbreiten. Er glaubt fest daran, dass am Ende der Überlebenswille auch die Kraft für eine gedeihliche Zusammenarbeit gibt. Andere hingegen können sich inzwischen über ihre Zweifel nicht mehr hinweg setzen. Ich treffe im Parlament einen Abgeordneten, der mir nach einem langen und guten Gespräch sagt: „Am Ende werden die arabischen Länder alles tun, um das Elend besonders im Gaza zu erhalten, damit die Zeitbombe weiter tickt. Selbst wenn es den Staat Israel nicht gäbe, zur Ruhe käme diese Region nicht."

Es ist keine Verzweiflung, die aus seinen Worten spricht. Aber ernüchtert sind alle. Denn mit seiner Bemerkung trifft dieser Abgeordnete einen, vielleicht sogar den wunden Punkt schlechthin: Inzwischen wissen alle – ob sie es zugeben oder nicht –, dass der Friede im Nahen Osten eben längst nicht nur von den Juden und den Palästinensern abhängt, sondern von der ganzen arabischen Staatengemeinschaft. Und jenseits aller Bruderküsse und Beschwörungsformeln ist klar, dass ausnahmslos jedes Land der arabischen Welt keinen Grund zum Handeln sieht, solange die Palästinenser sich an Israel reiben und das eigene Land verschont bleibt.

Inzwischen ist klar, dass die dauerhafte Auswegslosigkeit des Konfliktes eine ernst zu nehmende Möglichkeit darstellt, die in alle Überlegungen mit einbezogen werden muss. Noch ist es nicht so weit. Noch überwiegt die Hoffnung. Ich beobachte eine Schulklasse, die durch das Jaffa-Tor in die Stadt geht. Fröhliche, lachende und unbeschwerte Kinder. Der Lehrer erklärt ihnen, warum man beim Gang durch das Tor

321

andächtig die Mezuza mit dem Mittelfinger berührt, um ihn anschließend zu den Lippen zu führen. Überhaupt, so scheint es, finden die religiösen Gebräuche wieder mehr Anklang. Stärker als vor zehn Jahren ist das Straßenbild geprägt von Menschen, die ihrer Glaubensüberzeugung auch in der Kleidung Ausdruck geben. Viele junge Frauen tragen ihre kurzgeschnittenen Haare unter einer Kopfbedeckung. Selbst für eher abständige Juden gewinnt der aufwendige Ritus des Shabbat wieder Bedeutung. Auf der ganzen Welt gibt es wohl keine Religion, die so sehr die Erfahrung der Verfolgung gerade auch in ihren Riten und Ritualen verinnerlicht hat. Der Kampf um das Überleben hat die Geschichte der Juden durch die Jahrtausende begleitet. Warum, in aller Welt, soll das heute anders sein, fragt mich ein frommer Mann, den ich auf einer großen Hochzeitsgesellschaft treffe. Ein Grund, an Gott zu verzweifeln, ist das für ihn mitnichten.

Mir scheint, die Religion ist vielen Menschen wichtiger geworden. Vor allem Jüngere begreifen ihr religiöses Bekenntnis als die ursprüngliche Form der Stiftung einer jüdischen Identität. Das kann in einer so multiethnischen Gesellschaft auch kaum verwundern. Immer mehr Menschen bekennen sich zu den mosaischen Gesetzen. Und über die seit der Gründung des Staates erhobene, eindringliche Warnung des orthodoxen Rabbinats, vor der Wiederkehr des Messias von einer Landnahme und der damit einhergehenden Staatenbildung abzusehen, weil beides dem Willen Gottes widerspricht, wird heute häufiger und heftiger diskutiert als beispielsweise vor zehn Jahren.

Die politische Lage ist mehr als verworren. Der Partner für Verhandlungen ist den Israelis abhanden gekommen. Arafat hat – auch in den eigenen Reihen – jede Glaubwürdigkeit verloren. Alle hoffen auf eine neue palästinensische Führung. Die Ereignisse der letzten Wochen haben dieser Hoffnung neue Nahrung gegeben. Aber wann endlich eine neue palästinensische Autorität die Bühne betritt, vermag niemand zu sagen – und hängt wohl vom Einvernehmen der arabischen Nachbarn ab.

So ist die Situation festgefahren. Der Verteidigungshaushalt frisst immer mehr Mittel auf. Immer mehr Geld wird durch sicherheitspolitische Notwendigkeiten gebunden. Derzeit sind es etwa 27 Prozent des gesamten Staatshaushaltes, rund 40 Prozent der gesamten Einnahmen des Staates. Und doch scheint fraglich, ob diese Auseinandersetzung militärisch tatsächlich zu gewinnen ist. Zugeben will das keiner. Offiziell folgen alle der Doktrin eines starken und sicheren Israel. Aber bei vielen Gesprächspartnern spürt man die unterschwelligen Zweifel. Das Land zu einer Festung auszubauen, ist nicht möglich. Der Premierminister besucht dieser Tage in Jerusalem die Stelle, an der aus Sicherheitsgründen mit dem Bau eines Zaunes, der Juden und Palästinenser trennen soll, begonnen wird. Wer will einem Volk, das seit seiner Staatsgründung von allen Seiten bedroht und verfolgt wird, solche Überlegungen übel nehmen? Aber zum Ziel führen werden sie nicht.

Auf dem Rückflug lese ich in der Frankfurter Allgemeinen die gleichermaßen wohlwollende und warnende Stellungnahme des bekannten Schriftstellers David Grossman: „Könnte ich nur glauben, dass ein Zaun – langfristig – auch nur einen Teil der Anschläge abhalten würde!"[1]

Zu den verworrenen politischen Problemen treten die inzwischen schwerwiegenden wirtschaftlichen Sorgen: Investitionen werden angesichts der Sicherheitslage zurückgehalten, der Fremdenverkehr ist längst zusammengebrochen, der Verteidigungshaushalt verschlingt immer mehr Geld. Dringend benötigte Mittel für die Verkehrsinfrastruktur fehlen. Dem Mittelstand, den kleinen Gewerbetreibenden, den Handwerkern und den Händlern ist längst die Luft ausgegangen. Menschen verarmen und können von der staatlichen Fürsorge nicht mehr aufgefangen werden.

Dabei versteht kaum einer, warum die Weltöffentlichkeit so gut wie keinen Anteil nimmt am tagtäglichen Terror. Manche Ältere sind entsetzt: Sie sehen, wie ihre Kinder und Kindeskinder spätestens nach Beendigung des Wehrdienstes nicht den Weg des Dialogs einschlagen, sondern eine Politik der Stärke fordern. Vor allem Jüngere fragen, mit wem und zu welchem Ziel der Dialog eigentlich geführt werden soll. Mit Menschen, die ihre Kinder als Selbstmordattentäter verkaufen? Mit Organisationen, in die man kein Vertrauen mehr hat? Mit Bewegungen, von denen man nicht mehr glaubt, dass ihre Führer je der Gewalt abschwören könnten?

Der Weg zum Frieden ist weit. Als ich Ezer Weizmann, den ehemaligen Staatspräsidenten, frage, wie er die Möglichkeit der Versöhnung beurteilt, macht er eine vielsagende Handbewegung. Sinngemäß interpretiere ich: Über die Aufgaben der nächsten Generation wollen wir heute nicht sprechen. Lass uns darüber reden, was hier und jetzt getan werden kann.

Und hier und jetzt kann etwas getan werden. Ich spreche mit einem langjährigen Minister, der zur Zeit als Abgeordneter in der Knesseth sitzt und bis zur Stunde ein hochrangiges Mitglied der Führung des Likud ist: Er schildert mir in bewegten Worten, wie man sich rund zwanzig Jahre lang auf der Suche nach einem Weg zum Frieden getäuscht habe. Am Anfang könne nicht das einvernehmliche Miteinander, sondern müsse eine Politik der Trennung stehen. Disengagement heißt die neue Formel für den Beginn einer Entwicklung zum Frieden. Juden und Palästinenser müssten zunächst getrennt leben. Nur langsam und mit der Zeit könne eine gemeinsame Grundlage des Vertrauens geschaffen werden. Weniger denn je kann Israel heute, insbesondere nach den Schrecken der letzten Monate, dieses Vertrauen entwickeln.

Am Anfang müssen klare und allseitig durchsetzbare Regeln stehen, die der allmählichen Minimierung des Konfliktes dienen: Regeln des Gewaltverzichtes vor allem, Regeln der Umsetzung einer diesen Namen wirklich verdienenden Selbstverwaltung der Palästinenser, Regeln der friedlichen Trennung und Regeln zur Gestaltung der zunächst wahrscheinlich recht dürftigen Beziehungen. Nur auf der Grundlage solcher Regeln kann, Schritt für Schritt, Misstrauen überwunden werden und eines Tages ein Friedensprozess, der diesen Namen wirklich verdient, aufbauen.

Zwei Bedingungen sind dafür unverzichtbar. Die erste und wichtigste beinhaltet eine Forderung an die Führung der Palästinenser. Es muss sofort und bedingungslos Schluss sein mit den Selbstmordattentaten. Menschen, die sich kaum noch auf die Straße trauen, weil sie um ihr Überleben bangen müssen, haben andere Sorgen als die Beachtung der Beschlüsse des Weltsicherheitsrates. Wer auf Schritt und Tritt um Leib und Leben fürchtet, hat wenig Muße, feinsinnige Dialogstrategien zu diskutieren. Jeder, der das nicht wahrhaben will, geht an der Wirklichkeit im Nahen Osten vorbei. Zu dieser Wirklichkeit gehört auch, dass die Politik der Stärke auf unabsehbar lange Zeit eine überwältigende Zustimmung bei den Israelis finden wird. Nicht ohne Grund wird diese Politik – zumindest im Kern – einvernehmlich von den beiden großen Parteien getragen.

Es gibt eine zweite Bedingung, über die in Europa bis zum heutigen Tage kaum gesprochen wird: Die Führung der Palästinenser einschließlich der Organisationen, die sie vertreten, müssen sich demokratisieren. Die Zeiten einer autokratischen Führung der PLO müssen der Vergangenheit angehören. Mir sagte ein arabischer Abgeordneter der Knesseth: „Mit meiner Muttermilch habe ich die Forderung nach einem Staat der Palästinenser aufgesogen. Aber lieber verzichte ich auf diese Forderung, als neben einem Palästinenserstaat leben zu müssen, der die Demokratie mit Füßen tritt." Es ist ja nicht nur die Korruption, die zu einem nicht mehr zu behebenden Verlust an Glaubwürdigkeit der heutigen Führung der PLO geführt hat. Viel schwerer wiegen die autokratischen, ja diktatorischen Führungsstrukturen, die mitverantwortlich dafür sind, dass der Wunsch beider Völker nach Frieden immer wieder so bitter enttäuscht wurde. Man kann es in einem Satz zusammenfassen: Wer den Frieden im Nahen Osten will, muss nach Kräften die Demokratisierung im arabischen Lager fördern. Damit wird klar, wie groß und wie schwer die Aufgabe einer Konfliktlösung im Nahen Osten ist. Aber allein eine Schritt für Schritt vollzogene Demokratisierung schafft Zutrauen in die Ernsthaftigkeit des Bemühens um den Frieden.

Israel hat auf der Landkarte die Größe eines Stecknadelkopfes. Es ist umgeben von Staaten, die sein Existenzrecht bis heute bestreiten, von Staaten zudem, die nicht wenig Neigung haben, Demokratie als einen Verrat ihrer ethnischen und religiösen, arabischen und muslimischen Identität zu verleumden. Der Westen hat dabei allen Grund, sich auf die alte Einsicht zu besinnen, die man geradezu als die Quintessenz der europäischen Geschichte des 20. Jahrhunderts bezeichnen kann: Die sicherste Strategie der Kriegsverhütung ist der Aufbau demokratischer Herrschaftsverhältnisse.

Trotz aller Verzweiflung gibt es Zeichen der Hoffnung: Eine nach wie vor arbeitende gemischte Kommission von Juden und Palästinensern, die trotz mancher Rückschläge vom Repräsentanten der Konrad-Adenauer-Stiftung in Jerusalem bis heute arbeitsfähig gehalten wurde, ein interreligiöses Dialogforum von Christen, Juden und Moslems im Rahmen des sogenannten ‚Alexandria-Prozesses' und das friedliche Zusammenleben von Juden und Arabern in vielen Dörfern und Regionen Israels. Das alles hat den Krieg bis heute überlebt. Wie lange noch? Wenn den Israelis nicht die durch die Selbstmordattentate verursachte lähmende Angst genommen wird, weiß allerdings niemand, wie es weitergeht.

Wer das Land in diesen Tagen besucht, begreift schnell: Die israelische Politik mag in diesem oder jenem Punkt zu kritisieren sein. Oft habe ich in meinen Gesprächen die Bitte gehört: Wenn ihr Freunde seid, sagt uns, was wir eurer Meinung nach falsch machen. Eine wirkliche Freundschaft kennt keine Tabus. Aber wer die israelische Politik – als Europäer beispielsweise – kritisiert, möge sich erst einmal klar machen, was es bedeutet, morgens, wenn man das Haus verlässt, nicht wissen zu können, ob man abends noch wohlbehalten zu seiner Familie zurückkehrt. Nur in dieser Erfahrung findet alle Beurteilung der Politik dieser Tage ihren Maßstab.

Das jüdische Volk kämpft verzweifelt um sein Überleben. Der Fast- und Trauertag um Jerusalem und die Zerstörung des Tempels fiel in diesem Jahr auf den 17. Juni. Vormittags, noch bevor ein neuerliches Blutbad eines Selbstmordattentäters in der Innenstadt von Tel Aviv bekannt wurde, ruft mich ein Freund aus Jerusalem an. Er weint am Telefon. Seitdem es uns Juden gibt, sagt er unter Tränen, sind wir verfolgt worden. Wir haben die Schoah überlebt. Jetzt aber hat etwas ganz Neues begonnen: Wir werden verfolgt, gedemütigt und ermordet im eigenen Land. Ich wusste nichts, was ich ihm zum Trost hätte sagen können.

Bibliographische Nachweise

1. Gebrochene Zeit. Erstveröffentlichung.
2.1 Ein Jahrhundert Freiheitsgeschichte. Erstveröffentlichung.
2.2 Von der Befreiung zur Freiheit, in: Die Neue Ordnung, 48. Jg., 1994, S. 251 ff.
2.3 Nach der Revolution in Mitteleuropa, in: Civitas. Widmungen für Bernhard Vogel zum 60. Geburtstag, hg. v. Peter Haungs, Karl Martin Graß, Hans Maier u. Hans-Joachim Veen, Paderborn u.a. 1992 (Ferdinand Schöningh), S. 371 ff.
2.4 Maastricht oder Sarajevo?, in: Die Welt v. 28. Dezember 1995 u. d. T. Unordnung im europäischen Haus.
2.5 Chancen des Umbruchs, in: Zeitschrift für Politik, 43. Jg., 1996, S. 325 ff.
2.6 Am Ende der europäischen Nachkriegsordnung, in: Aussenpolitik. Zeitschrift für internationale Fragen, 46. Jg., 1995, S. 115 ff.
2.7 ...und manchmal steht sie noch!, in: Die Politische Meinung, 44. Jg., 1999, H. 357, S. 65 ff.
3.1 Politik in einer Zeit des Aufbruchs, Köln 1996 (J. P. Bachem) u. d. T. Die Vision der Verantwortungsgesellschaft (Reihe: Kirche und Gesellschaft, H. 233).
3.2 An der Schwelle zu einer neuen Epoche, in: Aus Politik und Zeitgeschichte, B 31/93 v. 30. Juli 1993, S. 26 ff.
3.3 Die Verantwortungsgesellschaft, in: Kirche in Staat und Gesellschaft. Grundlegungen, Erfahrungen, Perspektiven, hg. v. Bernhard Nacke, Mainz 1998 (Matthias Grünewald), S. 147 ff. u. d. T. Das Konzept der Verantwortungsgesellschaft.
4.1 Markt und Moral, in: Leitbild auch für morgen: Die Soziale Marktwirtschaft, hg. v. Matthias Wissmann, München 1998 (Langen Müller F. A. Herbig), S. 187 ff. (überarbeitete Fassung).
4.2 Nutzt unser Land die Gunst der Stunde?, in: Die Welt v. 14. März 1997.
4.3 Freiheit und Verantwortung. Erstveröffentlichung.

4.4. Gemeinsinn und Eigennutz, in: Die Neue Ordnung, 54. Jg., 2000, S. 299 ff.

4.5. Der Sozialstaat als Sozialfall?, in: Die Neue Ordnung, 57. Jg., 2003, S. 366 ff.

4.6. Was fordert Gerechtigkeit in einer Zeit der gesellschaftlichen Neuordnung?, in: Mut. Forum für Kultur, Politik und Geschichte, 37. Jg., 2004, H. 439, S. 6 ff. u. d. T. Was ist gerecht?

4.7. Soziale Marktwirtschaft im Zeitalter der Globalisierung, in: Die Tagespost v. 17. Juli 2003 u. d. T. Soziale Marktwirtschaft – ordnungspolitischer Königsweg für die Globalisierung.

5.1. Die Ordnung der Gesellschaft. Erstveröffentlichung.

5.2. Gesellschaft neu denken. Erstveröffentlichung. Einzelne Vorarbeiten finden sich u. d. T. Arbeit für alle, in: Frankfurter Allgemeine Zeitung v. 2. Mai 2003; u. d. T. Jedes Wort ein Gewinn, in: Rheinischer Merkur v. 20. Juni 2002; u. d. T. Die gemeinsame Sprache als Grundlage des Zusammenlebens, in: Mut. Forum für Kultur, Politik und Geschichte, 35. Jg., 2002, H. 418, S. 22 ff.; u. d. T. Mehr Wettbewerb wagen, in: Frankfurter Allgemeine Zeitung v. 27. Januar 2001.

6.1. Christlicher Glaube und politische Ethik, Köln 2003 (J. P. Bachem) u. d. T. Der Maßstab der Menschenwürde. Christlicher Glaube, ethischer Anspruch und politisches Handeln (Reihe: Kirche und Gesellschaft, H. 301).

6.2. Menschenwürde und Sterbehilfe, in: Klinische Sterbehilfe und Menschenwürde. Ein deutsch-niederländischer Dialog, hg. v. Volker Schumpelick, Freiburg u.a. 2003 (Herder), S. 427 ff. (erweiterte u. überarbeitete Fassung).

6.3. Jenseits des Profanen, in: Die Neue Ordnung, 49 Jg., 1995, S. 324 ff.

6.4. Das Kopftuch ist keine Kutte und keine Kippa, in: Die Neue Ordnung, 58. Jg., 2004, S. 66 ff.

6.5. Ist die CDU noch christlich? Erstveröffentlichung.

7.1. Standfest in den Grundsätzen, in: Auf sicherem Fundament. Festschrift für Erwin Teufel, hg. v. Hans Küng, Berthold Leibinger u. Werner Spies, Stuttgart 1999 (Deutsche Verlags-Anstalt), S. 72 ff.

7.2. Macht und Ohnmacht. Erstveröffentlichung.
7.3. Vom Geist und Ton der Politik, in: Die Politische Meinung, 47. Jg., 2002, H. 397, S. 7 ff.
8.1. Bonn und Berlin, in: Frankfurter Allgemeine Zeitung v. 25. Mai 1999 u. d. T. Wie rheinisch, wie preußisch?
8.2. Sankt Petersburger Ansichten, in: Mut. Forum für Kultur, Politik und Geschichte, 30. Jg., 1997, H. 354, S. 56 ff.
8.3. Jerusalem, in: Die Tagespost v. 12. November 2002 u. d. T. Verzweifeltes Hoffen auf Frieden in Israel.

Anmerkungen

Gebrochene Zeit (Seite 11 bis 24)

1 Hans-Peter Schwarz, Die deutsche Demokratie und ihre internationalen Rahmenbedingungen nach jeweils zwölf Jahren: 1931, 1957 und 2002, in: Nach der Diktatur. Demokratische Umbrüche in Europa – zwölf Jahre später, hg. v. Hans-Joachim Veen, Köln u.a. 2003, S. 155 ff., hier S. 156, betont zu Recht, „dass ein zutreffendes Verständnis des Scheiterns und Gelingens demokratischer Umbrüche den internationalen Dimensionen genauso viel und genauso systematische Beachtung schenken muss wie den Binnenfaktoren."

2 Eckart Lohse, Vom grünen Pfeil nichts gelernt, in: Frankfurter Allgemeine Sonntagszeitung v. 18. April 2004.

3 Vgl. dazu: Ältere Arbeitnehmer – ein Asset für die Wirtschaft. Empfehlungen für Politik, Tarifpartner und Unternehmen, hg. v. d. Bertelsmann Stiftung u. d. Bundesvereinigung der Deutschen Arbeitgeberverbände, Gütersloh u. Berlin 2003, S. 2 f.

4 Frankfurter Allgemeine Zeitung v. 25. September 2003.

5 Vgl. IAB Kurzbericht. Aktuelle Analysen aus dem Institut für Arbeitsmarkt- und Berufsforschung der Bundesanstalt für Arbeit v. 21. Juli 2003, S. 1: „Die Unterbeschäftigung verursachte hohe gesamtwirtschaftliche Verluste, die zu Mindereinnahmen und Mehrausgaben in den öffentlichen Haushalten führen. Dies gefährdet das gesamte System der öffentlichen Finanzwirtschaft und der sozialen Sicherung in einem Ausmaß, das vielen verborgen bleibt." Demzufolge, ebd., S. 2, beträgt nach der vollständigen Arbeitsmarktbilanz das Ausmaß der Unterbeschäftigung im Jahr 2002 zwischen 5,8 und 6,7 Millionen Personen – bei steigender Tendenz: „Der gesamten Unterbeschäftigung des Jahres 2002 entspräche dann ein ‚outputgap' in Höhe von rund 230 Milliarden Euro, das wären rund 11 Prozent des Bruttoinlandsproduktes (in jeweiligen Preisen)." Im Jahr 2002 beliefen sich nach dieser Berechnung die gesamtfiskalischen Kosten der registrierten Arbeitslosigkeit in Deutschland auf rund 75 Milliarden Euro, davon entfallen auf die gesamtfiskalischen Mindereinnahmen rund 33 Milliarden Euro.

6 Vgl. Rolf Peffekoven, Konsolidierung tut Not, in: Handelsblatt v. 19. Mai 2003; vgl. auch IAB Kurzbericht, a.a.O., S. 4: Im Durch-

schnitt kostete ein Arbeitsloser im Jahr 2002 den gesamten Fiskus rund 18.500 Euro. Die Beitragsausfälle der Renten-, Kranken-, Pflege- und Arbeitslosenversicherung sind in dieser Zahl nicht enthalten.

7 Hans-Werner Sinn, Ist Deutschland noch zu retten?, München 2003, S. 129.

8 Eduard Picker, Menschenwürde und Menschenleben. Das Auseinanderdriften zweier fundamentaler Werte als Ausdruck der wachsenden Relativierung des Menschen, Stuttgart 2002, S. 172.

9 Walter Schweidler, Zur Analogie des Lebensbegriffs und ihrer bioethischen Relevanz, in: Menschenleben – Menschenwürde. Interdisziplinäres Symposium zur Bioethik, hg. v. Walter Schweidler, Herbert A. Neumann u. Eugen Brysch, Münster u.a. 2003, S. 13 ff., hier bes. S. 16 f.

10 Karl Homann, Freiheit in der „freien" Marktwirtschaft, in: Anreize und Moral. Gesellschaftstheorie, Ethik, Anwendungen, hg. v. Christoph Lütge, Münster 2003, S. 121 ff., hier S. 129.

Ein Jahrhundert Freiheitsgeschichte (Seite 25 bis 29)

1 Timothy Garton Ash, Europe's Endangered Liberal Order, in: Foreign Affairs, 77. Jg., 1998, H. 2, S. 51 ff., hier S. 61.

2 Joachim Fest, Speer. Eine Biographie, Berlin 1999, S. 481.

3 Karl Homann, Taugt die abendländisch-christliche Ethik noch für das 21. Jahrhundert? Über die Notwendigkeit einer Bedingungsethik in der Moderne, in: Wirtschaft und Wissenschaft, 8. Jg., 2000, H. 1, S. 22 ff., jetzt in: ders., Anreize und Moral. Gesellschaftstheorie, Ethik, Anwendungen, hg. v. Christoph Lütge, Münster 2003, S. 3 ff., hier S. 17.

Von der Befreiung zur Freiheit (Seite 32 bis 44)

1 Václav Havel, Angst vor der Freiheit. Reden des Staatspräsidenten, Reinbek 1991, S. 104 f.

2 Leonid Gosman, Von den Schrecken der Freiheit. Die Russen – Ein Psychogramm, Berlin 1993, S. 40.

3 Havel, Angst vor der Freiheit, a.a.O., S. 105.

4 Der Nationalismus ist eine Krankheit. Interview mit Milan Uhde, in: Rheinischer Merkur v. 16. Oktober 1992.

5 Gosman, Von den Schrecken der Freiheit, a.a.O., S. 41.

6 Vgl. Karl Dedecius, Lähmende Schwäche der Urteilskraft: Wir müssen das Leben in offenen Grenzen und in Freiheit erst lernen, in: Die Welt v. 23. Dezember 1993.

7 Gosman, Von den Schrecken der Freiheit. a.a.O., S. 41.

8 Elisabeth Noelle-Neumann, Der dritte Weg, der starke Mann, in: Frankfurter Allgemeine Zeitung v. 19. Januar 1994: nur 35 Prozent der Westdeutschen und 31 Prozent der Ostdeutschen lehnen dies ab.

9 Hannah Arendt, Über die Revolution, München 1965, S. 39.

10 Ebd., S. 35.

11 Vgl. Elisabeth Noelle-Neumann, Renate Köcher, Die verletzte Nation. Über den Versuch der Deutschen, ihren Charakter zu ändern, Stuttgart 1987.

12 Joachim Fest, Die schwierige Freiheit. Über die offene Flanke der offenen Gesellschaft, Berlin l993, S. 20.

13 Vgl. Hermann Lübbe, Preis der Freiheit, in: Fortschrittsreaktionen. Über konservative und destruktive Modernität, Graz, Wien u. Köln 1987, S. 206 ff., hier S. 216: „Der Bestand der Freiheit hängt von einer Voraussetzung ab, die durch die politischen Institutionen, die sie gewährleisten sollen, allein nicht garantiert werden kann, und zwar auch dann nicht, wenn die Bürger, freiheitsliebend, institutionentreu sind. Diese weitere Voraussetzung ist Treue in der Erfüllung von Ansprüchen einer Sittlichkeit, die in der politischen Proklamation der Freiheit weder konstituiert noch abgeschafft, sondern lediglich unserer Selbstbestimmung überantwortet wird."

14 Fest, Die schwierige Freiheit, a.a.O., S. 30 f.; vgl. auch S. 31: „Denn es ist der große, gleichsam angeborene Mangel liberaler Gesellschaften, dass die keinen greifbaren, die Leiden und Ängste der Menschen rechtfertigenden Lebenssinn vermitteln. Auch halten sie keinen mobilisierenden Zukunftsprospekt bereit und werfen den Einzelnen auf lediglich das zurück, was er als individuelle Erfüllung begreift."

15 Vgl. Meinhard Miegel, Stefanie Wahl, Das Ende des Individualismus. Die Kultur des Westens zerstört sich selbst, München u. Landsberg a. Lech 1993, S. 54.

16 Fest, Die schwierige Freiheit, a.a.O., S. 33.

17 Vgl. Norbert Elias, Die Gesellschaft der Individuen, hg. v. Michael Schröter, Frankfurt a.M. 1987.

18 Alexis de Tocqueville, Über die Demokratie in Amerika, 2 Tle., 2. Tl., 11840, Zürich 1987, S. 179.

19 Elias, Die Gesellschaft der Individuen, a.a.O., S. 86.

20 Vgl. Peter Koslowski, Gesellschaftliche Koordination. Eine ontologische und kulturwissenschaftliche Theorie der Marktwirtschaft, Tübingen 1991, S. 9 f.: „Unser Selbstinteresse ist selten so aufgeklärt, dass es das allgemeine Interesse auch zu seinem eigenen gemacht hätte. Leider eignen wir uns Leibniz' Maxime ‚Es gibt kein größeres Einzelinteresse, als die allgemeinen Interessen zu den eigenen zu machen' meist nicht an."

21 Immanuel Kant, Zum ewigen Frieden. Ein philosophischer Entwurf, Königsberg 1795, ²1796, in: Werke in sechs Bänden, hg. v. Wilhelm Weischedel, Bd. 6, Darmstadt 1964, 31975, B 60.

22 Ebd., B 61.

23 Tocqueville, Über die Demokratie in Amerika, 2. Tl., a.a.O., S. 144 f.

24 Hinweise dazu finden sich bei Christoph Böhr, An der Schwelle zu einer neuen Epoche. Die Vision der Verantwortungsgesellschaft: Orientierung auf dem Weg zur inneren Einheit Deutschlands und Europas, in: Aus Politik und Zeitgeschichte, B 31/93 v. 30. Juli 1993, S. 26 ff., in diesem Band S. 107 ff.

Nach der Revolution in Mitteleuropa (Seite 45 bis 54)

1 Vgl. Timothy Garton Ash, Ein Jahrhundert wird abgewählt. Aus den Zentren Mitteleuropas 1980 – 1990, München u. Wien 1990, S. 194, der in einer Replik auf György Konrad ganz zutreffend schreibt: Bei ihm, nämlich Konrad, lebt Geschichte „als wahrer Mythos wieder auf. Und diese mythisch-poetische Tendenz, dieser Hang, der mitteleuropäischen Vergangenheit genau das zuzuschreiben, was die Hoffnung auf eine mitteleuropäische Zukunft symbolisiert, ist typisch für den neuen Mitteleuropäismus."

2 Diese begründete Frage stellt Peter Glotz, Die Einheit und die Spaltung Europas. Die Auswirkungen der mitteleuropäischen

Revolution von 1989 auf Gesamteuropa, in: Aus Politik und Zeitgeschichte, B 6/92, S. 50 ff., hier S. 52.

3 Václav Havel, Angst vor der Freiheit. Reden des Staatspräsidenten, Reinbek 1991, S. 105.

4 Havel, ebd., S. 107, zeigt angesichts dieser Herausforderung großen Optimismus: „Angst vor der Freiheit kann genau das sein, was uns schließlich lehrt, unsere Freiheit wirklich richtig auszufüllen ... Sind es denn nicht gerade Augenblicke der tiefsten Zweifel, in denen neue Gewißheiten geboren werden?"

5 Vgl. vor allem: Elisabeth Noelle-Neumann, Renate Köcher, Die verletzte Nation. Über den Versuch der Deutschen, ihren Charakter zu ändern, Stuttgart 1987.

6 Renate Köcher, Gottlos, in: Rheinischer Merkur v. 28. September 1990. Nach einer KNA-Meldung vom 3. Oktober 1991 erhöhte sich die Zahl der Kirchenaustritte bei gleichbleibender Tendenz in den vergangenen Jahren von jeweils 0,9 Prozent der Protestanten und 0,75 Prozent der Katholiken zum Beispiel in Düsseldorf im Jahr 1991 etwa um 30 bis 40 Prozent. Zum Vergleich: Die Apostolische Administratur Görlitz verbuchte 1989 nur 26 Kirchenaustritte und im Jahr 1990 insgesamt 3540 Austritte. Nach dpa vom 5. November 1991 haben die Austritte aus der evangelischen Kirche in Deutschland seit Frühsommer in größeren Städten um 50 bis 100 Prozent gegenüber dem Vorjahr zugenommen. Die Zahl ist deshalb so aussagekräftig, weil ein Kirchenaustritt aus steuerlichen Gründen – im Sommer 1991 wurde die Solidaritätsabgabe eingeführt – zeigt, wie weit die innere Loslösung von den Kirchen vorangeschritten ist.

7 Vgl. paradigmatisch Richard Rorty, Solidarität oder Objektivität? Drei philosophische Essays, Stuttgart 1988, mit seinem folgenreichen Plädoyer, die kontingenten Umstände unseres Erkennens zu akzeptieren.

8 Robert Spaemann, Überzeugungen in einer hypothetischen Zivilisation, in: Abschied von Utopia? Anspruch und Auftrag der Intellektuellen, hg. v. Oskar Schatz, Graz u.a. 1977, S. 311 ff.

9 Vgl. besonders Wolfgang Kluxen, Schuldverstrickung und geistige Erneuerung. in: Die politische Meinung, 37. Jg., 1992, H. 267, S. 51 ff.

10 Václav Havel, Versuch, in der Wahrheit zu leben, Reinbek 1989, S. 32.

11 Manfred Riedel, Zeitkehre in Deutschland. Wege in das vergessene Land, Berlin 1991, S. 211.

Chancen des Umbruchs (Seite 60 bis 65)

1 Vgl. dazu Heiko Körner, Die Ost-West-Migration – Eine neue Völkerwanderung?, in: Wirtschaftsdienst. Zeitschrift für Wirtschaftspolitik, 73. Jg., 1993, H. 2, S. 79 ff.; neuerlich Klaus F. Zimmermann, Ansturm auf die Festung Europa, in: Frankfurter Allgemeine Zeitung v. 17. Juni 1995, der mit 5 bis 15 Millionen Zuwanderern aus Osteuropa in die Europäische Union innerhalb der nächsten Dekade rechnet.

2 Vgl. Helmut Klages, Häutungen der Demokratie, Zürich 1993, insbes. S. 139 ff., hier S. 141, der davon spricht, dass die Politik „von der Praxis selektiver Verteilung zu der entgegengesetzten Praxis eines selektiven Entzugs" übergehen müsse.

3 Vgl. die beispielhafte Analyse von Leonid Gosman, Von den Schrecken der Freiheit. Die Russen – ein Psychogramm, Berlin 1993.

4 Vgl. näherhin Christoph Böhr, An der Schwelle zu einer neuen Epoche. Der Entwurf einer Verantwortungsgesellschaft als gesamteuropäische Aufgabe, in: ders., Der schwierige Weg zur Freiheit. Europa an der Schwelle zu einer neuen Epoche, Bonn 1994, ²1995, S. 23 ff.

5 Vgl. Werner Bruns, Sozialkriminalität in Deutschland, Frankfurt a.M. u. Berlin 1993.

Am Ende der europäischen Nachkriegsordnung (Seite 69 bis 82)

1 In: Europa-Archiv. Zeitschrift für internationale Politik, 45. Jg., 1990, D 656 ff.

2 Gemeinsame Erklärung von zweiundzwanzig Staaten über die neuen Ost-West-Beziehungen in Europa, in: ebd., D 654 f.

3 Vgl. Lothar Rühl, Zeitenwende in Europa. Der Wandel der Staatenwelt und der Bündnisse, Stuttgart 1990.

4 Gemeinsame Erklärung, a.a.O., D 654.
5 Ebd.
6 Zehn-Punkte-Programm zur Überwindung der Teilung Deutschlands und Europas v. 28. November 1989, in: Europa-Archiv. Zeitschrift für internationale Politik, 44. Jg., 1989, D 728 ff., hier D 733.
7 Ebd.
8 Die Vereinigung Deutschlands im Jahr 1990. Verträge und Erklärungen, Bonn 1990, S. 167 ff.
9 Ernst-Otto Czempiel, Von der Staatenwelt zur Gesellschaftswelt, in: Frankfurter Allgemeine Zeitung v. 25. Februar 1995.
10 Vgl. Peter Schlotter, Zwischen Erweiterung und Vertiefung. Entwicklungsperspektiven der KSZE, in: Gesamteuropa. Analysen, Probleme und Entwicklungsperspektiven, hg. v. Cord Jakobeit u. Alparslan Yenal, Opladen 1993, S. 465 ff.
11 Karl Kaiser, Deutschlands Vereinigung. Die internationalen Aspekte, Bergisch-Gladbach 1991, S. 81 f.
12 Helsinki-Dokument 1992. Herausforderung des Wandels, in: Bulletin der Bundesregierung v. 23. Juli 1992, S. 777 ff.
13 Budapester Dokument 1994. Der Weg zu echter Partnerschaft in einem neuen Zeitalter, in: Bulletin der Bundesregierung v. 23. Dezember 1994, S. 1097 ff.
14 Ebd., S. 1097.
15 Ebd., S. 1098.
16 Ludger Kühnhardt, Der Osten des Westens und die ‚russische Frage', in: Europa-Archiv. Zeitschrift für internationale Politik, 49. Jg., 1994, S. 239 ff., hier S. 240.
17 André Glucksmann, Am Ende des Tunnels. Eine Bilanz des 20. Jahrhunderts, Berlin 1991, S. 15.
18 Owen Harries, Fourteen Points for Realists, in: The National Interest, 8. Jg., Winter 1992/93, S. 109 ff.
19 Ebd., S. 109: „Elevate discrimination and selectivity over consistency and comprehensiveness. If anyone accuses you of ‚double standards' for doing so, relax and live with it."

20 Hans-Peter Schwarz, Die Zentralmacht Europas. Deutschlands Rückkehr auf die Weltbühne, Berlin 1994, S. 90.

21 Timothy Garton Ash, Im Namen Europas. Deutschland und der geteilte Kontinent, München u. Wien 1993, S. 521.

22 Jörg M. Winterberg, Westliche Unterstützung der Transformationsprozesse in Osteuropa. Eine Analyse der bundesdeutschen Finanzhilfen und der Entwicklung der Handelsbeziehungen mit Polen, Rußland und der Tschechischen Republik. Interne Studien der Konrad-Adenauer-Stiftung, Sankt Augustin 1994, S. 63.

23 Hierzu Elisabeth Noelle-Neumann, Die Deutschen und der Staat: Trümmer eines mit politischen Umbrüchen gefüllten Jahrhunderts, in: Frankfurter Allgemeine Zeitung v. 11. Januar 1995.

24 Vgl. Christoph Böhr, An der Schwelle zu einer neuen Epoche: Der Entwurf einer Verantwortungsgesellschaft als gesamteuropäische Aufgabe, in: Der schwierige Weg zur Freiheit. Europa an der Schwelle zu einer neuen Epoche, Bonn 1994, ²1995, S. 23 – 88.

Politik in einer Zeit des Umbruchs (Seite 91 bis 106)

1 Diese Überlegungen folgen in ihren Grundzügen einer vertiefenden Darstellung, die sich bei Christoph Böhr, Der schwierige Weg zur Freiheit. Europa an der Schwelle zu einer neuen Epoche, Bonn 1994, ²1995, insbes. S. 23 ff. u. S. 92 ff., findet.

2 Vgl. Anton Rauscher, Die Tragweite des Subsidiaritätsprinzips. Zur Diskussion in Deutschland und Europa, in: Die Neue Ordnung, 50. Jg., 1996, S. 277 ff.

3 Vgl. dazu Karl Homann, Die moralische Qualität der Marktwirtschaft, in: List Forum für Wirtschafts- und Finanzpolitik, 20. Jg., 1994, S. 15 ff.

4 Dazu Christoph Böhr, Was wollen wir – Maastricht oder Sarajevo?, in: Rheinischer Merkur v. 14. Juli 1995.

5 Václav Havel, Angst vor der Freiheit. Reden des Staatspräsidenten, Reinbek 1991, S. 59.

An der Schwelle zu einer neuen Epoche (Seite 107 bis 120)

1 Václav Havel, Angst vor der Freiheit. Reden des Staatspräsidenten, Reinbek 1991, S. 59.
2 Vgl. Christoph Böhr, Scheitelpunkte der Geschichte. „Cette terre est libre": Epochenschwellen 1792 und 1992, in: Luxemburger Wort v. 14. Januar 1993.
3 Vgl. Ludger Kühnhardt, Akt vier des Dramas ist völlig offen, in: Rheinischer Merkur v. 1. Januar 1993.
4 Ähnlich Christian Hacke, Deutschland und die neue Weltordnung. Zwischen innenpolitischer Überforderung und außenpolitischen Krisen, in: Aus Politik und Zeitgeschichte, B 46/92, S. 3 ff., hier S. 6: „Der äußere Zusammenbruch des Kommunismus legt auch die inneren Krisenaspekte der westlichen Gesellschaft bloß: Wir waren und wir sind zu wenig selbstkritisch, zu optimistisch und zu selbstgefällig."
5 Vgl. Alexander Kabakow, Hoffnungsloser Neid. Deutschland aus der Sicht des zerfallenen Rußland, in: Die Welt v. 2. Dezember 1992: „Nachdem wir auf unserem Boden nun eine soziale Spaltung erfahren haben, den Ausbruch früher unterdrückter nationaler Gefühle, die Schwäche der demokratischen Macht, die besonders spürbar ist im Vergleich zur Diktatur, nachdem wir die Instabilität der Übergangszeit und die Notwendigkeit erfahren haben, sich der neuen Zeit anzupassen, haben wir die Fassung verloren. Mehr noch: Die Enttäuschung eines Teils der Gesellschaft über die erst gerade begonnene liberale Demokratie ist genauso schnell gekommen und hat einen genauso absoluten Charakter wie vor kurzem noch die Begeisterung für diese Demokratie. Ich denke, vergleichbare Prozesse verlaufen heute auch in der deutschen Gesellschaft – in dem Teil, dessen Wurzeln noch im Kommunismus der DDR stecken."
6 Wolf Lepenies, Folgen einer unerhörten Begebenheit. Die Deutschen nach der Vereinigung, Berlin 1992.
7 Vgl. Hans-Martin Sass, Verantwortung unter Risiko. Vom Ethos ordnungspolitischen Risikomanagements, Alfter-Oedekoven 1985.
8 Beispielhaft sei erinnert an die – damals wie heute gültige – Kritik des Ordo- und Neoliberalismus am modernen Wohlfahrtsstaat, der, wie Wilhelm Röpke, Jenseits von Angebot und Nachfrage, Erlenbach-Zürich 1958, 3., veränd. Auflage 1961, S. 241, zutreffend

schreibt, im Kern „eine Antwort auf die Zersetzung der echten Gemeinschaften" geben will. Antje Vollmer, Moralisch amoralisch, in: Frankfurter Allgemeine Zeitung v. 23. Januar 1993, beschreibt den Sozialismus mit seiner Moral, „eine neue Verpflichtung auf das Gemeinsame zu etablieren", als den vermutlich letzten ernsthaften Versuch der Moderne, „eine ... profane Gemeinschaftlichkeit zu konstituieren".

9 Vgl. dazu Alexander Schwan, Die philosophische Begründbarkeit freiheitlicher Politik, in: Krisis der Metaphysik. Wolfgang Müller-Lauter zum 65. Geburtstag, hrsg. v. Günter Abel u. Jörg Salaquarda, Berlin u. New York 1989, S. 448 ff.; Schwan weist völlig zu Recht auf den unauflöslichen Zusammenhang zwischen freiheitlicher Politik und rechtsstaatlicher Demokratie hin. Beide bedürfen einer normativen Grundlage, die Schwan als personalistische Anthropologie beschreibt. Eine solche Fundamentalanthropologie, die nach Schwan, ebd., S. 460, „einerseits universale Strukturen von normativer Geltung für das Verhältnis von Person zu Person, Person und Gesellschaft sowie Person und Natur aufzeigt und andererseits gerade auch unerläßliche sozial-philosophische und ethische Grundlagen für die pluralistische Lebenswelt der Moderne und für eine freiheitliche Politik in der pluralistischen Demokratie erarbeitet", ist zugleich die normative Grundlage einer Verantwortungsgesellschaft, die sich vorrangig die Gewährleistung der Möglichkeitsbedingungen von Freiheit und Personalität des Menschen zum Ziel setzt.

10 Václav Havel, Versuch, in der Wahrheit zu leben, Reinbek 1989, inbes. S. 32 ff.

11 Vgl. Max Weber, Politik als Beruf, in: Gesammelte politische Schriften, hg. v. Johannes Winckelman, 3., erneut verm. Aufl., Tübingen 1971, S. 505 ff., hier bes. S. 552 f.

12 Vgl. Peter Gillies, Wildwuchs in der Tat, in: Die Welt v. 11. Januar 1993. Die Zahlen beziehen sich auf das Jahr 1992.

13 Vgl. die Rede des Präsidenten des Bundesverfassungsgerichtes Roman Herzog anlässlich der Einweihung des neuen Plenarsaales am 30. Oktober 1992 im Deutschen Bundestag, Protokoll Deutscher Bundestag, 12. Wahlperiode, S. 9846 ff., hier S. 9851: „Der heutige Staat macht zu viel. Vor allem übernimmt er immer mehr Aufgaben, die nicht mehr vollständig, sondern nur noch teilweise gelöst werden können. Die Probleme, bei denen es von vornherein

keinen Erfolg mehr geben kann, werden dann von allen Seiten ihm und seinen Repräsentanten angelastet."

14 Vgl. dazu Juergen B. Donges, Über den Beitrag des Staates zur Standortsicherung: Mehr Flexibilität durch Deregulierung. Vortrag auf dem Symposium des Instituts der deutschen Wirtschaft über ‚Standortfaktor Bewegungsfreiheit' am 19. Januar 1993 in Bonn, Mschr. Mskrpt.

15 Fredy Gsteiger, Im Volksheim wird es ungemütlich, in: Die Zeit v. 16. Oktober 1992. Radikale Sparprogramme haben im Jahr 1992 eine Vielzahl westeuropäischer Staaten aufgelegt, ohne mit vereinigungsbedingten Finanzierungsproblemen konfrontiert zu sein. Beispielhaft sei an die Maßnahmen in Belgien erinnert, wo Einsparungen im Sozialbereich für das Jahr 1993 in Höhe von rund 3,5 Milliarden Mark beschlossen wurden. Diese Zahl entspricht – hochgerechnet am Bruttosozialprodukt – einer Einsparung in Deutschland von rund 30 Milliarden Mark. Italien hat im Juni vergangenen Jahres ein einnahmeerhöhendes Maßnahmenpaket in einer Größenordnung von rund 40 Milliarden Mark beschlossen, und zwar bei gleichzeitigen Einsparungen im Haushalt 1993 in Höhe von über 100 Milliarden Mark. In den Niederlanden wurde mit den Gewerkschaften ein Lohnstopp ausgehandelt und ein Einsparungsprogramm aufgelegt. Spanien verfolgt ein Sparprogramm in Höhe von 0,5 Prozent des Bruttosozialproduktes – in der Bundesrepublik entspräche dies hochgerechnet einer Einsparung von rund 15 Milliarden Mark –. Portugal, Griechenland, Frankreich, Dänemark und Irland haben zu entsprechenden Maßnahmen gegriffen. In Finnland wurde der Haushalt 1993 um rund 10 Milliarden Mark gekürzt.

16 Die Mehrheit der Deutschen ahnt, dass zukünftig mehr Anstrengungen nötig sein werden, damit Deutschland im internationalen Wettbewerb bestehen kann, wie die Untersuchung von Renate Köcher, Man kennt die Stärken und Schwächen recht gut. Wie die Deutschen über ihr Land als Wirtschaftsstandort denken, in: Frankfurter Allgemeine Zeitung v. 13. Januar 1993, auf der Grundlage demoskopischer Erhebungen zeigt. Im Standortvergleich liegt Westdeutschland hinsichtlich aller Kostenfaktoren deutlich über dem Durchschnitt von 13 Industrieländern. Das gilt vor allem für die Personalzusatzkosten, die in Westdeutschland im Jahr 1991 fast

doppelt so hoch waren wie der Durchschnitt dieser 13 Industrienationen. Die Sollarbeitszeit in Westdeutschland lag 1991 bei 1.647 Stunden, die tatsächliche Arbeitszeit im gleichen Jahr bei 1.499 Stunden. In keiner Industriegesellschaft weltweit ist die Arbeitszeit so gering.

17 Weiterführend zum Thema vgl. Christoph Böhr, Liberalismus und Minimalismus. Kritische Anmerkungen zur philosophischen und politischen Entfaltung einer zeitgenössischen Minimalstaatskonzeption, Heidelberg 1985, bes. S. 133 ff.

18 Vgl. Christoph Böhr, Nach der Revolution in Mitteleuropa: Geistige Orientierung auf dem Weg zur Einheit, in: Civitas. Widmungen für Bernhard Vogel zum 60. Geburtstag, hrsg. von Peter Haungs, Karl Martin Graß, Hans Maier u. Hans-Joachim Veen, Paderborn u.a. 1992, S. 371 ff., in diesem Band S. 300 ff.

19 Vgl. das Interview mit Milan Uhde, Der Nationalismus ist eine Krankheit, in: Rheinischer Merkur v. 16. Oktober 1992.

20 In diesem Sinne plädiert Václav Havel, Politik als praktizierte Sittlichkeit, in: Sommermeditationen, Berlin 1992, S. 125 ff., hier S. 126; vgl. ebd., S. 153: „Ich glaube, daß die Welt der Ideologien und Doktrinen unwiderruflich zu Ende geht – zusammen mit der gesamten Neuzeit. Wir stehen an der Schwelle einer Ära der Globalität, einer Ära der offenen Gesellschaft, einer Ära, in der Ideologien von Ideen abgelöst werden. Einen geistigen Staat zu errichten bedeutet nicht, einen ideologischen Staat zu bauen. Ein geistiger Staat ist das genaue Gegenteil von einem ideologischen Staat: die Befreiung des menschlichen Wesens aus dem Panzer der ideologischen Interpretationen und seine Rehabilitierung als mündiges Subjekt des individuellen Gewissens, der eigenen – und von der eigenen Existenz garantierten – Gedanken, der individuellen Verantwortung und der völlig abstrakten Nächstenliebe."

Die Verantwortungsgesellschaft (Seite 121 bis 132)

1 Vgl. Christoph Böhr, Der schwierige Weg zur Freiheit. Europa an der Schwelle zu einer neuen Epoche, Bonn 1994, ²1995; ders., Die Vision der Verantwortungsgesellschaft. Politik in der Zeit des Umbruchs, Köln 1996; zu den folgenden Ausführungen vgl. dort bes. S. 13 ff., in diesem Band S. 103 ff.

Macht und Moral (Seite 134 bis 151)

1 Für wertvolle Hinweise und Anregungen bin ich André Habisch zu besonderem Dank verpflichtet.

2 Vgl. André Habisch, Das ‚Gemeinsame Wort der Kirchen' als Dokument christlicher Wirtschaftsethik, in: Sozialwort der Kirchen in der Diskussion. Argumente aus Parteien, Verbänden und Wissenschaft, hg. v. Bernhard Nacke, Würzburg 1997, S. 317 ff.

3 Kein Staat kann dauerhaft bestehen, wenn hinter jedem Bürger ein Polizist stehen muß. Schon Thomas Hobbes hat in diesem Zusammenhang die entscheidende Frage gestellt: Wer kontrolliert unter den Bedingungen eines Polizeistaates die Kontrolleure?

4 Franz Böhm, Wirtschaftsordnung und Staatsverfassung, [1]1950, in: Freiheit und Ordnung in der Marktwirtschaft, hg. v. Ernst-Joachim Mestmäcker, Baden-Baden 1980, S. 53 ff., hier S. 59 f.

5 Vgl. Francis Fukuyama, Trust: The social virtues and the Creation of Prosperity, New York u.a. 1996.

6 Rosa Luxemburg, Einführung in die Nationalökonomie, [1]1925, in: Gesammelte Werke, Bd. 5, Berlin 1975, S. 524 ff., hier S. 772: „Und tatsächlich führt die Entwicklung des Kapitalismus selbst bei näherem Zusehen zu seinem eigenen Untergang ... Dazu brauchen wir die eigenen inneren Gesetze der Kapitalsherrschaft nur in ihrer weiteren Wirkung zu verfolgen. Sie sind es selbst, die sich auf einer gewissen Höhe der Entwicklung gegen alle die Grundbedingungen kehren, ohne die die menschliche Gesellschaft nicht bestehen kann." Franz Böhm, Wirtschaftsordnung und Geschichtsgesetz, [1]1971, Tübingen 1974, S. 20, hat sich mit dem Inhalt dieser „Lehre vom unentrinnbaren Selbstzerfall des marktwirtschaftlichen Systems" eingehend auseinandergesetzt.

7 Bert Brecht, Die Dreigroschenoper, [1]1928, Berlin 1955, S. 42.

8 Auf diesen Sachverhalt hat schon Alexis de Tocqueville in seinem Buch über die Demokratie in Amerika, 1835 und 1840 in zwei Teilen erschienen, hingewiesen.

9 Vgl. Christoph Böhr, Der schwierige Weg zur Freiheit. Europa an der Schwelle zu einer neuen Epoche, Bonn 1994, [2]1995; ders., Die Vision der Verantwortungsgesellschaft. Politik in der Zeit des Umbruchs, Köln 1996; zum Folgenden vgl. bes. S. 13 ff. in diesem Band.

10 André Habisch, Christliche Anthropologie und Ethos der Marktwirtschaft, in: Stimmen der Zeit, 119. Jg., 1994, S. 605 ff.

11 Vgl. ausführlich den 5. Familienbericht der Bundesregierung.

12 Michael Novak, Die katholische Ethik und der Geist des Kapitalismus, Trier 1996, ²1998, S.21: „Die einzig beständige Grundlage einer kapitalistischen Gesellschaft ist eine moralische, geistige und religiöse." Vgl. ebd., S. 70: „ Eine Marktwirtschaft ist nicht nur für die politische Freiheit wichtig; sie ist auch wichtig für die Moral."

Gesellschaft neu denken (Seite 183 bis 247)

1 Ludwig Erhard, Wohlstand für alle, Düsseldorf 1957.

2 Ebd., S. 236.

3 Ebd., S. 235 f.

4 Ebd., S. 227.

5 Ebd., S. 11.

6 Ebd., S. 10.

7 Vgl. Alfred Müller-Armack, Soziale Irenik, ¹1950, in: Religion und Wirtschaft. Geistesgeschichtliche Hintergründe unserer europäischen Lebensform, hg. v. Ernst Dürr, Bern u. Stuttgart 1959, ³1981, S. 559 ff., hier S.577: „Irenisches Denken bedeutet..., in vielfacher Perspektive denken können, sich des steten, unabdingbaren Zieles vergewissern und zugleich mit den technischen Prinzipien vertraut zu sein, nach denen man soziale Ziele realiter erreicht." Nebenbei bemerkt: Besser kann man kaum beschreiben, was der Politik heute vor allem fehlt.

8 Bildzeitung v. 15. März 2003

9 Paul Kirchhof, Einkommensteuergesetzbuch. Ein Vorschlag zur Reform der Einkommen- und Körperschaftsteuer, Heidelberg 2003; ders., Der sanfte Verlust der Freiheit. Für ein neues Steuerrecht – klar, verständlich, gerecht, München u. Wien 2004.

10 Erhard, Wohlstand für alle, a.a.O., S. 12 f.

11 Ebd., S. 13.

12 Ebd.

13 Der Beschäftigungsabbau beschleunigt sich, in: Frankfurter Allgemeine Zeitung v. 16. Dezember 2003.

14 Enquête-Kommission Demographischer Wandel. Herausforderungen unserer älter werdenden Gesellschaft an den Einzelnen und die Politik, Berlin 2002, S. 353.

15 Michael Naumann, Zentralismus schadet nicht. Die Kulturhoheit der Länder ist Verfassungsfolklore, in: Die Zeit v. 2. November 2000, jetzt auch unter dem Titel: Im Bund für Kultur. Verfassungsrechtliche Anmerkungen, in: ders., Die schönste Form der Freiheit. Reden und Essays zur Kultur der Nation, Berlin 2001, S. 93 ff.: „Unsere föderale Verfassung ist ... immer noch Ausdruck der Angst der Deutschen vor sich selbst."

Christlicher Glaube und polititsche Ethik (Seite 250 bis 275)

1 Robert Spaemann, Über den Begriff der Menschenwürde, in: Grenzen. Zur ethischen Dimension des Handelns, Stuttgart 2002, S. 107 ff., hier S. 122.

2 Lehrmäßige Note zu einigen Fragen über den Einsatz und das Verhalten der Katholiken im politischen Leben, Bonn 2003, S. 18.

3 Spaemann, Über den Begriff der Menschenwürde, a.a.O.

Jenseits des Profanen (Seite 276 bis 280)

1 Vgl. Christoph Böhr, Das Wissen um die eigene Endlichkeit, in: Albrecht Martin, Thomas M. Gauly, Christliche Grundsätze in der Politik, Sankt Augustin 1995, S. 37 f.

2 Vgl. 1. Kor 1,23.

3 Vgl. dazu die inzwischen umfangreiche Literatur über die zivilreligiösen Grundlagen der demokratischen Kultur; gleichsam resümierend Franz-Xaver Kaufmann, Religion und Modernität: Zum Stand der Diskussion, in: Religion und Modernität. Sozialwissenschaftliche Perspektiven, Tübingen 1989, S. 32 ff., hier S. 69: „Die Traditionen des Christentums wie auch diejenigen des auf die Unabdingbarkeit der Freiheits- und Bürgerrechte pochenden Rechts- und Verfassungsstaates stehen sowohl gegen die Beliebigkeitstendenzen der Moderne als auch gegen die jüngsten Versuche, solche Beliebigkeit mythisch zu unterlaufen. Ihre historische Wurzel ist daher

primär institutioneller Art, wodurch auch partielle Plausibilitätsverluste verkraftet werden können."

4 Vgl. Antje Vollmer, Heißer Frieden. Über Gewalt, Macht und das Geheimnis der Zivilisation, Köln 1995, bes. S. 38 ff.

5 René Girard, Das Heilige und die Gewalt, Zürich 1987, S. 320 f.

6 Auch in diesem Zusammenhang klarsichtig und erhellend Alexis de Tocqueville, Über die Demokratie in Amerika, 2 Tle., 11835 u. 1840, Tl. 1, Zürich 1987, S. 444: „Der Despotismus kommt ohne Glauben aus, die Freiheit nicht. Der Republik ... ist die Religion viel notwendiger als der Monarchie ... und den demokratischen Staatswesen mehr als allen anderen." Tocquevilles Sympathie gilt übrigens einer strikten Trennung von Staat und Kirche.

7 Hermann Lübbe, Religion nach der Aufklärung, Graz u.a. 1986, S. 326.

8 Vgl. zum Problem im weiteren Cornelia Klinger, Von der heiligen Revolution, von Gartenzwergen und allerlei unterirdischen Verbindungen zwischen ihnen. Das Rätsel des Romantischen in der Moderne, in: Institut für die Wissenschaften vom Menschen. Newsletter 49, 1995, S. 15 ff., hier S. 18: „In dem verzweifelten und vergeblichen Versuch, die sich differenzierende und dissoziierende moderne Realität zur geschlossenen Einheit eines Weltbildes zusammenzufügen, wird die Gesellschaft nach Maßgabe ästhetischer Kategorien gedacht: der Staat wird zum Kunstwerk deklariert, der politische Führer zum Künstlergenie. Das ist es, worauf Walter Benjamins Charakterisierung des Faschismus als Ästhetisierung der Politik zielt."

9 Friedrich H. Tenbruck, Die unbewältigten Sozialwissenschaften oder Die Abschaffung des Menschen, Graz u.a. 1984, S. 259, charakterisiert diese Einstellung zutreffend: „Die Abschaffung des Menschen besteht also darin, daß man ihm durch Reduktion der Wirklichkeit seine eigenen Möglichkeiten auf – grob gesprochen – das verkürzt, was für eine möglichst angenehme, schmerzfreie und reibungslose Daseinsführung sorgt."

10 Christoph Böhr, Johann Jakob Engel und die Geschichtsphilosophie Moses Mendelssohns, in: Moses Mendelssohn und die Kreise seiner Wirksamkeit, hg. v. Michael Albrecht, Eva J. Engel u. Norbert Hinske, Tübingen 1994, S. 157 ff., hier S. 167.

Das Kopftuch ist keine Kutte und keine Kippa (Seite 281 bis 284)

1 Bassam Tibi, Aufbruch am Bosporus. Die Türkei zwischen Europa und dem Islamismus, München u. Zürich 1998, S. 320, S. 333.
2 Vgl. Yves Thoraval, Lexikon der islamischen Kultur, hg. v. Ludwig Hagemann u. Oliver Lellek, Darmstadt 1999, S. 311 f.
3 Tibi, Aufbruch am Bosporus, a.a.O., S. 338.
4 Hans Maier, Kritik der politischen Theologie, Einsiedeln 1970, S. 18 f.: „In der Neuzeit wurden nacheinander die monarchische Geschichtstheologie Bossuets und ihr Gegenstück, die theologische Demokratielehre der Konstitutionalisten in der Französischen Revolution, entzaubert. Darin wird aber deutlich, daß das Politische im christlichen Äon nicht einen beliebigen theologischen Rang hat, daß es nicht ohne weiteres, wie in der Antike, den Daseinssinn des Menschen bestimmen und beherrschen kann, daß es vielmehr in die Verweltlichung der Welt einbezogen ist, daß es als Nicht-Absolutes, als Vor-Letztes für den Christen Dienst- und Instrumentencharakter gewinnt."
5 Diese Unterscheidung ist nicht leicht zu treffen, weil „arabische Regimes komplizierte Balanceakte vornehmen, die auf eine Mischung religiöser und säkularer Legitimationsstrategien hinauslaufen," wie Ulrike Freitag, Politische Religion im Nahen Osten: nationalistische und islamistische Modelle, in: Zwischen Politik und Religion. Studien zur Entstehung, Existenz und Wirkung des Totalitarismus, hg. v. Klaus Hildebrand, München 2003, S. 139 ff., hier S. 147, zutreffend feststellt. Der vielleicht tiefste Kern der Auseinandersetzung zwischen europäischer Kultur und islamistischer Doktrin liegt in dieser ganz verschiedenen, miteinander nicht zu vereinbarenden Bestimmung des Beziehungsverhältnisses von Religion und Politik vs. Theologie und Soziologie.

Macht und Ohnmacht (Seite 294 bis 299)

1 Max Weber, Politik als Beruf, [1]1919, in: ders., Gesammelte politische Schriften, [1]1921, hg. v. Johannes Winckelmann, Tübingen 1958, S. 493 ff., hier S. 548.
2 Vgl. Burkhard Spinnen, Skandal! Der Zustand der politischen Kultur in Deutschland, in: Akzente, 48. Jg., 2001, S. 221 ff., hier S. 222, S. 226 f.

3 Weber, Politik als Beruf, a.a.O., S. 535.
4 Ebd., S. 535 f.

Bonn und Berlin (Seite 309 bis 314)

1 Hans Maier, Die ältere deutsche Staats- und Verwaltungslehre (Polizeiwissenschaft). Ein Beitrag zur Geschichte der politischen Wissenschaft in Deutschland, Neuwied u. Berlin 1966, S. 197.

2 Vgl. Christoph Böhr, Erkenntnisgewissheit und politische Philosophie. Zu Christian Wolffs Postulat des philosophus regnans, in: Zeitschrift für philosophische Forschung, 36. Jg., 1982, S. 579 ff., hier S. 596 f.: „Wenn das Gewaltmonopol des Staates legitimiert wird, über Glücksfragen verbindlich zu entscheiden, dann wird der Mensch seiner Entscheidungsfähigkeit über die individuelle Bestimmung seiner Lebensziele und seiner privaten Vorstellungen vom Glück beraubt."

3 Maier, Die ältere deutsche Staats- und Verwaltungslehre (Polizeiwissenschaft), a.a.O., S. 309.

4 Hans Maier, Ältere deutsche Staatslehre und westliche politische Tradition, Tübingen 1966, S. 25.

5 Immanuel Kant, Über den Gemeinspruch: Das mag in der Theorie richtig sein, taugt aber nicht für die Praxis, ¹1793, A 261.

6 Verhandlungen des Reichstags, Bd. 381, S. 545.

7 Hans Mathias Kepplinger, Die Demontage der Politik in der Informationsgesellschaft, Freiburg u. München 1998, S. 101.

8 Allensbacher Archiv, IFD-Umfragen.

9 Otto von Bismarck am 26. Juni 1881 gegenüber (seinem Biographen) Moritz Busch, in: Moritz Busch, Unser Reichskanzler. Studien zu einem Charakterbild, Leipzig 1884, Bd. 2, S. 342.

10 Alfred Müller-Armack, Soziale Irenik, ¹1950, in: Religion und Wirtschaft. Geistesgeschichtliche Hintergründe unserer europäischen Lebensform, hg. v. Ernst Dürr, Bern u. Stuttgart 1959, ³1981, S. 559 ff.

Jerusalem (Seite 323 bis 326)

1 David Grossman, Der Zaun, in: Frankfurter Allgemeine Zeitung v. 11. Juli 2002.

Personenregister

Abel, Günter	S. 340
Acheson, Dean	S. 76
Adenauer, Konrad	S. 52, 185
Albrecht, Michael	S. 347
Ananov, Nikita	S. 318
Arendt, Hannah	S. 37, 40, 332
Ash, Timothy Garton	S. 26, 331, 334, 337
Benjamin, Walter	S. 348
Bismarck, Otto von	S. 308, 351
Böhm, Franz	S. 343
Brandt, Willy	S. 183
Braun, Heinrich	S. 310
Brecht, Bert	S. 139, 343
Bruns, Werner	S. 335
Brysch, Eugen	S. 331
Busch, Moritz	S. 351
Czempiel, Ernst-Otto	S. 336
Dedecius, Karl	S. 332
Donges, Juergen	S. 341
Duchac, Josef	S. 318
Dürr, Ernst	S. 345
Elias, Norbert	S. 42, 333
Engel, Eva J.	S. 348
Engel, Johann Jakob	S. 348
Erhard, Ludwig	S. 20, 170, 175, 178, 181, 197, 204 f., 214 f., 345
Eucken, Walter	S. 134
Fest, Joachim	S. 28, 331 ff.
Freitag, Ulrike	S. 349

Friedrich II., König von Preußen	S. 308 f.
Friedrich Wilhelm II., König von Preußen	S. 309
Fukuyama, Francis	S. 137, 343
Gauly, Thomas	S. 347
Gillies, Peter	S. 340
Girard, René	S. 278, 347
Glotz, Peter	S. 334
Glucksmann, André	S. 337
Gosman, Leonid	S. 33, 332, 335
Graß, Karl Martin	S. 327, 342
Grossmann, David	S. 323, 351
Gsteiger, Fredy	S. 341
Habisch, André	S. 343 f.
Hacke, Christian	S. 339
Hagemann, Ludwig	S. 349
Harris, Owen	S. 76, 337
Haungs, Peter	S. 327
Havel, Václav	S. 35, 53, 63, 101, 106, 115, 122, 152, 332, 334 f., 338 f., 340, 342
Herzog, Roman	S. 340
Hildebrand, Klaus	S. 349
Hinske, Norbert	S. 348
Hitler, Adolf	S. 28
Hobbes, Thomas	S. 343
Homann, Karl	S. 29, 331, 338
Jakobeit, Cord	S. 335
Kabakow, Alexander	S. 339
Kaiser, Karl	S. 336
Kant, Immanuel	S. 42 f., 267, 309 f., 333, 351
Kaufmann, Franz-Xaver	S. 347

Kepplinger, Hans Mathias	S. 351
Kirchhof, Paul	S. 210, 345
Klages, Helmut	S. 335
Klinger, Cornelia	S. 347
Kluxen, Wolfgang	S. 335
Köcher, Renate	S. 332, 334, 341
Kohl, Helmut	S. 10, 70 f., 294 ff.
Konrad, György	S. 334
Körner, Heiko	S. 335
Koslowski, Peter	S. 333
Kühnhardt, Ludger	S. 336, 339
Küng, Hans	S. 328
Leibinger, Berthold	S. 328
Lellek, Oliver	S. 349
Lenin, Wladimir	S. 315
Lepenies, Wolf	S. 339
Lohse, Eckart	S. 330
Lübbe, Hermann	S. 111, 332, 347
Lüthe, Christoph	S. 331
Luxemburg, Rosa	S. 139, 151, 343
Maier, Hans	S. 309, 327, 342, 349, 351
Marx, Karl	S. 186
Martin, Albrecht	S. 347
Mendelssohn, Moses	S. 348
Mestmäcker, Ernst-Joachim	S. 343
Miegel, Meinhard	S. 333
Müller-Armack, Alfred	S. 193, 206, 314, 345
Nacke, Bernhard	S. 327, 343
Naumann, Michael	S. 246, 345
Netanjahu, Benjamin	S. 320

Neumann, Herbert	S. 331
Noelle-Neumann, Elisabeth	S. 332, 334, 337
Novak, Michael	S. 344
Olmert, Ehud	S. 321
Peffekoven, Rolf	S. 331
Picker, Eduard	S. 331
Rauscher, Anton	S. 338
Riedel, Manfred	S. 335
Röpke, Wilhelm	S. 134, 339
Rorty, Richard	S. 335
Rühl, Lothar	S. 336
Salaquarda, Jörg	S. 340
Sass, Hans-Martin	S. 339
Schatz, Oskar	S. 335
Schlotter, Peter	S. 336
Schumpelick, Volker	S. 328
Schwan, Alexander	S. 340
Schwarz, Hans-Peter	S. 330, 337
Schweidler, Walter	S. 331
Sinn, Hans-Werner	S. 331
Spaemann, Robert	S. 50, 261, 335, 346
Speer, Albert	S. 28, 331
Spies, Werner	S. 328
Spinnen, Burkhard	S. 294, 350
Stalin, Jossif	S. 315
Sternberger, Dolf	S. 301, 304
Smith, Adam	S. 81, 134
Tenbruck, Friedrich	S. 348
Teufel, Erwin	S. 10, 290 ff., 328
Thoraval, Yves	S. 349

Tibi, Basam	S. 281, 349
Tocqueville, Alexis de	S. 41 f., 44, 333, 344, 347
Uhde, Milan	S. 94 f., 332, 342
Veen, Hans-Joachim	S. 327, 330, 342
Vogel, Bernhard	S. 10, 300 ff., 327, 342
Vollmer, Antje	S. 278, 340, 347
Wahl, Stefanie	S. 333
Weber, Max	S. 115, 294, 298 f., 340 350
Weischedel, Wilhelm	S. 333
Weizmann, Ezer	S. 323
Winckelmann, Johannes	S. 340, 350
Winterberg, Jörg	S. 337
Wissmann, Matthias	S. 327
Wolff, Christian	S. 309, 351
Yenal, Alparslan	S. 336
Zimmermann, Klaus	S. 335